Kohlhammer

Nachbarrecht Baden-Württemberg

Kommentierung des Nachbarrechtsgesetzes und der relevanten Vorschriften des BGB sowie im Anhang Texte weiterer Vorschriften

bearbeitet von

Dr. Christian Kaiser
Richter am Landgericht Stuttgart

Dr. Helmut Kaiser
Vorsitzender Richter am Oberlandesgericht a. D.
Honorarprofessor an der Universität Dresden

20., aktualisierte Auflage

Verlag W. Kohlhammer

20. Auflage 2026

Gesamtherstellung: W. Kohlhammer GmbH, Heßbrühlstr. 69, 70565 Stuttgart
produktsicherheit@kohlhammer.de

Print:
ISBN 978-3-17-043848-4

E-Book-Formate:
pdf: ISBN 978-3-17-043849-1
epub: ISBN 978-3-17-043850-7

Vorwort

Die bewährte Konzeption des Buches, eine Zusammenfassung des Nachbarrechts in Baden-Württemberg, wurde beibehalten. Auf eine systematische und übersichtliche Darstellung wurde großen Wert gelegt, schon um das Nachschlagen und Auffinden einzelner Problemstellungen zu erleichtern. So wurde, soweit es möglich war, die Erläuterung zu jeder Vorschrift gleich aufgebaut. Zum besseren Verständnis des Nachbarrechts, insbes. zur Systematik und dem Zusammenspiel der privaten und der öffentlich-rechtlichen Normen wurde die ausführliche Einleitung beibehalten. Auch auf den dogmatischen Zusammenhang wurde besonderer Wert gelegt.
Nur die wichtigsten nachbarrechtlichen Vorschriften (außerhalb des NRG und des BGB), die für den Gebrauch unerlässlich erschienen, sind im Buch aufgenommen. Die übrigen nachbarrechtlichen Vorschriften können heute leicht über das Internet abgerufen werden. Das Buch wurde an die neueste Rechtsprechung – wie z. B. eine Entscheidung des OLG Karlsruhe aus dem Jahr 2022, nach der im Rahmen des § 9 NRG stets eine Schädigung des Nachbargrundstücks ausgeschlossen sein muss sowie z. B. Entscheidungen des BGH aus dem Jahr 2021 zur Nachbarwand und 2022 zum Notwegerecht – und vor allem an die seit der Vorauflage mehrfach geänderte und zum 16. März 2026 neu bekanntgemachte LBO Baden-Württemberg angepasst. Auch hat eine sehr interessante Entscheidung des BGH aus dem Jahre 2023, in der es um einen Überbau im Sinne des § 912 BGB im Zusammenhang mit einer Tiefgarage ging, in die Neuauflage Einzug gefunden.
Unabhängig von jeder Regelung oder Änderung möge Jeder sich allerdings vor Augen führen und auch beherzigen, dass ein gutes nachbarliches Zusammenleben meist mehr vom guten Willen der Nachbarn abhängt als von der Möglichkeit der Durchsetzung der Rechtsvorschriften.

Wendlingen am Neckar im April 2026

Dr. Christian Kaiser
Dr. Helmut Kaiser

Inhaltsverzeichnis

Abkürzungsverzeichnis

Paragrafen ohne Gesetzesangabe beziehen sich auf das NRG.

a. A.	anderer Ansicht
a. a. O.	am angegebenen Ort
a. E.	am Ende
a. F.	alte Fassung
AG	Amtsgericht
AGBGB	Ausführungsgesetz zum Bürgerlichen Gesetzbuch
AgrarR	Agrarrecht Zeitschrift für das gesamte Recht der Landwirtschaft, der Agrarmärkte und des ländlichen Raums
AHB	Allgemeine Versicherungsbedingungen für die Haftpflichtversicherung
AK	Anwaltskommentar
Art.	Artikel
AUR	Agrar- und Umweltrecht
Ba.	badisch
BAnz.	Bundesanzeiger
BauGB	Baugesetzbuch
BauNVO	Baunutzungsverordnung
BaWü	Baden-Württemberg
ba.wü.	baden-württembergisch
BB	Betriebsberater
BGB	Bürgerliches Gesetzbuch
BGBl. I	Bundesgesetzblatt Teil I
BGHZ	Bundesgerichtshof (Entscheidungen in Zivilsachen)
BImSchG	Bundes-Immissionsschutzgesetz
BNatSchG	Bundesnaturschutzgesetz
bspw.	beispielsweise
BVerfG	Bundesverfassungsgericht
BVerwG	Bundesverwaltungsgericht
BWGZ	Die Gemeinde (Zeitschrift des Gemeindetags BaWü)
BWNotZ	Zeitschrift für das Notariat in BaWü
DNotZ	Deutsche Notar-Zeitschrift
DÖV	Die Öffentliche Verwaltung
DSchG	Denkmalschutzgesetz
DVBl	Deutsches Verwaltungsblatt
DWW	Deutsche Wohnungswirtschaft
EGBGB	Einführungsgesetz zum Bürgerlichen Gesetzbuch
EGZPO	Gesetz, betreffend die Einführung der Zivilprozessordnung
ErbbauVO	Verordnung über das Erbbaurecht
Erl.	Erläuterung/Erläuterungen
ESVGH	Entscheidungssammlung des Hessischen und Baden-Württembergischen Verwaltungsgerichtshofs
f., ff.	folgender, folgende (Paragrafen)
FischG	Fischereigesetz für Baden-Württemberg
FStrG	Bundesfernstraßengesetz

GABl.	Gemeinsames Amtsblatt (Baden-Württemberg)
GastG	Gaststättengesetz
GBl.	Gesetzblatt für Baden-Württemberg
GemO	Gemeindeordnung für Baden-Württemberg
GewA	Gewerbearchiv
GewO	Gewerbeordnung
GG	Grundgesetz
ggf.	gegebenenfalls
GVBl.	Gesetz- und Verordnungsblatt
GVG	Gerichtsverfassungsgesetz
h. M.	herrschende Meinung
Halbs.	Halbsatz
i. d. F.	in der Fassung
i. S. d.	im Sinne des
i. S. v.	im Sinne von
i. V. m.	in Verbindung mit
JZ	Juristenzeitung
KrW/AbfG	Kreislaufwirtschafts- und Abfallgesetz
LAbfG	Landesabfallgesetz
LBO	Landesbauordnung für Baden-Württemberg
LG	Landgericht
LLG	Landwirtschafts- und Landeskulturgesetz
LM	Lindenmaier-Möhring
LOWiG	Landesordnungswidrigkeitengesetz
LRS	Landesrechtssatz (Landrecht des Großherzogtums Baden)
LT-DS	Landtag von Baden-Württemberg – Drucksache
LuftVG	Luftverkehrsgesetz
LVG	Landesverwaltungsgesetz
LVwVfG	Landesverwaltungsverfahrensgesetz
LWaldG	Waldgesetz für Baden-Württemberg
MDR	Monatsschrift für Deutsches Recht
MK	Münchener Kommentar (zum BGB)
m. w. N.	mit weiteren Nachweisen
NatSchG	Naturschutzgesetz
NJW	Neue Juristische Wochenschrift
NJW-RR	NJW-Rechtsprechungs-Report Zivilrecht
NRG	Nachbarrechtsgesetz
NuR	Natur und Recht
NVwZ	Neue Zeitschrift für Verwaltungsrecht
NVwZ-RR	NVwZ-Rechtsprechungs-Report Verwaltungsrecht
NZM	Neue Zeitschrift für Miet- und Wohnungsrecht
OLG	Oberlandesgericht
OVG	Oberverwaltungsgericht
OWiG	Gesetz über Ordnungswidrigkeiten
PolG	Polizeigesetz

Abkürzungsverzeichnis

RdL	Recht der Landwirtschaft
RegBl.	Regierungsblatt für Württemberg
RGBl.	Reichsgesetzblatt
RGZ	Reichsgericht (Zivilsachen)
Rn.	Randnummer
SchlG	Schlichtungsgesetz
StAnz.	Staatsanzeiger
StGB	Strafgesetzbuch
str.	strittig
StrG	Straßengesetz für Baden-Württemberg
TA Lärm	Technische Anleitung zum Schutz gegen Lärm
TA Luft	Technische Anleitung zur Reinhaltung der Luft
Tz.	Textziffer
UPR	Umwelt- und Planungsrecht
Urt. v.	Urteil vom
VBlBW	Verwaltungsblätter für Baden-Württemberg
VersR	Versicherungsrecht
VGH	Verwaltungsgerichtshof
VO (EWG, EG, EU)	Verordnung (Europäische Wirtschaftsgemeinschaft, Europäische Gemeinschaft, Europäische Union)
VPr.	Verwaltungspraxis
VwGO	Verwaltungsgerichtsordnung
WEG	Wohnungseigentumsgesetz
WG	Wassergesetz für Baden-Württemberg
WHG	Wasserhaushaltsgesetz
WPM	Wertpapiermitteilungen
WRP	Wettbewerb in Recht und Praxis
württ./wü.	württembergisch
ZfL	Zeitschrift für Lärmbekämpfung
ZfW	Zeitschrift für Wasserrecht
ZMR	Zeitschrift für Miet- und Raumrecht
ZPO	Zivilprozessordnung
ZUR	Zeitschrift für Umweltrecht

A Einleitung

I. Grundbegriffe

1. Eigentum

a) **Herrschaftsbefugnisse.** Nach § 903 BGB kann der „Eigentümer einer Sache … mit der Sache nach Belieben verfahren und andere von jeder Einwirkung ausschließen". Das bedeutet, dem Eigentümer steht – positiv – die rechtlich und tatsächliche Herrschaft über seine Sache zu, er kann mit ihr tun und machen, was er will. So kann der Grundstückseigentümer sein Grundstück veräußern, belasten oder Tomaten darauf anbauen; er kann Dritten das Betreten seines Grundstücks frei erlauben oder aber dafür Eintritt verlangen. 1
Der Eigentümer kann aber auch – negativ – andere von jeder Benutzung seines Grundstücks ausschließen, jedem verbieten sein Grundstück zu betreten oder es irgendwie zu nutzen. Er kann sein Eigentum herausverlangen, § 985 BGB, wenn ein anderer ihm das Eigentum und den Besitz entzogen hat. Er kann vom Störer Beseitigung einer Beeinträchtigung und Unterlassung verlangen, § 1004 BGB, wenn sein Eigentum beeinträchtigt wird.

b) **Kollisionsprobleme.** Diese weiten Freiheiten führen zwangsläufig zu Kollisionsproblemen mit den anderen Eigentümern oder sonst Berechtigten, da es unterschiedliche Vorstellungen gibt, wie man mit seiner Sache umgeht. Während ein Eigentümer sein Grundstück als Gartenland und Ruhezone nutzen will, will ein anderer darauf einen Schrottplatz errichten, der dritte Gen-Mais anbauen und der vierte eine Diskothek betreiben. Bereits hieran zeigt sich, dass das Eigentum nicht ohne Beschränkungen ausgeübt und verwirklicht werden kann. Ein gedeihliches menschliches Zusammenleben erfordert, dass Regeln bestehen, wie die verschiedenen Herrschaftsbereiche gegeneinander abgegrenzt, die Freiheitsbedürfnisse voneinander getrennt werden. Dies ist der Bereich des Nachbarrechts. 2

c) **Begrenzungen.** Der Herrschaftsbereich des Eigentums ist nicht schrankenlos und unbegrenzt. Die weiten Befugnisse des Eigentümers bestehen nur, wie bereits § 903 Satz 1 BGB zeigt: „… soweit nicht das Gesetz oder Rechte Dritter entgegenstehen". Dabei handelt es sich um die verschiedensten Vorschriften, die die unterschiedlichsten Gegenstände betreffen. 3

So regeln die **§§ 903 ff. BGB** vor allem, was der Eigentümer für Einwirkungen hinnehmen muss, was er zu dulden hat, etwa unwesentliche Einwirkungen § 906 Abs. 1 BGB, aber auch was er nicht hinzunehmen hat, etwa wesentliche Beeinträchtigungen, § 906 Abs. 1 BGB oder gefahrdrohende Anlagen, § 907 BGB. Das Gesetz gibt ihm auch Abwehrmaßnahmen an die Hand, mit denen er Einwirkungen, die er nicht zu dulden hat, abwehren kann, etwa § 1004 BGB. Auch Rechte Dritter, wie die Grunddienstbarkeiten, §§ 1018 ff. BGB, beschränken seine Rechte. 4

5 Weiter beschränken **öffentlich-rechtliche Regelungen** sein Eigentum ganz wesentlich. So kann der Eigentümer nicht wahllos bauen, muss sich im Rahmen des Bauplanungs- und Bauordnungsrechts und des Verfahrens halten, muss Naturschutz und Immissionsschutz beachten, öffentlich-rechtliche Widmungen. Er erhält allerdings auch hier die Möglichkeit, sich mit einer Klage zu wehren, wenn seine Rechte verletzt werden. So kann er gegen eine – unberechtigte – Baugenehmigung oder Betriebserlaubnis für den Nachbarn vorgehen.

6 Beschränkungen bieten auch die **nachbarrechtlichen Vorschriften des NRG**. Diese Regelungen sind landesrechtliche Vorschriften, sie dienen dazu, die regionalen Besonderheiten zu berücksichtigen, etwa §§ 7c und 7d NRG, Duldung von Überbau bei Wärmedämmung und das Hammerschlags- und Leiterrecht.

7 Eine weitere Besonderheit stellt das **nachbarrechtliche Gemeinschaftsverhältnis** dar. Dieses ist nicht spezialgesetzlich geregelt, aber seit RGZ 154, 161 ff. anerkannt, während es noch in RGZ 132, 51, 56 abgelehnt wurde. Dieses Rechtsinstitut soll dazu dienen, den „gerechten Ausgleich der widerstreitenden Belange, das für dieses Lebensverhältnis richtige Recht zu finden". Der Eigentümer hat auf die Belange des Nachbarn Rücksicht zu nehmen. Es handelt sich um eine Ausprägung von Treu und Glauben. Aus der nachbarlichen Nähe ergibt sich die Pflicht zur gegenseitigen Rücksichtnahme. Da die gesetzlichen Regelungen nicht alle Situationen erfassen können, gibt es Ausnahmefälle, die einen über die gesetzlichen Regelungen hinausgehenden billigen Ausgleich geboten erscheinen lassen (BGH NJW 1984, 729, 730).

8 Auch **vertragliche Beziehungen** können zwischen den Nachbarn bestehen und so die allumfassenden Freiheitsbefugnisse einschränken. So können Nachbarn ihre Verhältnisse vertraglich regeln, ein bestimmtes Verhalten als Norm bestimmen: Etwa, dass der Nachbar nur wochentags zwischen 14 und 18 Uhr seinen Rasen mähen darf, dass nur nach 20 Uhr gegrillt wird. Häufig einigen sich die Nachbarn auf solche Regelungen durch Vergleich bei Gericht, um zusammenleben zu können. Daran haben sich die Parteien zu halten, auch wenn das Rasenmähen nach örtlichen Satzungen vormittags erlaubt wäre. Diese Vereinbarungen sind Grundlage der Verhaltensregeln zwischen den Nachbarn. Gewisse Vereinbarungen können auch dinglich gesichert, also ins Grundbuch eingetragen werden, etwa durch eine Grunddienstbarkeit, §§ 1018 ff. BGB. Damit werden auch die Rechtsnachfolger, also die Erben oder Erwerber, an die Regelung gebunden.

2. Das Grundstück

9 Bezugsobjekt zum Nachbarn ist stets das Grundstück. Das ist in diesem Sinne ein räumlich genau abgegrenzter Teil der Erdoberfläche, der auf einem bestimmten Grundstücksblatt unter einer bestimmten Grundstücksnummer eingetragen ist (*Grüneberg-Herrler* § 873 BGB Rn. 1).
Die Rechte am Grundstück erstrecken sich dabei nach § 905 BGB auch auf den Raum über der Erdoberfläche und den Erdkörper unterhalb der Oberfläche. Zum Grundstück gehört weiter alles, was mit diesem über oder unterhalb der Erdoberfläche verbunden ist. Auch die wesentlichen Bestandteile, §§ 93 ff. BGB.

3. Der Nachbar

Dass ein Nachbar geschützt werden kann, setzt voraus, dass Nachbarschaft in diesem Sinne überhaupt vorliegt. Nachbarn sind dabei nicht nur die Eigentümer der unmittelbar angrenzenden Grundstücke; Konflikte entstehen auch, wenn Dämpfe, Gase, Lärm von einem Grundstück einwirken, das nicht unmittelbar angrenzt. Ein Schrottplatz stört, wie auch eine Müllverbrennungsanlage, auch wenn diese Objekte nicht unmittelbar an das Grundstück angrenzen, sondern nur in der Nähe liegen; der Lärm einer Diskothek morgens um 4:30 Uhr stört, auch wenn zwischen den Grundstücken ein Weg durchführt. **10**
Streit kann es zwischen den Nachbarn auch geben, wenn die Nutzer nicht selbst Eigentümer sind. So können Eigentümer und Mieter des Nachbargrundstücks, oder zwei Pächter über Dämpfe, Gase oder Lärmbelästigung streiten.

II. Kurzer geschichtlicher Abriss

1. Regelungen im Privatrecht

a) Bürgerliches Gesetzbuch. Unter dem Einfluss des Naturrechts, der Aufklärung und des wirtschaftlichen Liberalismus des 19. Jahrhunderts hat das BGB das Eigentum am Grundstück im Wesentlichen als unbeschränktes individuelles Herrschaftsrecht ausgestaltet, § 903 BGB. Aber bereits die Weimarer Reichsverfassung vom 11. August 1919 hat dieser individuellen Auffassung vom Eigentum in Art. 153 Abs. 3 die soziale Verpflichtung des Eigentums gegenübergestellt. Und das Grundgesetz für die Bundesrepublik Deutschland vom 23. Mai 1949 hat diese Sozialpflichtigkeit oder Sozialgebundenheit des Eigentums in Art. 14 Abs. 2 – „Eigentum verpflichtet. Sein Gebrauch soll zugleich dem Wohle der Allgemeinheit dienen." – bestätigt. Aufgrund der Sozialbindung ist der Grundstückseigentümer nicht gegenüber jedermann und zu jeder Zeit verpflichtet, die Mitbenutzung oder gar die Schädigung seines Eigentums hinzunehmen. Vielmehr bedeutet Sozialbindung, dass sich der Eigentümer ohne Entschädigung die Beschränkungen gefallen lassen muss, die in einem demokratischen und sozialen Rechtsstaat, wie es die Bundesrepublik Deutschland ist, hinsichtlich des Eigentums üblich, adäquat und zumutbar sind. Der Eigentümer darf sich bei der Ausübung seines Eigentumsrechts nicht nur von seinen Interessen leiten lassen, sondern er muss zugleich auch das Wohl der Allgemeinheit berücksichtigen. **11**
Damit enthält das Nachbarrecht eine wesentliche Konkretisierung dieser Sozialgebundenheit: Auch der Nachbar, dessen Rechtssphäre durch die Ausübung (Nutzung) des Grundstückseigentums berührt wird, ist Teil (Repräsentant) dieser Allgemeinheit. Weil das freie Herrschaftsbelieben des einen Grundstückseigentümers angesichts des engen Zusammenlebens in unserem Lande sehr rasch auf das freie Herrschaftsbelieben eines anderen Grundstückseigentümers stößt, müssen die oft zwangsläufig widerstreitenden Interessen der Eigentümer benachbarter Grundstücke zu einem Ausgleich gebracht werden. Wer in einem Wohngebiet auf der Terrasse seines Einfamilienhauses um Mitternacht sein Waldhorn bläst, erfreut sich zwar der Idylle seines Anwesens, stört aber damit auch seine Nachbarn in ihrer wohlverdienten Nachtruhe. Die notwendige Rücksichtnahme auf den Nachbarn, die Erfordernisse der Wohn- und Baugemeinschaft sowie der

Lebensgemeinschaften in Dorf und Stadt zu regeln, ist damit Aufgabe auch des baden-württembergischen Gesetzes über das Nachbarrecht.

12 Das private Nachbarrecht strebt schon wegen des nachbarlichen Friedens eine möglichst umfassende Regelung an, ohne allerdings alle Fälle erfassen zu können. Soweit eine spezialgesetzliche Rechtsnorm fehlt oder ein über die gesetzliche Regelung hinausgehender billiger Ausgleich widerstrebender Interessen geboten ist (BGH NJW 2003, 1392), sind nachbarrechtliche Streitigkeiten unter dem Gesichtspunkt des nachbarlichen Gemeinschaftsverhältnisses im Geiste gegenseitiger Rücksichtnahme nach Treu und Glauben zu regeln, § 242 BGB. Dabei können vom NRG abweichende Regelungen des nachbarlichen Verhältnisses vereinbart werden.

13 Abgesehen von den Nachbarrechtsvorschriften des BGB ist das privatrechtliche Nachbarrecht im Wesentlichen Landesrecht und damit von Bundesland zu Bundesland zum Teil unterschiedlich geregelt. Diese Regelungen konnten und sollten nicht einheitlich oder gar schematisch sein, weil die nachbarlichen Verhältnisse, die Übungen und die Rechtsgewohnheiten in den verschiedenen Teilen Deutschlands sehr verschiedenartig waren und noch sind. Eine bundeseinheitliche Regelung war und ist auch in der Zukunft nur auf Teilgebieten vertretbar. Gerade wegen der Vielfalt der vorhandenen Möglichkeiten und der Vielzahl erprobter Einrichtungen überließ das BGB dem Landesrecht wesentliche Rechtssetzungskompetenzen auf dem Gebiet des Nachbarrechts (§§ 905 bis 924 BGB und Art. 111, 113, 122, 124, 183 EGBGB i. V. m. Art. 1 Abs. 2 EGBGB). Art. 124 EGBGB lässt über die in §§ 906 bis 918 geregelten Eigentumsbeschränkungen hinaus ausdrücklich noch andere Eigentumsbeschränkungen durch Landesrecht zu, ohne jedoch die Vorschriften des BGB selbst zu ändern. Lediglich der Kreis der zugunsten des Nachbarn wirkenden Eigentumsbeschränkungen darf erweitert werden. Aufgrund dieser Ermächtigung hatten die früheren Länder Baden und Württemberg einzelne Bereiche des Nachbarrechts geregelt.

14 b) **Baden.** In Baden enthielten die Art. 8 bis 19 des AGBGB in der Fassung vom 13. Oktober 1925 (GVBl. S. 281) die Grundbestimmungen des Badischen Nachbarrechts. Es war nicht umfassend und regelte nur wenige nachbarrechtliche Probleme. Es enthielt in Art. 8 Vorschriften für die sog. Scheidemauer, regelte Fragen, die entstanden, wenn eine Erhöhung dieser Mauer erfolgte, sprach in Art. 10 von den Abständen, die eingehalten werden sollten, wenn Bäume und Sträucher an der Nachbargrenze gepflanzt werden und enthielt eine Regelung über die Neuanlage von Wald. Es beschäftigte sich mit schadendrohenden Anlagen, die auf dem Nachbargrundstück nicht erstellt oder gehalten werden durften. Seine Art. 14, 15 und 16 behandelten das sog. Licht- und Fensterrecht. Diese Vorschriften gingen zurück auf das Badische Landrecht aus dem Jahre 1810, das selbst wiederum Gedanken aus dem Code Civil Napoleons enthielt.

15 c) **Württemberg.** Das Württembergische Ausführungsgesetz zum BGB enthielt eine nicht nur dem Umfang, sondern auch dem Inhalt nach weit umfassendere Regelung des Nachbarrechts. Das Württ. Nachbarrecht war vor dem Inkrafttreten des BGB im 4. Abschnitt der allgemeinen Bauordnung vom 6. Oktober 1872 (RegBl. S. 305) und in dem Gesetz über das landwirtschaftliche Nachbarrecht

vom 15. Juni 1893 (RegBl. S. 141), das am 1. Januar 1894 in Kraft trat, enthalten. Diese Vorschriften wurden, soweit sie nicht durch das BGB am 1. Januar 1900 ersetzt worden waren, in das Württ. Ausführungsgesetz zum BGB und zu dessen Nebengesetzen vom 28. Juli 1899 (RegBl. S. 423) als Art. 217 bis 254 übernommen. Nach dem Ersten Weltkrieg wurden die seit 1900 geltenden nachbarrechtlichen Bestimmungen als zum Teil überholt und einem zeitgemäßen Betrieb abträglich beanstandet. Eine Neuordnung des Rechtsstoffes erfolgte in dem Württembergischen Ausführungsgesetz zum BGB und zu den anderen Reichsjustizgesetzen vom 29. Dezember 1931 (RegBl. S. 545). Die nachbarrechtlichen Artikel umfassten nun die Art. 191 bis 225.
Die ins Einzelne gehende Regelung des Württembergischen Nachbarrechts entsprach viel eher den Bedürfnissen der Land-, Forst- und Gartenbauwirtschaft als die badische Regelung. Im früheren Land Baden und auch noch im Landesteil Baden des Bundeslandes Baden-Württemberg wurde in vielen Fällen dadurch zu helfen versucht, dass über bezirks- und ortspolizeiliche Vorschriften nachbarrechtliche Regelungen örtlich beschränkt eingeführt wurden. So wurden z. B. bezirks- oder ortspolizeiliche Vorschriften über die notwendigen Abstände beim Pflanzen von Bäumen und Sträuchern erlassen – ein Rechtsgebiet, das besonders nach einer Neuregelung verlangte.

d) **Baden-Württemberg.** Nach der Entstehung des Landes Baden-Württemberg **16**
wurde allgemein die Ansicht vertreten, dass es erforderlich sei, das Nachbarrecht zu vereinheitlichen bzw. ein neues Nachbarrecht zu schaffen. Die Aufteilung des Grundbesitzes, seine starke Zersplitterung, die auch heute noch in großen Teilen unserer Heimat mit Recht beklagt wird, und der Widerstreit landwirtschaftlicher, städtebaulicher, forstwirtschaftlicher und gewerblicher Interessen ließen es als vordringlich erscheinen, das Rechtsgebiet Nachbarrecht neu zu regeln. Die neuen Ansichten im Obstbau, die neuen forstlichen Bemühungen und nicht zuletzt auch die Tatsache, dass bisher landwirtschaftlich genutztes Land aufgeforstet oder brachgelegt wird, machten es notwendig, den Nachbarschutz auszudehnen und Grenzabstände festzulegen, um einen gerechten Ausgleich der nachbarlichen Interessen herbeizuführen. Es hätte wohl genügt, wenn das Württ. Nachbarrecht für das ganze Land Baden-Württemberg übernommen worden wäre.
Doch ist der Gesetzgeber den wohl richtigen Weg gegangen und hat aus den Vorschriften des alten badischen und württembergischen Rechts die Bestimmungen zusammengefasst, die auch modernen Verhältnissen gerecht werden. Er hat damit eine Rechtseinheit geschaffen, zu der auf dem zwar bescheidenen, aber doch sehr bedeutenden Gebiet des Nachbarrechts jeder Landesteil seinen aus Erfahrung als gut und bewährt erkannten Teil beigetragen hat.
Als *Großherzog Karl-Friedrich* vor rund 150 Jahren die Übersetzung des Code Civil anordnete, bestimmte er dazu, „dass in Zusätzen dasjenige näher bestimmt werden, was nötig ist, um eine sichere, dem Geiste dieses Gesetzbuches stets gemäße und zugleich der hierländischen Landesart und Sitte nicht nachteilige Anwendung zu begründen". Aus dieser Einsicht heraus ist auch das neue Gesetz entstanden; es lässt Raum genug, „hierländischer Landesart und Sitte" in allen Landesteilen zu entsprechen.
Den nachbarrechtlichen Bestimmungen des BGB und des NRG unterliegen alle Grundstücke, gleichgültig, ob sie natürlichen oder juristischen Personen des Pri-

vatrechts gehören. Auch auf die Grundstücke der juristischen Personen des öffentlichen Rechts finden diese Bestimmungen Anwendung, soweit nichts anderes gesetzlich geregelt ist oder dies der öffentlich-rechtlichen Zweckbestimmung widersprechen würde. So enthält auch das NRG einige Sonderbestimmungen für diese Grundstücke (§§ 21, 25).

2. Regelungen im öffentlichen Recht

17 Die Nutzung eines Grundstücks wird schon seit langem auch durch eine Vielzahl von Ordnungsnormen, die dem öffentlichen Recht zuzuordnen sind, im Interesse des allgemeinen gedeihlichen Zusammenlebens geregelt und dabei in mannigfacher Weise eingeschränkt. Als Beispiele seien nur die Regelungen des Bauplanungs- und Bauordnungsrechts, des Naturschutzrechts sowie des Immissionsschutzrechts erwähnt. Soweit privates und öffentliches Nachbarrecht vergleichbare Sachverhalte regeln, wurden bisher z. B. bei den Grenzabständen für bauliche Anlagen oder Pflanzungen privates und öffentliches Recht grundsätzlich als voneinander unabhängige Rechtsregeln angesehen mit der Folge, dass öffentlich-rechtlich zulässige Nutzungen mit Hilfe der privatrechtlichen Abstandsvorschriften verhindert werden konnten.

III. Systematik des Nachbarrechts

1. Öffentliches und privates Nachbarrecht

18 Die Regelungen des Nachbarrechts bestehen aus öffentlich-rechtlichen Vorschriften, etwa Immissionsschutz, Naturschutz, Baurecht und aus privatrechtlichen Vorschriften, insbesondere die Regelungen der §§ 903 ff. BGB und des NRG.

19 a) **Privates Nachbarrecht.** So regeln die Vorschriften des BGB, §§ 903 bis 924 BGB, – für den Besitzer §§ 861 ff. BGB – die nachbarlichen Beziehungen. Kernvorschriften sind hier §§ 906 und 1004 BGB. Diese Normen geben einen Beseitigungs- und Unterlassungsanspruch gegen den Nachbarn, von dessen Grundstück Einwirkungen auf das Nachbargrundstück ausgehen, die er nicht zu dulden hat. Dieser Abwehranspruch besteht ohne Verschulden.

Demgegenüber regeln die Normen des NRG – zulässig über Art. 124 EGBGB – vor allem das Recht der Anpflanzungen, Abstände, Aufschüttungen, Zäune und besondere Duldungspflichten, die über §§ 903 ff. BGB hinausgehen, etwa den Überbau bei Wärmedämmung und das Hammerschlags- und Leiterrecht, §§ 7c und d NRG.

Kernelement bei einem nachbarrechtlichen Streit im Privatrecht ist, dass an diesem Konflikt nur die beiden betroffenen Nachbarn beteiligt sind. Das private Nachbarrecht schränkt die Befugnisse der Eigentümer aus § 903 ff. BGB ein. So darf der Eigentümer dem Nachbarn das Notwegrecht, § 917 BGB, nicht versperren, der Eigentümer kann keinen Baum direkt an der Grundstücksgrenze pflanzen § 11, 12, 16 NRG.

20 b) **Öffentliches Nachbarrecht.** Beim öffentlichen Recht ist dagegen noch ein Dritter im Konfliktfall beteiligt, die Verwaltungsbehörde. Dabei bestehen die direkten Beziehungen hier nicht zum Nachbarn, sondern nur zur Verwaltungs-

behörde. Nur dieser gegenüber können Ansprüche und Rechte geltend gemacht werden.
So kann der Eigentümer nicht vom Nachbarn die Baugenehmigung verlangen, – wenn überhaupt – besteht der Anspruch nur gegenüber der Verwaltungsbehörde, wobei der Nachbar in das verwaltungsrechtliche Verfahren eingebunden ist, angehört wird und ggfs. Anfechtungsklage erheben kann.
Auch die Untersagung eines beeinträchtigenden Betriebs wegen fehlerhafter Genehmigung oder der Widerruf einer erteilten Genehmigung, kann nicht unmittelbar vom Nachbarn im Klageweg verlangt werden. Anspruchsgegner ist nur die Verwaltungsbehörde. Der gestörte Nachbar kann einen Verstoß nur rügen oder belastende Einwirkungen bei der Behörde melden.

2. Rechtsweg

a) **Zivilrechtsweg.** Für die Verletzung privater Nachbarrechte, also etwa die Verletzung von § 912 BGB oder die Nichteinhaltung des Grenzabstands einer Pflanzung, §§ 11, 12, 16 NRG, ist der zivilgerichtliche Rechtsweg gegeben. Dabei wird es sich bei Streitigkeiten um Anpflanzungen, Überwuchs oder einfacheren Belästigungen um eine kleinere Streitigkeit handeln, für die das Amtsgericht zuständig ist – bis zu einem Streitwert von 10.000 €; dagegen kann es beim Überbau oder bei belastenden Anlagen einen Streitwert über 10.000 € geben und deshalb wird das Landgericht zuständig sein, §§ 23, 71 GVG. In der Mehrzahl der Fälle wird ausschließlich – das heißt kein anderes Gericht kann gewählt werden – das Gericht zuständig sein, wo die Grundstücke belegen sind, § 24 ZPO. Zuständig ist also nur und ausschließlich das Amts- oder Landgericht, in dessen Bezirk das streitige Grundstück liegt. **21**

b) **Verwaltungsrechtsweg.** Für die Verletzung subjektiv öffentlicher Rechte muss demgegenüber, nach Durchführung eines Vorverfahrens bei der Verwaltungsbehörde, der Verwaltungsrechtsweg zum Verwaltungsgericht beschritten werden, § 40 VwGO. Klagegegner ist hier nicht der Nachbar, sondern die Verwaltungsbehörde, von der die Genehmigung oder der Widerruf erlangt werden will. **22**

3. Verhältnis öffentliches/privates Nachbarrecht

a) **Grundsatz.** Privates und öffentliches Nachbarrecht stehen selbstständig und gleichrangig nebeneinander (BGHZ 177, 165, 175). **23**

b) **Materiell-rechtliche Ansprüche.** Das bedeutet zwingend, dass zwischen Nachbarn öffentliche-rechtliche und auch private Normen zu beachten sind. Will der Nachbar bauen, muss er die öffentlich-rechtlichen Vorschriften beachten, sonst erhält er keine Baugenehmigung. Aber auch die privatrechtlichen Normen sind einzuhalten, sonst wird der Eigentümer ihn auf Unterlassung in Anspruch nehmen und das Bauen verhindern. Die Voraussetzungen und die Folgen bei privatrechtlichen Ansprüchen richten sich nach dem **Privatrecht**, bei öffentlich-rechtlichen Ansprüchen, nach dem **öffentlichen Recht** (BGHZ 171, 158, 163). **24**

c) **Rechtsweg.** Die Zweigleisigkeit bedeutet weiter, dass auch der Rechtsschutz in zwei Richtungen erfolgt: Geht es um Rechte und Ansprüche aus dem Privatrecht, richten sich die Voraussetzungen und die Folgen nach dem Privatrecht, ist auf dem Zivilrechtsweg zu klagen. Werden öffentlich-rechtliche Ansprüche **25** geltend gemacht, richten sich diese und die Folgen nach dem öffentlichen Recht; die Klage erfolgt auf dem Verwaltungsrechtsweg.

26 aa) **Zivilgericht.** Der Eigentümer kann bei Verletzung von privatrechtlichen Normen vor dem Zivilgericht klagen. Er kann gegen den Störer vorgehen und Beseitigung und Unterlassung verlangen, § 1004 BGB.

27 bb) **Verwaltungsgericht.** Bei nachbarschützenden öffentlich-rechtlichen Normen kann der Eigentümer vor dem Verwaltungsgericht klagen. Er kann etwa Anfechtungsklage gegen die erteilte Baugenehmigung erheben.

28 cc) **Zivilrechtliche Abwehrklage.** Diese nachbarschützenden Normen können aber auch Schutzgesetz i. S. v. § 823 Abs. 2 BGB sein, etwa Regelungen des BImSchG, Schallschutz oder Grenzabstände und zu Schadensersatz führen. Es besteht aber auch analog § 1004 BGB ein quasi-negatorischer Abwehranspruch (BGHZ 86, 356, 362; NJW-RR 1997, 16, 17). Für den Nachbarn ermöglichen diese Ansprüche bei Verstößen im öffentlichen Nachbarrecht die Option einer **zivilrechtlichen Abwehrklage.**
Auch wenn eine Baugenehmigung mit einer nachbarschützenden Auflage erteilt wurde, kann der Eigentümer sie im Zivilrechtsweg durchsetzen; denn die Auflage normiert einen abstrakten Gefährdungstatbestand (BGHZ 122, 1, 6 f.).

29 dd) **Wahlrecht.** Beide Rechtswege stehen gleichberechtigt nebeneinander, sie ergänzen sich und bieten so umfassenden Rechtsschutz, Art. 19 Abs. 4 GG. Der Betroffene kann frei wählen, er kann grundsätzlich auch beide Rechtswege gleichzeitig beschreiten. Mit der einen Klage entfällt nicht das Rechtsschutzbedürfnis für die andere Klage, ebenso wenig liegt doppelte Rechtshängigkeit vor. Die Streitigkeiten haben jeweils einen anderen Streitgegenstand. Während die Anfechtungsklage auf Beseitigung der Baugenehmigung geht, etwa weil sie nicht hätte erteilt werden dürfen, geht der Abwehranspruch aus § 1004 BGB auf Unterlassung oder Beseitigung einer Störung. Zudem sind in den Rechtsstreitigkeiten i. d. R. unterschiedliche Parteien beteiligt. Im Zivilrechtsweg Eigentümer gegen Nachbar; im Verwaltungsrechtsweg Eigentümer gegen Behörde.

30 **In zwei Fällen gilt eine Ausnahme:**
- Geht die Einwirkung von einem Störer aus, der eine hoheitliche Tätigkeit verrichtet, dann ist ausschließlich der Verwaltungsrechtsweg eröffnet.
- Sofern ein Störer einmal als Grundstückseigentümer auf dem Zivilrechtsweg und daneben auch vor dem Verwaltungsgericht als Betreiber einer öffentlichen Einrichtung verklagt und jeweils Beseitigung und Unterlassung verlangt wird (BayVGH NVwZ-RR 2004, 224, 225). Hier liegt wohl ein einheitlicher Streitgegenstand vor, sodass der zweiten Klage die doppelte Rechtshängigkeit entgegenstehen kann.

31 ee) **Unterschiedliche Ergebnisse?** Das öffentliche Recht und das Privatrecht halten öfters für dieselbe Beeinträchtigung eine eigene Norm bereit. Dies birgt die Gefahr, dass in den unterschiedlichen Rechtsgebieten die Voraussetzungen und die Abwehrrechte anders ausgestaltet sind und die Regelungen anders ausgelegt werden, was zu Wertungswidersprüchen führen würde. Es gibt deshalb schon

von jeher Bemühungen, diese unterschiedlichen Rechte zu harmonisieren (BGHZ 111, 63, 68 f. – Volksfestlärm).
So wurde etwa das BGB 1994 geändert und in den § 906 Abs. 1 die Sätze 2 und 3 eingefügt, um einen Gleichklang mit den öffentlich-rechtlichen Vorschriften, die aufgrund von § 48 BImSchG erlassen werden, zu erreichen.
Das Nachbarrecht wurde 1995 harmonisiert. Den Abstandsvorschriften für bauliche Anlagen auf dem Nachbargrundstück, §§ 5, 6 LBO, und in Bebauungsplänen, § 27 NRG, wurde Vorrang vor den Abstandsvorschriften im NRG eingeräumt.
Um zu vermeiden, dass es zu unterschiedlichen Ergebnissen über die Auslegung kommt, wird die „wesentliche Beeinträchtigung“ in § 906 Abs. 1 Satz 1 BGB identisch ausgelegt wie die „schädlichen Umwelteinwirkungen“ i. S. v. § 14 Satz 1 BImSchG (BGHZ 111, 63, 68 f. – Volksfestlärm).
Die Verwaltungsgerichtsbarkeit hat die Rechtsfigur des „nachbarrechtlichen Gemeinschaftsverhältnisses“ anerkannt (BVerwGE 1978, 85, 88).

ff) Wirkungen von behördlichen Genehmigungen oder deren Fehlen. 32
(1) Fehlen einer Genehmigung. Fehlt eine öffentlich-rechtliche Genehmigung, kann dies dazu führen, dass keine ordnungsgemäße Grundstücksnutzung vorliegt. So fehlt für eine private Anlage die Ortsüblichkeit der Beeinträchtigung, § 906 Abs. 2 BGB; ohne Baugenehmigung fehlt für das Notwegrecht, § 917 BGB, die ordnungsgemäße Grundstücksnutzung.

(2) Vorliegen einer Genehmigung. Wurde dem Nachbarn, von dessen Grund- 33
stück die Einwirkungen ausgehen, eine behördliche Genehmigung erteilt, stellt sich die Frage nach der Wirkung für die verschiedenen Verfahren. Die Genehmigung ist öffentlich-rechtlich und damit ein Verwaltungsakt. Dieser ist wirksam, selbst wenn er rechtswidrig ist, solange er nicht aufgehoben wurde. Die Beteiligten sind also daran gebunden.

- **Öffentliches Recht**
  Das gilt jedenfalls für den Verwaltungsrechtsstreit und den quasi-negatorischen Abwehranspruch. Er entspringt dem öffentlichen Recht und ist auf die nachbarschützenden Vorschriften des öffentlichen Rechts gestützt (BayObLGZ 2001, 41,45 = NJW-RR 2001, 1456).
- **Privatrecht**
  Demgegenüber werden privatrechtliche Ansprüche durch eine erteilte Genehmigung nicht – unmittelbar – berührt. Bei der Baugenehmigung wird dies deutlich, sie wird nur „unbeschadet der Rechte Dritter“ § 58 Abs. 3 LBO erteilt. Privatrechtliche Abwehransprüche entspringen allein dem privaten Recht, deren Geltendmachung ist daher durch eine Baugenehmigung nicht ausgeschlossen (BGHZ 11, 158, 163; 122, 1, 7 f.).
- **Ausnahmen**
  In einigen Bereichen kommen allerdings den öffentlich-rechtlichen Genehmigungen auch privatrechtliche Wirkungen zu. Sie schließen dann die privatrechtlichen Ansprüche aus oder verweisen auf Ersatzansprüche. So etwa § 14 BImSchG, § 7 Abs. 4 AtomG, § 16 Abs. 2 Satz 1 WHG, § 30 NRG (für Eisenbahn-, Schifffahrts- und ähnliche Verkehrsunternehmen).

B Gesetz über das Nachbarrecht (Nachbarrechtsgesetz – NRG)

I. Gesetzestext

in der Fassung vom 8. Januar 1996 (GBl. S. 54), zuletzt geändert durch Gesetz vom 6. Dezember 2022 (GBl. S. 617)[1]

Inhaltsübersicht

---

1 Gemäß Artikel 15 des Gesetzes vom 6. Dezember 2022 (GBl. S. 617) werden in § 27 Satz 1 des Nachbarrechtsgesetzes in der Fassung vom 8. Januar 1996 (GBl. S. 53), das zuletzt durch Gesetz vom 4. Februar 2014 (GBl. S. 65) geändert worden ist, nach den Wörtern „Maßnahmengesetz zum Baugesetzbuch" die Wörter „oder eine Satzung nach § 74 der Landesbauordnung" eingefügt.

1. Abschnitt **Gebäude**

§ 1 Ableitung des Regenwassers und des Abwassers

Der Eigentümer eines Gebäudes hat das von seinem Gebäude abfließende Niederschlagswasser sowie Abwasser und andere Flüssigkeiten aus seinem Gebäude auf das eigene Grundstück so abzuleiten, dass der Nachbar nicht belästigt wird.

§ 2 Traufberechtigung bei baulichen Änderungen

Ist der Eigentümer eines Gebäudes auf Grund einer Dienstbarkeit verpflichtet, das vom Gebäude des Nachbarn abfließende Niederschlagswasser durch seine eigenen Rinnen und Ablaufrohre abzuleiten, so darf eine Veränderung des Gebäudes, durch welche die Dienstbarkeit beeinträchtigt wird, nur in der Weise geschehen, dass der Nachbar an der Anbringung eigener Rinnen und Ablaufrohre nicht gehindert ist. Dem Nachbarn sind die durch die Abänderung entstehenden Kosten zu ersetzen.

§ 3 Abstand von Lichtöffnungen

(1) Der Eigentümer eines Grundstücks kann verlangen, dass vor Lichtöffnungen in der Außenwand eines Nachbargebäudes, die einen Ausblick auf sein Grundstück gewähren, auf dem Nachbargrundstück Abstandsflächen eingehalten werden, die, rechtwinklig zur Außenwand und in Höhe der Lichtöffnung gemessen, eine Tiefe von mindestens 1,80 m haben und in der Breite auf jeder Seite mindestens 0,60 m über die Lichtöffnung hinausreichen.

(2) Das Verlangen nach Absatz 1 kann nicht gestellt werden für Lichtöffnungen, die verschlossen sind und nicht geöffnet werden können und entweder mit ihrer Unterkante mindestens 1,80 m über dem Fußboden des zu erhellenden Raumes liegen oder undurchsichtig sind.

(3) Das Verlangen nach Absatz 1 kann nicht gestellt werden, wenn keine oder nur geringfügige Beeinträchtigungen zu erwarten sind oder das Vorhaben nach öffentlich-rechtlichen Vorschriften, insbesondere nach den §§ 5 und 6 der Landesbauordnung, zulässig ist. Nach Ablauf von zwei Monaten seit Zugang der Benachrichtigung nach § 55 der Landesbauordnung ist das Verlangen ausgeschlossen. Die Frist wird auch dadurch gewahrt, dass nach § 55 der Landesbauordnung Einwendungen oder Bedenken erhoben werden.

§ 4 Abstand von ausblickgewährenden Anlagen

(1) Der Eigentümer eines Grundstücks kann verlangen, dass vor Balkonen, Terrassen, Erkern, Galerien und sonstigen begehbaren Teilen eines Nachbarhauses, die einen Ausblick auf sein Grundstück gewähren, auf dem Nachbargrundstück Abstandsflächen eingehalten werden, die in der Tiefe mindestens 1,80 m über die Vorderkante und in der Breite auf jeder Seite mindestens 0,60 m über die Seitenkante der genannten Gebäudeteile hinausreichen.

(2) § 3 Abs. 3 findet entsprechende Anwendung.

§ 5 Lichtöffnungen und andere Gebäudeteile, die auf öffentliche Wege oder Plätze Ausblick gewähren

(1) Die in § 3 Abs. 1 genannten Lichtöffnungen und die in § 4 Abs. 1 genannten Gebäudeteile sind den Beschränkungen der §§ 3 und 4 nicht unterworfen, soweit sie auf einen öffentlichen Weg oder einen öffentlichen Platz, der an das Grundstück angrenzt, Ausblick gewähren.

(2) Verliert ein Weg oder Platz die Eigenschaft der Öffentlichkeit, so behalten die Eigentümer der angrenzenden Grundstücke das Recht auf Fortbestand von vorhandenen, in den § 3 Abs. 1 und § 4 Abs. 1 genannten Anlagen.

§ 6 Abstand schadendrohender und störender Anlagen

(1) Schadendrohende oder störende Anlagen dürfen nur in solcher Entfernung von der Grenze und nur unter solchen Vorkehrungen angebracht werden, dass sie den Nachbarn nicht schädigen.

(2) Anlagen im Sinne des Absatzes 1 sind insbesondere Lager für Chemikalien sowie im Freien gelegene Aborte, Treib- und Brennstoffbehälter, Waschkessel und Backöfen, Bienenstöcke, Futtersilos, Düngerstätten, Jauchegruben und Ställe.

§ 7 Gebäudeabstände und Einfriedigungen bebauter Grundstücke im Außenbereich

(1) Bei der Errichtung oder Veränderung eines Gebäudes im Außenbereich ist der Bauherr auf Verlangen des Nachbarn verpflichtet, zu Gunsten von Grundstücken, die durch landwirtschaftliche Betriebe im Sinne des § 201 des Baugesetzbuches landwirtschaftlich oder gartenbaulich genutzt werden (landwirtschaftliche Nutzung), mit jeder der Nachbargrenze zugewandten Außenwand einen mittleren Grenzabstand einzuhalten, welcher der Höhe der Außenwand entspricht; der Abstand ist senkrecht zur Außenwand zu messen. Der Abstand darf nirgends weniger als 2 m betragen.

(2) Für die Berechnung der Höhe der Außenwand gilt § 5 Abs. 4 Sätze 2 bis 4 und Abs. 5 der Landesbauordnung entsprechend.

(3) § 3 Abs. 3 Sätze 2 und 3 ist entsprechend anzuwenden.

(4) Der Bauherr ist auf Verlangen des Nachbarn verpflichtet, sein Grundstück einzufriedigen, soweit es zum Schutz des Nachbargrundstücks erforderlich ist und öffentlich-rechtliche Vorschriften nicht entgegenstehen.

§ 7a Gründungstiefe

(1) Darf nach den baurechtlichen Vorschriften auf benachbarten Grundstücken unmittelbar an die gemeinsame Grundstücksgrenze gebaut werden, so kann der Eigentümer des Nachbargrundstücks vom Erstbauenden eine solche Ausführung der Gründung verlangen, dass bei der späteren Durchführung seines Bauvorhabens zusätzliche Baumaßnahmen vermieden werden.

(2) Dem Erstbauenden sind die durch dieses Verlangen entstehenden Mehrkosten zu erstatten. Das Verlangen ist dem Erstbauenden vor Erteilung der Baugenehmigung mitzuteilen. Er kann unter Setzung einer angemessenen Frist einen Vorschuss oder eine Sicherheitsleistung verlangen. Wird ein ausreichender Vorschuss oder eine Sicherheitsleistung innerhalb der Frist nicht geleistet, so entfällt die Verpflichtung des Erstbauenden.

(3) Wird die weitergehende Gründung zum Vorteil des Erstbauenden ganz oder teilweise ausgenutzt, so entfällt insoweit die Erstattungspflicht nach Absatz 2. Bereits erstattete Kosten können zurückverlangt werden.

§ 7b Überbau

(1) Darf nach den baurechtlichen Vorschriften unmittelbar an die gemeinsame Grundstücksgrenze gebaut werden, so hat der Eigentümer des Nachbargrundstücks in den Luftraum seines Grundstücks übergreifende untergeordnete Bauteile, die den baurechtlichen Vorschriften entsprechen, zu dulden, solange diese die Benutzung seines Grundstücks nicht oder nur unwesentlich beeinträchtigen. Untergeordnete Bauteile sind insbesondere solche Bestandteile einer baulichen Anlage, die deren nutzbare Fläche nicht vergrößern.

(2) Darf an beiden Seiten unmittelbar an die gemeinsame Grundstücksgrenze gebaut werden, so haben die Eigentümer der benachbarten Grundstücke zu dulden,

dass die Gebäude den baurechtlichen Vorschriften entsprechend durch übergreifende Bauteile angeschlossen werden.

(3) Der Eigentümer des Gebäudes, von dem Bauteile übergreifen, hat dem Eigentümer des Nachbargebäudes den durch den Anschluss nach Absatz 2 entstandenen Schaden zu ersetzen. Auf Verlangen des Berechtigten ist vor Beginn dieser Maßnahme eine Sicherheitsleistung in Höhe des voraussichtlich entstehenden Schadens zu leisten.

§ 7c Überbau durch Wärmedämmung

(1) Eigentümer und Nutzungsberechtigte eines Grundstücks haben zu dulden, dass eine Wärmedämmung, die nachträglich auf die Außenwand eines an der Grundstücksgrenze stehenden Gebäudes aufgebracht wurde, sowie die mit dieser in Zusammenhang stehenden untergeordneten Bauteile auf das Grundstück übergreifen, soweit und solange

1. diese die Benutzung des Grundstücks nicht oder nur geringfügig beeinträchtigen und eine zulässige beabsichtigte Nutzung des Grundstücks nicht oder nur geringfügig behindern und
2. die übergreifenden Bauteile nach öffentlich-rechtlichen Vorschriften zulässig oder zugelassen sind.

Eine nur geringfügige Beeinträchtigung im Sinne von Satz 1 Nummer 1 liegt insbesondere dann nicht vor, wenn die Überbauung die Grenze zum Nachbargrundstück in der Tiefe um mehr als 0,25 m überschreitet. Die Duldungspflicht besteht nur, wenn im Zeitpunkt der Anbringung der Wärmedämmung eine vergleichbare Wärmedämmung auf andere, die Belange der Eigentümer beziehungsweise Nutzungsberechtigten schonendere Weise mit vertretbarem Aufwand nicht vorgenommen werden konnte.

(2) Die Duldungspflicht nach Absatz 1 ist ausgeschlossen, wenn

1. die Errichtung des betroffenen Gebäudes an der Grundstücksgrenze öffentlich-rechtlichen Vorschriften widerspricht, es sei denn, der jeweilige Eigentümer beziehungsweise Nutzungsberechtigte des überbauten Grundstücks kann sich hierauf nach den Vorschriften des öffentlichen Rechts nicht oder nicht mehr berufen, oder
2. die Anbringung einer Wärmedämmung mit zumindest entsprechender räumlicher Ausdehnung bereits im Zeitpunkt der Errichtung des Gebäudes üblich war.

(3) Den Eigentümern und dinglich Nutzungsberechtigten des überbauten Grundstücks ist ein angemessener Ausgleich in Geld zu leisten. Soweit nichts anderes vereinbart wird, gelten § 912 Absatz 2 und §§ 913 und 914 des Bürgerlichen Gesetzbuchs (BGB) entsprechend.

(4) Eigentümer und Nutzungsberechtigte des überbauten Grundstücks können verlangen, dass die Eigentümer des durch den Wärmeschutzüberbau begünstigten Grundstücks die gedämmte Fassade in einem ordnungsgemäßen Zustand erhalten.

(5) Die Veranlasser des Überbaus haben den Eigentümern oder Nutzungsberechtigten des überbauten Grundstücks den durch den Überbau entstehenden Schaden ohne Rücksicht auf Verschulden zu ersetzen. Veranlassern stehen Eigentümer des durch den Wärmeschutzüberbau begünstigten Grundstücks gleich, wenn sie den Überbau zwar nicht veranlasst haben, ihn aber dulden.

§ 7d Hammerschlags- und Leiterrecht

(1) Kann eine nach den baurechtlichen Vorschriften zulässige bauliche Anlage nicht oder nur mit erheblichen besonderen Aufwendungen errichtet, geändert, unterhal-

ten oder abgebrochen werden, ohne dass das Nachbargrundstück betreten wird oder dort Gerüste oder Geräte aufgestellt werden oder auf das Nachbargrundstück übergreifen, so haben die Eigentümer und der Besitzer des Nachbargrundstücks die Benutzung insoweit zu dulden, als sie zu diesen Zwecken notwendig ist.

(2) Die Absicht, das Nachbargrundstück zu benutzen, muss dem Eigentümer und dem Besitzer zwei Wochen vor Beginn der Benutzung angezeigt werden. Ist der im Grundbuch Eingetragene nicht Eigentümer, so genügt die Anzeige an den unmittelbaren Besitzer, es sei denn, dass der Anzeigende den wirklichen Eigentümer kennt. Die Anzeige an den unmittelbaren Besitzer genügt auch, wenn der Aufenthalt des Eigentümers kurzfristig nicht zu ermitteln ist.

(3) Der Eigentümer des begünstigten Grundstücks hat dem Eigentümer des Nachbargrundstücks den durch Maßnahmen nach Absatz 1 entstandenen Schaden zu ersetzen. Auf Verlangen des Berechtigten ist vor Beginn der Benutzung eine Sicherheit in Höhe des voraussichtlich entstehenden Schadens zu leisten.

§ 7e Benutzung von Grenzwänden

(1) Grenzt ein Gebäude unmittelbar an ein höheres, so hat der Eigentümer des höheren Gebäudes zu dulden, dass die Schornsteine und Lüftungsleitungen des niedrigeren Gebäudes an der Grenzwand seines Gebäudes befestigt werden, wenn dies zumutbar und die Höherführung zur Betriebsfähigkeit erforderlich ist.

(2) In den Fällen des Absatzes 1 hat der Eigentümer des höheren Gebäudes auch zu dulden, dass die Reinigung der Schornsteine und Lüftungsleitungen, soweit erforderlich, von seinem Gebäude aus vorgenommen wird und die hierfür nötigen Einrichtungen in oder an seinem Gebäude hergestellt und unterhalten werden.

(3) § 7d Abs. 3 gilt entsprechend.

§ 7f Leitungen

(1) Wenn der Anschluss eines Grundstücks an eine Versorgungsleitung, eine Abwasserleitung oder einen Vorfluter ohne Benutzung eines fremden Grundstücks nicht oder nur unter erheblichen besonderen Aufwendungen oder nur in technisch unvollkommener Weise möglich ist, so hat der Eigentümer des fremden Grundstücks die Benutzung seines Grundstücks insoweit, als es zur Herstellung und Unterhaltung des Anschlusses notwendig ist, zu dulden und entgegenstehende Nutzungsarten zu unterlassen. Überbaute Teile oder solche Teile des fremden Grundstücks, deren Bebauung nach den baurechtlichen Vorschriften zulässig ist, dürfen für den Anschluss nicht in Anspruch genommen werden. Sind auf den fremden Grundstücken Versorgungs- oder Abwasserleitungen bereits vorhanden, so kann der Eigentümer gegen Erstattung der anteilmäßigen Herstellungskosten den Anschluss an diese Leitungen verlangen, wenn dies technisch möglich und zweckmäßig ist.

(2) Ergeben sich nach Verlegung der Leitung unzumutbare Beeinträchtigungen, so kann der Eigentümer des fremden Grundstücks verlangen, dass der Eigentümer des begünstigten Grundstücks auf seine Kosten Vorkehrungen trifft, die solche Beeinträchtigungen beseitigen.

(3) Der Eigentümer des begünstigten Grundstücks hat dem Eigentümer des fremden Grundstücks den durch eine Maßnahme nach den Absätzen 1 und 2 oder durch Beschränkungen der Nutzung oder durch den Betrieb der Leitung entstandenen Schaden zu ersetzen. Auf Verlangen des Berechtigten ist vor Beginn der Maßnah-

men nach den Absätzen 1 und 2 eine Sicherheit in Höhe des voraussichtlich entstehenden Schadens zu leisten.

(4) Der Eigentümer eines beanspruchten Grundstücks kann gegen Erstattung der Mehrkosten eine solche Herstellung der Leitung verlangen, dass sein Grundstück ebenfalls angeschlossen werden kann.

(5) Die Kosten für die Unterhaltung gemeinsamer Leitungen nach Absatz 1 Satz 3 und Absatz 4 sind von den beteiligten Eigentümern gemeinsam zu tragen.

2. Abschnitt **Aufschichtungen und Gerüste**

§ 8 Aufschichtungen und Gerüste

(1) Aufschichtungen von Holz, Steinen und dergleichen, Heu-, Stroh- und Komposthaufen sowie ähnliche Anlagen, die nicht über 2 m hoch sind, müssen 0,50 m von der Grenze entfernt bleiben. Sind sie höher, so muss der Abstand um soviel über 0,50 m betragen, als ihre Höhe das Maß von 2 m übersteigt.

(2) Eine Entfernung von 0,50 m ist einzuhalten bei Gerüsten und ähnlichen Anlagen, sofern nicht die Beschaffenheit der Anlage eine größere Entfernung zur Abwendung eines Schadens erfordert.

(3) Diese Vorschriften gelten nicht für Baugerüste und für das nachbarliche Verhältnis der öffentlichen Wege und der Gewässer einerseits und der an sie grenzenden Grundstücke andererseits.

3. Abschnitt **Erhöhungen**

§ 9 Abstände und Vorkehrungen bei Erhöhungen

(1) Wer den Boden seines Grundstücks über die Oberfläche des Nachbargrundstücks erhöhen will, muss einen solchen Abstand von der Grenze einhalten oder solche Vorkehrungen treffen und unterhalten, das eine Schädigung des Nachbargrundstücks durch Absturz oder Pressung des Bodens ausgeschlossen ist. Diese Verpflichtung geht auf den späteren Eigentümer über.

(2) Welcher Abstand oder welche Vorkehrung zum Schutz des Nachbargrundstücks erforderlich ist, entscheidet sich unter Zugrundelegung der Vorschriften von § 10 Abs. 1 nach Lage des einzelnen Falls.

§ 10 Befestigung von Erhöhungen

(1) Bei Erhöhungen muss die erhöhte Fläche für die Regel entweder durch Errichtung einer Mauer von genügender Stärke oder durch eine andere gleich sichere Befestigung oder eine Böschung von nicht mehr als 45 Grad Steigung (alter Teilung) befestigt werden, wenn die Kante der erhöhten Fläche nicht den Abstand von der Grenze waagrecht gemessen einhält, der dem doppelten Höhenunterschied zwischen der Grenze und der Kante der Erhöhung gleichkommt.

(2) Die Außenseite der Mauer oder der sonstigen Befestigung oder der Fuß der Böschung müssen gegenüber Grundstücken, die landwirtschaftlich genutzt werden, einen Grenzabstand von 0,50m einhalten; dies gilt nicht für Stützmauern für Weinberge.

4. Abschnitt **Einfriedigungen, Spaliervorrichtungen und Pflanzungen**

1. Abstände

§ 11 Tote Einfriedigungen

(1) Mit toten Einfriedigungen ist gegenüber Grundstücken, die landwirtschaftlich genutzt werden, ein Grenzabstand von 0,50 m einzuhalten. Ist die tote Einfriedigung höher als 1,50 m, so vergrößert sich der Abstand entsprechend der Mehrhöhe, außer bei Drahtzäunen und Schranken.

(2) Gegenüber sonstigen Grundstücken ist mit toten Einfriedigungen – außer Drahtzäunen und Schranken – ein Grenzabstand entsprechend der Mehrhöhe einzuhalten, die über 1,50 m hinausgeht.

(3) Zäune, die von der Grenze nicht wenigstens 0,50 m abstehen, müssen so eingerichtet sein, dass ihre Ausbesserung von der Seite des Eigentümers des Zauns aus möglich ist.

(4) Freistehende Mauern mit einem geringeren Abstand von der Grenze als 0,50 m dürfen nicht gegen das Nachbargrundstück abgedacht werden.

§ 12 Hecken

(1) Mit Hecken bis 1,80 m Höhe ist ein Abstand von 0,50 m, mit höheren Hecken ein entsprechend der Mehrhöhe größerer Abstand einzuhalten.

(2) Die Hecke ist bis zur Hälfte des nach Absatz 1 vorgeschriebenen Abstands zurückzuschneiden. Dies gilt nicht für Hecken bis zu 1,80 m Höhe, wenn das Nachbargrundstück innerhalb der im Zusammenhang bebauten Ortsteile oder im Geltungsbereich eines Bebauungsplans liegt und nicht landwirtschaftlich genutzt wird (Innerortslage).

(3) Der Besitzer der Hecke ist zu ihrer Verkürzung und zum Zurückschneiden der Zweige verpflichtet, jedoch nicht in der Zeit vom 1. März bis 30. September.

§ 13 Spaliervorrichtungen

Für Spaliervorrichtungen, die eine flächenartige Ausdehnung des Wachstums der Pflanzen bezwecken, gilt § 12 mit der Maßgabe, dass gegenüber Grundstücken in Innerortslage mit Spalieren bis zu 1,80 m Höhe kein Abstand und mit höheren Spalieren ein Abstand entsprechend der Mehrhöhe einzuhalten ist.

§ 14 Rebstöcke in Weinbergen

Mit Rebstöcken in Weinbergen ist ein Grenzabstand einzuhalten, der der Hälfte des Reihenabstandes entspricht, mindestens jedoch 0,75 m.

§ 15 Waldungen

(1) Mit Waldungen ist ein Abstand von 8 m von der Grenze einzuhalten. Bei Verjüngung von Waldungen, die bei Inkrafttreten dieses Gesetzes bereits bestehen, sowie

in erklärten Waldlagen (§ 28 Abs. 1) ermäßigt sich der Abstand nach Satz 1 auf die Hälfte.

(2) Der vom Baumwuchs freizuhaltende Streifen kann bis auf 2 m Abstand von der Grenze mit Gehölzen bis zu 4 m Höhe und bis auf 1 m Abstand von der Grenze mit Gehölzen bis zu 2 m Höhe bepflanzt werden.

§ 16 Sonstige Gehölze

(1) Bei der Anpflanzung von Bäumen, Sträuchern und anderen Gehölzen sind unbeschadet der §§ 12 bis 15 folgende Grenzabstände einzuhalten:

1. a) mit Beerenobststräuchern und -stämmen, Rosen, Ziersträuchern und sonstigen artgemäß kleinen Gehölzen sowie mit Rebstöcken außerhalb eines Weinberges 0,50 m,
   b) mit Baumschul- und Weihnachtsbaumkulturen sowie mit Weidenpflanzungen, die jährlich genutzt werden, 1 m;
   die Gehölze dürfen die Höhe von 1,80 m nicht überschreiten, es sei denn, dass der Abstand nach Nummer 2 eingehalten wird;
2. mit Kernobst- und Steinobstbäumen auf schwach- und mittelstark wachsenden Unterlagen und anderen Gehölzen artgemäß ähnlicher Ausdehnung, mit Baumschul- und Weihnachtsbaumkulturen, soweit nicht in Nummer 1 aufgeführt, mit Forstsamenplantagen sowie mit Weidenpflanzungen, die nicht jährlich genutzt werden, 2 m;
   die Gehölze dürfen die Höhe von 4 m nicht überschreiten, es sei denn, dass der Abstand nach Nummer 3 eingehalten wird;
3. mit Obstbäumen, soweit sie nicht in Nummer 2 oder 4 genannt sind, 3 m;
4. a) mit artgemäß mittelgroßen oder schmalen Bäumen wie Birken, Blaufichten, Ebereschen, Erlen, Robinien („Akazien"), Salweiden, serbischen Fichten, Thujen, Weißbuchen, Weißdornen und deren Veredelungen, Zieräpfeln, Zierkirschen, Zierpflaumen und mit anderen Gehölzen artgemäß ähnlicher Ausdehnung,
   b) mit Obstbäumen auf stark wachsenden Unterlagen und veredelten Walnussbäumen sowie
   c) mit Pappeln in Kurzumtriebsplantagen (§ 2 Absatz 2 Nummer 1 des Bundeswaldgesetzes) mit einer Umtriebszeit von höchstens zehn Jahren, 4 m;
   die Gehölze nach Buchstabe c dürfen die Höhe von 12 m nicht überschreiten, es sei denn, dass der Abstand nach Nummer 5 eingehalten wird;
5. mit großwüchsigen Arten von Ahornen, Buchen, Eichen, Eschen, Kastanien, Linden, Nadelbäumen, Pappeln, Platanen, unveredelten Walnusssämlingsbäumen sowie mit anderen Bäumen artgemäß ähnlicher Ausdehnung 8 m.

(2) Der Abstand nach Absatz 1 Nr. 2 ermäßigt sich gegenüber Grundstücken in Innerortslage auf die Hälfte. Dies gilt nicht für Baumschul- und Weihnachtsbaumkulturen, Forstsamenplantagen sowie für geschlossene Bestände mit mehr als drei der in Absatz 1 Nr. 2 angeführten Gehölze. Einzeln stehende großwüchsige Bäume, ausgenommen Nadelbäume, dürfen gegenüber Grundstücken in Innerortslage mit einem Abstand von 6 m gepflanzt werden.

(3) Der Besitzer eines Gehölzes, das die nach Absatz 1 Nummern 1, 2 oder 4 Buchstabe c zulässige Höhe überschritten hat, ist zur Verkürzung verpflichtet, jedoch nicht in der Zeit vom 1. März bis 30. September.

§ 17 Hopfenpflanzungen

Mit Hopfenpflanzungen ist ein Abstand von 1,50 m von der Grenze einzuhalten. Ist das Nachbargrundstück gleichfalls mit Hopfen bepflanzt, so ermäßigt sich der Abstand auf die Hälfte.

§ 18 Begünstigung von Weinbergen und Erwerbsgartenbaugrundstücken

Gegenüber Weinbergen in erklärter Reblage (§ 28 Abs. 2) sowie gegenüber erwerbsgartenbaulich genutzten Grundstücken in erklärter Gartenbaulage (§ 28 Abs. 3) sind die Abstände nach § 11 Abs. 1, § 12 Abs. 1, §§ 13, 15, 16 Abs. 1 Nr. 2 bis 5 und Abs. 2 sowie § 17 Satz 1 zu verdoppeln, soweit sich die Einfriedigung, Spaliervorrichtung oder Pflanzung an deren südlicher, östlicher oder westlicher Seite befindet. Das gilt nicht für Obstgehölze und Baumschulbestände innerhalb des geschlossenen Wohnbezirks.

§ 19 Verhältnis zu landwirtschaftlich nicht genutzten Grundstücken

(1) Die Vorschriften der §§ 11 bis 17 gelten nicht gegenüber Grundstücken im Außenbereich, die Wald, Hutung, Heide oder Ödung sind oder die landwirtschaftlich oder gartenbaulich sonst nicht genutzt werden und nicht bebaut sind und auch nicht als Hofraum dienen. Mit Wald gegenüber Wald ist aber ein Abstand von 1 m einzuhalten.

(2) Die in den §§ 11 bis 18 vorgeschriebenen Abstände vermindern sich gegenüber Grundstücken im Außenbereich um diejenige Entfernung, auf die diese Grundstücke, von der Grenze an gerechnet, landwirtschaftlich oder gartenbaulich nicht genutzt, nicht bebaut sind und auch nicht als Hofraum dienen.

§ 20 Pflanzungen hinter geschlossenen Einfriedigungen

Die §§ 12 bis 18 gelten nicht, wenn sich die Spaliervorrichtung oder die Pflanzung hinter einer geschlossenen Einfriedigung befindet, ohne diese zu überragen. Als geschlossen gelten auch Einfriedigungen, bei denen die Zaunteile breiter sind als die Zwischenräume.

§ 21 Verhältnis zu Wegen, Gewässern und Eisenbahnen; Ufer- und Böschungsschutz

(1) Die §§ 11 bis 18 gelten nicht für

1. das nachbarliche Verhältnis zwischen öffentlichen Straßen und Gewässern und den an sie grenzenden Grundstücken,
2. die auf Grund eines Flurbereinigungs- oder Zusammenlegungsplanes erfolgten Anpflanzungen, soweit sie sich im Flurbereinigungs- oder Zusammenlegungsgebiet auswirken.

Bestehende Ausgleichs- oder Schadensersatzansprüche bleiben unberührt.

(2) Die Bestimmungen der §§ 11, 12 und 18 über tote Einfriedigungen und Hecken gelten nicht für das nachbarliche Verhältnis zwischen Grundstücken, die unmittelbar an den Schienenweg einer Eisenbahn grenzen einerseits und dem Schienenweg andererseits.

(3) Auf Einfriedigungen und Pflanzungen, die zum Uferschutz dienen oder die zum Schutz von Böschungen oder steilen Abhängen erforderlich sind, sind die §§ 11, 12, 16 und 18 nicht anzuwenden.

§ 22 Feststellung der Abstände

(1) Die Grenzabstände werden von der Mittelachse der der Grenze nächsten Stämme, Triebe oder Hopfenstangen bei deren Austritt aus dem Boden, bei Drahtanlagen von Hopfenpflanzungen aber von dem der Grenze nächsten oberen Ende der Steigdrähte ab waagrecht gemessen.

(2) Im Verhältnis der durch öffentliche Wege oder durch Gewässer getrennten Grundstücke werden die Abstände von der Mitte des Weges oder Gewässers an gemessen. Dies gilt nicht gegenüber Grundstücken in Innerortslage.

(3) Ist die Einhaltung eines bestimmten Abstands von der Lage oder der Kulturart des Grundstücks oder des Nachbargrundstücks abhängig, so sind bei der Erneuerung einer Einfriedigung, Spaliervorrichtung oder Pflanzung für die Bemessung des Abstands die dann bestehenden Verhältnisse dieses Grundstücks maßgebend. Dasselbe gilt, wenn in einer der Erneuerung gleichkommenden Weise die Einfriedigung oder Spaliervorrichtung ausgebessert oder die Pflanzung ergänzt wird.

2. Überragende Zweige und eingedrungene Wurzeln

§ 23 Überragende Zweige

(1) Abweichend von § 910 Abs. 1 BGB kann der Besitzer eines Grundstücks die Beseitigung von herüberragenden Zweigen eines auf dem Nachbargrundstück stehenden Obstbaums nur bis zur Höhe von 3 m verlangen. Die Höhe wird vom Boden bis zu den unteren Zweigspitzen in unbelaubtem Zustand gemessen.

(2) Die Beseitigung der Zweige kann auf die volle Höhe des Baumes verlangt werden, wenn das benachbarte Grundstück erwerbsgartenbaulich oder landwirtschaftlich genutzt wird oder ein Hofraum ist oder die Zweige auf ein auf dem benachbarten Grundstück stehendes Gebäude hereinragen oder den Bestand oder die Benutzung eines Gebäudes beeinträchtigen oder die Errichtung eines Gebäudes unmöglich machen oder erschweren.

(3) Der Besitzer des Baumes ist zur Beseitigung der Zweige in der Zeit vom 1. März bis 30. September nicht verpflichtet. Er hat die Beseitigung innerhalb einer dem Umfang der Arbeit entsprechenden Frist, jedenfalls aber innerhalb Jahresfrist vorzunehmen. Die sofortige Beseitigung kann verlangt werden, wenn ein dringendes Bedürfnis vorliegt. Wird die Beseitigung nicht innerhalb der in Satz 2 bestimmten Frist oder im Falle des Satzes 3 sofort bewirkt, so ist der Nachbar berechtigt, sie nach § 910 Abs. 1 Satz 2 BGB oder auf Kosten des Besitzers durchzuführen. Im letzteren Fall gehören die abgeschnittenen Zweige dem Besitzer des Baumes.

§ 24 Eingedrungene Wurzeln

(1) Abweichend von § 910 Abs. 1 BGB ist der Besitzer eines Obstbaumguts oder eines Grundstücks der in § 19 Abs. 1 Satz 1 genannten Art, in das aus einem angrenzenden Obstbaumgut Wurzeln eines Obstbaums eingedrungen sind, zu deren

Beseitigung nur insoweit befugt, als dies zur Herstellung und Unterhaltung eines Weges, eines Grabens, einer baulichen Anlage, eines Dräns oder einer sonstigen Leitung erforderlich ist.

(2) Die Beseitigung von sonstigen eingedrungenen Baumwurzeln ist bei einem Grundstück in Innerortslage nur dann zulässig, wenn durch die Wurzeln die Nutzung des Grundstücks wesentlich beeinträchtigt wird, insbesondere Arbeiten der in Absatz 1 genannten Art die Beseitigung erfordern.

§ 25 Bäume an öffentlichen Wegen

(1) Abweichend von § 910 Abs. 1 BGB kann der Besitzer eines Grundstücks die Beseitigung herüberragender Zweige von Bäumen, die auf öffentlichen Wegen oder deren Zubehörden (Nebenwegen, Dämmen, Böschungen) oder nach polizeilicher Vorschrift in regelmäßiger Anordnung längs der Straße auf den angrenzenden Grundstücken gepflanzt sind, nur bis zur Höhe von 3 m verlangen. Die Bestimmungen des § 23 Abs. 1 Satz 2, Abs. 2 und 3 gelten auch hier.

(2) Zur Beseitigung der in sein Grundstück eingedrungenen Wurzeln dieser Bäume ist der Besitzer des Grundstücks nur entsprechend § 24 Abs. 2 und nur dann befugt, wenn er dem Eigentümer des Baumes eine angemessene Frist zur Beseitigung der Wurzeln gesetzt hat und die Beseitigung nicht innerhalb der Frist erfolgte.

5. Abschnitt **Allgemeine Bestimmungen**

§ 26 Verjährung[2]

(1) Beseitigungsansprüche nach diesem Gesetz verjähren in fünf Jahren. Sind Gehölze im Sinne des § 16 Absatz 1 Nummer 4 oder 5 betroffen, so beträgt die Verjährungsfrist zehn Jahre. Bei Pflanzungen beginnt der Lauf der Verjährungsfrist mit dem 1. Juli nach der Pflanzung. Bei an Ort und Stelle gezogenen Gehölzen beginnt sie am 1. Juli des zweiten Entwicklungsjahres. Bei späterer Veränderung der artgemäßen Ausdehnung des Gehölzes beginnt die Verjährung von neuem; dasselbe gilt im Falle des § 16 Absatz 1 Nummer 4 Buchstabe c, wenn die Umtriebszeit von zehn Jahren überschritten wird.

(2) Die Berufung auf Verjährung ist ausgeschlossen, wenn die Anlage erneuert oder in einer der Erneuerung gleichkommenden Weise ausgebessert wird. Dasselbe gilt, wenn eine Pflanzung erneuert oder ergänzt wird.

(3) Der Anspruch auf das Zurückschneiden der Hecken, auf Beseitigung herüberragender Zweige und eingedrungener Wurzeln sowie auf Verkürzung zu hoch gewachsener Gehölze ist der Verjährung nicht unterworfen.

§ 27 Vorrang von Festsetzungen im Bebauungsplan

Enthält ein Bebauungsplan oder eine sonstige Satzung nach dem Baugesetzbuch oder dem Maßnahmengesetz zum Baugesetzbuch oder eine Satzung nach § 74 der Landesbauordnung Festsetzungen über Böschungen, Aufschüttungen, Einfriedi-

---

2 § 26 ist auf alle an dem Tag des Inkrafttretens des Gesetzes vom 4. Februar 2014 (GBl. S. 65) bestehenden und noch nicht verjährten Ansprüche anzuwenden.

gungen, Hecken oder Anpflanzungen, so müssen hierfür die nach diesem Gesetz vorgeschriebenen Abstände insoweit nicht eingehalten werden, als es die Verwirklichung der planerischen Festsetzungen erfordert. Dies gilt nicht gegenüber landwirtschaftlich genutzten Grundstücken.

§ 28 Erklärte Waldlage, erklärte Reblage und erklärte Gartenbaulage

(1) Teile des Gemeindegebiets außerhalb des geschlossenen Wohnbezirks und des Bereichs des Bebauungsplans können durch Gemeindesatzung zur Waldlage erklärt werden (erklärte Waldlage), wenn ihre Aufforstung mit Rücksicht auf die Standortverhältnisse oder aus Gründen der Landeskultur zweckmäßig ist.

(2) Teile des Gemeindegebiets können durch Gemeindesatzung zur Reblage erklärt werden (erklärte Reblage), wenn sie für den Weinbau besonders geeignet sind.

(3) Teile des Gemeindegebiets können durch Gemeindesatzung zur Gartenbaulage erklärt werden (erklärte Gartenbaulage), wenn sie für den unter Verwendung ortsfester Kulturvorrichtungen betriebenen Erwerbsgartenbau besonders geeignet sind.

(4) Die Gemeinde hat vor der Erklärung nach den Absätzen 1, 2 oder 3 die untere Verwaltungsbehörde zu hören.

§ 29 Erlass von Gemeindesatzungen

(1) Die Gemeinde hat den Entwurf einer Satzung nach § 28 öffentlich bekannt zu machen. Die Betroffenen können innerhalb eines Monats nach der Bekanntmachung Einwendungen erheben. Hierauf ist in der öffentlichen Bekanntmachung hinzuweisen.

(2) Über die Einwendungen ist gleichzeitig mit dem endgültigen Beschluss über die Satzung zu entscheiden.

6. Abschnitt **Einwirkung von Verkehrsunternehmen**

§ 30 Einwirkung von Verkehrsunternehmen

Die Vorschrift des § 14 des Bundes-Immissionsschutzgesetzes wird auf Eisenbahn-, Schifffahrts- und ähnliche Verkehrsunternehmungen erstreckt.

7. Abschnitt **Übergangs- und Schlussbestimmungen**

§ 31 Durch Zeitablauf entstandene Fensterschutzrechte

Hat im Geltungsbereich des badischen Ausführungsgesetzes zum Bürgerlichen Gesetzbuch der Eigentümer eines Gebäudes vor dem Inkrafttreten des Bürgerlichen Gesetzbuchs durch Zeitablauf das Recht erlangt, dass zum Schutz seiner Fenster Anlagen auf einem Nachbargrundstück einen bestimmten Abstand einhalten müssen, so gilt dieses Recht auch weiterhin als Grunddienstbarkeit.

§ 32 Alte Mauerrechte

Hat der Eigentümer eines Grundstücks vor dem Inkrafttreten des Bürgerlichen Gesetzbuchs auf Grund des Badischen Landesrechtssatzes 663 von seinem Nachbarn verlangt, dass er zur Erbauung einer Scheidewand beitrage, so bleiben für das Recht und die Pflicht zur Errichtung derselben die bisherigen Vorschriften maßgebend.

§ 33 Bestehende Einfriedigungen, Spaliervorrichtungen, Pflanzungen und bauliche Anlagen

(1) Für die Abstände von Einfriedigungen, Spaliervorrichtungen und Pflanzungen, die bei Inkrafttreten des Gesetzes bereits bestehen, bleiben die bisherigen Vorschriften maßgebend, soweit sie in der Beschränkung des Eigentümers weniger weit gehen als die Vorschriften dieses Gesetzes. Dasselbe gilt für die Abstände von baulichen Anlagen, die bei Inkrafttreten des Gesetzes bestehen, mit deren Bau begonnen worden ist, oder die genehmigt sind.

(2) Wird die Einfriedigung, Spaliervorrichtung oder Pflanzung erneuert, so greifen die Bestimmungen dieses Gesetzes Platz. Dasselbe gilt, wenn in einer der Erneuerung gleichkommenden Weise die Einfriedigung oder Spaliervorrichtung ausgebessert oder die Pflanzung ergänzt wird.

§ 34 Bäume von Waldgrundstücken

(1) Im Geltungsbereich des württembergischen Ausführungsgesetzes zum Bürgerlichen Gesetzbuch und zu anderen Reichsjustizgesetzen muss der Eigentümer eines Waldgrundstücks, in das Zweige und Wurzeln der Bäume und Sträucher eines anderen zur Zeit des Inkrafttretens des Bürgerlichen Gesetzbuchs bereits mit Wald bestandenen Grundstücks herüberragen, die Zweige und Wurzeln dulden.

(2) Die Beseitigung herüberragender Zweige von Bäumen und Sträuchern, die an dem südwestlichen, westlichen oder nordwestlichen Trauf von am 1. Januar 1894 bereits vorhandenen, rein oder vorwiegend mit Nadelholz bestockten Waldungen stehen, kann nicht verlangt werden, wenn hierdurch der Fortbestand der Bäume gefährdet würde, die zum Schutz des hinterliegenden Waldes erforderlich sind.

(3) In diesen Fällen finden die Bestimmungen der § 23 Abs. 2 und § 24 entsprechende Anwendung.

(4) Diese Vorschriften gelten nur, soweit nicht seit dem Inkrafttreten des Bürgerlichen Gesetzbuchs eine Verjüngung des Waldes stattgefunden hat, und, wenn dies nicht der Fall war, bis zur nächsten Verjüngung.

§ 35 Überragende Zweige und eingedrungene Wurzeln von bestehenden Obstbäumen

Im Geltungsbereich des badischen Ausführungsgesetzes zum Bürgerlichen Gesetzbuch sind die Vorschriften der §§ 23 und 24 für bestehende Obstbäume nicht anzuwenden, wenn mit diesen nicht mindestens die Abstände dieses Gesetzes eingehalten werden.

§ 36 Verweisung auf aufgehobene Vorschriften

Soweit in Gesetzen und Verordnungen auf Vorschriften verwiesen ist, die durch dieses Gesetz aufgehoben werden, treten an ihre Stelle die entsprechenden Vorschriften dieses Gesetzes.

§ 37 Inkrafttreten

(1) Das Gesetz tritt am 1. Januar 1960 in Kraft, mit Ausnahme der §§ 15 Abs. 2, 27, 28 und 29, diese treten mit der Verkündung des Gesetzes[3] in Kraft.

(2) Gleichzeitig treten alle entgegenstehenden landesrechtlichen Vorschriften sowie die ortsrechtlichen Bestimmungen über das private Nachbarrecht außer Kraft. Insbesondere treten außer Kraft:
1. die Artikel 8 bis 19 des badischen Ausführungsgesetzes zum Bürgerlichen Gesetzbuch vom 17. Juni 1899 in der Fassung der Bekanntmachung vom 13. Oktober 1925 (GVBl. S. 281),
2. die Artikel 191 bis 224 des württembergischen Ausführungsgesetzes zum Bürgerlichen Gesetzbuch und zu anderen Reichsjustizgesetzen vom 29. Dezember 1931 (RegBl. S. 545), mit Ausnahme des Art. 209 Buchst. b),[4]
3. die §§ 64 bis 71 der Feldpolizeiordnung für das Fürstentum Hohenzollern-Hechingen vom 22. März 1845 (Verordnungs- und Anzeigenblatt für das Fürstentum Hohenzollern-Hechingen 1845 Nr. 19).

Gesetz zur Änderung des Nachbarrechtsgesetzes

vom 4. Februar 2014 (GBl. Seite 65) – Auszug –

Artikel 2

(1) Dieses Gesetz tritt am Tag nach seiner Verkündung in Kraft.

(2) Für zur Zeit des Inkrafttretens dieses Gesetzes[5] bereits bestehende Gehölze gilt § 16 Abs. 2 in der bisherigen Fassung.

(3) § 26 ist in der durch Art. 1 geänderten Fassung auf alle an dem Tag des Inkrafttretens dieses Gesetzes bestehenden und noch nicht verjährten Ansprüche anzuwenden.

Die bisherige Fassung des § 16 Abs. 2 lautete:

§ 16 Sonstige Gehölze

(...)

(2) Die Abstände nach Absatz 1 Nr. 2 bis 4 Buchst. a ermäßigen sich gegenüber Grundstücken in Innerortslage auf die Hälfte. Dies gilt nicht für Baumschul- und

---

3 Ausgabedatum des GBl.: 15. Dezember 1959.
4 Außer Kraft durch § 51 Abs. 1 Buchst. b Nr. 6 ba.-wü. AGBGB mit Wirkung vom 1. Januar 1975.
5 Verkündet mit Gesetzesblatt vom 11. Februar 2014.

Weihnachtsbaumkulturen, Forstsamenplantagen sowie für geschlossene Bestände mit mehr als drei der in Absatz 1 Nr. 2 bis 4 Buchst. a angeführten Gehölze. Einzeln stehende großwüchsige Bäume, ausgenommen Nadelbäume, dürfen gegenüber Grundstücken in Innerortslage mit einem Abstand von 6 m gepflanzt werden.
(...)

II. Tabellen

1. Mindestabstände

Gegenüber Grundstücken (Nutzungsart des Nachbargrundstücks)	Tote Einfriedungen[1, 2, 3, 6] § 11			Hecken[1, 2, 3, 6, 7] § 12		Spaliervorrichtungen[6, 7] § 13		Rebstöcke[2, 6, 7] §§ 14, 16 Abs. 1 Nr. 1a			Waldungen[4, 6] § 15	Hopfenpflanzungen[5, 6] § 17
	Drahtzäune Schranken	Sonstige tote Einfriedungen						innerhalb von Weinbergen	außerhalb von Weinbergen			
		bis 1,5 m hoch	über 1,5 m hoch	bis 1,8 m hoch	über 1,8 m hoch	bis 1,8 m hoch	über 1,8 m hoch		bis 1,8 m hoch	über 1,8 m hoch		
a) Landwirtschaftlich/ gartenbaulich genutztes Grundstück	0,5 m	0,5 m	Höhe weniger 1 m	0,5 m	Höhe weniger 1,3 m	0,5 m	Höhe weniger 1,3 m	–	0,5 m	2 m	8 m	1,5 m
b) Weinberg	0,5 m	0,5 m	Höhe weniger 1 m	0,5 m	Höhe weniger 1,3 m	0,5 m	Höhe weniger 1,3 m	Hälfte d. Reihenabstandes, mindestens aber 0,75 m	0,5 m	2 m	8 m	1,5 m
c) Weinberg in erklärter Reblage oder erwerbsgartenbaulich genutztes Grundstück in erklärter Gartenbaulage auf südlicher, östlicher oder westlicher Seite	1 m	1 m	doppelte Höhe weniger 2 m	1 m	doppelte Höhe weniger 2,61 m	1 m	doppelte Höhe weniger 2,61 m		1 m	4 m	16 m	3 m
d) Wald, Hutung, Heide, Ödung, landwirtschaftlich oder gartenbaulich nicht genutztes, nicht bebautes und auch nicht als Hofraum genutztes Grundstück im Außenbereich	0	0	0	0	0	0	0	0	0	0	0 gegenüber Wald: 1 m	0
e) Öffentliche Straßen und Gewässer	0	0	0	0	0	0	0	0	0	0	0	0
f) Schienenweg	0	0	0	0	0	0,25	Höhe weniger 1,3 m	–	0,5 m	2 m	8 m	1,5 m

Gegenüber Grundstücken (Nutzungsart des Nachbargrundstücks)	Tote Einfriedungen[1, 2, 3, 6] § 11			Hecken[1, 2, 3, 6, 7] § 12		Spaliervorrichtungen[6, 7] § 13		Rebstöcke[2, 6, 7] §§ 14, 16 Abs. 1 Nr. 1a			Waldungen[4, 6] § 15	Hopfenpflanzungen[5, 6] § 17
	Drahtzäune Schranken	Sonstige tote Einfriedungen						innerhalb von Weinbergen	außerhalb von Weinbergen			
		bis 1,5 m hoch	über 1,5 m hoch	bis 1,8 m hoch	über 1,8 m hoch	bis 1,8 m hoch	über 1,8 m hoch		bis 1,8 m hoch	über 1,8 m hoch		
g) Grundstück in Innenortslage	0	0	Höhe weniger 1,5 m	0,5 m	Höhe weniger 1,3 m	0	Höhe weniger 1,3 m	Hälfte d. Reihenabstandes, mindestens aber 0,75 m	0,5 m	2 m	8 m	1,5 m

2. Tabelle der Abstände bei Bäumen, Sträuchern und anderen Gehölzen[1, 2, 6, 7, 8, 9, 10]

	gegenüber Grundstücken in Innerortslage[11]	Sonstige Grundstücke
1. a) Beerenobststräucher und -stämme, Rosen, Ziersträucher und sonstige artgemäß kleine Gehölze sowie Rebstöcke außerhalb eines Weinberges	0,50 m	0,50 m
b) Baumschul- und Weihnachtsbaumkulturen sowie Weidenpflanzungen, die jährlich genutzt werden	1 m	1 m
Wenn die Höhe von 1,80 m überschritten wird	1 m	2 m
2. Kernobst- und Steinobstbäume auf schwach- und mittelstark wachsenden Unterlagen und andere Gehölze artgemäß ähnlicher Ausdehnung. Baumschul- und Weihnachtsbaumkulturen, soweit nicht in Nummer 1 aufgeführt, Forstsamenplantagen sowie Weidenpflanzungen, die nicht jährlich genutzt werden	1 m	2 m
Wenn die Höhe von 4 m überschritten wird	3 m	3 m
3. Obstbäume, soweit sie nicht in Nummer 2 oder 4 genannt sind.	3 m	3 m
4. a) Artgemäß mittelgroße oder schmale Bäume wie Birken, Blaufichten, Ebereschen, Erlen, Robitnien („Akazien"), Salweiden, Serbische Fichten, Thujen, Weißbuchen, Weißdornen und deren Veredelungen, Zieräpfel, Zierkirschen, Zierpflaumen und andere Gehölze artgemäß ähnlicher Ausdehnung sowie b) Obstbäume auf stark wachsenden Unterlagen und veredelte Walnußbäume sowie	4 m	4 m
c) mit Pappeln in Kurzumtriebsplantagen (§ 2 Absatz 2 Nummer 1 des Bundeswaldgesetzes) mit einer Umtriebszeit von höchstens 10 Jahren, Gehölze nach Buchstabe c, die eine Höhe von 12 m überschreiten	8 m	8 m
5. Großwüchsige Arten von Ahornen, Buchen, Eichen, Eschen, Kastanien, Linden, Nadelbäumen, Pappeln, Platanen, unveredelte Walnusssämlingsbäume sowie andere Bäume artgemäß ähnlicher Ausdehnung	8 m	8 m

Anmerkungen zu Tabellen 1. und 2.:

1 Für Einfriedigungen und Pflanzungen, die zum Uferschutz dienen oder die zum Schutz von Böschungen oder steilen Abhängen erforderlich sind, gelten die § 11, 12, 16 und 18 nicht (§ 21 Abs. 3).

2 Auch mit den auf öffentlichen Straßen- und Gewässergrundstücken stehenden toten Einfriedigungen, Spaliervorrichtungen und Pflanzungen (§§ 11 bis 18) brauchen gegenüber den angrenzenden Grundstücken keine Abstände eingehalten zu werden (§ 21 Abs. 1 Nr. 1).

3 Mit toten Einfriedigungen und Hecken auf Gleisgrundstücken brauchen keine Abstände eingehalten zu werden (§ 21 Abs. 2).

4 Bei einer Verjüngung des Waldes, der am 1.1.1960 bestanden hat, sowie in

erklärten Waldlagen ermäßigt sich der Abstand auf die Hälfte (§ 15 Abs. 1 Satz 2). In den Abstand können jedoch bis auf 2 m Abstand zur Grenze Gehölze bis zu 4 m Höhe und bis auf 1 m Abstand Gehölze bis zu 2 m Höhe gepflanzt werden (§ 15 Abs. 2).

5 Der Abstand von 1,5 m ermäßigt sich auf die Hälfte, wenn das Nachbargrundstück gleichfalls mit Hopfen bepflanzt ist (§ 17 Satz 2).

6 Die Abstände der § 11 bis 18 vermindern sich gegenüber Grundstücken im Außenbereich um die Entfernung, auf welche diese Grundstücke von der Grenze an gerechnet landwirtschaftlich oder gartenbaulich nicht genutzt oder nicht bebaut sind und auch nicht als Hofraum dienen (§ 19 Abs. 2).

7 Für Spaliervorrichtungen oder Pflanzungen hinter einer geschlossenen Einfriedigung genügt die Einhaltung des Abstandes für die geschlossene Einfriedigung, wenn die Spaliervorrichtung oder die Pflanzung die geschlossene Einfriedigung nicht überragt (§ 20).

8 Gegenüber Grundstücken im Außenbereich, die Wald, Hutung, Heide oder Ödung sind oder die landwirtschaftlich oder gartenbaulich sonst nicht genutzt werden und nicht bebaut sind und auch nicht als Hofraum dienen, sind keine Abstände einzuhalten (§ 19 Abs. 1).

9 Gegenüber Weinbergen in erklärter Reblage sowie gegenüber erwerbsgartenbaulich genutzten Grundstücken in erklärter Gartenbaulage sind die Abstände nach § 16 Abs. 1 Nr. 2 bis 5 und Abs. 2 zu verdoppeln, wenn sich die Pflanzung an deren südlicher, östlicher oder westlicher Seite befindet (§ 18 Satz 1).

10 Gegenüber öffentlichen Straßen und Gewässern brauchen für Gehölze auch keine Abstände eingehalten zu werden (§ 21 Abs. 1).

11 Gilt nicht für Baumschul- und Weihnachtsbaumkulturen, Forstsamenplantagen sowie für geschlossene Bestände mit mehr als drei der unter 2 bis 4a angeführten Gehölze (§ 15 Abs. 2 Satz 2).

III. Erläuterungen Nachbarrechtsgesetz[6] (NRG)

1. Abschnitt Gebäude

§ 1 Ableitung des Regenwassers und des Abwassers

Der Eigentümer eines Gebäudes hat das von seinem Gebäude abfließende Niederschlagswasser sowie Abwasser und andere Flüssigkeiten aus seinem Gebäude auf das eigene Grundstück so abzuleiten, dass der Nachbar nicht belästigt wird.

1. Allgemeines

1 Die Vorschrift, die inhaltlich sowohl im früheren badischen (Art. 19 ba. AGBGB) als auch im früheren württembergischen (Art. 191 bis 193 wü. AGBGB) Nachbarrecht enthalten war, befasst sich nur mit dem durch ein *Gebäude* (weitergehend *Birk* § 1 Anm. 2b: entsprechende Anwendung auf bauliche Anlagen, die das natürliche Abfließen in den Untergrund verhindern oder erschweren wie z. B. Bodenplatten, Hofbefestigungen) beeinflussten Abfließen des **Niederschlagswassers** so-

---

6 Paragrafen ohne Gesetzesangabe beziehen sich auf das NRG.

wie mit dem Ableiten von Abwasser und anderen Flüssigkeiten, die sich innerhalb eines Gebäudes befinden.

2. Definitionen

Niederschlagswasser ist Regen- und Schneewasser; es muss von einem Gebäude (Dach, Terrasse, Balkon) abfließen. **2**
Zum **Abwasser** zählen das im Gebäude benutzte und verschmutzte Wasser, aber auch Fäkalien und Jauche (Gülle), derer sich der Grundstückseigentümer entledigen will.
Zu den **anderen Flüssigkeiten** zählen z. B. Reinigungsflüssigkeiten, Galvanisierungsbäder, flüssige Kühlmittel für Maschinen und sonstige bei der industriellen Produktion benötigten Flüssigkeiten. Zu den Dachlawinen s. Stichwort „Beschädigungen".

3. Voraussetzungen

a) Das durch öffentlich-rechtliche Vorschriften zugelassene und das nach § 1 zu- **3**
lassungsfreie Ableiten muss so geschehen, *dass der Nachbar nicht belästigt wird*, z. B. durch Geräusche (Rauschen, Tropfen), Gerüche und sonstige Einwirkungen (z. B. Durchfeuchtung, Schmutz). Ab welcher Intensität die Einwirkung den Nachbarn belästigt, wird im Einzelfall oftmals von der Tageszeit, der örtlichen und zeitlichen Häufigkeit abhängen, sodass selbst unwesentliche Beeinträchtigungen i. S. d. § 906 BGB im Einzelfall belästigen können. Jedenfalls sind wesentliche Beeinträchtigungen, Schädigungen oder erhebliche Nachteile belästigend.
Ein Ableiten i. S. d. § 1 liegt dann nicht vor, wenn Niederschlagswasser auf ein Grundstück auftrifft, durch den Mutterboden in eine wasserdurchlässige Auffüllung einsickert, hierdurch verlangsamt wird und deshalb seinen Weg nicht nur im Wesentlichen hangabwärts, sondern vermehrt auch seitlich in Richtung Nachbargrundstück nimmt (LG Ellwangen, Urt. v. 28.2.2024 – 1 S 78/23).

b) Weitere Voraussetzungen für das Ableiten auf das eigene Grundstück, worun- **4**
ter das **Zuführen** zur Kanalisation, das Sammeln in Behältnissen (z. B. Tonnen, Gruben) und das **Versickern** zu verstehen ist, ergeben sich in erster Linie aus den einschlägigen öffentlich-rechtlichen Vorschriften (§ 8 WHG: Erlaubnis oder Bewilligung für Gewässerbenutzungen, insbesondere für das Einleiten in oberirdische Gewässer und in das Grundwasser; §§ 46 ff. WG: Abwasserbeseitigung; §§ 33 und 36 LBO: Wasserversorgungs- und Wasserentsorgungsanlagen, Anlagen für Abfallstoffe und Reststoffe, Toilettenräume und Bäder, Einleitung des Abwassers in Kleinkläranlagen oder Gruben; § 11 GemO: Anschluss- und Benutzungszwang für Abwasserbeseitigung).

c) Im Gegensatz zum durch ein Gebäude beeinflussten Abfließen des Nieder- **5**
schlagswassers muss der Grundstückseigentümer nicht dafür sorgen, dass auf ein unbebautes oder unbefestigtes Grundstück fallendes Niederschlagswasser für den Nachbarn belästigungsfrei ablaufen kann (*Bulling/Finkenbeiner/Eckardt/Kibele*, Wassergesetz für Baden-Württemberg, Kommentar, § 81 Rn. 1; *Habel*, Kommentar zum WG, § 81 Rn. 1 bis 3).

4. Rechte des Nachbarn

6 **a)** Nach § 7 f. muss der Nachbar Abwasseranlagen unter bestimmten Voraussetzungen auf seinem Grundstück *dulden*.
b) § 1 ist ein Schutzgesetz i. S. d. § 823 Abs. 2 BGB (BGH VersR 1985, 452 für § 7 NW NRG). Nach § 1004 BGB kann der Grundstückseigentümer *Beseitigung* und künftige Unterlassung rechtswidriger Belästigungen *verlangen*.
c) Außerdem kann ein *öffentlich-rechtlicher Anspruch* auf Einschreiten der Wasserbehörde im Rahmen der Gewässeraufsicht (§ 75 WG) bestehen.

§ 2 Traufberechtigung bei baulichen Änderungen

Ist der Eigentümer eines Gebäudes auf Grund einer Dienstbarkeit verpflichtet, das vom Gebäude des Nachbarn abfließende Niederschlagswasser durch seine eigenen Rinnen und Ablaufrohre abzuleiten, so darf eine Veränderung des Gebäudes, durch welche die Dienstbarkeit beeinträchtigt wird, nur in der Weise geschehen, dass der Nachbar an der Anbringung eigener Rinnen und Ablaufrohre nicht gehindert ist. Dem Nachbarn sind die durch die Abänderung entstehenden Kosten zu ersetzen.

1. Allgemeines

1 Der Eigentümer *darf* unbeschadet seiner Verpflichtung, aufgrund einer Dienstbarkeit das vom Gebäude des Nachbarn abfließende Niederschlagswasser (nicht jedoch Abwasser und andere Flüssigkeiten oder vom Grundstück abfließendes Wasser) durch seine **Rinnen und Ablaufrohre** abzuleiten, sein *Gebäude verändern* (z. B. Aufstocken oder Verändern des Daches). Dabei muss aber gewährleistet bleiben, dass der Nachbar nicht an der Anbringung eigener Rinnen und Ablaufrohre, die der sein Gebäude verändernde Eigentümer zu dulden hat, gehindert ist. Außerdem hat er dem Nachbarn die durch das Anbringen der neuen Rinnen oder ähnlicher Vorrichtungen entstehenden Kosten zu ersetzen. Auch kann ein erneuter Anschluss des Nachbarn an eine neue Dachentwässerung des Gebäudeeigentümers in Frage kommen. Jedenfalls muss der Nachbar die kostengünstigste Ableitung seines **Dachwassers** wählen.
Besteht keine besondere **Traufberechtigung**, so gilt § 1.

2. Voraussetzungen

2 Eine solche Traufberechtigung steht nicht jedem Hauseigentümer oder Erbbauberechtigten ohne Weiteres zu. Vielmehr muss ein *besonderer Rechtstitel* vorliegen, wobei es sich entweder um eine **Dienstbarkeit** nach BGB (Grunddienstbarkeit gem. §§ 1018 ff. BGB; beschränkte persönliche Dienstbarkeit gem. §§ 1090 ff. BGB) oder um eine sogenannte*altrechtliche Dienstbarkeit* handeln kann, die bei Inkrafttreten des BGB am 1. Januar 1900 schon bestanden hatte. Die altrechtlichen Dienstbarkeiten mussten zur Aufrechterhaltung nicht in das Grundbuch eingetragen werden (Art. 184 und 187 EGBGB). Inzwischen mussten sie jedoch zur Erhaltung ihrer Wirksamkeit gegenüber dem öffentlichen Glauben des Grundbuchs dort eingetragen werden (für das ehemalige Land Württemberg-Hohenzollern gem. Gesetz über die Eintragung altrechtlicher Dienstbarkeiten im Grundbuch vom 9. Januar 1951 [RegBl. S. 11]: bis 31. Dezember 1952; für

die übrigen Landesteile gem. § 31 Ba.Wü. AGBGB: bis 31. Dezember 1977). Hat ein Eigentümerwechsel ohne vorherige auch später noch mögliche Eintragung der Dienstbarkeit seitdem stattgefunden und war dem Erwerber die Existenz der nichteingetragenen altrechtlichen Dienstbarkeit unbekannt (gutgläubig i. S. v. § 892 BGB, also keine positive Kenntnis), so hat der Erwerber das Grundstück ohne die Belastung durch die altrechtliche Dienstbarkeit erworben, die damit erloschen ist.

Der Nachweis des Bestehens einer **altrechtlichen Dienstbarkeit,** die nicht in das Grundbuch eingetragen ist, wird schon allein wegen des immer größer werdenden Abstandes zum Inkrafttreten des BGB am 1. Januar 1900 oft erhebliche Schwierigkeiten bereiten, zumal wenn keine ausreichenden Urkunden (z. B. Primärkataster, Güterbuch oder Servitutenbuch) und sonstige Nachweise (mehr) vorhanden sind. Für das ehemalige Land **Württemberg und die früheren hohenzollerischen Lande** hilft dem Rechtsinhaber dann das Rechtsinstitut der **unvordenklichen Verjährung.** Unvordenklichkeit ist gegeben, wenn das lebende Geschlecht keinen anderen Zustand kennt und auch von den Vorfahren keinen anderen erfahren hat. Im Allgemeinen wird für die letzten 40 Jahre der positive Beweis verlangt, dass derjenige oder sein Rechtsvorgänger, der die Dienstbarkeit in Anspruch nimmt, dieses Recht ständig und als Recht ausgeübt hatte. Für die vorangegangenen weiteren 40 Jahre genügt der Beweis, dass keine Erinnerung an einen anderen Zustand bestand. Die Rechtsausübung braucht in diesen Zeiträumen weder unbestritten noch ausdrücklich erfolgt zu sein. Nicht erforderlich ist, dass die Verjährungsfrist schon am 1. Januar 1900 vollendet war. Auch die Zeit danach kann noch zum Beweis herangezogen werden, wobei allerdings nach neuerer Rechtsprechung (OLG Stuttgart Die Justiz 1983, 14) die Verjährungsfrist nicht mehr nach dem 1. Januar 1900 beginnen konnte. 3

Im Bereich des früheren Landes **Baden** konnten Rechte zur Ableitung des Dachwassers über fremde Grundstücke (**Dachtraufen,** Traufrechte) als ständige (selbstständige) und offene (sichtbare äußere Anlagen) Dienstbarkeiten durch **Vergünstigung** (Willenserklärung des Eigentümers des dienenden Grundstücks, nicht bloße Duldung – LRS 691), durch **Anerkenntnis** des Eigentümers des belasteten Grundstücks (keine besondere Form und keine Annahme erforderlich, konkludentes Handeln, das auf einen Bewilligungswillen schließen lässt, genügt – BGH Die Justiz 1971, 11, auch stillschweigend – OLG Karlsruhe Die Justiz 1978, 275 – LRS 695), durch **Ersitzung** (30 Jahre Ersitzungsbesitz – LRS 690, 691), aber auch durch Widmung (LRS 692, 694) erworben werden. Die unvordenkliche Verjährung dagegen war seit 1810 nicht mehr möglich. Sofern allerdings die Dachtraufe eine verborgene Dienstbarkeit war (das Regenwasser auf dem herrschenden Grundstück wird von dort durch einen unterirdischen Kanal auf das Nachbargrundstück geleitet), scheidet eine Ersitzung aus (s. OLG Karlsruhe Die Justiz 1978, 275). 4

3. Abwehrrechte des Nachbarn

Das Ablaufen des Dachwassers und anderer Flüssigkeiten auf das Nachbargrundstück **ohne besonderen Rechtstitel** (Dienstbarkeit oder Vereinbarung, die allerdings nicht für die Einzelrechtsnachfolge gilt) stellt eine unzulässige Einwirkung 5 auf das Nachbargrundstück dar. Die Rechtsfolgen einer solchen Einwirkung richten sich nach §§ 1004 und 823 BGB. Diese Abwehrrechte gegen unzulässige Einwirkungen stehen auch dem Miteigentümer oder dem Nießbraucher zu. §§ 1 und 2 finden ferner Anwendung, wenn ein zu duldender Überbau vorhanden ist; der zum Überbau Berechtigte darf sich trotzdem nur des nachbarlichen Eigentums bedienen, soweit dies nach §§ 1 und 2 zulässig ist.

§ 3 Abstand von Lichtöffnungen

(1) Der Eigentümer eines Grundstücks kann verlangen, dass vor Lichtöffnungen in der Außenwand eines Nachbargebäudes, die einen Ausblick auf sein Grundstück gewähren, auf dem Nachbargrundstück Abstandsflächen eingehalten werden, die, rechtwinklig zur Außenwand und in Höhe der Lichtöffnung gemessen, eine Tiefe von mindestens 1,80 m haben und in der Breite auf jeder Seite mindestens 0,60 m über die Lichtöffnung hinausreichen.

(2) Das Verlangen nach Absatz 1 kann nicht gestellt werden für Lichtöffnungen, die verschlossen sind und nicht geöffnet werden können und entweder mit ihrer Unterkante mindestens 1,80 m über dem Fußboden des zu erhellenden Raumes liegen oder undurchsichtig sind.

(3) Das Verlangen nach Absatz 1 kann nicht gestellt werden, wenn keine oder nur geringfügige Beeinträchtigungen zu erwarten sind oder das Vorhaben nach öffentlich-rechtlichen Vorschriften, insbesondere nach den §§ 5 und 6 der Landesbauordnung, zulässig ist. Nach Ablauf von zwei Monaten seit Zugang der Benachrichtigung nach § 55 der Landesbauordnung ist das Verlangen ausgeschlossen. Die Frist wird auch dadurch gewahrt, dass nach § 55 der Landesbauordnung Einwendungen oder Bedenken erhoben werden.

§ 4 Abstand von ausblickgewährenden Anlagen

(1) Der Eigentümer eines Grundstücks kann verlangen, dass vor Balkonen, Terrassen, Erkern, Galerien und sonstigen begehbaren Teilen eines Nachbarhauses, die einen Ausblick auf sein Grundstück gewähren, auf dem Nachbargrundstück Abstandsflächen eingehalten werden, die in der Tiefe mindestens 1,80 m über die Vorderkante und in der Breite auf jeder Seite mindestens 0,60 m über die Seitenkante der genannten Gebäudeteile hinausreichen.

(2) § 3 Abs. 3 findet entsprechende Anwendung.

§ 5 Lichtöffnungen und andere Gebäudeteile, die auf öffentliche Wege oder Plätze Ausblick gewähren

(1) Die in § 3 Abs. 1 genannten Lichtöffnungen und die in § 4 Abs. 1 genannten Gebäudeteile sind den Beschränkungen der §§ 3 und 4 nicht unterworfen, soweit sie auf einen öffentlichen Weg oder einen öffentlichen Platz, der an das Grundstück angrenzt, Ausblick gewähren.

(2) Verliert ein Weg oder Platz die Eigenschaft der Öffentlichkeit, so behalten die Eigentümer der angrenzenden Grundstücke das Recht auf Fortbestand von vorhandenen, in den § 3 Abs. 1 und § 4 Abs. 1 genannten Anlagen.

Zu §§ 3 bis 5

1. Allgemeines

a) Obwohl durch das Gesetz vom 26. Juli 1995 die **Abstandsbestimmungen** 1
einschließlich der **Abstandsmaße** in den §§ 3 bis 5 nicht verändert wurden, sind die Rechte des Grundstückseigentümers, die Einhaltung eines Grenzabstands auf dem benachbarten Grundstück verlangen zu können, gegenüber dem bisherigen Rechtszustand durch den **Vorrang der bauordnungsrechtlichen Vorschriften** sowie durch das Erfordernis einer zu erwartenden nicht nur geringfügigen Beeinträchtigung (§ 3 Abs. 3 Satz 1) wesentlich eingeschränkt worden. Im Gesetzentwurf (LT-DS 11/1481) wird zur Begründung dieser Änderungen darauf hingewiesen, dass das Bauordnungsrecht insbesondere aus Gründen des Brandschutzes grundsätzlich erheblich größere Nachbarabstände als das NRG vorschreibe, jedoch hauptsächlich im Interesse der sinnvollen Nutzung bestehender Gebäude im innerörtlichen Bereich Ausnahmen von den vorgeschriebenen Grenzabständen zulasse. Bei der Prüfung der Zulässigkeit einer Ausnahme nach Bauordnungsrecht seien auch die Belange des Nachbarn zu berücksichtigen.
Im Ergebnis müssen daher vor der Geltendmachung eines Abstandes vor Lichtöffnungen und ausblickgewährenden Anlagen auf dem Nachbargrundstück **zwei Abstandsregelungen,** nämlich die des NRG und die des öffentlichen Rechts, insbesondere §§ 5 und 6 LBO **durchgeprüft werden** mit der Folge, dass etwa **geringere Abstandsvorschriften** des öffentlichen Rechts **maßgebend** sind. Im Übrigen wird die Baugenehmigung unbeschadet privater Rechte Dritter erteilt (§ 58 Abs. 3 LBO).
Neben dieser Änderung der Abstandsregelung wird auch die Bestimmung über die **Frist** für die **Geltendmachung des nachbarrechtlichen Unterlassungsanspruchs** präzisiert (§ 3 Abs. 3 Sätze 2 und 3).

b) Durch die §§ 3 bis 5, die im Wesentlichen dem badischen Recht entnommen 2
sind (s. Art. 14, 15 ba. AGBGB, aber auch Art. 194 wü. AGBGB), sollen der **Freiraum** und die **Privatsphäre** der benachbarten Grundstückseigentümer vor allzu nahen Einsichtsmöglichkeiten **geschützt** werden. Darüber hinaus gewährt das allgemeine Persönlichkeitsrecht einen umfassenden Schutz der Individual-, Privat- und Intimsphäre des Nachbarn (Anspruch auf Unterlassung nach § 1004 BGB, in Ausnahmefällen bei Verschulden auch Schadensersatz nach § 823 Abs. 1 BGB).

2. Voraussetzungen

a) Vor **Lichtöffnungen** (§ 3 Abs. 1, z. B. Fenster, ganz oder teilweise verglaste 3
Terrassen- und Außentüren, auch Kelleröffnungen – BGH Die Justiz 1972, 11), die einen Ausblick auf das Nachbargrundstück gewähren, muss eine rechteckige **Abstandsfläche** von mindestens 1,80 m Tiefe und der Breite der Lichtöffnung zuzüglich zweimal 0,60 m auf dem eigenen Grundstück frei bleiben, d. h. diese Abstandsfläche darf die Nachbargrenze nur berühren, aber nicht überschreiten. Gemessen wird die Tiefe ab der Außenwand, die Breite ab der Lichtöffnung. Die Abstandsfläche braucht nur in der Höhe der Lichtöffnung vorhanden sein; darüber oder darunter kann also näher an die Grenze gebaut werden. Die Einhaltung der Abstandsfläche kann nicht verlangt werden, wenn die Lichtöffnung verschlossen ist und nicht geöffnet werden kann sowie entweder mit ihrer Unterkante

mindestens 1,80 m über dem Fußboden des zu erhellenden Raumes liegt oder undurchsichtig ist (Glasbausteine, Drahtglas).

4 **b**) Eine Abstandsfläche ist auch bei **ausblickgewährenden Anlagen** (§ 4 – Balkone, Terrassen, Erker, Galerien, Wintergärten, begehbare Anlagen) einzuhalten. Gemessen wird hier die Tiefe von der Vorderkante des Gebäudeteils (mind. 1,80 m), die Breite von dessen Seitenkanten (mind. 0,60 m). Nicht zu den Anlagen i. S. v. § 4 zählen begehbare Anlagen (z. B. Freisitze, Gartenterrassen), die keine unmittelbare Verbindung zu einem Gebäude haben.

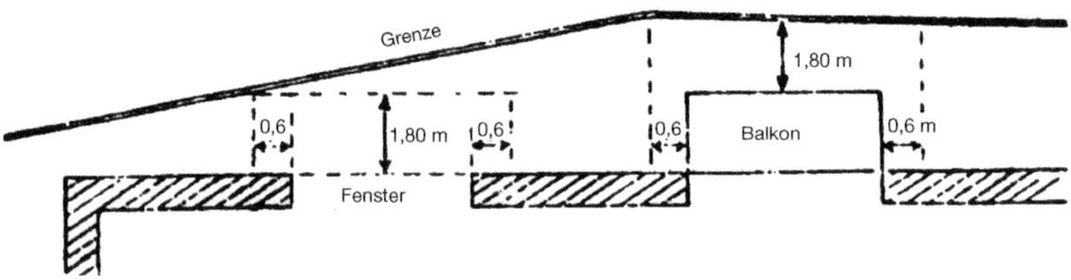

Abb. 1

5 **c**) Keine Abstandsflächen sind einzuhalten, wenn die Lichtöffnungen und Gebäudeteile (§§ 3, 4) auf einen **öffentlichen Weg** oder **Platz** Ausblick gewähren (§ 5), wobei nicht nur die Wege i. S. v. § 3 Abs. 2 Nr. 4 StrG, sondern alle öffentlichen Straßen gemäß § 2 StrG, nämlich alle dem öffentlichen Verkehr gewidmeten (wohl auch tatsächlich öffentliche Wege, sofern sie nicht ohne Weiteres vom Eigentümer gesperrt werden können) Straßen, Wege und Plätze, gemeint sind. Dafür spricht der Sprachgebrauch im wü. AGBGB, wo unter Wegen auch Straßen und Plätze verstanden wurden (*Mayer*, wü. AGBBG Art. 247 Anm. 2). Im Übrigen sind abstandsbewehrt nur solche Lichtöffnungen und ausblickgewährenden Anlagen, von denen tatsächlich das Nachbargrundstück eingesehen werden kann (§ 3 Abs. 3 Satz 1). Allerdings ist das Abwehrrecht des Nachbars nicht schon dann ausgeschlossen, wenn die Beeinträchtigung auch bei Einhaltung der gesetzlichen Vorschriften im Wesentlichen die Gleiche bliebe (OLG Karlsruhe Die Justiz 1999, 490).

6 **d**) Darüber hinaus kann die Einhaltung der Abstände nach § 3 Abs. 1 und § 4 Abs. 1 nicht mehr verlangt werden, wenn keine oder **nur geringfügige Beeinträchtigungen** zu erwarten sind. Gleiches gilt, wenn öffentlich-rechtliche Vorschriften, insbes. § 5 LBO die Unterschreitung dieser Abstände zulassen. Von besonderer Bedeutung sind dabei die Regelungen in

- § **5Abs. 7LBO,** nach welcher der nachbarschützende Teil der Abstandstiefe auf mindestens 2,5 m, bei Wänden bis 5 m Breite auf mindestens 2 m, festgesetzt ist,
- § **5Abs. 6LBO,** nach der Vorbauten, wie Wände, Erker, Balkone, Tür- und Fenstervorbauten (§ 5 Abs. 6 Nr. 2 LBO) bis zu 5 m Breite, die nicht mehr als 1,5 m vortreten, und von Nachbargrenzen mindestens 2 m entfernt bleiben, bei der Bemessung der Abstandsflächen außer Betracht bleiben,
- § **5Abs. 1 Satz 2LBO,** nach der unter bestimmten Voraussetzungen (Gebäude muss oder darf nach planungsrechtlichen Vorschriften an die Grenze

gebaut werden) eine Abstandsfläche vor Außenwänden an Grundstücksgrenzen nicht erforderlich ist.

e) In den Fällen der §§ 3 und 4 kann der Nachbar die Einhaltung der Abstandsflächen nur **innerhalb von zwei Monaten** nach dem Zugang der **Angrenzerbenachrichtigung** nach § 55 LBO (Ausschlussfrist) verlangen (§ 3 Abs. 3). Damit soll ausgeschlossen werden, dass an Bauwerken, die nicht den Bestimmungen des NRG entsprechen, noch nachträglich nur deshalb Veränderungen vorgenommen werden müssen, weil der bauwillige Nachbar seine Bauabsichten nicht hinreichend konkret dem Nachbar mitgeteilt hat. Bei der Benachrichtigung nach § 55 LBO wird zwar unterschieden zwischen dem schriftlichen Antrag auf Erteilung einer Baugenehmigung (Bauantrag) und dem Vorhaben im Kenntnisgabeverfahren. In beiden Fällen hat jedoch die Gemeinde die Eigentümer der angrenzenden Grundstücke zu unterrichten; eine anderweitige Unterrichtung lässt die Frist des § 3 Abs. 3 Satz 2 nicht beginnen (OLG Karlsruhe Die Justiz 1992, 128). Die Benachrichtigung entfällt jedoch, wenn der Angrenzer den Bauarbeiten zugestimmt oder die Bauvorlage unterschrieben hat oder wenn er durch das Vorhaben offensichtlich nicht berührt wird. In diesen Fällen sowie dort, wo der Fenstereinbau ein verfahrensfreies Vorhaben nach Anh. 1 zu § 50 LBO (Öffnungen in Außenwänden und Dächern von Wohngebäuden und Wohnungen) ist, beginnt gleichwohl die Zweimonatsfrist zu laufen in dem Zeitpunkt, in dem der Nachbar von der Ausführung Kenntnis erlangt. Dies folgt aus dem Gedanken der Verwirkung. 7

Die Benachrichtigung nach § 55 LBO muss dem Angrenzer **tatsächlich** zugegangen sein; ihre bloße Absendung durch die Gemeinde genügt nicht. Zur Wahrung der Zweimonatsfrist, bei deren reaktionslosem Verstreichen das Recht zum Verlangen auf Einhaltung der Abstände verloren geht, ist der Zugang des Verlangens innerhalb dieser Frist beim Eigentümer des Nachbargrundstücks (a. A. *Birk* § 3 Anm. 5b: gegenüber Gemeinde genügt) erforderlich; auch hier genügt nicht die Absendung innerhalb der Frist. Lässt sich der fristgerechte Zugang nicht nachweisen, so geht dies zu Lasten desjenigen, der das Verlangen stellt. Es empfiehlt sich daher, das Verlangen schriftlich zu stellen und sich einen Zustellungsnachweis (z. B. schriftliches Empfangsbekenntnis, Übergabe unter Zeugen, Einschreiben mit Rückschein) zu verschaffen. Werden jedoch nach § 55 LBO Einwendungen oder Bedenken gegen das Vorhaben bei der Gemeinde innerhalb von zwei Wochen nach Zustellung/Bekanntgabe der Benachrichtigung erhoben, so wird die Zweimonatsfrist des NRG (Abs. 3 Satz 3) gewahrt. Dabei darf es sich jedoch nicht um irgendwelche Einwendungen oder Bedenken handeln, sondern es müssen solche gewesen sein, die zu einem Verlangen nach §§ 3 und 4 berechtigen (zu geringer Abstand).

3. Sonstiges

a) Die materielle **Präklusion** des § 55 Abs. 2 Satz 2 LBO umfasst nicht das Verlangen nach § 3 Abs. 1 bzw. § 4 Abs. 1, da hierfür im NRG die abweichende Frist von zwei Monaten gesetzt ist (lex specialis). 8

b) **Bestandsschutz:** Für die Lichtöffnungen und Anlagen, die am 1. Januar 1960 bereits bestanden haben oder begonnen oder **genehmigt** waren, gilt früheres 9

Nachbarrecht weiter, soweit es günstiger ist (§ 33 Abs. 1 Satz 2). Daraus folgt für das frühere Land Württemberg und die früheren hohenzollerischen Lande, dass Lichtöffnungen und Ausblick gewährende Anlagen, die vor dem 1. Januar 1960 geschaffen wurden, auch dann nicht beseitigt werden müssen, wenn sie die Abstände des Art. 194 wü. AGBGB, nicht jedoch der §§ 3 und 4 einhalten. Im ehemaligen Land Baden waren für Aussichtsfenster usw. (Art. 14 und 15 ba. AGBGB) Abstände einzuhalten, die nicht verjährbar waren (Art. 18 ba. AGBGB). Durch die Aufhebung von Art. 18 durch § 37 Abs. 2 Nr. 1 war hinsichtlich der am 1. Januar 1960 bestehenden Aussichtsfenster usw. die gesetzliche Verjährung nach § 195 BGB (30 Jahre) eingeführt worden. Gegen das Verlangen auf Beseitigung dieser Aussichtsfenster konnte daher, soweit sie unter § 33 fallen, also nicht die Abstände des NRG einhalten, bis zum Ablauf der 30-jährigen Verjährungsfrist am 31. Dezember 1989 die Einrede der Verjährung nicht wirksam erhoben werden. Durch die Verkürzung der Verjährungsfrist des § 195 BGB von 30 auf 3 Jahre durch das Gesetz zur Modernisierung des Schuldrechts vom 26. November 2001 (BGBl. I S. 3138) ergibt sich keine Änderung, da im Zeitpunkt seines Inkrafttretens bereits die Verjährung eingetreten war.
Für Fensterschutzrechte, die im früheren Land Baden bis zum 1. Januar 1900 entstanden waren, gilt § 31.

§ 6 Abstand schadendrohender und störender Anlagen

(1) Schadendrohende oder störende Anlagen dürfen nur in solcher Entfernung von der Grenze und nur unter solchen Vorkehrungen angebracht werden, dass sie den Nachbarn nicht schädigen.

(2) Anlagen im Sinne des Absatzes 1 sind insbesondere Lager für Chemikalien sowie im Freien gelegene Aborte, Treib- und Brennstoffbehälter, Waschkessel und Backöfen, Bienenstöcke, Futtersilos, Düngerstätten, Jauchegruben und Ställe.

1. Allgemeines

1 **a)** § 6 konkretisiert § 907 BGB (s. die dortigen Anmerkungen), indem er einmal **Grenzabstände** und **Schutzvorkehrungen** nennt, zum anderen Beispiele für **schadendrohende** oder **störende Anlagen** aufzählt.
b) Der Nachbar kann nach § 6 vorgehen – auch wenn die mit der Anlage eingehaltenen Abstände insb. aus §§ 8 bis 10 (und die öffentlich-rechtlichen Vorschriften, z. B. Bau- oder Polizeirecht, aber auch das Immissionsschutzrecht, hier vor allem die Vorschriften über genehmigungsbedürftige Anlagen, s. Anhang zu § 906 BGB Rn. 7) den Nachbarn nicht ausreichend schützen oder von ihnen Befreiung erteilt wurde.

2. Anspruchsberechtigter

2 **Anspruchsberechtigt** ist – wie es auch im badischen Recht war – wohl nur der dinglich Berechtigte. Ansprüche aus § 6 werden die Mieter und Pächter also nicht geltend machen können. Diese werden indessen vom Vermieter oder Verpächter Abhilfe dann verlangen können, wenn ihr ordnungsgemäßer Mietgebrauch oder die Benutzung des Pachtgrundstückes durch schadendrohende oder

störende Anlagen vom Nachbargrundstück her beeinträchtigt wird; ggf. können sie auch gegen den Störer einen Anspruch nach § 862 BGB geltend machen.

3. Voraussetzungen

a) **Nachbar** ist wie bei § 907 BGB nicht nur der Eigentümer des unmittelbar angrenzenden Grundstücks, sondern jeder Eigentümer, dessen Grundstück im möglichen Einwirkungsbereich der Anlage liegt. 3

b) Die in Absatz 2 aufgezählten **Anlagen** sind nur Beispiele. Als weitere störende Anlagen können z. B. in Frage kommen: feste oder bewegliche Kamine auf Balkonen, Terrassen und im Freien, Entlüftungsanlagen (Luftzug und Geräusche), freistehende Motoren (Kompressoren), Steinbrüche, Tennisplätze, ortsfeste Abfallentsorgungsanlagen, **Komposthaufen** direkt an der Grundstücksgrenze (LG München I 23 O 14452/86).

c) Geschädigt wird der Nachbar nicht nur durch eine gesundheitsschädliche Einwirkung auf seine Person. Vielmehr reicht eine dauerhafte, das zumutbare Maß überschreitende Beeinträchtigung ohne physische Beschädigung aus. Ob eine solche **Beeinträchtigung** gegeben ist, richtet sich nach den Umständen des Einzelfalls, wobei Verstöße gegen öffentlich-rechtliche Immissionsschutzvorschriften als schädigend i. S. v. Abs. 1 angesehen werden können. Auch die persönliche Gefährdung des Nachbarn durch eine oft lebensbedrohende Bienenallergie kann dazu führen, dass Bienenvölker (Bienenstöcke) an anderer Stelle aufgestellt werden müssen (LG Ellwangen NJW 1985, 2338; OLG Hamm RdL 1990, 11; s. auch Erl. zu § 906 BGB).

4. Rechtsfolge

Abhilfe kann geschaffen werden durch die Einhaltung eines nach den Umständen des Einzelfalls erforderlichen Abstandes, der die vorstehend beschriebenen Schäden oder Störungen (Beeinträchtigungen) ausschließt, oder durch Schaffung gleichwirksamer Vorkehrungen (z. B. Lärmschutzwand, engmaschiges Bienengitter). Helfen Abstandsveränderungen oder entsprechende Vorkehrungen nicht, so ist die Anlage unzulässig. Der beeinträchtigte Grundstückseigentümer hat einen *Beseitigungs- und Unterlassungsanspruch* nach § 1004 BGB, ggf. Anspruch auf Schadensersatz nach § 823 BGB. 4

§ 7 Gebäudeabstände und Einfriedigungen bebauter Grundstücke im Außenbereich

(1) Bei der Errichtung oder Veränderung eines Gebäudes im Außenbereich ist der Bauherr auf Verlangen des Nachbarn verpflichtet, zu Gunsten von Grundstücken, die durch landwirtschaftliche Betriebe im Sinne des § 201 des Baugesetzbuches[7] landwirtschaftlich oder gartenbaulich genutzt werden (landwirtschaftliche Nutzung), mit jeder der Nachbargrenze zugewandten Außenwand einen mittleren Grenzabstand einzuhalten, welcher der Höhe der Außenwand entspricht; der Abstand ist senkrecht zur Außenwand zu messen. Der Abstand darf nirgends weniger als 2 m betragen.

---

7 Siehe Teil D Anhang 8.

(2) Für die Berechnung der Höhe der Außenwand gilt § 5 Abs. 4 Sätze 2 bis 4 und Abs. 5 der Landesbauordnung entsprechend.

(3) § 3 Abs. 3 Sätze 2 und 3 ist entsprechend anzuwenden.

(4) Der Bauherr ist auf Verlangen des Nachbarn verpflichtet, sein Grundstück einzufriedigen, soweit es zum Schutz des Nachbargrundstücks erforderlich ist und öffentlich-rechtliche Vorschriften nicht entgegenstehen.

1. Allgemeines

1 a) § 7 wurde neu gefasst durch das Gesetz vom 26. Juli 1995. Neben einer Anpassung der Terminologie an das Baurecht (z. B. statt „außerhalb des geschlossenen Wohnbezirks“ nunmehr „im Außenbereich“) soll „ohne sachliche Änderung“ (LT-DS 11/1481 zu Art. 1 Nr. 2 [§ 7 NRG]) der gegenüber dem Bauordnungsrecht (§ 5 Abs. 7 Nr. 1 LBO) größere Grenzabstand nur auf Verlangen des Nachbarn einzuhalten sein. Auch wird für das ganze NRG der **Begriff der landwirtschaftlichen Nutzung** durch Bezugnahme auf § 201 BauGB festgelegt. Für die Berechnung der Höhe der Außenwand wird zur Wahrung der Einheitlichkeit auf die LBO verwiesen. Im Interesse einer baldigen Gewissheit für den Bauherrn wird für das Verlangen des Nachbarn auf Einhaltung des größeren Grenzabstands in § 7 Abs. 3 i. V. m. § 3 Abs. 3 Sätze 2 und 3 eine **Ausschlussfrist von zwei Monaten** eingeführt. Hinsichtlich der Einfriedigung wird klargestellt, dass dieser öffentlich-rechtliche Vorschriften insbesondere des Natur- und Landschaftsschutzes nicht entgegenstehen dürfen.
b) Im Interesse einer möglichst ungestörten Bewirtschaftung landwirtschaftlich und gartenbaulich genutzter **Grundstücke im Außenbereich** wird in § 7 eine eigenständige Regelung über Grenzabstände für Gebäude in diesem Bereich getroffen, denen im Gegensatz zu den Abständen nach §§ 3 und 4 nicht die Abstandsbestimmungen in §§ 5 und 6 LBO entgegengehalten werden können; in Absatz 3 wird nur auf § 3 Abs. 3 Sätze 2 und 3, nicht dagegen auch auf Satz 1 verwiesen.

2. Definitionen

2 a) **Gebäude** sind selbstständig benutzbare, überdeckte bauliche Anlagen, die von Menschen betreten werden können und geeignet sind, dem Schutz von Menschen, Tieren **oder** Sachen zu dienen (§ 2 Abs. 2 LBO); z. B. Feldscheuer oder überdachter Viehstand, nicht jedoch eine Hundehütte oder eine nicht überdachte Kleintieranlage.

3 b) Der **Außenbereich** umfasst alle Grundstücke, die nicht innerhalb
- des räumlichen Geltungsbereichs eines Bebauungsplans i. S. d. § 30 Abs. 1 BauGB (qualifizierter Bebauungsplan),
- der im Zusammenhang bebauten Ortsteile (§ 34 BauGB)
- oder eines vorhabenbezogenen Bebauungsplans (Vorhaben- und Entschließungsplan) i. S. d. § 12 BauGB

(Innenbereich) liegen. Soweit nach NRG zugunsten landwirtschaftlich genutzter Grundstücke im Außenbereich größere Grenzabstände als die nach § 5 Abs. 7 Nr. 1 LBO (0,4 der Wandhöhe, mindestens jedoch bei Wänden bis 5 m Breite 2 m, über 5 m Breite 2,5 m) verlangt werden können, ist dies darin begründet, dass die landwirtschaftlichen Belange, insbesondere der Schutz vor Schattenwirkung, im Außenbereich, der nach den städtebaulichen Leitvorstellungen des BauGB grundsätzlich für die land- und forstwirtschaftliche Nutzung „verplant" ist, besondere Beachtung verdienen.

c) **Landwirtschaftliche Nutzung** i. S. v. § 7, aber auch für das gesamte NRG geltend (§ 10 Abs. 2, § 11 Abs. 1, § 12 Abs. 2, § 27), ist nach der Legaldefinition die land- oder gartenbauliche Nutzung von Grundstücken durch landwirtschaftliche Betriebe i. S. d. § 201 BauGB i. d. F. v. 23. September 2004 (BGBl. I S. 2314). Zur **Landwirtschaft** zählen danach Ackerbau, Wiesen- und Weidewirtschaft einschließlich Tierhaltung, soweit das Futter überwiegend auf den zum landwirtschaftlichen Betrieb gehörenden, landwirtschaftlich genutzten Flächen erzeugt werden kann (also z. B. kein überwiegender Zukauf oder Verwertung von Straßengrün), die gartenbauliche Erzeugung, der Erwerbsobstbau, der Weinbau, berufsmäßige Imkerei und berufsmäßige Binnenfischerei. 4

Exkurs: 5

Eine Reihe **landwirtschaftlicher Fördermaßnahmen nach EG-Recht** (z. B. VO [EG] Nr. 1251/1999, inzwischen durch Art. 153 Nr. 3 der VO [EG] 1782/2003 aufgehoben) erforderte in der Vergangenheit, dass der Landwirt einen Teil seiner landwirtschaftlich genutzten Flächen stilllegte, d. h. diese Flächen nicht mehr für die Erzeugung von Lebensmitteln (sog. Non-food-Produktion blieb zulässig) oder überhaupt nicht mehr bewirtschaftete (Brache). Während die Non-food-Produktion noch zur landwirtschaftlichen Nutzung zu rechnen war, da weiterhin landwirtschaftliche Kulturpflanzen wenn auch für einen anderen Verwendungszweck (Industrie und Gewerbe) angebaut wurden, wandelte sich der Charakter der, wenn auch nur zeitweise (in der Regel fünf Jahre) nicht mehr landwirtschaftlich genutzten (stillgelegten, brachliegenden) Flächen zu Grundstücken i. S. d. § 19 mit der Folge, dass sich die Verhältnisse für die spätere Wiederaufnahme der landwirtschaftlichen Nutzung wesentlich verschlechtert haben konnten (die erweiterten Abstände des § 7, der Abstand zu Befestigungen für Erhöhungen nach § 10 Abs. 2 sowie alle Abstände für die toten Einfriedigungen und Pflanzungen auf dem Nachbargrundstück entfallen für die Zeit der nicht landwirtschaftlichen Nutzung und wirken nach § 22 Abs. 3 über diese Zeit hinaus). Um die Akzeptanz dieser Fördermaßnahmen, die für einen Großteil der einheimischen landwirtschaftlichen Betriebe existentiell waren, wesentlich zu verbessern, war durch Art. 5 des Gesetzes zur Änderung des Gesetzes über die Gemeinschaftsaufgabe „Verbesserung der Agrarstruktur und des Küstenschutzes" vom 21. Juli 1988 (BGBl. I S. 1053) sowie durch das Gesetz zur Gleichstellung stillgelegter und landwirtschaftlich genutzter Flächen vom 10. Juli 1995 (BGBl. I S. 910) bestimmt worden, dass diese **stillgelegten Flächen** weiterhin als **landwirtschaftlich genutzte Flächen** galten, sodass auf sie auch die in anderen Rechtsgebieten für die Landwirtschaft geltenden Vorschriften weiterhin Anwendung fanden und dass die infolge der Stilllegung geänderte Beschaffenheit hierbei unberücksichtigt blieb. Daraus folgte, dass diese Flächen auch für das NRG weiterhin als landwirtschaftlich genutzte Grundstücke galten mit den sich daraus ergebenden Besonderheiten für die Grenzabstände auf den benachbarten Grundstücken (unzutreffend daher LG Rottweil v. 20. April 1994 – 1 S 28/94).

Auch nach der Agrarreform 2003 (Verordnung [EG] Nr. 1782/2003 des Rates vom 29. September 2003 ABl. L 270 S. 1) werden die obligatorisch stillgelegten Flächen sowie die unbefristet oder befristet aus der landwirtschaftlichen Erzeugung genommenen Flächen des Ackerlandes oder des Dauergrünlandes (**aus der landwirtschaftlichen Erzeugung genommene Flächen**) weiterhin als landwirtschaftliche Flächen anzusehen sein, da sie in einem guten landwirtschaftlichen und ökologischen Zustand (s. Art. 5 und Art. 56 VO 1782/2003) bzw. so zu erhalten sind, dass eine landwirtschaftliche Nutzung auch künftig möglich ist (§ 2 Abs. 1 Satz 1 Nr. 3 des Direktzahlungen-Verpflichtungsgesetz vom 21. Juli 2004 [BGBl. I S. 1763, 1767]). Der natürlich (z. B. Aufwuchs von Gehölzpflanzen) oder durch Aussaat entstandene Aufwuchs muss nach § 4 der Direktzahlungen-Verpflichtungenverordnung vom 4. November 2004 (BGBl. I S. 2778) mindestens einmal im Jahr zerkleinert und auf der Fläche ganzflächig verteilt oder abgemäht und das Mähgut abgefahren werden. Nach Art. 2 Buchst. c der VO (EG) Nr. 1782/2003 ist dies „landwirtschaftliche Tätigkeit", was der „landwirtschaftlichen Nutzung" des NRG entspricht.
Wird jedoch ein bisher landwirtschaftlich genutztes Grundstück mehrere Jahre (ein oder zwei Jahre dürften nicht ausreichen) nicht mehr landwirtschaftlich genutzt (z. B. verbuscht es, Waldpflanzen siedeln sich an, es wird aufgeforstet oder so umgestaltet, dass es später nur mit unverhältnismäßig großem Aufwand landwirtschaftlich genutzt werden kann), wird es auch i. S. d. NRG nicht mehr landwirtschaftlich genutzt mit der Folge, dass unbeschadet eines Verstoßes gegen die Bewirtschaftungs- und Pflegepflicht des § 26 LLG die allgemeinen Abstandsvorschriften der LBO gelten.

6 d) **Betrieb:**Es muss sich ferner um ein von einem **Betrieb** genutztes Grundstück handeln. Unter Betrieb ist eine Einheit zu verstehen, die im Gegensatz zum Haushalt der Produktion über den unmittelbaren Eigenbedarf hinaus dient. Im Sinne der vom Gesetzgeber auch hier angestrebten Harmonisierung mit dem Baurecht (LT-DS a. a. O. zu Art. 1 Nr. 2 [§ 7 NRG]) ist es gerechtfertigt, auf die Auslegung des Begriffs „landwirtschaftlicher Betrieb im Außenbereich" nach § 35 Abs. 1 BauGB zurückzugreifen. Danach ist ein Betrieb dadurch charakterisiert, dass mehrere Produktionsfaktoren (z. B. Boden, Tiere, Geräte, pflanzliche Produkte, menschliche Arbeit, Kapital) zu einer organisatorischen Einheit zusammengefasst, planmäßig und zumindest auf einige Dauer von sachkundigen Personen mit dem Ziel der Ertragsgewinnung über den Eigenbedarf hinaus eingesetzt werden. Unerheblich ist dabei, ob der Betrieb haupt- oder nebenberuflich geführt wird. Auch ist es für das NRG nicht von Bedeutung, ob das landwirtschaftliche Nachbargrundstück, zu dessen Gunsten die Abstandsregelung des § 7 Anwendung finden soll, durch den Eigentümer selbst oder von einem Dritten, der seinerseits jedoch einen landwirtschaftlichen Betrieb haben muss, bewirtschaftet wird. Die Liebhaber-Landwirtschaft scheidet dagegen als Betrieb i. S. d. § 7 aus. Werden z. B. Äcker als Wochenendgrundstücke oder als Gärten für den eigenen Bedarf im Außenbereich verwendet, sind sie keine landwirtschaftlichen Grundstücke mehr.

3. Voraussetzungen

Der einzuhaltende mittlere Grenzabstand berechnet sich nach der mittleren **Höhe der Außenwand** des Gebäudes. Seit der Neuregelung des § 7 wird für die Berechnung der Außenwandhöhe nunmehr auf die Berechnungsregeln in § 5 Abs. 4 Sätze 2 bis 4 und Abs. 5 LBO verwiesen. 7

a) **Bestimmung des Grenzabstands. – aa) Messung des Grenzabstands:** Verläuft die Wand parallel zur Grundstücksgrenze, entspricht der mittlere Grenzabstand dem Abstand an jeder Stelle der Wand (Abb. 2). 8

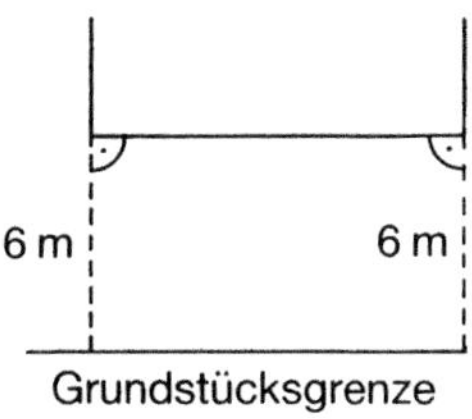

Abb. 2

Grenzabstand = 6 m

Steht die Außenwand jedoch schräg zur Grundstücksgrenze, so wird der mittlere Grenzabstand dadurch ermittelt, dass die Abstände am nächsten und entferntesten Punkt der Wand von der Grenze senkrecht zur **Außenwand** gemessen (Absatz 1 Satz 1 Halbs. 2) und anschließend gemittelt werden (Abb. 3).

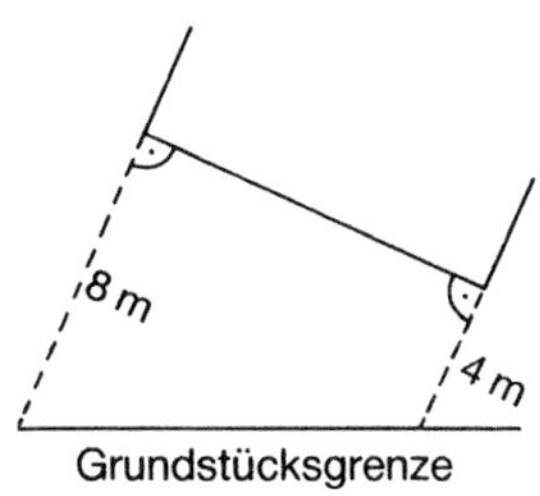

Abb. 3

8 m+4 m/2 = 6 m

An keiner Stelle darf jedoch die Außenwand weniger als 2 m von der Grenze entfernt stehen, wobei der Abstand zur Einhaltung dieses Maßes hier nicht senkrecht zur Wand, sondern senkrecht zur **Grenze** gemessen wird, Absatz 1 Satz 2 (Abb. 4).

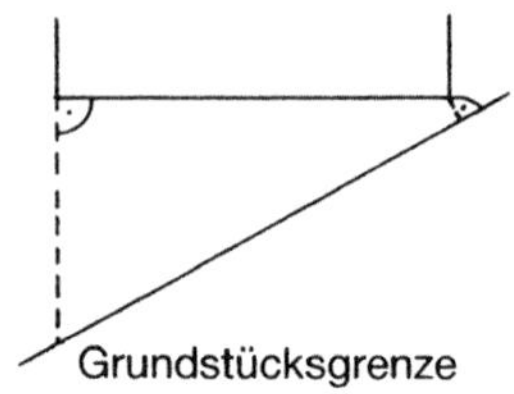

Abb. 4

9 **bb)** Als **Höhe der Außenwand** gilt nach § 5 Abs. 4 Satz 2 LBO das Maß vom Schnittpunkt der Wand mit der auf dem Baugrundstück festgelegten (natürlichen bzw. durch Festsetzungen im Bebauungsplan, örtlicher Bauvorschrift oder gemäß § 10 LBO veränderten) Geländeoberfläche bis zum Schnittpunkt der Wand mit der Dachhaut oder bis zum oberen Abschluss der Wand. Bei waagrechtem Gelände ist daher das Maß der Wandhöhe unbeschadet der Anrechnungen nach Absatz 5 an jedem Punkt dasselbe. Bei fallender/ansteigender Geländeoberfläche dagegen ist nach Absatz 4 Satz 3 die im Mittel gemessene Wandhöhe maßgebend, die nach Satz 4 Halbs. 1 dadurch ermittelt wird, dass die jeweiligen Höhen an den Gebäudeecken gemittelt werden. Für den Fall, dass die Schnittpunkte mit der Dachhaut oder die oberen Wandabschlüsse verschieden hoch liegen, werden Wandabschnitte gebildet und für sie die im Mittel gemessene Höhe gesondert festgestellt.

10 **cc)** Unter **Schnittpunkt mit der Dachhaut** versteht man im Baurecht den Punkt, an dem die gedachte Fortsetzung der Wandaußenseite die Oberfläche der Dachhaut (z. B. Dachziegel, Blech, Dachpappe) schneidet, unter Abschluss der Wand den Punkt, an dem die sich nicht mit einer Dachhaut schneidende Wandaußenseite endet, also z. B. beim Flachdach die Oberkante einer Dachaufkantung.

11 **dd) Berechnung der Außenwandhöhe** nach § 5 Abs. 4 Sätze 2 bis 4 und Abs. 5 LBO und des mittleren Grenzabstands nach Absatz 1:
(1) Schnittpunkt/Abschluss der Außenwand

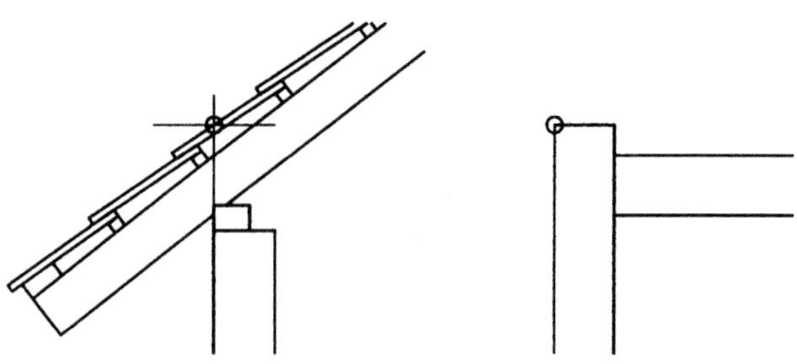

○ Schnittpunkt Dachhaut/Oberer Wandabschluss

Abb. 5

(2) Wandhöhe/mittlerer Grenzabstand (Sicht zur Nachbargrenze)

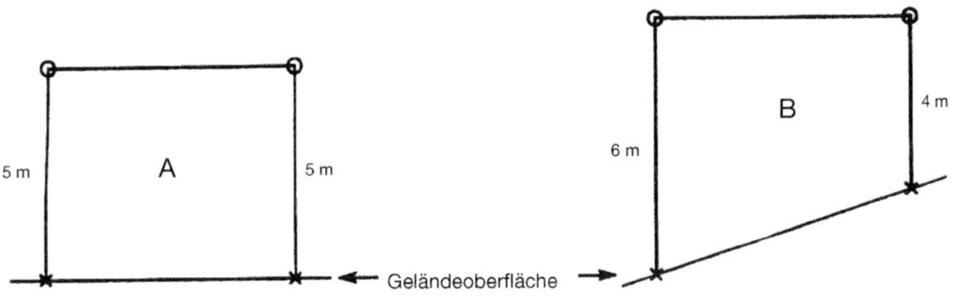

x Schnittpunkt Geländeoberfläche

Abb. 6

A: Da die an den Gebäudeecken gemessenen Wandhöhen dieselben sind, beträgt die Wandhöhe nach § 5 Abs. 4 Satz 2 LBO 5 m.
B: Bei durch Geländeoberfläche unterschiedlichen Wandhöhen beträgt die nach § 5 Abs. 4 Satz 3 LBO maßgebende im Mittel gemessene Wandhöhe nach § 5 Abs. 4 Satz 4. Halbs. 1 LBO: 6 m+4 m/2 = 5 m.

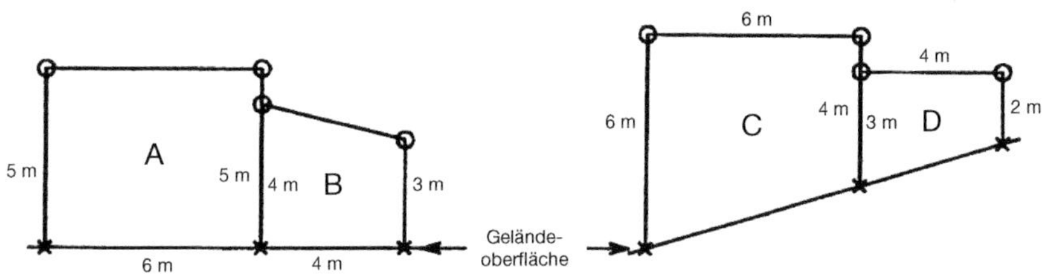

Abb. 7

Bei verschiedenen Schnittpunkten mit der Dachhaut bzw. dem oberen Wandabschluss und in Hanglage sind nach der LBO Wandabschnitte zu bilden, für die ggf. gesonderte im Mittel gemessene Wandhöhen zu ermitteln sind.
Danach beträgt die (im Mittel gemessene) bei A 5 m, bei B 4 m+3 m/2 = 3,5 m, bei C 6 m+4 m/2 = 5 m und bei D 3 m+2 m/2 = 2,5 m

Da nach Abs. 1 Satz 1 ein mittlerer Grenzabstand einzuhalten ist, müssen die aufgrund der LBO für die einzelnen Wandabschnitte festgestellten Wandhöhen zu einem mittleren Grenzabstand zusammengefasst werden, der sich für die Abb. 7 wie folgt errechnet:

Abb. 7 (A/B)		Abb. 7 (C/D)	
Wandfläche A 5 m x 6 m	= 30 m²	Wandfläche C 5 m x 6 m	= 30 m²
Wandfläche B 4 m x 3,5 m	= 14 m²	Wandfläche D 2,5 m x 4 m	= 10 m²
Gesamtwandfläche	44 m²	Gesamtfläche	40 m²
Wandlänge 6 m + 4 m	= 10 m	Wandlänge 6 m + 4 m	= 10 m
Mittlerer Grenzabstand	4,4 m	Mittlerer Grenzabstand	4 m

Wurde an den Schuppen B mit der Wandhöhe von 5 m und einer Tiefe von 5 m unmittelbar das Gebäude mit der Wandfläche A angebaut (Abb. 8), so würden von dessen mittleren Wandhöhe (12,0 m) 2,0 m beim Grenzabstand nicht berücksichtigt. Dies widerspricht Absatz 1 Satz 1, weil auch mit der Wandfläche A ein deren Wandhöhe entsprechender Grenzabstand einzuhalten ist. Der Schuppen hat daher 7,0 m Grenzabstand einzuhalten.

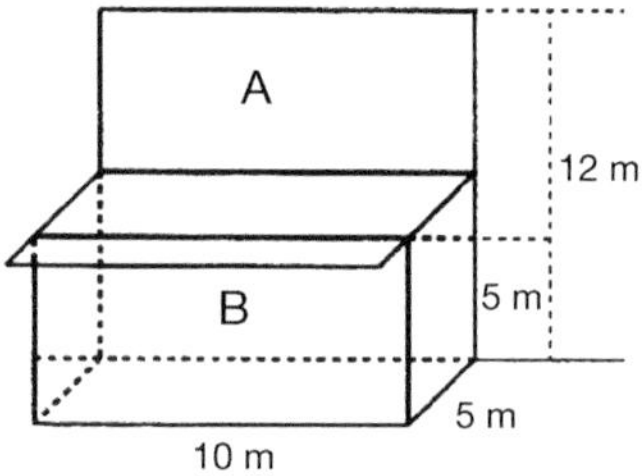

Abb. 8

(**3**) Zu den unter (2) ermittelten Wandhöhen kommen noch für den Grenzabstand nach NRG bedeutsame **„Zuschläge" nach § 5 Abs. 5LBO** für Dächer und Giebelflächen, da auch von Dächern mit einer Neigung von mehr als 45° sowie von Giebelflächen, wenn mindestens eine Dachfläche eine Neigung von mehr als 45° aufweist, gewisse zusätzliche Beeinträchtigungen für die landwirtschaftlichen Grundstücke (Schattenwirkung) ausgehen können. Da es für die Dachgestaltung eine Vielzahl von Variationen gibt, wird insoweit auf die Kommentare zur LBO (insbes. *Sauter*, Landesbauordnung für Baden-Württemberg, Loseblatt, 3. Aufl.) verwiesen. Lediglich das Grundprinzip für die Anrechnung der Dächer und Giebelflächen sei hier aufgezeigt.

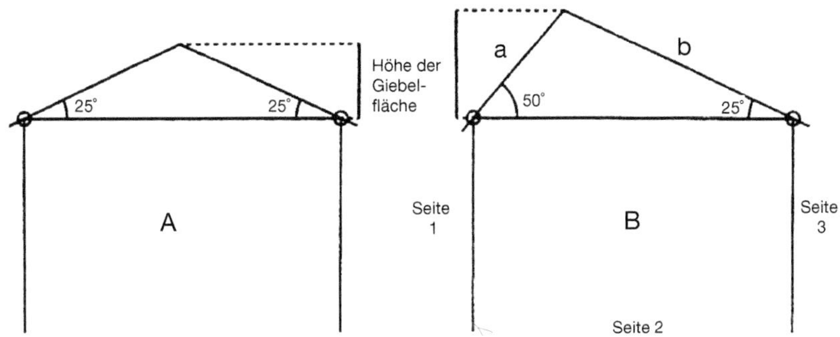

Abb. 9

A: Keine Anrechnung von Dachhöhe oder Höhe der Giebelfläche, da Neigung Dach/ Dachfläche nicht mehr als 45°
B:
- Seite 1: Anrechnung 1/4 Höhe der Dachfläche a, da Dachneigung mehr als 45°
- Seite 2: Anrechnung 1/4 Höhe der Giebelfläche, da Dachfläche a Neigung von mehr als 45°
- Seite 3: Keine Anrechnung, da Dachfläche b Neigung von weniger als 45°

(Seiten jeweils Außenwand zur Grenze)

Die Anrechnung hat in vollem Umfang zu erfolgen, wenn die Dachneigung mehr als 70° aufweist. Die bei der Ermittlung der Zuschläge zu berücksichtigende Giebelfläche beginnt nach § 5 Abs. 5 Nr. 2 LBO an der Horizontalen durch den Schnittpunkt der Wand mit der Dachhaut, bei verschieden hohen Schnittpunkten am unteren Schnittpunkt.
(**4**) Aufgrund der bei der Berechnung der Außenwandhöhe entsprechend anzuwendenden Vorschriften der LBO ergibt sich nunmehr folgende Fassung der Grundregel: **Mittlerer Grenzabstand = im Mittel gemessene Wandhöhe,** d. h. wie im Baurecht darf die vor die Außenwand in ihrer gesamten Ausdehnung gelegte Abstandfläche mit einer Tiefe, die der nach Baurecht ermittelten Wandhöhe entspricht, die Grundstücksgrenze nicht überschreiten.

b) **Weitere Voraussetzungen nach § 7 Abs. 1 Satz 1.** Die gegenüber der LBO **12**
größeren Grenzabstände des NRG für **Gebäude im Außenbereich,** die im Gegensatz zum Baurecht in vollem Umfang nachbarschützend sind, müssen nach Absatz 1 Satz 1 nur noch dann eingehalten werden, wenn dies vom Nachbarn verlangt wird. Im Interesse einer möglichst baldigen Sicherheit für den Bauenden, ob und ggf. welche Grenzabstände er nach NRG einhalten muss, ist durch Verweisung in Absatz 3 auf § 3 Abs. 3 Sätze 2 und 3 eine **zeitliche Beschränkung** für das Verlangen des Nachbarn auf zwei Monate eingeführt worden. Auf §§ 3 bis 5 wird daher verwiesen.

Nach § 7 Absatz 4 kann der Nachbar vom Bauherrn eines Gebäudes im Außen- **13**
bereich **verlangen,** sein Grundstück **auf eigene Kosten** zum Schutz des Nachbargrundstücks (z. B. gegen Freilaufen von Haustieren, wie z. B. Hühner, Hunde

u. dgl., Verhinderung des Betretens oder Befahrens des Nachbargrundstücks, z. B. bei benachbartem Parkplatz eines Sportgeländes u. dgl.) auf dem eigenen Grundstück **einzufriedigen.** Für die Mitbenutzung des Nachbargrundstücks als Grenzeinrichtung s. § 921 BGB. Weder der dies verlangende Nachbar noch das NRG können dabei dem einfriedigungspflichtigen Bauherrn vorschreiben, wie er die Einfriedigung auszugestalten hat (z. B. als tote Einfriedigung, Hecke), sie muss vielmehr nur den Schutz des Nachbargrundstücks gewährleisten. Allerdings müssen für die gewählte Einfriedigung neben den Bestimmungen des NRG (etwa §§ 11, 12) auch die öffentlich-rechtlichen Vorschriften insbesondere des Baurechts, des Straßenrechts des Bundes und des Landes sowie des Natur- und Landschaftsschutzrechts beachtet werden; diese dürfen der Einfriedigung und der Art ihrer Ausgestaltung nicht entgegenstehen.
Aufgrund der Systematik des § 7 ist davon auszugehen, dass für das Verlangen zur Einfriedigung des Grundstücks nach § 7 Abs. 4 der § 7 Abs. 3 keine Anwendung findet, also kein zeitliches Limit mit Rechtsverlust besteht (a. A. *Dehner* B § 9 S. 8: die Einzäunung müsse mit Beginn der Bauarbeiten errichtet werden). Dies ist sachgerecht, weil sich die Notwendigkeit einer Einfriedigung auch später noch durch die tatsächliche Nutzung oder deren Änderung ergeben kann. Andererseits ist die Verpflichtung dem Bauherrn auferlegt, also demjenigen, der das Gebäude im Außenbereich errichtet, sodass z. B. eine Grundstücksveräußerung der Verpflichtung des Erwerbers entgegensteht. Auch ist nicht ausgeschlossen, dass ein späteres Verlangen dann verwirkt ist, wenn der Nachbar sich auf lange Zeit dieses Schutzes als nicht bedürftig angesehen und die Störungen vom Nachbargrundstück in Kauf genommen hat.

4. Sonstiges

14 a) § 7 ist ein Schutzgesetz i. S. d. § 823 Abs. 2 BGB. Wird der Abstand rechtswidrig nicht eingehalten, hat der Nachbar einen **Unterlassungs- und Beseitigungsanspruch** nach § 1004 BGB (s. § 1004 BGB Rn. 3 ff.). Allerdings wird in Abwägung der gegenseitigen Interessen (z. B. Wert des Gebäudes gegen Beeinträchtigung des Nachbarn) ein Beseitigungsanspruch insbesondere dann ausgeschlossen sein, wenn der Nachbar nicht sofort bei Errichtung oder Erweiterung des Gebäudes widerspricht. Er ist dann auf einen Schadensersatzanspruch entsprechend §§ 912 ff. BGB beschränkt.

15 b) **Bestandsschutz:** Während im NRG bisher bei der Berechnung der Außenwandhöhe unbeschadet der Dachneigung die volle Giebelfläche, wenn auch im Verhältnis zur übrigen Wandfläche, berücksichtigt wurde, kann sich durch die Umstellung auf die Dachhöhe bzw. die Höhe von Giebelflächen nach § 5 Abs. 5 LBO z. B. bei **Mansardendächern** mit beidseitig mehr als 70° Dachneigung eine Vergrößerung der einzuhaltenden Grenzabstände ergeben. In diesen Fällen gilt nach Art. 2 Abs. 1 des Gesetzes zur Änderung des NRG vom 26. Juli 1995 § 33 entsprechend.

§ 7a Gründungstiefe

(1) Darf nach den baurechtlichen Vorschriften auf benachbarten Grundstücken unmittelbar an die gemeinsame Grundstücksgrenze gebaut werden, so kann

der Eigentümer des Nachbargrundstücks vom Erstbauenden eine solche Ausführung der Gründung verlangen, dass bei der späteren Durchführung seines Bauvorhabens zusätzliche Baumaßnahmen vermieden werden.

(2) Dem Erstbauenden sind die durch dieses Verlangen entstehenden Mehrkosten zu erstatten. Das Verlangen ist dem Erstbauenden vor Erteilung der Baugenehmigung mitzuteilen. Er kann unter Setzung einer angemessenen Frist einen Vorschuss oder eine Sicherheitsleistung verlangen. Wird ein ausreichender Vorschuss oder eine Sicherheitsleistung innerhalb der Frist nicht geleistet, so entfällt die Verpflichtung des Erstbauenden.

(3) Wird die weitergehende Gründung zum Vorteil des Erstbauenden ganz oder teilweise ausgenutzt, so entfällt insoweit die Erstattungspflicht nach Absatz 2. Bereits erstattete Kosten können zurückverlangt werden.

1. Allgemeines

1 § 7a, der durch § 114 der LBO vom 6. April 1964 (GBl. S. 151) eingefügt wurde, erweitert § 909 BGB (Vertiefung). Er verpflichtet den erstbauenden Nachbarn, auf Verlangen und gegen Kostenerstattung seine Gründung so auszuführen, dass dem zweitbauenden Nachbarn unnötige Kosten durch Abfangen des Nachbargebäudes oder durch Entschädigung für auftretende Risse erspart bleiben.

2. Voraussetzungen

2 **a**) Das Verlangen nach § 7a Abs. 1 ist dem Erstbauenden nach § 7a Abs. 2 Satz 2 vor Erteilung (Zustellung) der Baugenehmigung mitzuteilen, ansonsten verfällt das Recht des Zweitbauenden nach § 7a Abs. 1.

3 Die bei der Neufassung der LBO durch Gesetz vom 8. August 1995 erfolgte Einführung des Kenntnisgabeverfahrens (§ 51 LBO) in Gebieten mit qualifizierten Bebauungsplänen, bei denen dann die Erteilung einer Baugenehmigung entfällt, ist bei der Änderung des NRG in Absatz 2 Satz 2 nicht berücksichtigt worden. Da jedoch der Erstbauende zur Vermeidung späterer Eingriffe in die Gründung seines Gebäudes sowie zusätzlicher Mehrkosten sachnotwendig wissen muss, wie er im Hinblick auf etwaige nachbarliche Bauinteressen gründen soll, ist es geboten, dass auch für Gebäude im Kenntnisgabeverfahren das Verlangen nach Absatz 1 zu einem Zeitpunkt noch vor Baubeginn ausgeschlossen wird. Dafür bietet es sich an, anstelle des Zeitpunkts der Erteilung der Baugenehmigung den Zeitpunkt anzunehmen, an dem nach § 59 Abs. 4 LBO mit der Ausführung des Bauvorhabens begonnen werden darf. Dies ist zwei Wochen nach Eingang der vollständigen Bauvorlagen bei der Baurechtsbehörde der Fall, es sei denn, der Bauherr erhält eine Mitteilung nach § 53 Abs. 6 LBO (Bauvorlagen unvollständig, Erschließung des Vorhabens nicht gesichert, hindernde Baulast, kein Genehmigungsantrag bei Gebieten der § 142 BauGB – Sanierungsgebiet, § 165 BauGB – städtebaulicher Entwicklungsbereich und 172 BauGB – Erhaltungsgebiet) oder der Baubeginn wird wegen Verstoßes gegen baurechtliche und andere öffentlich-rechtliche Vorschriften gemäß § 47 Abs. 1 LBO oder vorläufig aufgrund von § 15 Abs. 1 Satz 2 BauGB untersagt.
In der Regel wird der Nachbar bis zu diesem Zeitpunkt durch seine schriftliche Zustimmung, Unterschrift unter die Bauvorlagen oder durch die Angrenzerbenachrichtigung der Gemeinde nach § 55 LBO informiert sein. Allerdings darf

nicht übersehen werden, dass zeitliche Verzögerungen bei der Angrenzerbenachrichtigung dann zu Lasten des Nachbarn gehen, dem aber ein Amtshaftungsanspruch bei dadurch verursachten weiteren Mehrkosten nach Absatz 2 Satz 1 gegen die Gemeinde zustehen dürfte. Angesichts des eindeutigen Wortlauts, wonach das Verlangen dem Erstbauenden mitzuteilen ist, scheidet zur Fristwahrung die Erhebung von Einwendungen oder Bedenken nach § 55 LBO gegenüber der Baurechtsbehörde in entsprechender Anwendung des § 3 Abs. 3 Satz 3 aus.
Neu ist in diesem Zusammenhang die im Zuge der LBO-Reform eingeführte Genehmigungsfiktion in § 58 Abs. 1a LBO, der für Verfahren nach § 52 LBO (vereinfachtes Baugenehmigungsverfahren) gilt und hinsichtlich der Genehmigungsfiktion auf § 42a LVwVfG verweist. Danach gilt eine beantragte Genehmigung nach dem Ablauf von drei Monaten als erteilt (Genehmigungsfiktion), wenn auch die Voraussetzungen des § 58 Abs. 1 Satz 1 Nr. 1–4 LBO vorliegen. Die Frist beginnt mit Eingang der vollständigen Unterlagen bei der Baurechtsbehörde.

4 b) Nach § 7a Abs. 2 Satz 3 kann der Erstbauende zur Sicherung seines Anspruchs auf Erstattung der durch das Verlangen des Nachbarn entstehenden **Mehrkosten** (Absatz 2 Satz 1) unter Setzung einer angemessenen Frist einen Vorschuss oder Sicherheitsleistung verlangen, wobei ihm das Wahlrecht für die Art der Sicherung zusteht. Angemessen ist eine Frist, die ein in geordneten Verhältnissen lebender Grundstückseigentümer benötigt, um seine Verpflichtung ggf. unter Einschaltung einer Bank zu erfüllen; dabei wird auch die Höhe des Vorschusses oder der Sicherheitsleistung zu berücksichtigen sein.
Wird jedoch innerhalb der angemessenen Frist der Vorschuss nicht geleistet oder die Sicherheitsleistung nicht gestellt, entfällt die Verpflichtung des Erstbauenden (Absatz 2 Satz 4). Auf eine Verlängerung der Frist braucht er sich nicht einzulassen, wobei jedoch eine nur geringfügige Überschreitung aus Gründen des nachbarlichen Gemeinschaftsverhältnisses (Einl. NRG Rn. 7) dann unschädlich ist, wenn mit den Bauarbeiten noch nicht begonnen worden ist oder während der Bauarbeiten die notwendige Änderung der Gründung noch möglich ist.

5 c) Nach § 7a Abs. 3 wird die auf Verlangen des Nachbarn vorgenommene erweiterte Gründung vom Erstbauenden ganz oder teilweise ausgenutzt, entfällt insoweit die Erstattungspflicht nach Absatz 2 Satz 1, bereits erstattete Kosten können insoweit zurückgefordert werden.

3. Sonstige

6 Siehe §§ 5 bis 7 LBO für baurechtliche Vorschriften für Grenzbauten.

§ 7b Überbau

(1) Darf nach den baurechtlichen Vorschriften unmittelbar an die gemeinsame Grundstücksgrenze gebaut werden, so hat der Eigentümer des Nachbargrundstücks in den Luftraum seines Grundstücks übergreifende untergeordnete Bauteile, die den baurechtlichen Vorschriften entsprechen, zu dulden, solange diese die Benutzung seines Grundstücks nicht oder nur unwesentlich beeinträchtigen. Untergeordnete Bauteile sind insbesondere solche Bestandteile einer baulichen Anlage, die deren nutzbare Fläche nicht vergrößern.

(2) Darf an beiden Seiten unmittelbar an die gemeinsame Grundstücksgrenze gebaut werden, so haben die Eigentümer der benachbarten Grundstücke zu dulden, dass die Gebäude den baurechtlichen Vorschriften entsprechend durch übergreifende Bauteile angeschlossen werden.

(3) Der Eigentümer des Gebäudes, von dem Bauteile übergreifen, hat dem Eigentümer des Nachbargebäudes den durch den Anschluss nach Absatz 2 entstandenen Schaden zu ersetzen. Auf Verlangen des Berechtigten ist vor Beginn dieser Maßnahme eine Sicherheitsleistung in Höhe des voraussichtlich entstehenden Schadens zu leisten.

1. Allgemeines

Nach § 7b dürfen untergeordnete Bauteile wie Gesimse, Dachvorsprünge, Eingangs- und Terrassenüberdachungen und dergleichen über die Grenze ragen. 1
Wärmedämmplatten stellen dabei kein untergeordnetes Bauteil dar (OLG Karlsruhe, Urt. v. 9.12.2009 – 6 U 121/09, juris Rn. 20). Der Eigentümer eines Grundstücks muss daher weder nach § 912 BGB noch nach § 7b dulden, dass die Wand eines an die Grundstücksgrenze gebauten Nachbarhauses mit Wärmedämmplatten versehen wird, die 15 cm in den Luftraum seines Grundstücks ragen (OLG Karlsruhe, Urt. v. 9.12.2009 – 6 U 121/09).
§ 7b wurde durch § 114 der LBO vom 6. April 1964 (GBl. S. 151) eingefügt, er dient den Zwecken der Baugestaltung und des Feuchtigkeitsschutzes.

2. Voraussetzungen

Die Vorschrift des § 7b Abs. 1 setzt aber das Bestehen einer sog. Grenzwand 2
voraus (BGH, Urt. v. 12.3.2021 –V ZR 31/20, juris Rn. 7). Damit wird abweichend von §§ 912 ff. BGB der bewusste Überbau für rechtmäßig erklärt. Zum Überbau (einschließlich Überbaurente) allgemein s. §§ 912 ff. BGB. Außerdem ist der Überbau beschränkt auf den Luftraum, sodass auf den Boden aufgesetzte Bauteile durch § 7b nicht für rechtmäßig erklärt werden.
Die Zulässigkeit beschränkt sich allerdings auf die Fälle, wo das öffentliche Baurecht den Grenzbau

a) erlaubt (Absatz 1). Baurechtliche Vorschriften für **Grenzbauten** (Absatz 1) finden sich in §§ 5 bis 7 LBO oder
b) vorschreibt (Absatz 2). Absatz 2 handelt von der **geschlossenen Bauweise** (vgl. § 22 Abs. 3 BauNVO i. d. F. vom 23. Januar 1990 – BGBl. I S. 132).

§ 7c Überbau durch Wärmedämmung

(1) Eigentümer und Nutzungsberechtigte eines Grundstücks haben zu dulden, dass eine Wärmedämmung, die nachträglich auf die Außenwand eines an der Grundstücksgrenze stehenden Gebäudes aufgebracht wurde, sowie die mit dieser in Zusammenhang stehenden untergeordneten Bauteile auf das Grundstück übergreifen, soweit und solange

1. **diese die Benutzung des Grundstücks nicht oder nur geringfügig beeinträchtigen und eine zulässige beabsichtigte Nutzung des Grundstücks nicht oder nur geringfügig behindern und**
2. **die übergreifenden Bauteile nach öffentlich-rechtlichen Vorschriften zulässig oder zugelassen sind.**

Eine nur geringfügige Beeinträchtigung im Sinne von Satz 1 Nummer 1 liegt insbesondere dann nicht vor, wenn die Überbauung die Grenze zum Nachbargrundstück in der Tiefe um mehr als 0,25 m überschreitet. Die Duldungspflicht besteht nur, wenn im Zeitpunkt der Anbringung der Wärmedämmung eine vergleichbare Wärmedämmung auf andere, die Belange der Eigentümer beziehungsweise Nutzungsberechtigten schonendere Weise mit vertretbarem Aufwand nicht vorgenommen werden konnte.

(2) Die Duldungspflicht nach Absatz 1 ist ausgeschlossen, wenn

1. **die Errichtung des betroffenen Gebäudes an der Grundstücksgrenze öffentlich-rechtlichen Vorschriften widerspricht, es sei denn, der jeweilige Eigentümer beziehungsweise Nutzungsberechtigte des überbauten Grundstücks kann sich hierauf nach den Vorschriften des öffentlichen Rechts nicht oder nicht mehr berufen, oder**
2. **die Anbringung einer Wärmedämmung mit zumindest entsprechender räumlicher Ausdehnung bereits im Zeitpunkt der Errichtung des Gebäudes üblich war.**

(3) Den Eigentümern und dinglich Nutzungsberechtigten des überbauten Grundstücks ist ein angemessener Ausgleich in Geld zu leisten. Soweit nichts anderes vereinbart wird, gelten § 912 Absatz 2 und §§ 913 und 914 des Bürgerlichen Gesetzbuchs (BGB) entsprechend.

(4) Eigentümer und Nutzungsberechtigte des überbauten Grundstücks können verlangen, dass die Eigentümer des durch den Wärmeschutzüberbau begünstigten Grundstücks die gedämmte Fassade in einem ordnungsgemäßen Zustand erhalten.

(5) Die Veranlasser des Überbaus haben den Eigentümern oder Nutzungsberechtigten des überbauten Grundstücks den durch den Überbau entstehenden Schaden ohne Rücksicht auf Verschulden zu ersetzen. Veranlassern stehen Eigentümer des durch den Wärmeschutzüberbau begünstigten Grundstücks gleich, wenn sie den Überbau zwar nicht veranlasst haben, ihn aber dulden.

1. Allgemeines

1 § 7c wurde durch das Gesetz zur Änderung des Nachbarrechtsgesetzes vom 4. Februar 2014 (BGBl. S. 65) eingefügt. Ziel der Einführung des § 7c war die ökologische Modernisierung des Landes.

2. Definitionen

2 a) **Nachträglich** ist eine Wärmedämmung dann aufgebracht, wenn sie auf ein bereits bestehendes Gebäude und nicht im Zuge der Neuerrichtung eines Gebäudes aufgebracht wird. **Neubauten** sind dagegen nach § 1 EnEG bereits so zu errichten, dass beim Heizen und Kühlen vermeidbare Energieverluste unterbleiben.

3 b) Sog. **Nachbarwände** (§ 7e Rn. 1) stehen auf der Grenze zweier Grundstücke. Für diese ist keine gesetzliche Regelung vorhanden, fraglich ist daher, ob die Regelung des § 7c auf diese analog anwendbar ist. Dies ist vorliegend zu verneinen, denn insoweit fehlt es bereits an einer für die Analogiebildung erforderlichen Regelungslücke (siehe insoweit BGH, Urt. v. 12.3.2021 – V ZR 31/20, juris Rn. 10; NJW 2008, 2032). Die Rechtsverhältnisse an einer Nachbarwand richten sich daher mangels landesrechtlicher Regelung in Baden-Württemberg aus-

schließlich nach Bundesrecht. Das gilt nicht nur für die Errichtung einer Nachbarwand, sondern ebenso für die damit zusammenhängende Frage, ob auch andere Bauteile als die Mauer selbst über die Grenze gebaut werden dürfen. Überdies ist die Kompetenz des Landesgesetzgebers, Duldungspflichten für überbaute Gebäudeteile zu schaffen, noch ungeklärt (vgl. BVerfG, NJW-RR 2008, 26, 29; BGH, Urt. v. 2.6.2017 – V ZR 196/16; NZM 2017, 855 Rn. 8); auch dies spricht dafür, dass der Landesgesetzgeber die Vorschrift des § 7b Abs. 1 nicht auf die im Bürgerlichen Gesetzbuch geregelte Nachbarwand erstrecken wollte (BGH, Urt. v. 12.3.2021 – V ZR 31/20, juris Rn. 8).

3. Voraussetzungen

a) Duldungspflicht einer Wärmedämmung nach § 7c Abs. 1. – aa) Nach § 7c **4**
Abs. 1 sind sowohl der Eigentümer als auch (nicht nur dinglich) Nutzungsberechtigte verpflichtet, eine nachträglich auf die Außenwand eines an ihr Grundstück angrenzendes Gebäude aufgebrachte Wärmedämmung, die auf ihr Grundstück übergreift, zu dulden. Insoweit sind auch die mit dieser Wärmedämmung im Zusammenhang stehenden untergeordneten Bauteile zu dulden. Die Duldungspflicht nach § 7c Abs. 1 ist aber zeitlich und von ihrem Umfang her („soweit und solange") begrenzt. Sie besteht nur, wenn der Überbau die Benutzung des Nachbargrundstücks nicht oder nur geringfügig beeinträchtigt und eine zulässige beabsichtigte Nutzung des Grundstücks nicht oder nur geringfügig behindert. Dies bedeutet jedoch, ändert der Nachbar später die Nutzung seines Grundstücks in zulässiger Weise, dann muss die Wärmedämmung wieder entfernt werden, wenn sie diese Nutzung mehr als nur geringfügig behindert (§§ 1004 i. V. m. 903 BGB).

bb) Nach § 7c Abs. 1 Satz 2 ist die Beeinträchtigung insbesondere dann nicht geringfügig, wenn die Überbauung die Grenze zum Nachbargrundstück in der Tiefe um mehr als 0,25 m überschreitet. Im Umkehrschluss dazu können im Einzelfall auch Überbauten von geringerer Tiefe eine mehr als nur geringfügige Beeinträchtigung darstellen. Weiter ist Voraussetzung für die Duldungspflicht, dass die übergreifenden Bauteile nach öffentlich-rechtlichen Vorschriften zulässig oder zugelassen sind. Im Ergebnis kommt es damit nicht generell auf die materiell-rechtliche Zulässigkeit an, bei einer bestandskräftigen Baugenehmigung besteht unabhängig von der materiell-rechtlichen Zulässigkeit eine Duldungspflicht.

cc) § 7c Abs. 1 Satz 3 ist Ausdruck des Verhältnismäßigkeitsgrundsatzes. Danach besteht die Duldungspflicht nur dann, wenn im Zeitpunkt der Anbringung der Wärmedämmung eine vergleichbare Wärmedämmung auf andere, die Belange der Verpflichteten schonendere Weise mit vertretbarem Aufwand nicht vorgenommen werden konnte. Insoweit wird bewusst auf den Zeitpunkt der Anbringung der Wärmedämmung abgestellt; dies soll verhindern, dass eine einmal aufgebrachte Wärmedämmung nur deshalb wieder entfernt werden muss, weil aufgrund des technischen Fortschritts der für eine fachgerechte Wärmedämmung erforderliche Platz geringer geworden ist. § 7 c Abs. 1 Satz 3 stellt dabei darauf ab, ob der Aufwand für einen eigenen Anschluss des Grundstücks – ohne Inanspruchnahme des Nachbargrundstücks – wesentlich höher ist, als er dies in anderen, „gewöhnlichen" Fällen in diesem Gebiet ist. Nicht maßgeblich ist demgegenüber, ob der Aufwand wesentlich höher ist als bei Inanspruchnahme des Nachbargrundstücks (OLG Karlsruhe, Urt. v. 28.5.2008 – 6 U 149/06, juris Rn. 14).

5 b) **Ausschluss der Duldungspflicht nach** § **7c Abs. 2.** – **aa**) Nach § 7c Abs. 2 Nr. 1 ist die Duldungspflicht nach Abs. 1 dann ausgeschlossen, wenn zwar die Wärmedämmung an sich zulässig oder zugelassen ist, der grenznahe Standort des zu dämmenden Gebäudes aber öffentlich-rechtlichen Vorschriften widerspricht. Dies gilt nach Abs. 2 Nr. 1 Satz 2 dann nicht, wenn sich der Verpflichtete hierauf nach den öffentlich-rechtlichen Vorschriften nicht oder nicht mehr berufen kann. Entscheidend ist damit, ob der Verpflichtete nach öffentlich-rechtlichen Vorschriften noch ein subjektives Recht hat. Dies hat er bspw. dann nicht mehr, wenn eine Baugenehmigung vorliegt, die für ihn bereits unanfechtbar geworden ist.

bb) Nach § 7c Abs. 2 Nr. 2 ist die Duldungspflicht nach Abs. 1 dann ausgeschlossen, wenn die Anbringung einer Wärmedämmung mit zumindest entsprechender räumlicher Ausdehnung bereits im Zeitpunkt der Errichtung des Gebäudes üblich war. Damit soll verhindert werden, dass dann, wenn bereits bei Errichtung des Gebäudes eine entsprechende Dämmung nach den anerkannten Regeln der Technik geboten war aber nicht angebracht wurde, diese nachträglich „auf Kosten" des Nachbarn – das heißt unter Ausnutzung seines Grundstücks – angebracht werden soll.

6 c) **Voraussetzungen nach** § **7c Abs. 3 bis Abs. 5.** – **aa**) § 7c Abs. 3 normiert einen Anspruch für den Eigentümer und den dinglichen Nutzungsberechtigten des überbauten Grundstücks auf einen angemessenen Ausgleich in Form einer **Überbaurente.** Insoweit werden die §§ 912 Abs. 2, 913 und 914 BGB für entsprechend anwendbar erklärt.

bb) § 7c Abs. 4 gewährt den Eigentümern und Nutzungsberechtigten des überbauten Grundstücks einen gegen den Eigentümer des begünstigten Grundstücks gerichteten Anspruch auf Erhaltung der gedämmten Fassade in einem ordnungsgemäßen Zustand.

cc) Aus § 7c Abs. 5 ergibt sich für den Eigentümer und den dinglich Nutzungsberechtigten des überbauten Grundstücks (Nachbar) ein **Schadensersatzanspruch** gegen den Veranlasser des Überbaus, wenn durch den Überbau ein Schaden entsteht; der Veranlasser haftet insoweit *ohne Verschulden*.

Veranlasser im Sinne dieser Regelung ist in der Regel der Eigentümer. Der Eigentümer ist auch dann Veranlasser, wenn er den Überbau zwar nicht selbst veranlasst hat, er den von einem anderen veranlassten Überbau aber duldet. Veranlasser und damit Schuldner dieses verschuldensunabhängigen Schadensersatzanspruchs ist nur derjenige, der die Nutzungsart des begünstigten Grundstücks bestimmt, denn nur dieser ist Adressat der nachbarrechtlichen Vorschriften, die der Regelung des nachbarrechtlichen Gemeinschaftsverhältnisses dienen (BGH NJW 2010, 3160, insoweit zu § 906 Abs. 2 BGB). Veranlasser i. S. d. § 7c Abs. 5 ist daher bspw. nicht der Bauunternehmer, der die Wärmedämmung auf das Grundstück anbringt.

§ 7d Hammerschlags- und Leiterrecht

(1) Kann eine nach den baurechtlichen Vorschriften zulässige bauliche Anlage nicht oder nur mit erheblichen besonderen Aufwendungen errichtet, geändert, unterhalten oder abgebrochen werden, ohne dass das Nachbargrundstück betreten wird oder dort Gerüste oder Geräte aufgestellt werden oder auf das

Nachbargrundstück übergreifen, so haben die Eigentümer und der Besitzer des Nachbargrundstücks die Benutzung insoweit zu dulden, als sie zu diesen Zwecken notwendig ist.

(2) Die Absicht, das Nachbargrundstück zu benutzen, muss dem Eigentümer und dem Besitzer zwei Wochen vor Beginn der Benutzung angezeigt werden. Ist der im Grundbuch Eingetragene nicht Eigentümer, so genügt die Anzeige an den unmittelbaren Besitzer, es sei denn, dass der Anzeigende den wirklichen Eigentümer kennt. Die Anzeige an den unmittelbaren Besitzer genügt auch, wenn der Aufenthalt des Eigentümers kurzfristig nicht zu ermitteln ist.

(3) Der Eigentümer des begünstigten Grundstücks hat dem Eigentümer des Nachbargrundstücks den durch Maßnahmen nach Absatz 1 entstandenen Schaden zu ersetzen. Auf Verlangen des Berechtigten ist vor Beginn der Benutzung eine Sicherheit in Höhe des voraussichtlich entstehenden Schadens zu leisten.

1. Allgemeines

a) Während nach § 904 BGB nur bei **gegenwärtiger Gefahr** und nach § 905 BGB nur bei fehlendem Ausschließungsinteresse das Grundstück des Nachbarn (einschließlich Luftraum) beansprucht werden kann, muss nach § 7c (eingefügt durch § 114 der Landesbauordnung vom 6. April 1964 [GBl. S. 151]) der Eigentümer oder Besitzer des Nachbargrundstücks das Betreten (**Hammerschlagsrecht**) oder das Aufstellen von **Gerüsten und Geräten**(**Leiterrecht**) auf seinem Grundstück schon dann dulden, wenn dies zur Errichtung oder zur Vermeidung erheblicher Mehraufwendungen bei der Errichtung, Änderung, Unterhaltung und Abbruch von nach Baurecht zulässigen Anlagen (§ 1 Abs. 1 LBO) auf dem begünstigten Grundstück notwendig ist (z. B. bei Bauarbeiten, Verputz, Anstrich, Reinigung der Fassade, auch Schönheitsreparaturen). **1**

b) Weiter umfasst sind neben dem Aufstellen von Leitern und Gerüsten auch das Aufstellen von Maschinen (z. B. Betonmischer, Kompressor, Baukran), das Verlegen von Leitungen für Strom und Wasser, Gebäudeabstützungen sowie das Eindringen des Schwenkarms eines Baukrans in den Luftraum (OLG Karlsruhe, NJW-RR 1993, 91), nicht jedoch das Lagern von Baustoffen, das Aufstellen eines Bauwagens und WCs oder routinemäßige Reinigungsarbeiten (z. B. Fensterputzen). Bei einem Baukran reicht es aus, dass bei seiner Aufstellung auf einem benachbarten Grundstück sein Schwenkarm nur gelegentlich (z. B. beim zur Sicherheit freien Drehen in die Windrichtung) auf das Nachbargrundstück übergreift.

2. Voraussetzungen

a) **Duldungspflicht nach § 7d Abs. 1.** – **aa**) Die Duldungspflicht nach § 7d Abs. 1 beschränkt sich nicht nur auf Arbeiten an Gebäuden, sondern sie umfasst auch die Arbeiten bei den übrigen **baulichen Anlagen** (§ 2 Abs. 1 Satz 1 LBO: Unmittelbar mit dem Erdboden verbundene, aus Bauprodukten hergestellte Anlagen) wie z. B. Mauern, Abstellplätze, Abgrabungen und Aufschüttungen, auch Wege und Straßen sowie sonstige Erschließungsanlagen wie z. B. Rohrleitungen (BWGZ 1980, 778). Die bauliche Anlage, für die das Nachbargrundstück in Anspruch genommen werden soll, muss nach den baurechtlichen Vorschriften zulässig sein, wobei bei **genehmigungspflichtigen Anlagen** eine vollzugsfähige **2**

Baugenehmigung vorliegen muss (OLG Stuttgart vom 6.9.1996 – 2 U 171/96). Im **Kenntnisgabeverfahren** ist erforderlich, dass mit der Ausführung des Vorhabens begonnen werden darf (§ 59 Abs. 4 LBO). Dafür spricht, dass die Anfechtungsklage des in Anspruch genommenen Grundstückseigentümers keine aufschiebende Wirkung besitzt (§ 212a Abs. 1 BauGB).
Darüber hinaus steht das Hammerschlags- und Leiterrecht nur für solche Arbeiten zur Verfügung, zu deren Vornahme der Eigentümer des begünstigten Grundstücks gegenüber seinem Nachbarn berechtigt ist, also der Nachbar dulden muss (OLG Hamm, MDR 1984, 847; auch bei nicht baurechtlich genehmigten, aber geduldeten Arbeiten, s. LG Baden-Baden vom 22.6.1990 – 2 S 14/90).
bb) Die Benutzung des Nachbargrundstücks ist sowohl **zeitlich** als auch in ihrem **tatsächlichen Umfang** darauf **beschränkt**, was für eine ordnungsgemäße Ausführung der Arbeiten notwendig ist; auch muss das Nachbargrundstück soweit wie möglich geschont werden (im Einzelnen *Käser/Beck* BWNotZ 2002, 83 [84]). Langdauernde Bauunterbrechungen brauchen daher nicht geduldet zu werden. Auch aus bloßer Bequemlichkeit darf vom Recht des § 7d nicht Gebrauch gemacht werden. Zur Vermeidung von erheblichen Mehraufwendungen beim Übergreifen eines Baukrans: LG Stuttgart vom 28. November 2000 – 15 O 286/2000. Das LG Stuttgart hat in seiner Entscheidung vom 2. Februar 1998 – 23 O 44/97 ein Recht auf Überfahren mit Raupen, LKW o. Ä. gewährt (a. A. *Birk* § 7d Rn. 4c: Regeln des Notwegrechts finden Anwendung).
cc) **Weitergehende Einwirkungen** wie z. B. **Abgrabungen** für den Arbeitsraum bei Grenzbebauung sind selbst bei baurechtlich vorgeschriebener Grenzbebauung im Gegensatz zum Recht einiger anderer Bundesländer in Baden-Württemberg aufgrund des Hammerschlags- und Leiterrechtes nicht zulässig.
Auch die Rechtsprechung lehnt eine erweiternde Auslegung des § 7c ab (OLG Stuttgart NJW 1994, 739 [rechtskräftig durch Nichtannahmebeschluss des BGH vom 13. Oktober 1994 – VZR 3/94]; a. A. OLG Düsseldorf NVwZ-RR 1992, 528 für § 24 NW NRG: Im Einzelfall könne sich eine entsprechende Verpflichtung aus Treu und Glauben ergeben, wenn wegen öffentlich-rechtlicher Baupflichten ohne Inanspruchnahme des Nachbargrundstücks eine wirtschaftlich vertretbare bauliche Nutzung des Grundstücks nicht möglich wäre). Zur Anbringung von Ankern zur Befestigung von Abstützungen oder Verschalungen auf dem Nachbargrundstück s. § 909 BGB.
dd) Auch besteht nach § 7d Abs. 1 **kein Anspruch auf Freihaltung** oder **Beseitigung** von Gebäuden, Hecken, Gehölze und dgl., um die Ausübung des Hammerschlags- und Leiterrechts zu ermöglichen oder wenigstens zu erleichtern (*Dehner* § 28 B S. 1). Der Berechtigte muss das Grundstück des Verpflichteten so hinnehmen, wie es sich im Zeitpunkt der Ausübung dieses Rechts darstellt.

3 **b) Anzeigepflicht nach § 7d Abs. 2.** Nach § 7d Abs. 2 muss die Anzeige über die Absicht, das Nachbargrundstück zu benutzen, mindestens zwei Wochen (gerechnet ab Zugang beim Eigentümer und/oder Besitzer [Absatz 2], wobei bei gleichzeitiger Absendung der Anzeigen der früheste Zugang maßgebend ist) vorher erfolgen, damit die Benutzung zulässig ist. Dabei sind Art und Zeitdauer der Benutzung anzugeben. Bei Schweigen auf die Anzeige kann im Allgemeinen keine Zustimmung angenommen und mit der Ausübung des Hammerschlags- und Leiterrechts begonnen werden. Stattdessen muss der Anspruch gerichtlich

durchgesetzt werden (OLG Stuttgart, Urt. v. 31.8.2022 – 4 U 74/22, juris Rn. 7; i. d. S. auch BGH, Urt. v. 14.12.2012 – V ZR 49/12, juris Rn. 15 zur inhaltsgleichen Regelung des § 16 NachbG NRW). Zur Zustellung der Anzeige s. Kommentierung zu §§ 3 bis 5. Die Verpflichtung zur Anzeige entfällt, wenn zur Abwehr einer gegenwärtigen Gefahr die Benutzung des Nachbargrundstücks notwendig und der drohende Schaden gegenüber dem durch die Benutzung entstehenden Schaden unverhältnismäßig groß ist (§ 904 BGB). Unterbleibt die Anzeige, so ist die Benutzung zwar nicht unzulässig; widerspricht jedoch der Nachbar alsbald, dann muss die Benutzung des Grundstücks eingestellt und gerichtliche Hilfe in Anspruch genommen werden.

3. Anspruchsberechtigter und -verpflichteter

Aus § 7d Abs. 3 Satz 1 *wird hergeleitet* (*Pelka* S. 94; *Birk* § 7d Anm. 4; *Käser/Beck* **4**
BWNotZ 2002, 83 [85]), dass das Hammerschlags- und Leiterrecht nur dem Eigentümer und Erbbauberechtigten des begünstigten Grundstücks zustehe. Diese Auslegung ist insbesondere in den Fällen nicht zwingend, wo der Besitzer gegenüber dem Eigentümer des begünstigten Grundstücks zur Durchführung der in Abs. 1 aufgeführten Arbeiten gesetzlich bzw. vertraglich (§ 586 Abs. 1 Satz 2 BGB, § 1041 BGB, Mietvertrag) verpflichtet ist. Aus der Sicht des Eigentümers des Nachbargrundstücks genügt es vielmehr, wenn er bei Inanspruchnahme seines Grundstücks für die von wem auch immer verursachten Schäden einen gesetzlichen Anspruch gegen den Eigentümer des begünstigten Grundstücks hat, der unabhängig vom Innenverhältnis zwischen diesem und dem sein Grundstück nutzenden Besitzer des begünstigten Grundstücks ist. So lässt es *Pelka* S. 97 „zur schonenden Ausübung" zu, dass bei bestehenden Spannungen zwischen den Nachbarn das Recht nicht persönlich, sondern durch einen Dritten ausgeübt wird.

Das Hammerschlags- und Leiterrecht wird auch zugunsten eines zu duldenden Überbaus (§ 912 BGB) einzuräumen sein, zumal es sich in der Regel dabei um eine nach „baurechtlichen Vorschriften zulässige Anlage" handeln wird (nach § 58 Abs. 3 LBO wird die Baugenehmigung unbeschadet privater Rechte Dritter, als auch hinsichtlich der Verfügungsbefugnis für den Bauplatz, erteilt). Auch bei verfahrensfreien Vorhaben und bei Vorhaben im Kenntnisgabeverfahren hängt die baurechtliche Zulässigkeit nicht von der Verfügungsbefugnis über den Baugrund ab. Selbst für bestehende baurechtswidrige bauliche Anlagen besteht dieses Recht, solange sie von der Baurechtsbehörde geduldet werden, d. h. deren Beseitigung nicht durch eine unanfechtbare Verfügung angeordnet ist (*Käser/Beck* BWNotZ 2002, 83) oder über die Pflicht zur Entfernung des rechtswidrigen Überbaus noch nicht rechtkräftig entschieden ist.

Zur Duldung des Hammerschlags- und Leiterrechts ist neben dem Eigentümer auch der jeweilige Besitzer verpflichtet. Sie ist auch grundsätzlich unabhängig davon, ob das Grundstück in Eigentum von Privatpersonen oder der öffentlichen Hand steht. Allerdings ist bei öffentlichen Wegen und Straßen das Straßenrecht maßgebend.

4. Ansprüche des Nachbarn

a) Aus § 7d Abs. 3 Satz 1 ergibt sich ein **Schadensersatzanspruch des Nach-** **5**
barn. Nach § 7d Abs. 3 Satz 1 haftet bei **Schäden** auf dem Nachbargrundstück

der Eigentümer des begünstigten Grundstücks auch ohne Verschulden (einschließlich höherer Gewalt) auf Schadensersatz (verschuldensunabhängiger Aufopferungsanspruch, s. auch § 904 BGB und § 905 BGB). Für die Haftung ohne Verschulden spricht, dass diese Regelung nicht erforderlich gewesen wäre, wenn nur bei Verschulden (bereits abgedeckt durch § 823 BGB) gehaftet werden sollte. Im Schadensfall ist der Zustand wiederherzustellen, der bestehen würde, wenn das schädigende Ereignis nicht eingetreten wäre (z. B. Wiederherstellen von Rasen und Zäunen, Neupflanzung von Sträuchern und Bäumen). Soweit bei größeren Gehölzen nur eine Neupflanzung mit Jungpflanzen in Frage kommt, ist ein dadurch etwa verbleibender Restschaden am Gesamtgrundstück in Geld auszugleichen (BGH NJW 1975, 2061; OLG Celle VersR 1984, 69; OLG Oldenburg, VersR 1986, 1004).
Aus Absatz 3 ist keine Einschränkung auf Sachschäden zu entnehmen, vielmehr finden §§ 249 ff. BGB, insbesondere auch § 253 BGB, uneingeschränkt Anwendung (s. auch § 904 BGB), sodass auch Personenschäden etwa durch umstürzende Bauteile, Gerüste oder Baukrane zu entschädigen sind.

6 **b**) Nach § 7d Abs. 3 Satz 2 kann der duldungspflichtige Nachbar verlangen, dass vor Beginn der Benutzung eine **Sicherheit** für den zu erwartenden Schaden geleistet wird, wobei für einen etwaigen Schadenseintritt weder eine Gewissheit noch eine besondere Gefahr (z. B. bei übergreifenden Baukran) zu bestehen braucht. Wie Sicherheit geleistet wird, entscheidet der Verpflichtete, wobei er beim Abschluss einer Haftpflichtversicherung darauf achten muss, dass er auch *ohne Verschulden* einschließlich höherer Gewalt haftet.

7 **c**) Die (zeitliche) Benutzung selbst ist unentgeltlich – also keine Überbaurente, Miete oder Pacht – zu dulden, dies gilt auch bei öffentlichen Flächen (*Käser/Beck* BWNotZ 2002, 83 Fn. 22). Wird jedoch keine oder eine nur (objektiv) ungenügende Sicherheit geleistet, kann der betroffene Grundstückseigentümer der Benutzung widersprechen, er hat einen Unterlassungs- und Beseitigungsanspruch nach § 1004 BGB.

8 **d**) Bei schuldhafter **Verweigerung der Inanspruchnahme** kann ein Schadenersatzanspruch aus positiver Forderungsverletzung eines gesetzlichen Schuldverhältnisses gegeben sein.

9 **e**) Kommt keine Einigung der Nachbarn über das Betreten zustande, so darf der Berechtigte das Grundstück nicht eigenmächtig betreten, sondern er muss klagen (OLG Karlsruhe NJW-RR 1993, 91; KG OLGZ 1977, 448; a. A. *Dehner* A § 6 S. 8). Gegen eine eigenmächtige Inanspruchnahme kann der Eigentümer und der Besitzer des Nachbargrundstücks Unterlassung verlangen (§§ 862 Abs. 1, 1004 Abs. 1 BGB).

5. Sonstiges

10 In der Praxis sollte zur Vermeidung von Prozessen, aber auch zur Erleichterung der Prozessführung vor Beginn der Arbeiten der bestehende Zustand des Nachbargrundstücks möglichst im gegenseitigen Einvernehmen der Eigentümer, ggf. unter Hinzuziehung eines Dritten, aufgenommen werden; notfalls kann ein selbstständiges Beweisverfahren nach §§ 485 ff. ZPO durchgeführt werden.

§ 7e Benutzung von Grenzwänden

(1) Grenzt ein Gebäude unmittelbar an ein höheres, so hat der Eigentümer des höheren Gebäudes zu dulden, dass die Schornsteine und Lüftungsleitungen des niedrigeren Gebäudes an der Grenzwand seines Gebäudes befestigt werden, wenn dies zumutbar und die Höherführung zur Betriebsfähigkeit erforderlich ist.

(2) In den Fällen des Absatzes 1 hat der Eigentümer des höheren Gebäudes auch zu dulden, dass die Reinigung der Schornsteine und Lüftungsleitungen, soweit erforderlich, von seinem Gebäude aus vorgenommen wird und die hierfür nötigen Einrichtungen in oder an seinem Gebäude hergestellt und unterhalten werden.

(3) § 7d Abs. 3 gilt entsprechend.

1. Allgemeines

Insbesondere in engen Ortslagen, wo der Baugrund knapp und damit teuer ist, aber auch zur Ersparnis an Baumaterial werden schon errichtete Gebäudewände an der Grenze nicht selten vom Nachbarn auch für sein Bauwerk an der Grenze mit in Anspruch genommen. Zum einen wird eine verstärkte Außenwand meist zur Hälfte auf die Grenze gesetzt (halbscheidige Giebelwand, Kommunmauer, Nachbarwand), sodass sie auch der Nachbar als Außenwand für sein Gebäude verwenden und sich dadurch eine eigene Außenwand ersparen kann. Zum anderen wird die Außenwand ganz auf dem eigenen Grundstück errichtet (**Grenzwand**), jedoch dem bauenden Nachbarn (als Ersatz oder Stütze für die eigene Grenzwand) das Anbauen zugelassen. Im Gegensatz zum Nachbarrecht vieler Bundesländer finden sich im ba.wü. Landesrecht weder Bestimmungen über die **Nachbarwand** noch wird die **Grenzwand** mit Ausnahme des § 7e NRG geregelt. Für Baden-Württemberg gelten daher die **Bestimmungen des BGB** (§§ 912 ff.) insoweit **unmittelbar.** 1
§ 7e stellt eine – nach Art. 124 EGBGB zugelassene – Ausprägung des allgemeinen Notwegrechts nach § 917 BGB dar und gibt einem Grundstückseigentümer gegen seinen Nachbarn einen klagbaren Duldungsanspruch (OLG Stuttgart, Urt. v. 9.4.2003- 3 U 121/01).

2. Voraussetzungen

a) § 7e Abs. 1 normiert eine Duldungspflicht des Eigentümers eines an der Grenze stehenden höheren Gebäudes, zur Befestigung von **Schornsteinen** und **Lüftungsleitungen** eines unmittelbar angrenzenden niedrigeren Gebäudes an seiner höheren Grenzwand unter bestimmten Voraussetzungen. Durch die Errichtung eines unmittelbar angrenzenden höheren Gebäudes können nämlich diese Einrichtungen des niedrigeren Gebäudes sowohl zum Nachteil des höheren Gebäudes (Rauch- und Abluftbelästigungen) als auch des niedrigeren Gebäudes selbst (Verlust an Zug- und Saugwirkung) beeinträchtigt werden. Wenn der Eigentümer des niedrigeren Gebäudes diese Einrichtungen unabhängig von einer Befestigung an der benachbarten Grenzwand höher führen müsste, wäre dies sehr teuer und würde meist auch gegen die Grundsätze der Baugestaltung verstoßen. 2

Die Höherführung muss **zur Betriebsfähigkeit erforderlich** sein. Soweit darüber zwischen den Eigentümern kein Einvernehmen erreicht werden kann, empfiehlt es sich, einen Fachkundigen einzuschalten.
Weiterhin muss sie **zumutbar** sein. Zumutbar ist die Höherführung, wenn sowohl die Sicherheit und die Funktion der Nachbarwand als auch des Nachbargebäudes selbst nicht beeinträchtigt wird. So dürfen die Befestigungen z. B. die Standsicherheit der Grenzwand nicht gefährden, zulässige Öffnungen in der Grenzwand nicht beeinträchtigen sowie durch den Betrieb der höhergeführten Einrichtungen keine Geräusche verursacht werden (Luftstrom, Ventilatoren), die für die Benutzung des Nachbargebäudes störend sind. Im Übrigen müssen die einschlägigen öffentlich-rechtlichen Bestimmungen (z. B. §§ 30, 31, 32 LBO, § 22 BImSchG) eingehalten werden.

3 **b)** § 7e Abs. 2 erweitert die Duldungsverpflichtung auf die **Reinigung der Schornsteine** und **Lüftungsleitungen.** So kann es erforderlich sein, die Herstellung, Unterhaltung und Benutzung von Reinigungsöffnungen (Kamintüren) durch die Grenzwand oder entsprechender Ausstiege über Dach zu dulden.

4 **c)** Nach § 7e Abs. 3 i. V. m. § 7d Abs. 3 ist der Eigentümer des niedrigeren Gebäudes verpflichtet, durch die Befestigung am höheren Gebäude auch ohne Verschulden entstehende **Schäden** (z. B. am Verputz) zu ersetzen. Dies sollte auch für die durch die Höherführung verursachten Mehrkosten bei der laufenden Unterhaltung der Grenzwand gelten. Weitere Ansprüche, z. B. eine Überbaurente nach § 912 Abs. 2 BGB stehen dem duldungspflichtigen Eigentümer nicht zu, da die Einrichtungen trotz Befestigung am Nachbargebäude sich nicht auf dessen Grundstück (einschließlich des Luftraumes) befinden, sodass ein Überbau i. S. v. § 912 Abs. 1 BGB nicht gegeben ist.

§ 7f Leitungen

(1) Wenn der Anschluss eines Grundstücks an eine Versorgungsleitung, eine Abwasserleitung oder einen Vorfluter ohne Benutzung eines fremden Grundstücks nicht oder nur unter erheblichen besonderen Aufwendungen oder nur in technisch unvollkommener Weise möglich ist, so hat der Eigentümer des fremden Grundstücks die Benutzung seines Grundstücks insoweit, als es zur Herstellung und Unterhaltung des Anschlusses notwendig ist, zu dulden und entgegenstehende Nutzungsarten zu unterlassen. Überbaute Teile oder solche Teile des fremden Grundstücks, deren Bebauung nach den baurechtlichen Vorschriften zulässig ist, dürfen für den Anschluss nicht in Anspruch genommen werden. Sind auf den fremden Grundstücken Versorgungs- oder Abwasserleitungen bereits vorhanden, so kann der Eigentümer gegen Erstattung der anteilmäßigen Herstellungskosten den Anschluss an diese Leitungen verlangen, wenn dies technisch möglich und zweckmäßig ist.

(2) Ergeben sich nach Verlegung der Leitung unzumutbare Beeinträchtigungen, so kann der Eigentümer des fremden Grundstücks verlangen, dass der Eigentümer des begünstigten Grundstücks auf seine Kosten Vorkehrungen trifft, die solche Beeinträchtigungen beseitigen.

(3) Der Eigentümer des begünstigten Grundstücks hat dem Eigentümer des fremden Grundstücks den durch eine Maßnahme nach den Absätzen 1 und 2

oder durch Beschränkungen der Nutzung oder durch den Betrieb der Leitung entstandenen Schaden zu ersetzen. Auf Verlangen des Berechtigten ist vor Beginn der Maßnahmen nach den Absätzen 1 und 2 eine Sicherheit in Höhe des voraussichtlich entstehenden Schadens zu leisten.

(4) Der Eigentümer eines beanspruchten Grundstücks kann gegen Erstattung der Mehrkosten eine solche Herstellung der Leitung verlangen, dass sein Grundstück ebenfalls angeschlossen werden kann.

(5) Die Kosten für die Unterhaltung gemeinsamer Leitungen nach Absatz 1 Satz 3 und Absatz 4 sind von den beteiligten Eigentümern gemeinsam zu tragen.

1. Allgemeines

§ 7f enthält ausdrücklich diejenigen Rechte, die ein Grundstückseigentümer (**Duldungsberechtigter**) gegenüber dem Eigentümer eines fremden (Nachbar-) Grundstücks (**Duldungsverpflichteter**) hat, wenn er dieses Grundstück braucht, um sein eigenes Grundstück mit den erforderlichen Versorgungsleitungen, Abwasserleitungen usw. zu versehen. Dabei stellt § 7f zwar eine *Konkretisierung des aus § 917 BGB ableitbaren Notwegerechts* dar. Dennoch ist durch diese Bestimmung, welche die Voraussetzungen des Notleitungsrechts eigenständig und damit das BGB ausschließend (BGH NJW 1991, 176; NJW-RR 2000, 537 für § 907 BGB) regelt, unter erleichterten Voraussetzungen eine Duldungspflicht des Nachbarn auch bei Bestehen einer Anschlussmöglichkeit an das zentrale Entwässerungsnetz auf dem Grundstück des Duldungsberechtigten begründet worden (OLG Karlsruhe Die Justiz 1985, 315). Es reicht nämlich aus, dass der Anschluss auf dem eigenen Grundstück wesentlich teurer wäre, weil er nur durch besondere technische Vorkehrungen, z. B. Pumpen, möglich ist. Im Übrigen sind nicht nur die Eigentümer des unmittelbar angrenzenden Grundstücks, sondern alle Grundstückseigentümer, über deren Grundstücke die Leitungen bis zum Anschluss an die öffentlichen Leitungen geführt werden müssen, zur Duldung der Leitungen und zur Unterlassung entgegenstehender Nutzungen verpflichtet. Allerdings ist der Rechtsgedanke des § 918 Abs. 2 BGB entsprechend anwendbar (BGH NJW 1991, 176). 1

2. Voraussetzungen

a) Umfang und Voraussetzungen des Anspruchs aus § 7f Abs. 1. – aa) Während nach Absatz 1 Satz 1 der Duldungsverpflichtete (Eigentümer eines fremden benachbarten Grundstücks) die Benutzung seines Grundstücks für eine Leitung zu dulden hat, die vom Duldungsberechtigten (Eigentümer des begünstigten Grundstücks) hergestellt und unterhalten wird, kann nach Absatz 1 Satz 3 der Duldungsverpflichtete vom Duldungsberechtigten den Anschluss mit dessen Leitung an seine Leitung verlangen. Der Duldungsberechtigte dagegen hat keinen Anspruch auf Anschluss an eine entsprechende Leitung auf dem fremden Grundstück. Nur der Duldungsverpflichtete kann dies verlangen; ihm allein steht die Befugnis zu, die Verlegung einer neuen Leitung durch den Duldungsberechtigten auf seinem Grundstück durch das Verlangen des Anschlusses an seine Leitung zu vermeiden (OLG Karlsruhe AgrarR 2001, 330). Der Duldungsverpflichtete kann daher wählen, ob er die Verlegung einer neuen Leitung über sein Grundstück bis zum Anschluss an die allgemeinen (in der Regel öffentlichen) 2

Versorgungsleitungen hinnimmt oder den Anschluss an seine entsprechende Leitung verlangt, was möglicherweise sein Grundstück weniger in Anspruch nimmt.
bb) Die Duldungspflicht bezieht sich auf den **Anschluss an alle Arten von Versorgungs- und Entsorgungsleitungen** (wie z. B. Wasser, Abwasser, Gas, Fernheizung, Strom, Antennenanschluss, Telefon, Kabelfernsehen) oder an einen Vorfluter, das heißt an einen Sammler oder ein Gewässer, meist Bach, Fluss oder See, die der Vorflut dienen (OLG Karlsruhe Die Justiz 1985, 315). Zwar wird die Befüllung von Heizöl- oder Flüssiggastanks mit einer kurzfristig verlegten Schlauchleitung von § 7f nicht ausdrücklich erfasst, aus Sinn und Zweck dieser Vorschrift (sowie des nachbarrechtlichen Gemeinschaftsverhältnisses) ist insoweit eine analoge Anwendung geboten (s. auch § 917 BGB).
cc) Als **weitere Voraussetzung** für den Anspruch muss der Anschluss *ohne Benutzung des fremden Grundstücks* (der fremden Grundstücke) *nicht* (tatsächlich objektiv unmöglich) oder nur unter erheblichen besonderen Aufwendungen (der Anschluss ist zwar über das eigene Grundstück möglich, es wären aber Aufwendungen erforderlich, die erheblich über den im fraglichen Bereich üblicherweise entstehenden Kosten liegen, z. B. erheblich über dem Durchschnitt liegende Baumaßnahmen durch umfangreiche Erdbewegungen, Sprengungen, Dränagen und dergleichen) oder nur in technisch unvollkommener Weise (z. B. Anschluss ist zwar technisch möglich, Lösung aber noch nicht ausgereift, sodass besonders störungsanfällig) *möglich* sein.
Das Notleitungsrecht besteht nur im Rahmen einer **zulässigen Nutzung des verbindungslosen Grundstücks,** wobei im Falle einer beabsichtigten Bebauung die materiell-rechtliche Bebaubarkeit genügt (keine Baugenehmigung erforderlich), für das Leitungsrecht nach § 7f ist somit eine vorherige „dingliche" Absicherung nicht erforderlich. Demgegenüber lässt es der VGH Mannheim (AgrarR 1991, 166) für die baurechtliche Erschließung jedenfalls bei unbebauten Grundstücken nicht genügen, dass ein abstrakter Anspruch gemäß § 7f besteht; denn solange weder ein öffentlich-rechtlicher noch ein privatrechtlicher Duldungstitel (Baulast, Grunddienstbarkeit) vorliege, sei die erforderliche rechtlich dauerhafte Sicherung des Durchleitungsrechts nicht gegeben.

3 **b) Grenzen der Duldungspflicht aus § 7f Abs. 1.** Die Duldungspflicht ist in mehrfacher Hinsicht **begrenzt:**

- nur insoweit, als die Inanspruchnahme notwendig ist (Abs. 1 Satz 1);
- überbaute oder bebaubare Teile des Grundstücks dürfen nicht in Anspruch genommen werden (Abs. 1 Satz 2); zu den bebaubaren Flächen sind zu zählen Flächen, deren Bebaubarkeit in einem Bebauungsplan festgesetzt ist sowie im unbeplanten Innenbereich (§ 34 BauGB) oder im Außenbereich (§ 35 BauGB) alle in der konkreten Situation als bebaubar anzusehenden Flächen, nicht jedoch die Abstandsflächen zur Grundstücksgrenze, in denen die in § 6 Abs. 1 LBO genannten Anlagen errichtet werden dürfen, und auch nicht Flächen, die aufgrund von Abweichungen, Ausnahmen oder Befreiungen nach § 56 LBO oder § 31 BauGB bebaut werden könnten;
- bei unzumutbarer Beeinträchtigung des duldungspflichtigen Grundstücks können vom Duldungsberechtigten Vorkehrungen auf dessen Kosten verlangt werden (Abs. 2).

3. Rechtsfolgen

a) Die Kosten für die Herstellung und Unterhaltung des Anschlusses nach Absatz 1 Satz 1 hat der Duldungsberechtigte zu tragen. Die von ihm auf fremden Grundstück hergestellte Leitung bleibt in seinem Eigentum (§ 95 Abs. 1 Satz 2 BGB). Bei einem Anschluss nach Absatz 1 Satz 3 trägt der Duldungsberechtigte ebenfalls die Kosten der Herstellung und Unterhaltung seiner Leitung bis zum Anschluss an die Leitung des Duldungsverpflichteten. Für diese dann **gemeinsame Leitung** kann der Duldungsverpflichtete vom Duldungsberechtigten eine Erstattung der anteiligen Herstellungskosten verlangen (zur Berechnung s. *Birk* § 7f Anm. 3c), die Kosten für ihre Unterhaltung sind gemeinsam zu tragen (Absatz 5). Da das NRG keinen Verteilungsmaßstab vorschreibt, ist es in erster Linie Sache der Eigentümer selbst, sich über die Aufteilung zu einigen. Hilfsweise können z. B. auf das Maß des Leitungsnutzens für jeden Eigentümer, aber auch auf das Verhältnis der vom jeweiligen Eigentümer benutzten Leitungslänge zurückgegriffen werden. Treten im Einzelfall Schwierigkeiten bei der gemeinsamen Nutzung der Leitung auf (z. B. Verstopfungen, Rückstau), so führt dies nicht zum Verbot der Nutzung, vielmehr sind technische Probleme im Rahmen der Verpflichtung zur gemeinsamen Unterhaltung gemäß Abs. 5 zu bewältigen (OLG Karlsruhe Die Justiz 1986, 213). **4**

b) Im Übrigen hat der Duldungsberechtigte dem Eigentümer des fremden Grundstücks den durch Errichtung und Betrieb bzw. zu duldenden Anschluss, aber auch durch Einschränkung der Grundstücksnutzung entstehenden **Schaden zu ersetzen** (Abs. 3 Satz 1). Für voraussichtlich entstehende Schäden kann vor Beginn der Maßnahmen **Sicherheit** verlangt werden (Abs. 3 Satz 2). **5**
Ist das duldungsverpflichtete Grundstück noch nicht angeschlossen, so kann dessen Eigentümer vom Duldungsberechtigten verlangen, dass er die Leitungen über sein Grundstück so herstellt, dass auch er anschließen kann (Abs. 4). Im Gegensatz zum Anschluss des Duldungsberechtigten an die Leitung des Duldungsverpflichteten (Abs. 1 Satz 3) hat der Duldungsverpflichtete sich hier nicht an den normalen Kosten der Leitung des Duldungsberechtigten zu beteiligen; vielmehr muss er nur die durch seine Anschlussmöglichkeit verursachten Mehrkosten (z. B. größere Dimensionierung, Anschlussschacht) erstatten.

2. Abschnitt **Aufschichtungen und Gerüste**

§ 8 Aufschichtungen und Gerüste

(1) Aufschichtungen von Holz, Steinen und dergleichen, Heu-, Stroh- und Komposthaufen sowie ähnliche Anlagen, die nicht über 2 m hoch sind, müssen 0,50 m von der Grenze entfernt bleiben. Sind sie höher, so muss der Abstand um so viel über 0,50 m betragen, als ihre Höhe das Maß von 2 m übersteigt.

(2) Eine Entfernung von 0,50 m ist einzuhalten bei Gerüsten und ähnlichen Anlagen, sofern nicht die Beschaffenheit der Anlage eine größere Entfernung zur Abwendung eines Schadens erfordert.

(3) Diese Vorschriften gelten nicht für Baugerüste und für das nachbarliche Verhältnis der öffentlichen Wege und der Gewässer einerseits und der an sie grenzenden Grundstücke andererseits.

1. Voraussetzungen

1 a) Zu den in § 8 Abs. 1 aufgeführten **Aufschichtungen** von Holz, Steinen, Heu-, Stroh- und Komposthaufen zählen auch solche Anlagen, von denen typischerweise Störungen auf das Nachbargrundstück ausgehen können (z. B. Reifenstapel, Ablagerung von Bauschutt und Metall, nicht jedoch Regentonnen, Gartenteiche). Es muss sich auch um nicht nur kurzfristig geschehene Aufschichtungen handeln.
Beträgt die Höhe einer Aufschichtung i. S. d. Abs. 1 z. B. 3,50 m, so muss der Abstand 2 m betragen (3,50 – 2 = 1,50 + 0,50 = 2).

2 b) Für nicht nur kurzfristig aufgestellte Gerüste (auch freistehende Pflanzgitter, Hinweisschilder und Werbetafeln auf Stützen) und Gebäudeabstützungen (§ 8 Abs. 2) ist unbeschadet ihrer Höhe ein Abstand von 0,50 m von der Grenze einzuhalten, es sei denn, dass zur Abwendung eines Schadens eine größere Entfernung einzuhalten ist. Dies ist im Einzelfall zu entscheiden, wobei z. B. die technische Machbarkeit bei einem Gerüst zum Abstützen eines gefährdeten Gebäudes mit zu berücksichtigen ist.
Wird die Aufstellung der Gerüste auf dem Nachbargrundstück notwendig, so findet § 7c Anwendung.

3 c) Nach § 8 Abs. 3 werden nur vorübergehend auf dem Baugrundstück aufgestellte Baugerüste ausdrücklich nicht erfasst, auch wenn dies mehrere Monate oder sogar einige Jahre (z. B. bei aufwendigen Renovierungen denkmalgeschützter Gebäude) dauern kann. Für sie gelten als vorübergehend aufgestellte oder genutzte Anlagen, die nach Nr. 10a) des Anh. 1 zu § 50 Abs. 1 LBO verfahrensfrei sind, die allgemeinen Vorschriften insbesondere des § 12 LBO.
Nach § 8 Abs. 3 finden die Vorschriften der Absätze 1 und 2 auch keine Anwendung für das nachbarliche Verhältnis der **öffentlichen Wege und Gewässer** einerseits und der an sie anstoßenden Grundstücke andererseits. Es müssen also mit Aufschichtungen und Gerüsten gegenüber öffentlichen Wegen und Gewässern *keine Abstände* eingehalten werden. Dasselbe gilt auch umgekehrt, wenn solche Aufschichtungen und dergleichen auf öffentlichen Wegen und an Gewässern gegenüber den angrenzenden Grundstücken aufgestellt und gelagert sind (§ 8 Abs. 3).
Wegen der Abstände von **öffentlichen Wegen** s. §§ 22 ff. StrG. Nach § 28 Abs. 2 StrG und § 11 Abs. 2 FStrG dürfen Anpflanzungen, Zäune, Stapel, Haufen und andere, mit dem Grundstück nicht festverbundene Einrichtungen nicht angelegt oder unterhalten werden, wenn sie die Sicherheit oder die Leichtigkeit des Verkehrs beeinträchtigen.
Für **Aufschichtungen** von Frucht, Heu, Öhmd, Stroh und Streumaterial im Freien sind noch weitergehende feuerpolizeiliche Bestimmungen erlassen worden. Mit derartigen Aufschichtungen ist eine Entfernung einzuhalten, dass bei normalen Bedingungen eine Feuergefahr nicht entsteht.

d) Wegen der baurechtlichen Behandlung von Gebäuden, Aufschichtungen, Gerüste u. dgl. s. §§ 49 bis 51 LBO. 4

2. Rechtsfolgen

Wird der vorgeschriebene Abstand nicht eingehalten, so steht dem Eigentümer 5
des Nachbargrundstücks ein klagbarer Anspruch auf Einhaltung dieses Abstandes und auf Ersatz des etwaigen ihm durch Nichtbefolgung dieser Vorschrift entstandenen Schadens zu. Der Anspruch verjährt in fünf Jahren (§ 26).

3. Abschnitt **Erhöhungen**

§ 9 Abstände und Vorkehrungen bei Erhöhungen

(1) Wer den Boden seines Grundstücks über die Oberfläche des Nachbargrundstücks erhöhen will, muss einen solchen Abstand von der Grenze einhalten oder solche Vorkehrungen treffen und unterhalten, dass eine Schädigung des Nachbargrundstücks durch Absturz oder Pressung des Bodens ausgeschlossen ist. Diese Verpflichtung geht auf den späteren Eigentümer über.

(2) Welcher Abstand oder welche Vorkehrung zum Schutz des Nachbargrundstücks erforderlich ist, entscheidet sich unter Zugrundelegung der Vorschriften von § 10 Abs. 1 nach Lage des einzelnen Falls.

§ 10 Befestigung von Erhöhungen

(1) Bei Erhöhungen muss die erhöhte Fläche für die Regel entweder durch Errichtung einer Mauer von genügender Stärke oder durch eine andere gleich sichere Befestigung oder eine Böschung von nicht mehr als 45 Grad Steigung (alter Teilung) befestigt werden, wenn die Kante der erhöhten Fläche nicht den Abstand von der Grenze waagrecht gemessen einhält, der dem doppelten Höhenunterschied zwischen der Grenze und der Kante der Erhöhung gleichkommt.

(2) Die Außenseite der Mauer oder der sonstigen Befestigung oder der Fuß der Böschung müssen gegenüber Grundstücken, die landwirtschaftlich genutzt werden, einen Grenzabstand von 0,50 m einhalten; dies gilt nicht für Stützmauern für Weinberge.

Zu §§ 9 und 10

1. Allgemeines

Während die **Grundstücksvertiefung** gegenüber dem Nachbargrundstück in 1
§ 909 BGB geregelt ist, kennt das BGB keine Einschränkungen für Grundstückserhöhungen. Demgegenüber befassen sich die §§ 9 und 10 mit den Vorkehrungen bei der **Erhöhung eines Grundstücks** über die Oberfläche des Nachbargrundstücks hinaus (z. B. Damm, erhöhte Auffahrt, künstlicher Hügel, Bodenaufschüttungen, Erdwall als Einfriedigung).

2. Definition

2 **Erhöhungen** sind nur solche durch Menschenhand geschaffene Aufschüttungen, welche dauernd oder vorübergehend über die Oberfläche des Nachbargrundstücks hinausragen. Aufschüttungen, welche nicht höher sind als die Oberfläche des Nachbargrundstücks, fallen nicht unter diese Bestimmung, gegenüber solchen hat der Eigentümer des Nachbargrundstücks ein Einspruchsrecht nur insoweit, als in eine dem Eigentümer zustehende Dienstbarkeit eingegriffen wird. Ein Grundstück, das seiner natürlichen Lage und Beschaffenheit nach über die Oberfläche des Nachbargrundstücks erhöht ist oder durch natürliche Ereignisse (z. B. Felsabbruch, Erdrutsch, Anschwemmung, Erdbeben) erhöht wird, wird von den Bestimmungen der §§ 9 und 10 nicht erfasst.

3. Voraussetzungen

3 a) **Voraussetzungen nach § 9. – aa**) Wer eine solche Erhöhung, besser sollte man vielleicht sagen „Überhöhung", herbeiführen will, muss einen solchen Abstand von der Grenze einhalten oder solche Vorkehrungen treffen und unterhalten, dass eine Schädigung des Nachbargrundstücks ausgeschlossen ist. Eine solche Schädigung könnte eintreten z. B. durch Absturz oder Abschwemmung des erhöhten Bodens auf das Nachbargrundstück sowie durch die Pressung des Bodens mit nachteiligen Folgen für Natur- und Wasserhaushalt auf dem Nachbargrundstück (z. B. Wasserstau). Zum Abfluss von Wasser ohne Abschwemmung von Boden s. § 1. Im Ergebnis muss daher immer eine Schädigung des Nachbargrundstücks ausgeschlossen sein (OLG Karlsruhe, Urt. v. 11.8.2022 – 12 U 364/21, juris Rn. 59). Um dies zu erreichen, kann entweder ein entsprechender Abstand von der Grenze eingehalten werden oder es müssen entsprechende (Sicherheits-)Vorkehrungen getroffen werden.

bb) Die Verpflichtung aus § 9 trifft den Eigentümer, gleichgültig, ob sein Grundstück im Außenbereich oder innerhalb des räumlichen Geltungsbereichs eines Bebauungsplans i. S. v. § 30 BauGB bzw. innerhalb der im Zusammenhang bebauten Ortsteile (§ 34 BauGB) gelegen ist. Der Grundstückseigentümer hat dabei die Wahl, welche Maßnahmen: Abstand, Abtrag oder Befestigungen (z. B. Stützmauer oder Böschung) er auf seine Kosten durchführen will. Dabei müssen jedoch die Umstände („nach Lage") des einzelnen Falles berücksichtigt werden (§ 9 Abs. 2). Auch ist der jeweilige Grundstückseigentümer verpflichtet (§ 9 Abs. 1 Satz 2), sodass es sich um eine dauernde Last des Grundstücks handelt. Wo allerdings das Nachbargrundstück keines Schutzes bedarf, kann von der Anbringung besonderer Schutzvorkehrungen abgesehen werden (arg. § 226 BGB).

4 b) **Voraussetzungen nach § 10. – aa**) § 10 Abs. 1, der die Maßnahmen bei Erfüllung des Anspruchs nach § 9 durch eine **Befestigung** oder einen Abstand im Einzelnen regelt, enthält in seinem Absatz 1 die technischen Angaben darüber, wie die erhöhte Fläche befestigt werden muss, sofern die Kante der erhöhten Fläche, waagrecht zur Grenze gemessen, nicht *den doppelten Höhenunterschied als Abstand zwischen Grenze und Kante einhält*. Wird dagegen dieser Abstand eingehalten, sind Sicherheitsmaßnahmen besonderer Art nicht erforderlich, da in diesem Fall die Alternative „des genügenden Abstands" erfüllt ist. Dies gilt allerdings nur „für die Regel", sodass bei besonderen Verhältnissen im Einzelfall (z. B. Bodendruck bei besonderen geologischen Verhältnissen) auch bei Einhal-

tung der Maßnahmen und Abstände in § 10 weitergehende Maßnahmen zugunsten des Nachbargrundstücks getroffen werden müssen.
Soll die Aufschüttung nur abgeböscht werden, muss der Abstand der Kante der erhöhten Fläche zur Grundstücksgrenze doppelt so groß sein wie die Höhe der Aufschüttung. Wird eine **Stützmauer**, aber auch eine Palisadenwand und dergleichen gewählt, muss diese Anlage vollständig auf dem Grundstück desjenigen errichtet werden, der zur Sicherung der Erhöhung verpflichtet ist.
bb) Nach § 10 Abs. 2 muss, wenn das Nachbargrundstück landwirtschaftlich genutzt ist (§ 7 Abs. 1 Satz 1), wozu auch die aus der landwirtschaftlichen Erzeugung genommen Flächen gehören, im Interesse einer ungestörten bestimmungsgemäßen Nutzung dieses Grundstücks die Außenseite der Stützmauer oder der sonstigen Befestigung oder der Fuß der Böschung 0,50 m von der Grenze entfernt bleiben. Stützmauern für Weinberge sind von dieser Regelung ausgenommen. Diese Abstände brauchen auch gegenüber nicht landwirtschaftlich genutzten Grundstücken (z. B. Wohnungsgrundstücke mit Zier- und Hausgärten, Gewerbegrundstücke, Hofräume, Parkplätze, Wald, Heide, Ödungen) nicht eingehalten werden.
Entscheidend für den Abstand ist die *Lage und die Nutzung des Nachbargrundstücks im Zeitpunkt der Errichtung* der Stützmauer oder der Böschung. Nachträgliche Nutzungsänderungen auf diesem Grundstück verändern nicht die bei bestehenden Anlagen einzuhaltenden Abstände. Ist die Stützmauer gleichzeitig eine Einfriedigung, dazu müsste sie über das Gelände herausragen, so sind daneben auch die Abstände des § 11 Abs. 1 Satz 2 und Abs. 2 einzuhalten (OLG Karlsruhe Die Justiz 1980, 143).

c) **Voraussetzungen nach öffentlich-rechtlichen Vorschriften. Stützmauern** bis 2 m Höhe sind baurechtlich verfahrensfrei, d. h. sie unterliegen unbeschadet der Verpflichtung zur Einhaltung der öffentlich-rechtlichen Vorschriften weder dem Baugenehmigungs- noch dem Kenntnisgabeverfahren (Anh. 1 zu § 50 Abs. 1 LBO Nr. 7). Im Übrigen sind sie baugenehmigungspflichtig (§ 49 Abs. 1 LBO), soweit sie nicht als Nebenanlagen i. S. d. § 14 BauNVO dem Kenntnisgabeverfahren nach § 51 Abs. 1 Nr. 4 LBO unterliegen. Selbstständige Aufschüttungen, die wie auch die Abgrabungen als bauliche Anlagen gelten (§ 2 Abs. 1 Satz 3 LBO), sind ebenfalls verfahrensfrei bis 2 m Höhe, im Außenbereich jedoch nur, wenn sie nicht mehr als 500 m^2 Fläche haben (Anh. 1 zu § 50 Abs. 1 LBO Nr. 11e). Im Übrigen sind sie baugenehmigungspflichtig bzw. unterliegen als Nebenanlagen dem Kenntnisgabeverfahren. 5

d) **Rechtsfolge.** Bei **Nichteinhaltung** der erforderlichen Abstände kann auf die Vornahme solcher Vorkehrungen geklagt werden, die eine Schädigung des Nachbargrundstücks durch Absturz oder Pressung des Bodens ausschließen. Bei schuldhafter Verletzung der Vorschriften der §§ 9 und 10 kann der Eigentümer Ersatz des entstandenen Schadens verlangen (OLG Karlsruhe Die Justiz 1980, 142). 6

4. Sonstiges

Durch die mit Wirkung vom 1. Januar 2002 erfolgte Herabsetzung der regelmäßigen Verjährungsfrist von 30 Jahren auf 3 Jahre (§ 195 BGB) beträgt die Verjährungsfrist auf Einhaltung der Grenzabstände mit Böschung und Stützmauer ebenfalls 3 Jahre, beginnend mit dem Schluss des Jahres, in dem der Anspruch entstanden ist, d. h. die Herstellung der Böschung oder Stützmauer beendet 7

wurde; § 26 Abs. 1 ist nicht anwendbar (OLG Karlsruhe, Urt. v. 17.11.2022 – 12 U 286/21, juris Rn. 51). Damit ergibt sich jedoch das bemerkenswerte Ergebnis, dass Ansprüche aufgrund von § 909 BGB (Vertiefungen) nicht verjähren (§ 924 BGB), die Ansprüche aufgrund von §§ 9 und 10 (Erhöhungen) in 3 Jahren, Schadensersatzansprüche frühestens in 10 Jahren (§ 199 Abs. 3 Nr. 1 BGB).
Wenn der Schwerpunkt der Störung darin liegt, dass der Nachbar es dauernd unterlässt, auf seinem Grundstück Vorkehrungen zu treffen und zu unterhalten, dass eine Schädigung des Nachbargrundstücks durch Absturz des Bodens ausgeschlossen ist und der Kläger deshalb einen Unterlassungsanspruch geltend macht, dann unterliegt dieser ebenfalls nicht der Verjährung (OLG Karlsruhe, Urt. v. 17.11.2022 – 12 U 286/21, juris Rn. 56).

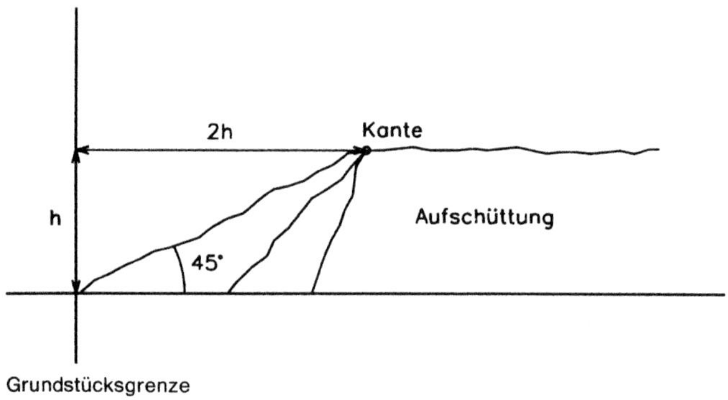

Abb. 10 zu § 10 Abs. 1

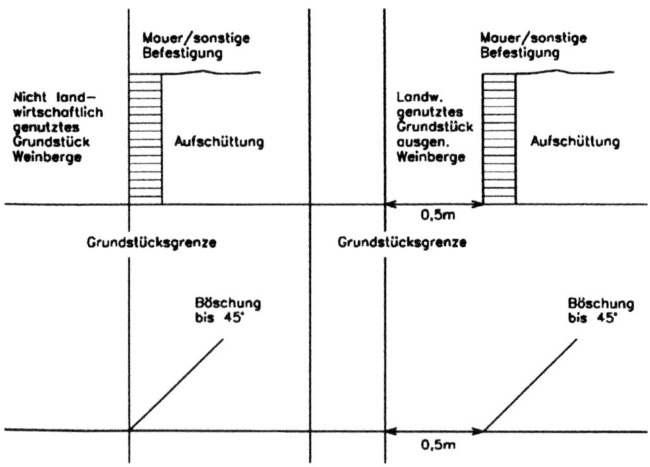

Abb. 11 zu § 10 Abs. 2

4. Abschnitt **Einfriedigungen, Spaliervorrichtungen und Pflanzungen**

1. **Abstände**

Vorbemerkung zu § 11

1. Grundsatz

Der Eigentümer darf auf seinem Grundstück pflanzen wie er will und was er will (§ 903 BGB). Er muss pflanzen, wenn dies aufgrund öffentlich-rechtlicher Bauvorschriften (§ 9 Abs. 1 LBO, § 9 Abs. 1 Nr. 25 BauGB, § 74 Abs. 1 Nr. 3 LBO) gefordert wird. Er darf nicht pflanzen, oder Einfriedigungen und Zäune errichten, wenn dies den Straßenverkehr behindert (§ 11 Abs. 2 FStrG, § 28 Abs. 2 StrG). Er wird klugerweise nicht pflanzen, wenn durch die Anpflanzung ausnahmsweise dem Nachbarn Schaden droht. **1**

Wenn der Eigentümer oder sonstige Nutzungsberechtigte (z. B. Nießbraucher, Pächter, Mieter) pflanzt, muss er in der Regel nur in der Nähe der Grundstücksgrenze besondere Rücksichten üben, da die Schattenwirkung der Pflanzen sowie das Überragen der Äste und das Eindringen der Wurzeln den Nachbarn beeinträchtigen können.

2. Funktion des NRG

a) Der 4. Abschnitt des Gesetzes enthält daher detaillierte Vorschriften über die Einfriedigungen, Spaliervorrichtungen und Pflanzungen. Diese Vorschriften müssen eingehalten werden, wenn nachbarlicher Friede herrschen und die Interessen der verschiedenen Grundstückseigentümer gewahrt bleiben sollen. Die in den §§ 11 bis 25 enthaltenen Bestimmungen stammen im Wesentlichen aus dem früheren württembergischen Nachbarrecht. Sie hatten sich bewährt und konnten deshalb für die übrigen Landesteile übernommen werden. **2**

b) Der Gesetzgeber konnte keinen für alle Fälle geltenden Mindestabstand festsetzen, da angesichts der Mannigfaltigkeit der Kollisionsfälle eine solche einheitliche Regelung nicht sachgerecht und damit willkürlich gewesen wäre. Die Abwägungskriterien (wie z. B. Lichteinfall, Schatten, Lage innerhalb oder außerhalb der Innerortslage, aber auch die Art der Nutzung – landwirtschaftliche oder nichtlandwirtschaftliche Nutzung) erforderten einen detaillierten, sehr ins Einzelne gehenden Interessenausgleich. Auch die benutzten Materialien (ein Drahtzaun hat eine andere Schattenwirkung als z. B. eine Mauer) mussten in § 11 zu unterschiedlichen Regelungen führen. Örtliche oder bezirkliche Regelungen, wie sie in Baden früher noch weit verbreitet waren, sind nicht mehr zulässig. Durch eine Satzung entsprechend § 27 (Festsetzungen in einem Bebauungsplan hinsichtlich Böschungen, Aufschüttungen, Einfriedigungen, Hecken oder Anpflanzungen, die Vorrang vor den allgemeinen Abstandsvorschriften des NRG haben) und nach § 28 Abs. 1 bis 3 (Teile des Gemeindegebiets können zu Wald-, Reb- und Gartenbaulagen erklärt werden) können die Gemeinden jedoch in gesetzlich bestimmtem Umfang (§§ 15, 18) auf das Maß der einzuhaltenden Grenzabstände noch einwirken.

3. Abwehranspruch

a) Soweit der Grundstückseigentümer, Erbbauberechtigte und Nießbraucher, aber auch Mieter oder Pächter die gesetzlichen Abstandsvorschriften mit Pflanzungen **3**

und wild wachsenden Pflanzen einhält, hat er gegenüber seinem Nachbarn einen Anspruch auf Duldung. Sein *Nachbar* hat dagegen einen *Abwehranspruch*, wenn er diese Vorschriften verletzt, es sei denn, dass er selbst die Grenzabstände im konkreten Bereich nicht einhält und die Verletzung der Grenzabstände nicht schwerer wiegen als der eigene Verstoß und in gefahrenrechtlicher Hinsicht keine völlig untragbaren Zustände entstehen (VGH VBlBW 2003, 235 für das Baurecht).
b) Für die Beurteilung, ob die Vorschriften bei Pflanzungen eingehalten sind, ist entscheidend die **durchschnittliche Höhe der einzelnen Pflanzen** in ausgewachsenem Zustand und nicht die Höhe der einzelnen Pflanze zur Zeit ihrer Einpflanzung. Der Abwehranspruch geht auf Beseitigung, wenn die Abstandsvorschriften verletzt sind; dies gilt auch dann, wenn die Pflanzen noch nicht ausgewachsen sind.
c) Neben dem Beseitigungsanspruch hat der Nachbar bei Anpflanzungen, deren Grenzabstand auch durch ihre tatsächliche Höhe bestimmt ist (§ 12 Abs. 1, § 13, §§ 16 Abs. 1 Nr. 1 und 2), einen nicht der Verjährung unterliegenden *Anspruch auf Verkürzung und Zurückschneiden* (§ 26 Abs. 3). Verkürzen bedeutet dabei ein Begrenzen der Höhe, Zurückschneiden das Zurücknehmen der seitlichen Ausdehnung einer Pflanze.
d) Für das Verhältnis zwischen Beseitigungs- und Verkürzungsanspruch ist von folgenden Grundsätzen auszugehen:
aa) Handelt es sich um Gehölze, für die sowohl Stammabstands- wie Höhenbeschränkungen bestehen, kann der Nachbar bei Verstößen sowohl Beseitigung als auch Verkürzung verlangen, jedoch nur Verkürzung, wenn der Beseitigungsanspruch verjährt ist oder wenn sich der Nachbar ausdrücklich verpflichtet, die in § 16 Abs. 1 Nr. 1 und 2 gegebenen Höhenbeschränkungen einzuhalten. Das Mehrverlangen auf Beseitigung wäre in diesem Fall rechtsmissbräuchlich. Bei Gehölzen, für die nur Stammabstandsvorschriften bestehen, kann dagegen der gesetzwidrige Zustand nur durch Entfernung der Pflanzung oder Zurücksetzung auf den zulässigen Grenzabstand beseitigt werden. Bei Verjährung dieses Anspruchs kann auf die Verkürzung nicht zurückgegriffen werden. Dem Nachbarn bleiben gegen herüberragende Zweige und eingedrungene Wurzeln nur die Möglichkeiten nach §§ 910 und 1004 BGB und §§ 23 und 24.
bb) Bei Hecken, die regelmäßig geschnitten zu werden pflegen, besteht nur der Verkürzungsanspruch, wenn der Abstand von mindestens 0,50 m bzw. bei höheren Hecken ein entsprechend der Mehrhöhe größerer Abstand eingehalten ist. Wird dieser Abstand nicht eingehalten, kann Beseitigung verlangt werden, wobei dieser Anspruch jedoch nach § 26 verjährt. Danach kann nur noch Verkürzung und Zurückschneiden durchgesetzt werden.

4. Weitere Ansprüche im Zusammenhang mit dem Nachbarrecht

4 Das Anpflanzen **giftiger Pflanzen** (z. B. Buchsbaum, Goldregen) ist an sich nicht verboten (OLG Düsseldorf NJW 1975, 739; *Schmid* NJW 1988, 29). Entsteht allerdings dadurch eine konkrete Gefahrenlage für Menschen und Tiere, ist es u. U. geboten, Sicherungsmaßnahmen zu ergreifen. Auch können bei Schäden durch die unsachgemäße Beseitigung derartiger Gartenabfälle Schadensersatzansprüche gegeben sein (OLG Hamm RdL 1990, 67). Von der Ermächtigung des § 18 Chemikaliengesetz i. d. F. vom 20. Juni 2002 (BGBl. I S. 2090), zum Schutz von Leben oder Gesundheit des Menschen unter Berücksichtigung der Belange des Natur-

und Tierschutzes durch Rechtsverordnung vorzuschreiben, dass Exemplare bestimmter giftiger Pflanzenarten auf bestimmten Flächen nicht angepflanzt oder in Katalogen und Warenlisten nur mit einem Hinweis auf ihre Giftigkeit angeboten werden dürfen, hat die Bundesregierung bisher keinen Gebrauch gemacht. Allerdings können gemäß § 9 Abs. 1 Nr. 25 Buchst. a BauGB in einem Bebauungsplan das Anpflanzen bestimmter Arten von Bäumen und Sträuchern in einer bestimmten Dichte und in einem bestimmten Mischungsverhältnis festgesetzt werden (BVerwG, BWGZ 1991, 637). Durch eine entsprechende Auswahl können somit auch giftige Bäume und Sträucher ausgeschlossen werden.

§ 11 Tote Einfriedigungen

(1) Mit toten Einfriedigungen ist gegenüber Grundstücken, die landwirtschaftlich genutzt werden, ein Grenzabstand von 0,50 m einzuhalten. Ist die tote Einfriedigung höher als 1,50 m, so vergrößert sich der Abstand entsprechend der Mehrhöhe, außer bei Drahtzäunen und Schranken.

(2) Gegenüber sonstigen Grundstücken ist mit toten Einfriedigungen – außer Drahtzäunen und Schranken – ein Grenzabstand entsprechend der Mehrhöhe einzuhalten, die über 1,50 m hinausgeht.

(3) Zäune, die von der Grenze nicht wenigstens 0,50 m abstehen, müssen so eingerichtet sein, dass ihre Ausbesserung von der Seite des Eigentümers des Zauns aus möglich ist.

(4) Freistehende Mauern mit einem geringeren Abstand von der Grenze als 0,50 m dürfen nicht gegen das Nachbargrundstück abgedacht werden.

1. Allgemeines

a) Durch Gesetz vom 26. Juli 1995 wurden die Absätze 1 und 2 ohne wesentliche sachliche Änderungen an die geänderte Terminologie angepasst und dabei vereinfacht. Die Unterscheidung zwischen Grundstücken in Innerortslage und solchen im Außenbereich ist weggefallen. Im Gegensatz zu den Hecken wurde die maximale Höhe der an der Grenze errichteten toten Einfriedigungen (besonders einer Mauer) nicht angehoben, weil diese das Nachbargrundstück wegen ganzjähriger Lichtundurchlässigkeit und oft auch aus optischen Gründen stärker beeinträchtigen als eine Hecke. 1

b) Eine Einfriedigung *darf* aufgrund des Grundstückseigentums nach §§ 903, 905 BGB errichtet werden, wenn dies nicht ausdrücklich verboten ist. Errichtung und Unterhaltung der Einfriedigung gehen grundsätzlich zu Lasten des Eigentümers. Verbote für die Errichtung von Einfriedigungen enthalten öffentlich-rechtliche Vorschriften, z. B. Bebauungspläne oder örtliche Bauvorschriften, im Außenbereich nach §§ 22 ff. NatSchG, wenn sie Eingriffe in die Natur und Landschaft darstellen (z. B. unerwünschte Parzellierung in einer freien Wiesenlage), wenn sie die Verkehrssicherheit beeinträchtigen (§ 28 Abs. 2 StrG, § 11 FStrG). Solche öffentlich-rechtlichen Verbote gehen dem privaten Nachbarrecht vor.

Eine Einfriedigung *muss* errichtet werden, wenn dies zum Schutze des Nachbarn im Außenbereich erforderlich ist und vom Nachbarn verlangt wird, um sein Grundstück vor z. B. umherlaufenden Hunden, Katzen oder Hühnern zu schützen (§ 7 Abs. 4) oder wenn dies in örtlichen Bauvorschriften (§ 74 Abs. 1 Nr. 3

LBO) oder in Bebauungsplänen verlangt wird. Der Nachbar ist dabei nicht verpflichtet, die Errichtung der Einfriedigung auf der gemeinsamen Grenze, also teilweise auf seinem Grundstück, zu dulden (BGH NJW-RR 1997, 16).

2. Definitionen

2 **a)** **Tote Einfriedigungen** sind sowohl Drahtzäune und Schranken als auch „sonstige tote Einfriedungen" einschließlich Mauern.

b) Diese beiden Arten der Einfriedigungen sind zu unterscheiden, da verschiedene Abstandsregelungen sowohl nach § 11 Abs. 1 als auch nach § 11 Abs. 2 gelten. **Drahtzäune** (auch Maschendraht) und **Schranken** (ein oder mehrere Querbalken oder Latten auf Pfosten), die kaum Schatten werfen und somit auch praktisch keinen Schaden durch Schatteneinwirkung verursachen, sind von den sonstigen toten Einfriedigungen einschließlich Mauern zu unterscheiden. Zu den sonstigen **toten Einfriedigungen** zählen neben **Latten-, Bretter-, Bohlenzäunen** und verglasten Pergolen (AG Nürtingen MDR 1986, 57) auch **Stützmauern**, die gleichzeitig der Abschrankung gegenüber dem tiefer gelegenen Grundstück dienen. Wird auf eine solche Mauer noch ein Zaun gesetzt, ist der Grenzabstand nach der Gesamthöhe, also Mauer und Zaun, zu ermitteln (LG Ravensburg Die Justiz 1962, 132). Mauern, die nur zur Befestigung von Erhöhungen dienen, sind keine Einfriedigungen; ihr Abstand richtet sich vielmehr nach § 10 Abs. 2. Auch Gebäude sind keine toten Einfriedigungen i. S. d. § 11 Abs. 2 (LG Freiburg (Breisgau), Urt. v. 2.5.2019 – 3 S 197/18).

Die Unterscheidung zwischen geschlossenen und nicht geschlossenen Einfriedigungen hat nur noch für Pflanzungen oder Spaliervorrichtungen hinter Einfriedigungen eine Bedeutung. Die Abstandsvorschriften der §§ 12 bis 18 gelten nämlich nicht bei geschlossenen Einfriedigungen, soweit die Pflanzung oder die Spaliervorrichtung diese Einfriedigung nicht überragt (§ 20).

3. Voraussetzungen

3 **a)** **Voraussetzungen nach §§ 11 Abs. 1 und Abs. 2. – aa)** § 11 Abs. 1 regelt den Grenzabstand von toten Einfriedungen gegenüber Grundstücken, die landwirtschaftlich genutzt werden.

Bei diesen Grundstücken ist mit Drahtzäunen und Schranken in jeder Höhe ein Abstand von 0,50 m einzuhalten. Damit soll eine ungehinderte Bearbeitung des Nachbargrundstücks, insbesondere auch mit dem Pflug, gewährleistet werden. Ebenfalls ein Abstand von 0,50 m ist mit den sonstigen toten Einfriedigungen einzuhalten, sofern diese nicht höher sind als 1,50 m. Sind diese höher, so vergrößert sich der Abstand entsprechend der Mehrhöhe. Bei einer 2 m hohen Mauer beträgt demnach der vorgeschriebene Abstand: 0,50 m + (2,00 – 1,50) = 1 m.

Gemäß § 18 sind gegenüber Weinbergen in erklärter Reblage (§ 28 Abs. 2) und gegenüber erwerbsgartenbaulich genutzten Grundstücken in erklärter Gartenbaulage (§ 28 Abs. 3) die Abstände für tote Einfriedigungen nach § 11 Abs. 1 zu verdoppeln, soweit sich die Einfriedigungen an der südlichen, östlichen oder westlichen Seite des begünstigten Grundstücks befinden. Mit einem 2 m hohen Bretterzaun muss also ein Abstand eingehalten werden von: 0,50 m + (2,00 – 1,50) x 2 = 2 m.

bb) § 11 Abs. 2 regelt den Grenzabstand von toten Einfriedungen gegenüber sonstigen Grundstücken, das heißt die, die nicht landwirtschaftlich genutzt werden.

Bei diesen Grundstücken dürfen Drahtzäune und Schranken ohne Beschränkung in der Höhe direkt an die Grenze gesetzt werden. Sonstige tote Einfriedigungen dürfen bis zur Höhe von 1,50 m direkt an die Grenze gesetzt werden. Sind die sonstigen toten Einfriedigungen aber höher als 1,50 m, müssen sie einen Grenzabstand entsprechend der Mehrhöhe einhalten. Eine 2 m hohe tote Einfriedung muss also bei einem nicht landwirtschaftlich genutzten Grundstück 0,50 m von der Grenze entfernt stehen.

Zu den in § 11 vorgeschriebenen Mindestabständen für tote Einfriedigungen s. auch die Tabelle für Mindestabstände (Seiten 27 und 28).

cc) Damit ist vorliegend entscheidend, ob das Nachbargrundstück landwirtschaftlich i. S. v. § 7 Abs. 1 genutzt wird oder nicht. Da es für die einzuhaltenden Abstände auf die im Zeitpunkt der Errichtung der Einfriedigung geübte Nutzung des Nachbargrundstücks ankommt (§ 22 Abs. 3), ist bei den aus der landwirtschaftlichen Erzeugung genommenen Flächen die „Statuserhaltung" von besonderer Bedeutung (s. § 7).

b) Abstände gegenüber anders genutzten Grundstücken. – **aa)** Nach § 19 **4**
Abs. 1 müssen gegenüber Grundstücken außerhalb des geschlossenen Wohnbezirks, die Wald, Hutung, Heide oder Ödung sind oder die landwirtschaftlich oder gartenbaulich sonst nicht genutzt werden und nicht bebaut sind und auch nicht als Hofraum dienen, mit Einfriedigungen jeder Art und Höhe keine Abstände eingehalten werden. Nach § 19 Abs. 2 vermindern sich die vorgeschriebenen Grenzabstände gegenüber Grundstücken im Außenbereich – auch gegenüber Weinbergen in erklärter Reblage (§ 28 Abs. 2) und auch gegenüber erwerbsgartenbaulich genutzten Grundstücken in erklärter Gartenbaulage (§ 28 Abs. 3) – um diejenige Entfernung, auf die diese Grundstücke, von der Grenze an gerechnet, landwirtschaftlich oder gartenbaulich nicht genutzt werden, nicht bebaut sind und auch nicht als Hofraum dienen. Dies ist bspw. der Fall, wenn das Grundstück, auf welchem der Zaun angebracht werden soll, von dem Nachbargrundstück durch einen Privatweg getrennt ist oder das Nachbargrundstück einen (dauernd) nicht landwirtschaftlich, gartenbaulich oder als Hofraum genutzten bzw. bebauten „Streifen" aufweist.
bb) Für das nachbarliche Verhältnis der **öffentlichen Wege (Straßen) und der Gewässer** einerseits und der an sie grenzenden Grundstücke andererseits gelten die Abstandsbestimmungen des § 11 für tote Einfriedigungen nicht (§ 21 Abs. 1). Ebenso sind diese Bestimmungen nicht anzuwenden auf das nachbarliche Verhältnis zwischen Grundstücken, die unmittelbar an den Schienenweg einer **Eisenbahn** grenzen, einerseits und dem Schienenweg andererseits (§ 21 Abs. 2), sowie auf Einfriedigungen, die zum Uferschutz dienen oder die zum Schutz von Böschungen oder steilen Abhängen erforderlich sind (§ 21 Abs. 3). Mit Einfriedigungen sind also insoweit keine Abstände einzuhalten.
Zu beachten sind aber die im Straßengesetz und in der Landesbauordnung enthaltenen speziellen Regelungen (z. B. § 28 StrG und § 14 LBO).
Werden Grundstücke durch öffentliche Wege oder durch Gewässer getrennt, so werden die Abstände im Außenbereich von der Mitte des öffentlichen Weges oder

des Gewässers an gemessen (§ 22 Abs. 2), d. h. die Grundstücke werden so behandelt, wie wenn sie in der Mitte des Weges oder Gewässers zusammenstoßen würden.
In Innerortslage dagegen ist ein dazwischen liegender öffentlicher Weg oder ein Gewässer zugunsten des Eigentümers der Einfriedigung zu berücksichtigen mit der Folge, dass sich der auf dem eigenen Grundstück zu beachtende Abstand um die ganze Breite des Weges oder Gewässers verringern kann (§ 22 Abs. 2 Satz 2).
cc) Mit Einführung des NRG wurde die Möglichkeit für Gemeinden, durch **Gemeindesatzung** abweichende Grenzabstände festzulegen, beseitigt. Diese Ermächtigung für die Gemeinden hat das NRG beseitigt; Rechtsklarheit und Rechtssicherheit, die für das Nachbarrecht von besonderer Bedeutung sind, sollen nicht durch Auseinandersetzungen auf Gemeindeebene gefährdet werden. Die Gemeinden dürfen aber Teile des Gemeindegebiets durch Gemeindesatzung zur Reblage oder Gartenbaulage erklären (§§ 28 und 29). Gegenüber Grundstücken in diesen Gebieten sind dann die Abstände des § 11 Abs. 1 zu verdoppeln, soweit sich die Einfriedigung an der südlichen, östlichen oder westlichen Seite befindet.

5 c) **Voraussetzungen nach § 11 Abs. 3 und Abs. 4.** – **aa**) Einfriedigungen können direkt an der Grenze zu sonstigen, also nicht landwirtschaftlich genutzten Grundstücken, bis zu 1,50 m Höhe erstellt werden. Um zu gewährleisten, dass die **Reparatur** von Zäunen ohne Inanspruchnahme fremden Eigentums möglich ist, müssen nach § 11 Abs. 3 Zäune, die nicht wenigstens 0,50 m von der Grenze abstehen, so eingerichtet sein, dass ihre Ausbesserung von der Seite des Hauseigentümers aus möglich ist. Bezüglich Mauern und sonstigen baulichen Anlagen gilt § 7d.
bb) Um eine Beeinträchtigung des Nachbargrundstücks durch den Abfluss von Regenwasser zu verhüten, ist in § 11 Abs. 4 bestimmt, dass **freistehende Mauern** mit einem geringeren Abstand von der Grenze als 0,50 m nicht gegen das Nachbargrundstück abgedacht werden dürfen.

4. Sonstiges

6 a) Der **Anspruch des Nachbarn auf Beseitigung einer Einfriedigung**, die den vorgeschriebenen Mindestabstand nicht einhält, richtet sich nicht nur gegen den Eigentümer des Nachbargrundstücks, sondern auch gegen den Besitzer, der die Einfriedigung errichtet hat. Der Anspruch verjährt in 5 Jahren seit der Errichtung. Die Berufung auf Verjährung ist aber ausgeschlossen, wenn die Einfriedigung erneuert oder in einer der Erneuerung gleichkommenden Weise ausgebessert wird (§ 26).

7 b) **Bestandsschutz:** Für Einfriedigungen, die bei Inkrafttreten des NRG am 1. Januar 1960) bereits bestanden, gelten grundsätzlich die früheren Bestimmungen weiter, soweit sie in der Beschränkung des Eigentümers weniger weit gehen als die neuen Vorschriften (§ 33). Wird die Einfriedigung aber erneuert oder einer der Erneuerung gleichkommenden Ausbesserung unterworfen, so gilt § 11 in seiner jetzigen Fassung (§ 33 Abs. 2 i. V. m. § 22 Abs. 3).
Durch das Gesetz vom 26. Juli 1995 ist nunmehr mit allen toten Einfriedigungen gegenüber landwirtschaftlich genutzten Grundstücken auch in Innerortslage ein Abstand von 0,5 m einzuhalten. Für die vor dem 1. Januar 1996 errichteten toten

Einfriedigungen im Innerbereich ohne Grenzabstand zu landwirtschaftlich genutzten Grundstücken gilt daher § 33 entsprechend.

c) **Baurechtliches Genehmigungsverfahren:** Soweit die Einfriedigungen **Nebenlagen** i. S. d. § 14 BauNVO für solche Gebäude sind, für die nach § 51 LBO das Kenntnisgabeverfahren durchzuführen ist, unterliegen sie ebenfalls diesem Verfahren (§ 51 Abs. 1 Nr. 4 LBO), soweit sie nicht nach § 50 Abs. 1 LBO Anhang Nr. 7a (Einfriedigung im Innenbereich) und Nr. 7b (offene Einfriedigung ohne Fundamente und Sockel für einen land- oder forstwirtschaftlichen Betrieb im Außenbereich) überhaupt verfahrensfrei sind. Für die **übrigen Einfriedigungen** (sonstige Einfriedigungen im Außenbereich), die nicht unter Anh. 1 zu § 50 Abs. 1 LBO Nr. 7 fallen, ist eine baurechtliche Genehmigung erforderlich. **8**

§ 12 Hecken

(1) Mit Hecken bis 1,80 m Höhe ist ein Abstand von 0,50 m, mit höheren Hecken ein entsprechend der Mehrhöhe größerer Abstand einzuhalten.

(2) Die Hecke ist bis zur Hälfte des nach Absatz 1 vorgeschriebenen Abstands zurückzuschneiden. Dies gilt nicht für Hecken bis zu 1,80 m Höhe, wenn das Nachbargrundstück innerhalb der im Zusammenhang bebauten Ortsteile oder im Geltungsbereich eines Bebauungsplans liegt und nicht landwirtschaftlich genutzt wird (Innerortslage).

(3) Der Besitzer der Hecke ist zu ihrer Verkürzung und zum Zurückschneiden der Zweige verpflichtet, jedoch nicht in der Zeit vom 1. März bis 30. September.

1. Allgemeines

a) Eine Hecke bietet sowohl Vor- als auch Nachteile, so bietet sie einerseits als natürliche Umzäunung Schutz gegen Sicht, Lärm, Wind und Staub, ist ein lebendiges Bauelement in der Gartenbaukunst, schafft Räume, friedet Grundstücke ein und bietet Vögeln und anderem Kleingetier Unterschlupf. Andererseits bringt sie für die angrenzenden Grundstücke aber auch Schattenwirkung und Schlupfwinkel für Unkraut und Ungeziefer. Aufgabe des § 12 ist es, diese Vor- und Nachteile zugunsten aller auszugestalten. **1**

b) Durch Gesetz vom 26. Juli 1995 wurde § 12 neu gefasst und damit die Bestimmungen über die mit Hecken einzuhaltenden *Grenzabstände*. Dabei wurde das „Grundmaß" für Hecken von 1,50 auf 1,80 m Höhe angehoben, um ihre Funktion als Sichtschutz zu verbessern und um eine Harmonisierung mit § 3 Abs. 2 zu erreichen, in dem für solche die Aussicht verbauenden Anlagen ebenfalls eine Höhe von 1,80 m vorgeschrieben ist. Im Gegensatz zu den toten Einfriedigungen, bei denen eine Erhöhung nicht vorgenommen worden ist (§ 11 Rn. 1), sei dem Nachbarn bei Hecken eine insgesamt geringfügige Erhöhung zumutbar (LT-DS 11/1481 zu Art. 1 Nr. 5 [§ 12]). Darüber hinaus wurde in dem neugefassten § 12 Abs. 2 der Begriff der *Innerortslage* eingeführt, der den des geschlossenen Wohnbezirks ersetzt. Für die Grenzabstände sollen auch nur noch die Eigenschaften, insbes. die Nutzung des berechtigten Grundstücks, maßgebend sein.
In § 12 Abs. 3 wurde die *Zeit des Verkürzens* bzw. Zurückschneidens den Bestimmungen des NatSchG über Eingriffe u. a. bei Hecken angepasst.

2. Definitionen

2 **a)** Hecken sind aufgrund anderer Grenzabstände im NRG von Gehölzen abzugrenzen, s. a. unten Rn. 7.

aa) Die **Hecke** ist eine Gruppe gleichartiger, möglichst dicht wachsender Gehölze, die in langer und schmaler Erstreckung aneinander gereiht sind (OLG Karlsruhe, Urt. v. 17.7.2020 – 12 U 113/19, juris. Rn. 119; OLG Karlsruhe Die Justiz 1976, 473). Wesentlich ist dabei die Geschlossenheit der Pflanzenkörper unter sich, der Verbund zu einer wandartigen Formation. Dabei genügt es, wenn der Dichtschluss erst im Laufe der Zeit aufgrund der artgemäßen Ausdehnung der Pflanzen erreicht wird. Maßgeblich für den Begriff der Hecke ist das äußere Erscheinungsbild, insbesondere die Geschlossenheit der Anpflanzung und die vor diesem Hintergrund bestehende Einwirkung auf das Nachbargrundstück, insbesondere etwa durch Lichtentzug (OLG Karlsruhe, Urt. v. 17.7.2020 – 12 U 113/19, juris. Rn. 119, 122).

bb) **Gehölze**sind hingegen einzelne oder in Gruppen stehende Pflanzen, ohne wie die Hecken auf eine gewisse Strecke wandartig verbunden zu sein (eingehend *Breloer* AgrarR 1991, 38).

cc) Nicht zwingend ist das Erfordernis des Beschneidens (Schnitt- oder Formhecke, str.), da es viele Pflanzenarten gibt, die sich bei entsprechender Pflanzung von selbst zu einer wandartigen Verbindung entwickeln (LG Kassel DWW 1987, 362; LG Saarbrücken NuR 1990, 281). Eine gewisse Unterschiedlichkeit in der Höhe der einzelnen Heckenpflanzen schließt die Einordnung als Hecke nicht aus, wobei trotz Fehlens einer Höhenbegrenzung im NRG für Hecken als wandartige Pflanzung (lebende Wand) auch eine Höhenbegrenzung charakteristisch ist.

dd) Auf die Art der Heckenpflanzen kommt es nicht an; die Hecke muss nicht das ganze Jahr über grün sein, sodass auch laubabwerfende Pflanzen als Heckenpflanzen in Frage kommen. Auch Gehölze, mit denen nach § 16 an sich größere Abstände einzuhalten sind, können in der Form einer Hecke gepflanzt werden (BGH AgrarR 1978, 131). § 12 ist eine speziellere Vorschrift gegenüber § 16, der für einzelne oder in Gruppen stehende Gehölze gilt (OLG Karlsruhe Die Justiz 1976, 473).

3 **b)** Eine **Innerortslage** (**§ 12 Abs. 2**)ist nach der Legaldefinition des NRG derjenige Teil des Gemeindegebiets, der innerhalb der im Zusammenhang bebauten Ortsteile oder im Geltungsbereich eines Bebauungsplans liegt und in beiden Bereichen nicht landwirtschaftlich (§ 7 Abs. 1) genutzt wird. Damit decken sich Innerortslage i. S. des NRG und Innenbereich des Baurechts nicht vollständig, da nach Baurecht zum Innenbereich auch solche Grundstücke gehören, die im Geltungsbereich eines Bebauungsplans als landwirtschaftlich zu nutzende Grundstücke (z. B. Gärtnerei) verplant sind bzw. als Bauland vorgesehene Grundstücke, die noch bis zur Bebauung landwirtschaftlich genutzt werden. Zweifel bestehen, ob hier jeder Bebauungsplan (einfacher gem. § 30 Abs. 3 BauGB, vorhabenbezogener gemäß § 30 Abs. 2 BauGB und qualifizierter gem. § 30 Abs. 1 BauGB) oder wie beim Außenbereich in § 7 Abs. 1 nur der qualifizierte und der vorhabenbezogene Bebauungsplan gemeint sind. Im Sinne einer möglichst widerspruchsfreien Gesetzesanwendung, aber auch aus Sachgründen (diese Bebauungspläne legen auch den Nutzungscharakter der einzelnen Grundstücke mit Verbindlichkeit für das nachbarliche Verhältnis fest) ist auch für § 12 Abs. 2 das Erfordernis eines qualifizierten oder vorhabenbezogenen Bebauungsplans angezeigt.

3. Voraussetzungen

a) **Voraussetzungen nach § 12 Abs. 1. – aa)** § 12 Abs. 1 regelt keine unterschiedlichen Abstandsbestimmungen mehr für Hecken außerhalb und innerhalb des geschlossenen Wohnbezirks (d. h. Außenbereich und Innerortslage). Wesentlich für den Abstand ist dagegen die Höhe. Hecken, deren Höhe 1,80 m nicht übersteigt, müssen 0,50 m vor der Grenze abstehen. Mit Hecken, die höher sind als 1,80 m, ist ein um das Maß der Mehrhöhe größerer Grenzabstand einzuhalten. Eine 2 m hohe Hecke muss also 0,70 m von der Grenze entfernt stehen. 4

bb) Nach § 18 sind diese Abstände gegenüber Weinbergen in erklärter Reblage und gegenüber erwerbsgartenbaulich genutzten Grundstücken in erklärter Gartenbaulage zu verdoppeln, wenn die Hecke an der südlichen, östlichen oder westlichen Seite des begünstigten Weinberg- oder Gartenbaugeländes steht.

cc) Eines besonderen Schutzes bedürfen aber nur Grundstücke, soweit es deren Nutzung gebietet. Nach § 19 Abs. 1 gelten die Bestimmungen über den Grenzabstand nicht gegenüber Grundstücken im Außenbereich, die Wald, Hutung, Heide oder Ödung sind oder die landwirtschaftlich oder gartenbaulich sonst nicht genutzt werden und nicht bebaut sind und auch nicht als Hofraum dienen. Durch Grenzabstände geschützt sind also die Grundstücke, die landwirtschaftlich oder gartenbaulich genutzt, bebaut oder Hofraum sind. Ist dies bei einem im Außenbereich gelegenen Nachbargrundstück nur teilweise der Fall, so vermindern sich die Abstände für eine Hecke um diejenige Entfernung, auf die das Nachbargrundstück von der Grenze an gerechnet landwirtschaftlich oder gartenbaulich nicht genutzt, nicht bebaut und auch nicht Hofraum ist (§ 19 Abs. 2). Die „Statuserhaltung“ für aus der landwirtschaftlichen Erzeugung genommene Flächen findet auch hier Anwendung (§ 7).

dd) Befindet sich die Hecke hinter einer geschlossenen Einfriedigung, ohne diese zu überragen, so ist der Abstand dieser Einfriedigung ausreichend; mit der Hecke ist keine weitere Abstandsbestimmung zu beachten. Überragt die Hecke aber die geschlossene Einfriedigung, so müssen die Abstandsbestimmungen für die Hecke in vollem Ausmaße eingehalten werden. Dasselbe ist auch für Hecken hinter nicht geschlossenen Einfriedigungen, also z. B. hinter Draht- oder Staketenzäunen, erforderlich (§ **20**).

ee) Die Abstandsbestimmungen gelten nicht für das nachbarliche Verhältnis der öffentlichen Wege und Gewässer einerseits und der an sie grenzenden Grundstücke andererseits sowie ebenfalls nicht zwischen Grundstücken, die unmittelbar an den Schienenweg einer Eisenbahn grenzen, einerseits und dem Schienenweg andererseits und ebenso wenig für Hecken, die zum Uferschutz dienen oder die zum Schutz von Böschungen oder steilen Abhängen erforderlich sind, aber auch nicht für Hecken, die aufgrund eines Flurbereinigungs- oder Zusammenlegungsplans errichtet worden sind und sich nur im Flurbereinigungs- oder Zusammenlegungsgebiet auswirken, wobei es auf die Lage und die Nutzung des durch das Zurückschneiden begünstigten Nachbargrundstücks ankommt (§ **21**).

ff) Um den Abstand der Hecke von der Grenze zu ermitteln, wird die Entfernung der Mittelachse der zur Grenze nächsten Stämme oder Triebe bei deren Austritt aus dem Boden zur Grenze waagrecht gemessen (§ 22). Bei Grundstücken, die durch einen öffentlichen Weg oder ein Gewässer getrennt sind, werden die Abstände von der Mitte des Weges oder Gewässer an gemessen (§ 22 Abs. 2).

Dies gilt nicht gegenüber Grundstücken in Innerortslage (s. § 11). Zur Feststellung des Abstandes und der Höhe s. § 22.

5 **b) Voraussetzungen nach § 12 Abs. 2.** – **aa)** Dieser schreibt vor, wann die Hecken nach der Seite beschnitten (zurückgeschnitten) werden müssen und zwar bis zur Hälfte des vorgeschriebenen Grenzabstands. Zwischen dem Ende der seitlichen Zweige und der Grundstücksgrenze muss also grundsätzlich ein entsprechend großer Zwischenraum freigeschnitten werden.
bb) Dies gilt jedoch nicht für Hecken bis zu 1,80 m Höhe gegenüber Grundstücken in Innerortslage (zur Definition von Innerortslagen siehe oben Rn. 3), die nicht landwirtschaftlich genutzt werden – das heißt, diese müssen nicht nach der Seite bis zur Hälfte beschnitten (zurückgeschnitten) werden. Daher gilt: Solange Grundstücke im Innenbereich landwirtschaftlich von einem Betrieb genutzt werden, muss der Nachbar (nach NRG) die Hecke bis zur Hälfte zurückschneiden. Wird das Grundstück bebaut, findet Absatz 2 Satz 2 Anwendung, sodass nicht mehr geschnitten werden muss.
Die „Statuserhaltung" für die aus der landwirtschaftlichen Produktion genommene Fläche gilt auch hier (§ 7).
cc) In Innerortslage dürfen Hecken bis zu 1,80 m Höhe mit ihren Zweigen bis zur Grundstücksgrenze reichen. Bei Gehölzen, die als Hecke über 1,80 m Höhe wachsen können, hat der Eigentümer (Besitzer) die Wahl, einen entsprechend großen Abstand einzuhalten oder sie sowohl auf die höchstzulässige seitliche Ausdehnung zur Grundstücksgrenze zurückzuschneiden als auch auf die vom tatsächlich eingehaltenen Grenzabstand abhängige höchstzulässige Höhe zu verkürzen. Nicht nur der Eigentümer, sondern auch der Besitzer (Mieter, Pächter, Nutznießer usw.) ist hierzu verpflichtet. Der Nachbar kann, wenn auf die einzuhaltenden Maße zurückgeschnitten wird, keine Beseitigung der Hecke verlangen. Lässt der Heckeneigentümer die Hecke so hoch oder so breit wachsen, dass das vom Nachbarn verlangte Zurückschneiden oder Verkürzen zu einer Gefährdung der Pflanzen führen kann, so trägt der Heckeneigentümer dieses Risiko selbst (LG Stuttgart, Urt. v. 10. August 2000 – 16 S 106/2000).
dd) Im NRG fehlt eine Bestimmung darüber, ob das Nachbargrundstück betreten werden darf, um eine an der Grenze verlaufende Hecke zu beschneiden. Muss das Nachbargrundstück betreten werden, so ist dazu die Erlaubnis des Nachbarn erforderlich, die jedoch aufgrund des nachbarlichen Gemeinschaftsverhältnisses (Hecke nützt in der Regel auch dem Nachbarn) nicht ohne Grund verweigert werden darf. Beim Betreten des Nachbargrundstücks zum Heckenschnitt muss schonend verfahren werden; bei Beschädigungen ist Schadensersatz zu leisten. Auch kann vor Beginn Sicherheitsleistung verlangt und der Zutritt in der Zeit vom 1. März bis 30. September verweigert werden (entspr. § 7c Abs. 3). Eine besondere Verkehrssicherungspflicht entsteht für den Nachbarn nicht, da der vom Betreten betroffene Grundstücksteil in der Regel für Außenstehende nicht zugänglich ist. Allenfalls muss auf besondere, nicht ohne Weiteres ersichtliche Gefahren hingewiesen werden.

6 c) **Voraussetzungen nach § 12 Abs. 3.** Da die Brut der Vögel normalerweise bereits Mitte März beginnt, ist der Besitzer der Hecke zum Rückschnitt – und zwar in der Höhe wie nach der Seite – nur in der Zeit vom 1. Oktober bis

Ende Februar verpflichtet. Auch ist es nach dem NatSchG in der Zeit vom 1.3. bis 30.9. verboten, Hecken zu roden, abzuschneiden oder auf andere Weise zu zerstören, wobei ein maßvoller, die Existenz der Hecke als solcher erhaltender Rückschnitt („Sommerschnitt", keine kahlen Stämme) nicht unter dieses Verbot fällt (BayObLG RdL 1987, 34).
Aus dem Wortlaut der Regelung in § 12 Abs. 1 und § 12 Abs. 3 ergibt sich allerdings lediglich die Verpflichtung zur Kürzung der Hecke auf den Grenzwert. Der Eigentümer des Heckengrundstücks ist bei Überschreitung des Grenzwerts laufend zum Rückschnitt verpflichtet. Einen Rückschnitt kann der Nachbar während der Vegetationsperiode allerdings auch dann nicht verlangen, wenn der Grenzwert überschritten wird, denn dies ist in § 12 Abs. 3 Halbs. 2 ausdrücklich geregelt. Der Eigentümer des Heckengrundstücks ist in diesem Fall erst nach Ablauf der Vegetationsperiode wieder zum Rückschnitt verpflichtet. Im Ergebnis ist der Regelung in § 12 Abs. 1, Abs. 3 nicht zu entnehmen, dass der Eigentümer des Heckengrundstücks dafür Sorge tragen muss, dass die Heckenpflanzen den Grenzwert dauerhaft, also auch während der Wachstumsperiode nicht überschreiten (in diesem Sinne auch OLG Frankfurt, Urt. v. 7.11.1996 – 15 U 173/95; LG Freiburg (Breisgau), Urt. v. 7.12.2017 – 3 S 171/16).

4. Einzelfälle

Zur Abgrenzung von Hecken und Gehölzen (§ 12 Abs. 1 NRG); s. a. Definitionen oben unter Rn. 2. **7**

- Werden **mehrere baumartige Pflanzen** (z. B. Fichten, Buchen) **in einer Reihe** an der Grenze, jedoch in einem solchen Abstand voneinander gepflanzt, dass allenfalls erst **in vielen Jahren ein Dichteschluss** und zwar **nur im oberen Bereich stattfindet,** dann handelt es sich nicht um eine Hecke, sondern um Gehölze i. S. d. § 16 (Baumreihe), die auch nicht bei einem späteren Dichteschluss im oberen Bereich zu einer Hecke werden. Denn zur Hecke gehört gerade die Wandartigkeit auch im unteren Bereich (LG Bielefeld DWW 1985, 31), was z. B. bei in jungen Jahren solitär wachsenden Fichten durch das Absterben der unteren Äste später nicht mehr erreicht werden kann. Die **Verjährungsfrist** für die Einhaltung des Grenzabstandes beginnt daher bereits mit der Anpflanzung (§ 26).
- **Mehrere baumartige Pflanzen** werden zwar **planmäßig als Hecke,** d. h. in entsprechend dichter Reihenfolge an der Grenze gepflanzt und auch durch Beschneiden an der Seite und in der Höhe zu einer natürlichen Wand geformt. Nachdem jedoch die Hecke eine gewisse Höhe erreicht hat, wird insbesondere der Höhenschnitt eingestellt mit der Folge, dass die Einzelpflanzen die Höhe von 4 m bis 6 m überschreiten. Damit hat die Pflanzung ihren Heckencharakter verloren, denn für eine Hecke ist auch die Höhenbegrenzung (natürlich oder durch Schnitt) wesentlich (LG Saarbrücken NuR 1990, 281; LG Zweibrücken MDR 1997, 119; *Breloer* AgrarR 1991, 38.). In diesem Fall beginnt die **Verjährung** für den Beseitigungsanspruch der Anpflanzung abweichend von § 26 Abs. 1 in dem Zeitpunkt, indem die Hecke diese Eigenschaft verloren hat (BGH MDR 1978, 565). Nach LG Stuttgart (Urt. v. 10. August 2000 – 16 S 106/2000) wird jedoch eine Hecke nicht zu einem Gehölz, nur weil sie nicht (mehr) geschnitten wurde. Entscheidend

sei vielmehr, dass die einzelnen Pflanzen heckenfähig sind, als solche gepflanzt und auch früher geschnitten wurden.

5. Sonstiges

8 a) Der sich aus § 12 NRG ergebende **Anspruch auf Beseitigung** von Hecken mit gesetzwidrigen Abständen verjährt in 5 Jahren seit der Pflanzung. Der Lauf der Verjährungsfrist beginnt mit dem 1. Juli nach der Pflanzung.
b) Der **Anspruch auf dasZurückschneiden** der Hecken, auf Beseitigung herüberragender Zweige und auf Verkürzung zu hoch gewachsener Hecken unterliegt jedoch keiner Verjährung (§ 26).
Soweit die Zweige herüberragen, darf der Nachbar unter Beachtung der naturschutzrechtlichen Vorschriften die Zweige bis zur Grenze entfernen (§ 910 BGB). An die Fristen des Absatzes 3 ist er dabei nicht gebunden. Er muss jedoch dabei die naturschutzrechtlichen Bestimmungen beachten.

§ 13 Spaliervorrichtungen

Für Spaliervorrichtungen, die eine flächenartige Ausdehnung des Wachstums der Pflanzen bezwecken, gilt § 12 mit der Maßgabe, dass gegenüber Grundstücken in Innerortslage mit Spalieren bis zu 1,80 m Höhe kein Abstand und mit höheren Spalieren ein Abstand entsprechend der Mehrhöhe einzuhalten ist.

1. Allgemeines

1 a) Durch Gesetz vom 26. Juli 1995 wurden die **Spaliervorrichtungen** grundsätzlich **den Hecken gleichgestellt.** Im Gegensatz zu den Hecken wird jedoch für die Spaliervorrichtungen daran festgehalten, dass gegenüber einem Grundstück in Innerortslage kein und mit höheren Spaliervorrichtungen nur ein Abstand entsprechend der Mehrhöhe eingehalten werden muss.
b) § 13 gilt für die Spaliervorrichtungen selbst. Wird die Spaliervorrichtung mit Gehölzen bepflanzt, so sind mit der Bepflanzung zusätzlich die Grenzabstände der §§ 14, 16 und 18 ff. einzuhalten. Werden an Spaliervorrichtungen Gewächse aufgezogen, dann bilden sie leicht eine dichte Wand, die für den Nachbarn ähnliche Nachteile mit sich bringen kann wie Hecken. Es wird deshalb für die Spaliervorrichtungen die Einhaltung eines entsprechenden Abstandes von der Grenze verlangt. Dabei ist es unerheblich, ob die aufgezogenen Pflanzen Gehölze sind oder nicht.

2. Definition

2 a) **Spaliervorrichtungen** als technische Vorrichtungen bezwecken eine flächenmäßige Ausdehnung von Pflanzen. Als Spaliervorrichtungen kommen in Frage: Bretterwände, Holz-, Eisen- oder Drahtgitter, Kammerzen (Weinspalier an Häusern und Mauern), Rebgänge, Gerüste aus Stangen und dergleichen. Keine Spaliervorrichtungen sind einzelne Stangen und Drähte, die nur das Höhenwachstum der einzelnen Pflanzen begünstigen.
b) Zu den **Innerortslagen** siehe oben § 12 Rn. 3).

3. Voraussetzungen

a) Hinsichtlich der in § 13 vorgeschriebenen Mindestabstände siehe insoweit auch die Tabellen für Mindestabstände in Teil B. II.). 3

aa) Gegenüber **Grundstücken in Innerortslage** müssen die Spaliervorrichtungen, die höher als 1,80 m sind, um das Maß der Mehrhöhe von der Grenze abstehen. Für Spaliervorrichtungen unter 1,80 m Höhe entfällt die Verpflichtung zur Einhaltung eines Grenzabstandes.

bb) **Im Außenbereich** und gegenüber **landwirtschaftlich genutzten Grundstücken im Innenbereich** verbleibt es bei der Regelung des § 12 Abs. 1, sodass bis zur Höhe der Spaliervorrichtung von 1,80 m ein Abstand von 0,50 m und bei höheren Spaliervorrichtungen ein entsprechend der Mehrhöhe größerer Abstand einzuhalten ist.

b) Ausnahmen: 4

aa) Gegenüber **Weinbergen in erklärter Reblage und gegenüber erwerbsgartenbaulich genutzten Grundstücken in erklärter Gartenbaulage** müssen Spaliervorrichtungen mit doppeltem Abstand von der Grenze fernbleiben, soweit sich die Spaliervorrichtungen an der südlichen, östlichen oder westlichen Seite befinden (§ 18).

bb) Die Abstandsbestimmungen gelten nicht gegenüber Grundstücken im Außenbereich, die Wald, Hutung, Heide oder Ödung sind oder die landwirtschaftlich oder gartenbaulich sonst nicht genutzt werden und nicht bebaut sind und auch nicht als Hofraum dienen (§ 19 Abs. 1).

cc) Die Abstände für Spaliervorrichtungen vermindern sich nach § 19 Abs. 2 gegenüber Grundstücken im **Außenbereich** – auch gegenüber Weinbergen in erklärter Reblage sowie auch gegenüber erwerbsgartenbaulich genutzten Grundstücken in erklärter Gartenbaulage – um diejenige Entfernung, auf die diese Grundstücke von der Grenze an gerechnet landwirtschaftlich oder gartenbaulich nicht genutzt werden, nicht bebaut sind und auch nicht als Hofraum dienen.

dd) Im nachbarlichen Verhältnis zu **öffentlichen Straßen** (Straßen i. S. des FStrG und des StrG) **und Gewässern** gelten die Abstände des § 13 nicht; Spaliervorrichtungen können also an die Grenze gesetzt werden (§ 21 Abs. 1). Gegenüber dem Schienenweg einer Eisenbahn sind jedoch die Abstände einzuhalten. Abweichend von § 12 gilt § 13 auch für Spaliervorrichtungen, die aufgrund eines Flurbereinigungs- oder Zusammenlegungsplans errichtet werden, da § 21 Abs. 1 Nr. 2 nur Anpflanzungen von der Einhaltung der Abstandsbestimmungen der §§ 11 bis 18 ausnimmt. Werden zwei Grundstücke **durch einen öffentlichen Weg** oder ein **Gewässer getrennt,** so sind mit Spaliervorrichtungen grundsätzlich die der Benützungsart des Nachbargrundstücks entsprechenden Abstände nach § 13 einzuhalten, doch werden die Grenzabstände erst von der Mitte des öffentlichen Wegs oder des Gewässers an gemessen (§ 22 Abs. 2 Satz 1). In der Innerortslage wird dagegen die gesamte Breite des Weges oder des Gewässers dem Pflanzenden zugerechnet (§ 22).

ee) Wenn die Spaliervorrichtung sich **hinter einer geschlossenen Einfriedigung** befindet, ohne deren Höhe zu übersteigen, so sind nur die für die Einfriedigungen in § 11 vorgeschriebenen Abstände einzuhalten (§ 20). Übersteigt aber die Spaliervorrichtung die geschlossene Einfriedigung, so müssen die normalen Abstände für Spaliervorrichtungen eingehalten werden. Für Spaliervorrichtungen hinter nichtgeschlossenen Einfriedigungen, z. B. hinter einem Draht- oder Staketenzaun, verbleibt es bei den Abständen des § 13.

ff) Werden Einfriedigungen (§ 11) in der Form von Drahtzäunen und Schranken gleichzeitig auch **als Spaliervorrichtung verwendet** (Bepflanzung mit wildem Wein, Knöterich und dergleichen), dann müssen wegen der Schattenwirkung ebenfalls die Abstände des § 13 beachtet werden. Es müssen daher bis zu 1,80 m Höhe ein Abstand von 0,50 m, darüber ein entsprechend der Mehrhöhe größerer Abstand eingehalten werden, in Innerortslage jedoch nur bei Spaliervorrichtungen über 1,80 m Höhe ein Abstand entsprechend der Mehrhöhe.

4. Sonstiges

5 **a**) Der **Anspruch auf Beseitigung** einer Spaliervorrichtung mit gesetzwidrigem Abstand verjährt in 5 Jahren seit der Schaffung der Anlage (§ 26).

b) Bestandsschutz:

aa) Für Anlagen, die bei Inkrafttreten dieses Gesetzes (1. Januar 1960) bereits bestanden, gilt § 33. Bei Erneuerung oder einer der Erneuerung gleichkommenden Änderung der bisherigen Anlage ist § 33 Abs. 2 zu beachten.

bb) § 33 gilt entsprechend (nach Art. 2 Abs. 1 des Gesetzes vom 26. Juli 1995) für Grundstücke gegenüber denen nach bisherigem Recht mit Spaliervorrichtungen bis zur Höhe von 1,50 m kein Abstand eingehalten werden musste, so z. B. außerhalb des geschlossenen Wohnbezirks gegenüber Grundstücken, die nicht regelmäßig mit Gespann oder Schlepper bearbeitet werden oder die nicht Weinberge waren.

§ 14 Rebstöcke in Weinbergen

Mit Rebstöcken in Weinbergen ist ein Grenzabstand einzuhalten, der der Hälfte des Reihenabstandes entspricht, mindestens jedoch 0,75 m.

1. Allgemeines

1 Die Lage des Weinbergs selbst und die Lage und Kulturart des Nachbargrundstücks bleiben für die einzuhaltenden Grenzabstände außer Betracht.

2. Voraussetzungen

2 **a**) Für Rebanlagen wird heute aufgrund der Erziehungsart der Rebpflanzen (Zeilenbreite, Stockabstand, Stammhöhe, Form und Menge des Fruchtholzes sowie Form der Unterstützungseinrichtung) allgemein ein Reihenabstand von 1,50 m bis 1,80 m für erforderlich gehalten. Als **Grenzabstand** für Rebstöcke ist dementsprechend in Weinbergen die Hälfte des im konkreten Fall eingehaltenen Reihenabstands, mindestens jedoch 0,75 m bestimmt.

b) Eine Verdoppelung des Abstands gegenüber besonders begünstigten Anbaugebieten (§ 18) ist nicht vorgesehen und auch nicht notwendig, weil in § 14 ausdrücklich vom Abstand in Weinbergen die Rede ist. Ebenso entfällt für Rebstöcke in Weinbergen die in § 18 vorgesehene Verdoppelung des Grenzabstands gegenüber erwerbsgartenbaulich genutzten Grundstücken in erklärter Gartenbaulage.

c) Der Abstand von Rebstöcken **außerhalb eines Weinbergs** ist nicht hier geregelt, sondern in § 16 Abs. 1 Nr. 1a. Werden Rebstöcke an Spaliervorrichtungen

(Kammerzen) hochgezogen, so gelten für die Spaliervorrichtungen die Abstandsbestimmungen des § 13; für Rebstöcke selbst jedoch § 16 Abs. 1 Nr. 1a.

3. Sonstiges

Wegen der **Ausnahmen von den Abstandsbestimmungen** gegenüber landwirtschaftlich nicht genutzten Grundstücken (§ 19), wegen Pflanzungen hinter geschlossenen Einfriedigungen (§ 20), an öffentlichen Wegen und Gewässern sowie aufgrund eines Flurbereinigungs- oder Zusammenlegungsplans erfolgte Anpflanzungen (§ 21), wegen der Feststellung der Abstände, auch bei Erneuerung von Anlagen (§ 22), Verjährung (§ 26) und Behandlung der Anlagen aus der Zeit vor dem Inkrafttreten des NRG, dem 1. Januar 1960, (§ 33) wird auf die angeführten Vorschriften des NRG verwiesen. 3

§ 15 Waldungen

(1) Mit Waldungen ist ein Abstand von 8 m von der Grenze einzuhalten. Bei Verjüngung von Waldungen, die bei Inkrafttreten dieses Gesetzes bereits bestehen, sowie in erklärten Waldlagen (§ 28 Abs. 1) ermäßigt sich der Abstand nach Satz 1 auf die Hälfte.

(2) Der vom Baumwuchs freizuhaltende Streifen kann bis auf 2 m Abstand von der Grenze mit Gehölzen bis zu 4 m Höhe und bis auf 1 m Abstand von der Grenze mit Gehölzen bis zu 2 m Höhe bepflanzt werden.

1. Allgemeines

Durch das Änderungsgesetz vom 26. Juli 1995 wurde die Ermächtigung für die Gemeinden, durch Satzung den Grenzabstand von 8 m (Absatz 1 Satz 1) für bestimmte Gebiete innerhalb des geschlossenen Wohnbezirks auf 12 m zu erhöhen, gestrichen, da sie in der Praxis keine Bedeutung gewonnen hatte. Soweit in Gemeindesatzungen eine Erweiterung des Waldabstands nach § 15 Abs. 2 a. F. festgesetzt ist, bleibt diese Regelung trotz Wegfalls der Ermächtigung noch solange maßgebend, bis sie durch eine Gemeindesatzung aufgehoben wird. Art. 2 Abs. 1 des Gesetzes vom 26. Juli 1995 findet keine Anwendung, da durch die Aufhebung einer solchen Satzung eine zusätzliche Beschränkung des Waldeigentümers, nämlich einen größeren Abstand einhalten zu müssen, entfällt. 1

2. Definitionen

a) **Wald** i. S. d. NRG sind Grundstücke, auf denen Waldbäume und -sträucher flächenhaft wachsen, die nach ihrem Hauptzweck zur Gewinnung von Holz und der damit verbundenen Nebennutzungen wie Rinde, Laub, Samen, Früchte, Harz u. Ä. auf Dauer bestimmt sind (OLG Karlsruhe Die Justiz 1976, 374). 2
b) **Weihnachtsbaumkulturen, Forstsamenplantagen** und **Baumschulkulturen** sowie **Schmuckreisigkulturen** zählen nicht zum Wald. Auch die nach dem erweiterten Waldbegriff des LWaldG in der Fassung vom 31. August 1995 (GBl. S. 685) zum Wald gehörigen Lichtungen, Waldwiesen, Holzlagerplätze, Waldparkplätze, Teiche, Weiher, Moore, Heiden und dergleichen (§ 2 LWaldG) sind nicht als Wald i. S. d. NRG anzusehen. Auch einige wenige Waldbäume sind kein Wald, selbst wenn sie zusammenhängend gepflanzt sind.

Parkanlagen mit Waldbäumen fallen ebenfalls nicht unter den Begriff der Waldungen. Der Abstand dieser Bäume richtet sich deshalb nicht nach § 15, sondern nach § 16, in dem die Abstände der „sonstigen Gehölze" geregelt sind. In dieser Bestimmung sind auch die Abstände für Weihnachtsbäume, Baumschulbestände und Forstsamenplantagen enthalten.

3. Voraussetzungen

3 a) **Grenzabstand nach § 15 Abs. 1.** Grundsätzlich ist für Waldungen in § 15 ein Grenzabstand von 8 m vorgesehen; dabei gelten die Abstandsvorschriften des § 15 gleichermaßen sowohl für den planmäßig angelegten, d. h. den angepflanzten Wald als auch für den unter Ausnützung der natürlichen Verjüngung sich entwickelnden Wald (naturnahe Waldwirtschaft). Der Abstand ermäßigt sich auf die Hälfte, also auf 4 m, bei Verjüngung von Waldungen, die bei Inkrafttreten des NRG (1. Januar 1960) bereits bestanden, sowie in erklärter Waldlage. Lässt der Waldeigentümer entlang der Grenze zum Feld eine alte Baumreihe stehen, hinter dieser aber den Wald ganz abholzen, um ihn auf natürliche Weise oder durch Pflanzung zu verjüngen, bleiben diese Altbäume weiterhin Wald und damit in der Regel gegen einen verjährten Beseitigungsanspruch geschützt, wenn mit ihnen der Grenzabstand von 8 m zur Feldflur nicht eingehalten wird (*Laiblin* RdL 1995, 3). Mit der **Verjüngung** dagegen ist unbeschadet der Tatsache, dass sie hinter abstandsgeschütztem Wald stehen, ein Abstand von 4 m dann einzuhalten, wenn es sich um einen bereits am 1. Januar 1960 bestehenden Wald handelt. Bei jüngeren Wäldern dagegen muss in diesen Fällen mit der Verjüngung der Regelabstand von 8 m eingehalten werden, da sonst das Ziel des Gesetzes, den Waldabstand von 8 m wenn auch nur im Laufe von Generationen soweit wie möglich durchzusetzen, unterlaufen würde (Abs. 1 Satz 2).

4 b) **Ausnahmen vom Grenzabstand.** – **aa)** Der Grenzabstand von Waldungen ist gegenüber **Weinbergen** in erklärter Reblage und gegenüber **erwerbsgartenbaulich genutzten Grundstücken** in erklärter Gartenbaulage zu verdoppeln, soweit der Wald an der südlichen, östlichen oder westlichen Seite des begünstigten Gebietes liegt (§ 18).
bb) Die Abstandsbestimmungen gelten nicht gegenüber Grundstücken im **Außenbereich,** die Waldung, Hutung, Heide oder Ödung sind oder die landwirtschaftlich oder gartenbaulich sonst nicht genutzt werden, nicht bebaut sind und auch nicht als Hofraum dienen. Der im Gesetz vorgesehene Abstand vermindert sich um diejenige Entfernung, auf die diese Grundstücke von der Grenze an gerechnet landwirtschaftlich oder gartenbaulich nicht genutzt, nicht bebaut sind und auch nicht als Hofraum dienen. **Mit Wald gegenüber Wald ist aber stets ein Abstand von wenigstens 1 m einzuhalten** (§ 19 Abs. 1 Satz 2), wobei dieser Anspruch im Gegensatz zu früher (30 Jahre) nunmehr ebenfalls in fünf Jahren verjährt (§ 26 Rn. 4). Dieser Abstand ist erforderlich, damit die Bestände als selbstständige Wirtschaftseinheiten bewirtschaftet werden können und Streitigkeiten (z. B. bei der Waldpflege und Holznutzung) nach Möglichkeit vermieden werden.

5 c) **Ausnahmen zu § 15 Abs. 2.** Auf dem vom Baumwuchs freizuhaltenden Streifen (Randstreifen) darf ein Windschutz angelegt werden. Die hier wachsenden Gehölze dürfen bis auf 2 m Abstand von der Grenze 4 m hoch und bis auf 1 m

Abstand von der Grenze 2 m hoch wachsen. Es können auch solche Gehölze gepflanzt werden, die nach ihrer Art höher als 2 m beziehungsweise 4 m werden können (z. B. Weihnachtsbäume). Diese Gehölze dürfen bis zur festgesetzten Maximalhöhe belassen werden. Der Nachbar hat aber einen nicht verjährbaren **Anspruch auf Verkürzung** zu hoch gewachsener Gehölze (§ 26 Abs. 3). Sind die im Randstreifen vorhandenen Bäume dagegen als Wald anzusehen, weil es von Anfang an Waldbäume waren (AG Schwäbisch Gmünd BWGZ 1990, 29: dem Baumwuchs zuzurechnen), weil der Gehölzwuchs eine solche Höhe erreicht hat, dass eine Verkürzung zum Absterben und damit zur Beseitigung der Gehölze führt oder weil die Anpflanzung nach waldbaulichen Gesichtspunkten erfolgt ist, scheidet der Verkürzungsanspruch aus, da dieser sich nur auf Gehölze bezieht (LG Mosbach NUR 1989, 194; LG Ellwangen BWGZ 1990, 30; a. A. LG Ellwangen RdL 1981, 76; LG Hechingen AgrarR 1992, 27: Verkürzungsanspruch kann verwirkt sein).
Angesichts der in der Praxis oft schwierigen Abgrenzung von Wald und Gehölzen sollte sich der Eigentümer eines an den Randstreifen angrenzenden Grundstücks noch innerhalb der Verjährungsfrist des Beseitigungsanspruchs (§ 26 Abs. 1) entscheiden, ob er die Einhaltung des Waldabstandes nach Abs. 1 verlangen will. Dies gilt insbesondere dann, wenn im Randstreifen „Baumwuchs" und nicht nur z. B. Sträucher oder Bäume mit einer artgemäßen Höhenbegrenzung unter 4 m vorhanden sind. Aufgrund der den Wald privilegierenden Rechtsprechung kommt der Nachbar in diesen Fällen in die Gefahr, dass bei Überschreitung der Höhenbegrenzungen in Absatz 2 der Verkürzungsanspruch durch die Qualifizierung des Randstreifenbewuchses als Wald ausscheidet und der dann noch bestehende Entfernungsanspruch der Verjährung unterworfen wird.

4. Sonstiges

a) Wegen der Pflanzungen hinter geschlossenen Einfriedigungen (§ 20), dem nachbarlichen Verhältnis zu öffentlichen Straßen und Gewässern und bei Anpflanzungen aufgrund eines Flurbereinigungs- oder Zusammenlegungsplans (§ 21), der Feststellung der Abstände, auch bei Erneuerung (§ 22), Verjährung (§ 26), Behandlung der Anlagen aus der Zeit vor dem Inkrafttreten des NRG (§ 33) wird auf die angeführten Vorschriften des NRG verwiesen; §§ 15 Abs. 1 Satz 2 und 34 enthalten dabei Sonderbestimmungen zu § 33. **6**
b) Der Eigentümer eines Waldgrundstücks (**Nachbar**) im Geltungsbereich des früher geltenden württembergischen Ausführungsgesetzes zum BGB muss Zweige und Wurzeln dulden, die von Bäumen und Sträuchern eines anderen zur Zeit des Inkrafttretens des BGB (am 1. Januar 1900) bereits mit Wald bestandenen Grundstücks herüberragen. Diese Bestimmung des § 34 ist wörtlich aus dem früher geltenden Nachbarrecht übernommen. Sie verliert jedoch mehr und mehr an Bedeutung, da sie nur bis zur nächsten Verjüngung des Waldes gilt und nur, wenn seit dem Inkrafttreten des BGB nicht bereits eine Verjüngung des Waldes stattgefunden hat.
c) Die Gemeinden können (wie bei Reblagen oder Gartenbaulagen) Teile des Gemeindegebiets außerhalb des geschlossenen Wohnbezirks und des Bereichs des Bebauungsplanes – Gebiete im Außenbereich – durch **Gemeindesatzung** zur Waldlage erklären, wenn die Aufforstung dieses Gebietes mit Rücksicht auf die Standortverhältnisse oder aus Gründen der Landeskultur zweckmäßig ist (§ 28).

5. Gesetzliche Bestimmungen aus anderen Gesetzen

7 a) **Bauliche Anlagen mitFeuerstätten** müssen gegenüber Wald einen Mindestabstand von 30 m einhalten. Das Gleiche gilt für Gebäude gegenüber Wald sowie für Wälder gegenüber Gebäuden, wobei Ausnahmen zugelassen oder größere Abstände wegen Brandschutz oder Sicherheit der Gebäude verlangt werden können (§ 4 Abs. 3 LBO).

b) Das **Betreten des Waldes** ist durch §§ 51 ff. NatSchG und §§ 37 ff. LWaldG geregelt. Es ist verboten, wild wachsende Pflanzen missbräuchlich niederzutreten oder zu verwüsten. Andererseits gibt es ein Recht auf einen „Handstrauß" aus Blumen, Kräutern, Zweigen oder sonstigen Waldpflanzen, die pfleglich entnommen werden müssen. Jeder hat auch das Recht, sich Waldfrüchte (Beeren, Pilze etc.), Streu- und Leseholz im ortsüblichen Umfang anzueignen. Geschützte Pflanzen oder solche aus Kulturen dürfen aber nicht entnommen werden (§ 40 LWaldG).

c) Wegen seinen vielfältigen Auswirkungen auf den Naturhaushalt (insbesondere Klima, Luft, Wasser) und das Landschaftsbild unterliegt sowohl die **Rodung** als auch die **Aufforstung** vielfältigen öffentlich-rechtlichen Bindungen. Neben den Grundpflichten in § 12 LWaldG (nach anerkannten forstlichen Grundsätzen nachhaltig, pfleglich, planmäßig und sachkundig zu bewirtschaften sowie die Belange der Umweltvorsorge insbesondere in den geschützten Waldgebieten zu berücksichtigen) bedürfen die Umwandlungen des Waldes in eine andere Nutzungsart (Rodung, §§ 9 ff. LWaldG) und Kahlhiebe ab einer bestimmten Größe (§ 15 LWaldG) einer behördlichen Genehmigung. Unbestockte oder unvollständig bestockte Waldflächen sind wieder aufzuforsten (§ 17 LWaldG). Besondere Nachbarpflichten und Nachbarschutz regeln § 27 LWaldG und § 28 LWaldG (Benutzung fremder Grundstücke und Duldung von Wegen).

Die Aufforstung eines Grundstücks in der offenen Landschaft bedarf der Genehmigung durch die untere Landwirtschaftsbehörde (§§ 25, 29 Abs. 1, 4 und 6 LLG).

§ 16 Sonstige Gehölze[8]

(1) Bei der Anpflanzung von Bäumen, Sträuchern und anderen Gehölzen sind unbeschadet der §§ 12 bis 15 folgende Grenzabstände einzuhalten:

1. a) mit Beerenobststräuchern und -stämmen, Rosen, Ziersträuchern und sonstigen artgemäß kleinen Gehölzen sowie mit Rebstöcken außerhalb eines Weinberges 0,50 m,

b) mit Baumschul- und Weihnachtsbaumkulturen sowie mit Weidenpflanzungen, die jährlich genutzt werden, 1 m;
die Gehölze dürfen die Höhe von 1,80 m nicht überschreiten, es sei denn, dass der Abstand nach Nummer 2 eingehalten wird;

2. mit Kernobst- und Steinobstbäumen auf schwach- und mittelstark wachsenden Unterlagen und anderen Gehölzen artgemäß ähnlicher Ausdehnung, mit Baumschul- und Weihnachtsbaumkulturen, soweit nicht in Nummer 1 aufgeführt, mit Forstsamenplantagen sowie mit Weidenpflanzungen, die nicht jährlich genutzt werden, 2 m;

8 Für zur Zeit des Inkrafttretens des Gesetzes vom 4. Februar 2014 (GBl. S. 65) bereits bestehende Gehölze gilt § 16 Abs. 2 in der bisherigen Fassung (siehe Seite 25).

die Gehölze dürfen die Höhe von 4 m nicht überschreiten, es sei denn, dass der Abstand nach Nummer 3 eingehalten wird;

3. mit Obstbäumen, soweit sie nicht in Nummer 2 oder 4 genannt sind, 3 m;

4. a) mit artgemäß mittelgroßen oder schmalen Bäumen wie Birken, Blaufichten, Ebereschen, Erlen, Robinien („Akazien"), Salweiden, serbischen Fichten, Thujen, Weißbuchen, Weißdornen und deren Veredelungen, Zieräpfeln, Zierkirschen, Zierpflaumen und mit anderen Gehölzen artgemäß ähnlicher Ausdehnung,

b) mit Obstbäumen auf stark wachsenden Unterlagen und veredelten Walnussbäumen sowie

c) mit Pappeln in Kurzumtriebsplantagen (§ 2 Absatz 2 Nummer 1 des Bundeswaldgesetzes) mit einer Umtriebszeit von höchstens zehn Jahren, 4 m;

die Gehölze nach Buchstabe c dürfen die Höhe von 12 m nicht überschreiten, es sei denn, dass der Abstand nach Nummer 5 eingehalten wird;

5. mit großwüchsigen Arten von Ahornen, Buchen, Eichen, Eschen, Kastanien, Linden, Nadelbäumen, Pappeln, Platanen, unveredelten Walnusssämlingsbäumen sowie mit anderen Bäumen artgemäß ähnlicher Ausdehnung 8 m.

(2) Der Abstand nach Absatz 1 Nr. 2 ermäßigt sich gegenüber Grundstücken in Innerortslage auf die Hälfte. Dies gilt nicht für Baumschul- und Weihnachtsbaumkulturen, Forstsamenplantagen sowie für geschlossene Bestände mit mehr als drei der in Absatz 1 Nr. 2 angeführten Gehölze. Einzeln stehende großwüchsige Bäume, ausgenommen Nadelbäume, dürfen gegenüber Grundstücken in Innerortslage mit einem Abstand von 6 m gepflanzt werden.

(3) Der Besitzer eines Gehölzes, das die nach Absatz 1 Nummern 1, 2 oder 4 Buchstabe c zulässige Höhe überschritten hat, ist zur Verkürzung verpflichtet, jedoch nicht in der Zeit vom 1. März bis 30. September.

1. Allgemeines 1

a) Durch das Gesetz vom 26. Juli 1995 wurde § 16 neu gefasst mit dem Ziel, insbesondere wegen der wesentlich kleiner gewordenen Baugrundstücke die Grenzabstände von sonstigen Gehölzen behutsam zu verringern. Dabei wurde die Regelung in einigen Bereichen vereinfacht. So wurde z. B. auf die bisherige Unterscheidung zwischen Kern- und Steinobstbäumen verzichtet, „da die Tendenz zu niedrigwüchsigen Bäumen auch das Steinobst erfasst" habe (z. B. sog. Superspindel, d. h. Kernobstbäume, die in einer Höhe von ca. 2 m abgeknickt werden, um das Wachstum zu bremsen und die Ertragsfähigkeit zu steigern [Grenzabstand nach § 16 Abs. 1 Nr. 2]).
Mit Gesetz vom 4. Februar 2014 wurde § 16 Abs. 1 Nr. 4 c) neu eingefügt, um der ökologischen Bedeutung von Kurzumtriebsplantagen gerecht zu werden und um zu verhindern, dass die effiziente Nutzung der Plantagenflächen grundlos eingeschränkt wird; sowie § 16 Abs. 2 und Abs. 3 neu gefasst.

b) Die Abstandsbestimmungen des § 16 finden auch auf wildwachsende Gehölze (Wildlinge) Anwendung, dies ist im NRG im Gegensatz zu Nachbarrechtsgeset- 2
zen anderer Bundesländer zwar nicht ausdrücklich bestimmt, es muss dennoch für Baden-Württemberg davon ausgegangen werden, dass das Belassen dieser Gehölze ein pflichtwidriges Verhalten (Verstoß gegen das nachbarliche Gemein-

schaftsverhältnis) darstellt, das die Anwendung des § 16 rechtfertigt (s. auch BGH NJW 2004, 603).

3 2. **Definitionen**

a) Unter den Sammelbegriff **Gehölze** werden alle Laub abwerfenden, wintergrünen oder immergrünen Pflanzen geführt, deren oberirdische Sprossteile (Stämme, Äste, Zweige, Triebe) verholzen und ausdauernd den Winter überstehen.

4 b) In den §§ 12, 14, 15 und 17 sind Bestimmungen enthalten über Hecken, Rebstöcke in Weinbergen, Waldungen und Hopfenpflanzungen. Dies sind Pflanzungen, die zwingend eine Mehrzahl einzelner Pflanzen in bestimmter Anordnung umfassen.

5 c) Die Abstände für **einzelne Bäume, Sträucher und andere Gehölze** (wie z. B. der einzelnen Rebstöcke außerhalb von Weinbergen) sind dagegen in § 16 geregelt. Hier findet sich auch die Antwort auf die Frage, wie weit Baumschul- und Weihnachtsbaumkulturen, Forstsamenplantagen und Weidenpflanzungen (§ 16 Abs. 1 Nr. 1 b) und Nr. 2) von der Grenze abstehen müssen.

6 d) Durch die Ersetzung des Begriffs Weihnachtsbäume durch Weihnachtsbaumkultur (§ 16 Abs. 1 Nr. 1 b)) wird klargestellt, dass hierunter nur die **Pflanzung einer großen Zahl** von Nadelbäumen mit dem Ziel, diese als Weihnachtsbäume zu verwerten, fällt und nicht ein einzelner Weihnachtsbaum im Vorgarten, der durch Beleuchtung in der Advents- und Weihnachtszeit als „Weihnachtsbaum" verwendet werden soll; für diesen gilt Absatz 1 Nr. 4 und Absatz 2.

7 e) Nicht zu den Gehölzen des § 16 zählen die **Staudengewächse** (mehrjährige Blütenpflanzen, deren unverholzte oberirdische Sprossorgane während der Vegetationsruhe größtenteils vertrocknen und abgestoßen werden), **Blumen undGräser,** obwohl diese in Einzelfällen bei Höhen bis zu 2 m und darüber (z. B. Rittersporn, Rasenschmiele, Waldschwingel, Flattergras, Pampagras, Chinaschilf, Riesenpfeifengras, Knöterich – a. A. LG Konstanz VBlBW 1988, 489) den Gehölzen in § 16 Abs. 1 Nr. 1 vergleichbare Einwirkungen auf das Nachbargrundstück verursachen können. Hier wird der nachbarliche Ausgleich aufgrund des nachbarrechtlichen Gemeinschaftsverhältnisses zu finden sein (siehe insoweit unten Rn. 9).

8 f) Bei der Aufstellung von **Gehölzen in versetzbaren Kübeln,** die nicht in das Erdreich eingegraben sind (**„mobiles Grün"**), kann der Ausgleich ebenfalls nur aufgrund des nachbarrechtlichen Gemeinschaftsverhältnisses gefunden werden, wobei jedoch die detaillierten Abstandsbestimmungen des § 16 als Anhaltspunkte für die zur Vermeidung von Schattenwirkung einzuhaltenden Abstände herangezogen werden können.

3. **Voraussetzungen**

9 a) **Anwendbarkeit des § 16.** Im NRG kommt es nicht darauf an, ob die Pflanze schnell oder langsam wächst, sondern darauf, welche endgültige Höhe sie letztlich erreicht (das Wachstum in die Breite ist nicht entscheidend, da hier § 910 BGB hilft) sowie das erblich und sorten-/unterlagenbedingte Wachstum der Pflanze, welches für die Einordnung als „Gehölz" maßgebend ist. Daraus erge-

ben sich allerdings auch Probleme, denn die biologische Zugehörigkeit und die Wachstumseigenschaften (artgerechter Wuchs) erfordern in vielen Fällen ein spezielles Fachwissen, sodass bei der Pflanzung, aber auch bei Streitigkeiten, oftmals nicht ohne Beiziehung eines Sachverständigen, entschieden werden kann (insoweit kann zwar aufgrund des nachbarlichen Gemeinschaftsverhältnisses ein Anspruch auf Auskunft über die Art der gepflanzten Gehölze gegen den pflanzenden Nachbarn bestehen, dieser wird jedoch im Streitfall häufig auch gerichtlich geltend gemacht werden müssen).
Hinzu kommt, dass aufgrund entsprechender Anpassungszüchtungen, aber auch durch Klimaveränderung nunmehr zahlreiche bisher nicht einheimische Pflanzenarten insbesondere in den Hausgärten angepflanzt werden können, bei denen im Einzelfall die Einordnung als Gehölz i. S. d. NRG schwierig ist, die jedoch eine den Gehölzen unter § 16 Abs. 1 Nr. 4a vergleichbare Schattenwirkung haben. So ist z. B. der bei uns zunehmend angepflanzte Bambus ein Gras, welches manches mit Baum und Sträuchern (*Feßler*, Der Staudengarten S. 275) gemeinsam hat und in der Fachliteratur zunehmend als Gehölz bezeichnet wird (*Krüss*, Handbuch der Laubgehölze Band 1 S. 198; so auch AG Stuttgart RdL 1998, 131; AG Schwetzingen NJW-RR 2000, 1468). Dies ist im Hinblick auf die Folgen einer solchen Bepflanzung durchaus auch berechtigt, da eine Bambuspflanzung an der Grundstücksgrenze das Nachbargrundstück vergleichbar beeinträchtigt (Schattenwirkung, Feuchtigkeitsentzug, Wurzelausläufer).
Im Ergebnis ist festzuhalten, dass, da der Begriff des Gehölzes im NRG nicht gesetzlich definiert ist, auch solche Pflanzenarten unter § 16 gezählt werden können, die in ihrem wesentlichen Erscheinungsbild den dort aufgeführten Pflanzenarten entsprechen; so fällt bspw. eine Eibe unter § 16 Abs. 1 Nr. 4a), Nr. 5 (OLG Karlsruhe, Urt. v. 17.7.2020 – 12 U 113/19, juris Rn. 157). Ansonsten oder bei Nichtanwendung des § 16 müsste der gerechte Ausgleich der widerstreitenden Nachbarinteressen aufgrund des inzwischen gewohnheitsrechtlich anerkannten nachbarlichen Gemeinschaftsverhältnisses als Ausprägung des Grundsatzes von Treu und Glauben (*Grüneberg-Herrler* § 903 BGB Rn. 13) gefunden werden. Und wenn der Nachbar durch die Pflanzung nur geärgert und geschädigt werden soll, ist an die Anwendung des Schikaneverbots des § 226 BGB zu denken.

b) **Systematik des § 16 Absatz 1. – aa)** Die einzelnen Gehölze sind katalogartig **10**
in **Gruppen** (Absatz 1 Nr. 1 bis 5) zusammengefasst und für die Pflanzung, abhängig von der tatsächlichen bzw. möglichen Höhe, Grenzabstände von 0,50 m bis zu 8 m vorgeschrieben (**stammabstandsbeschränkt**). Für die Gruppen Nr. 1 und 2 ist zusätzlich zum Abstand die höchstmögliche Höhe festgelegt, die nicht überschritten werden darf, außer wenn mit der Pflanzung der größere Abstand der nächsten Gruppe eingehalten wird (stammabstands- und höhenbeschränkt). Wird z. B. ein Rosenstrauch im Abstand von 0,5 m gepflanzt, dann darf er nicht höher werden als 1,80 m. Soll er höher werden dürfen, dann muss ein Abstand von 2 m eingehalten werden. Bei den Gehölzen der Nr. 3 bis 5 dagegen ist keine Höhenbegrenzung vorgesehen.
Die in Nr. 1 bis 5 aufgeführten Pflanzen sind nur Beispiele („mit anderen Gehölzen artgemäß ähnlicher Ausdehnung"), die jedoch als Anhaltspunkte für die dort nicht angeführten Pflanzen dienen.

Durch Gesetz vom 4. Februar 2014 wurde für Pappeln – wenn diese Teil einer Kurzumtriebsplantage i. S. d. § 2 Abs. 2 Nr. 1 des BWaldG sind und deren Umtriebszeit auf höchstens zehn Jahre beschränkt ist – mit § 16 Abs. 1 Nr. 4 c) eine eigene Regelung geschaffen, nach der bei solchen Pappeln lediglich ein Grenzabstand von 4 m einzuhalten ist, obwohl Pappeln von ihrer artgemäßen Ausdehnung her eigentlich unter Abs. 1 Nr. 5 (einzuhaltender Grenzabstand 8 m) fallen. Diese Einordnung erscheint deshalb gerechtfertigt, da Pappeln in solchen Kurzumtriebsplantagen in der Regel spätestens nach zehn Jahren auf bodennahe Höhe zurückgesetzt werden und bis dahin eher mit den in Abs. 1 Nr. 4 genannten Gehölzen vergleichbar sind. Zum Schutz der Nachbarn wurde durch die Regelung in § 16 Abs. 1 Nr. 4 letzter Halbs. eine Höhenbegrenzung für solche Pappeln von 12 m vorgesehen.

11 **bb)** Beispielhafte Einordnung von im Gesetz nicht erwähnten Gehölzen (vgl. insoweit *Breloer*, RdL 1988, 65)

- in Nr. 1: Knöterich (LG Konstanz VBlBW 1988, 489),
- in Nr. 2: Bergkiefer (pinus montana), Kugelakazie (robinia pseud. Umbraculifera), Schirmtanne (Sciadopitys verticillata), Trauerbirke (Betula pendula Tristis), Bambus,
- in Nr. 3: im Wesentlichen Schalenobstbäume und -sträucher (z. B. Waldhasel [Corylus avellana], Mandelbaum [Prunus dulcis]) mit Ausnahme Kastanien- und Walnussbäume,
- in Nr. 4: Baumhasel ([Corylus colurna] VG Freiburg BWGZ 1994, 684), Birken-Pappel (Populus simonii), Feldahorn (Acer campestre), Gemeine Kiefer (Pinus silvestris), Hemlock-Tanne (Tsuga canadensis), Hänge-Esche (Fraximus excelsior Pendula), Korkenzieherweide (Salix matsu-dana „Tortuosa"), Mehlbeere (sorbus aria), Rotdorn (Crataegus oxyacantha „Paulii"), Scharlach-Eiche (Quercus coccinea), Säulenbirke (Betula pendula Fastigiata), Silbertanne (Abies procera glauca), Stechpalme (Ilex aquifolium), Zirbelkiefer (Pinus cembra),
- in Nr. 5: Douglasfichte (Pseudotsuga menziesii), Eibe (Taxus baccata), Gleditschie (Gleditsia), Graue Tanne (Abies concolor), Europ. Lärche (Larix decidua), Mammutbaum (sequoiadendron giganteum), Österr. Schwarzkiefer (Pinus nigra austriaca), Orient. Fichte (Picea orientalis), Rotfichte (Picea abies), Silberweide (Salix actifolia), Spitzahorn (Acer Platanoides), Tränenkiefer (Pinus griffithii), Trauerweide (Salix alba tritis), Weißtanne (Abies alba), Zeder (Cedrus atlantica „Glauca").

12 **cc)** Nicht im NRG aufgeführt sind die ganz niedrigen Gehölze, wie kriechende Bodendecker und Zwerggehölze. Da diese keinen irgendwie erheblichen Nachteil für das Nachbargrundstück bedeuten, braucht mit ihnen grundsätzlich kein Abstand eingehalten zu werden.

Zur Messung der vorgeschriebenen Grenzabstände sowie zur Feststellung der Höhe s. § 22. Zu den Abständen, die sich für die einzelnen Gehölze ergeben, s. die Tabellen für Mindestabstände (Teil B. II.).

13 c) **Ermäßigung des Abstands nach § 16 Abs. 2.** Nach der, mit dem Gesetz zur Änderung des Nachbarrechtsgesetzes vom 2. Februar 2014 eingefügten Neuregelung des § 16 Abs. 2 wurde die Ermäßigung der Grenzabstände um die Hälfte auf die unter Nr. 2 fallenden Gehölze beschränkt, um der immer wichtigeren

Bedeutung der Sonneneinstrahlung (auch für die immer wichtiger werdende Sonnenenergie) Rechnung zu tragen.
Nach § 16 Abs. 2 ermäßigen sich die Abstände gegenüber Grundstücken in Innerortslage bei § 16 Abs. 1 Nr. 2 auf die Hälfte. Insoweit kommt es also auf die Lage des Nachbargrundstücks an, nicht auf die Lage des Grundstücks, auf dem die Pflanzung erfolgt. Ausgenommen hiervon sind jedoch die

- Baumschul- und Weihnachtsbaumkulturen und Forstsamenplantagen,
- geschlossene Bestände mit mehr als drei der in Abs. 1 Nr. 2 aufgeführten Gehölze.

Für die im Zeitpunkt des Inkrafttretens dieses Änderungsgesetzes bereits bestehenden Gehölze gilt nach Art. 2 Abs. 2 des Änderungsgesetzes § 16 Abs. 2 in der bisherigen Fassung.

d) **Ausnahmen von den Abständen der §§ 16 Abs. 1 und Abs. 2. – aa**) Nach **14**
§ **18** sind die in Abs. 1 Nr. 2 bis 5 festgelegten Abstände von 2 m, 3 m, 4 m und 8 m sowie die nach § 16 Abs. 2 in Innerortslage ermäßigten Abstände gegenüber Weinbergen in erklärter Reblage sowie gegenüber erwerbsgartenbaulich genutzten Grundstücken in erklärter Gartenbaulage zu verdoppeln, soweit die Pflanzung sich an der südlichen, östlichen oder westlichen Seite des begünstigten Geländes befindet. Diese Verdoppelung ist aber nicht erforderlich für Obstgehölze und Baumschulbestände innerhalb des geschlossenen Wohnbezirks (§ 18).

bb) Die hiernach festgelegten Abstände gelten grundsätzlich gegenüber den **15**
landwirtschaftlich oder gartenbaulich genutzten Grundstücken. Sie gelten auch gegenüber Gebäuden und Hofräumen, dagegen nicht gegenüber Grundstücken außerhalb des geschlossenen Wohnbezirks, die Wald, Hutung, Heide oder Ödung sind oder die landwirtschaftlich oder gartenbaulich sonst nicht genutzt werden und nicht bebaut sind und auch nicht als Hofraum dienen (§ **19 Abs. 1**). Auf die „Statuserhaltung" für die aus der landwirtschaftlichen Erzeugung genommenen Flächen wird hingewiesen (§ 7).

cc) Die in § 16 vorgeschriebenen Grenzabstände vermindern sich gegenüber **16**
Grundstücken im Außenbereich um diejenige Entfernung, auf die diese Grundstücke von der Grenze an gerechnet landwirtschaftlich oder gartenbaulich nicht genutzt, nicht bebaut sind und auch nicht als Hofraum dienen (§ **19 Abs. 2**).

dd) Für das nachbarliche Verhältnis zu öffentlichen Wegen und Gewässern sowie **17**
für Anpflanzungen aufgrund eines Flurbereinigungs- oder Zusammenlegungsplans gelten die Abstände des § 16 nicht. Pflanzungen können also ohne Einhaltung eines Abstands bis an die Grenze gesetzt werden (§ **21 Abs. 1**). Bei Grundstücken, die durch einen öffentlichen Weg oder ein Gewässer voneinander getrennt sind, werden die Abstände von der Mitte des Weges oder Gewässers an gemessen, ausgenommen gegenüber Grundstücken in Innerortslage (§ 22 Abs. 2 Satz 2).

ee) Die Abstandsbestimmungen sind auch nicht anzuwenden auf Gehölze, die **18**
sich hinter einer geschlossenen Einfriedigung befinden, ohne diese zu überragen (§ **20**), ferner auf Pflanzungen, die zum Uferschutz dienen oder die zum Schutze von Böschungen oder steilen Abhängen erforderlich sind (§ 21 Abs. 3).

4. Sonstiges

19 a) **Beseitigungs- bzw. Verkürzungsanspruch** (**§ 16 Abs. 3 NRG**). § 16 Abs. 1 gibt einem betroffenen Nachbarn bei Nichteinhaltung der genannten Grenzabstände ein Anspruch auf Beseitigung der angepflanzten Gehölze (BGH, Urt. v. 7.5.2021 – V ZR 299/19, juris Rn. 27).
Allein schon die Unterschreitung des Mindestabstands stellt eine Eigentumsbeeinträchtigung dar, sodass im Einzelfall zur Geltendmachung eines nachbarrechtlichen Beseitigungs- bzw. Verkürzungsanspruchs (OLG Karlsruhe, Urt. v. 2.3.2023 – 12 U 165/22, juris Rn. 31) weder eine konkrete Beeinträchtigung vorliegen noch vorgetragen und bewiesen werden muss. Mit dem Verkürzungsanspruch (§ 16 Abs. 3 NRG) kann allerdings nur das Verkürzen auf die im Gesetz festgelegte Maximalhöhe verlangt werden. Dies gilt auch dann, wenn das Gehölz näher an die Grenze gepflanzt ist, als es das NRG für diese Höhe verlangt.
Wegen Überhangrecht und Überfallrecht s. §§ 910, 911 BGB und §§ 23, 24. Zur Verkehrssicherungspflicht für Gehölze gegenüber dem Nachbargrundstück s. *Grüneberg-Herrler* § 823 BGB Rn. 190.

20 b) **Verjährung.** – **aa**) Der Anspruch auf Beseitigung von Pflanzungen mit gesetzwidrigen Abständen **verjährt** in fünf Jahren seit der Pflanzung. Der Lauf der Verjährungsfrist beginnt mit dem 1. Juli nach der Pflanzung, also bei der Frühjahrspflanzung noch im selben Jahr, bei der Herbstpflanzung dagegen erst im folgenden Jahr. Bei an Ort und Stelle gezogenen Gehölzen beginnt er mit dem 1. Juli des zweiten Entwicklungsjahres. Bei späterer Veränderung der artgemäßen Ausdehnung des Gehölzes (z. B. durch Veredelung) beginnt die Verjährung von neuem (§ 26).
bb) Bei Höhenbeschränkung unterliegt der Anspruch auf Verkürzung zu hoch gewachsener Bäume und Sträucher nicht der Verjährung (§ 26 Abs. 3). Die Besitzer von Gehölzen, welche die für ihre Gruppe zugelassene Höhe von 0,50 m, 1 m und 2 m überschreiten, sind aber zur Verkürzung dieser Gehölze nur in der Zeit vom 1. Oktober bis Ende Februar verpflichtet. Im Übrigen dürfen – von im NatSchG geregelten Ausnahmen abgesehen – in der Zeit vom 1. März bis 30. September Bäume (Einzelbäume, Baumreihen, Alleen oder Baumgruppen) und Sträucher nicht gerodet, abgeschnitten oder auf andere Weise zerstört, Bäume mit Horsten und Bruthöhlen nicht gefällt werden.
Der sich aus § 16 Abs. 1 Nr. 4, Nr. 5 ergebende Beseitigungsanspruch verjährt nach § 26 Abs. 1 Satz 2 innerhalb von zehn Jahren (OLG Karlsruhe, Urt. v. 2.3.2023 – 12 U 165/22, juris Rn. 32).

21 c) **Bestandsschutz.** Für Bäume und Sträucher, die bei Inkrafttreten des NRG am 1. Januar 1960 bereits gepflanzt waren, bleiben die früheren Bestimmungen maßgebend, soweit diese in der Beschränkung des Eigentümers weniger weit gehen als die neuen Bestimmungen (§ 33). Bei einer Erneuerung oder einer der Erneuerung gleichkommenden Änderung der Pflanzung sind aber nach § 33 Abs. 2 die neuen, in § 16 enthaltenen Bestimmungen anzuwenden und die im Zeitpunkt der Neuanlage bestehenden Verhältnisse zu beachten (§ 22).
Auch spätere Änderungen der Grundstücksgrenzen, durch welche die bisher eingehaltenen gesetzlichen Grenzabstände nunmehr unterschritten werden, berühren die Rechtmäßigkeit der Pflanzung nicht. Ein Entfernungsverlangen

scheidet ebenfalls aus, wenn durch die Grundstücksvergrößerung die bisher nicht eingehaltenen Grenzabstände nunmehr erfüllt werden.
Soweit mit einzelnen Gehölzarten aufgrund der Neufassung der Absätze 1 und 2 (durch Gesetz vom 26. Juli 1995) geringere Abstände eingehalten werden müssen (z. B. für Robinien, Ebereschen, einzeln stehende großwüchsige Bäume gegenüber Grundstücken in Innerortslage), kann davon bei Neu- oder Ersatzpflanzungen Gebrauch gemacht werden. Müssen dadurch größere Abstände eingehalten werden, dann gilt insoweit nach Art. 2 Abs. 1 des Gesetzes vom 26. Juli 1995 § 33 entsprechend.

5. Praxisrelevante Beispiele

Häufig wird auch der **Platzbedarf der Pflanzen** vom Laien nicht richtig eingeschätzt; zu geringe Abstände zu anderen Pflanzen (auf dem eigenen oder dem Nachbargrundstück) führen dann zu Behinderungen in der Entwicklung und zur Beeinträchtigung der Entfaltung, aber auch zu erhöhter Anfälligkeit gegenüber Krankheiten und Schädlingen. Als Faustregel für den Platzbedarf von Hecken und Bäumen kann angenommen werden: **22**

- geschnittene Hecke Streifen von 0,6–1,2 m Breite,
- freiwachsende Hecke Streifen von mindestens 3 m Breite,
- Obstbaum Kreis mit Durchmesser von 3–5 m,
- Kleinbaum Kreis mit Durchmesser von 4–6 m und
- Großbaum Kreis mit Durchmesser von 8–12 m.

§ 17 Hopfenpflanzungen

Mit Hopfenpflanzungen ist ein Abstand von 1,50 m von der Grenze einzuhalten. Ist das Nachbargrundstück gleichfalls mit Hopfen bepflanzt, so ermäßigt sich der Abstand auf die Hälfte.

1. Voraussetzungen

a) Bei der Anpflanzung von Hopfen wird in der Regel zwischen den einzelnen Reihen ein Abstand von 1,50 m eingehalten. Um nun zu gewährleisten, dass die Bearbeitung von Hopfenanlagen ohne Inanspruchnahme des Nachbargrundstücks möglich ist, ist mit Hopfenpflanzungen ein Grenzabstand von 1,50 m und, wenn das Nachbargrundstück ebenfalls mit Hopfen bepflanzt ist, von 0,75 m einzuhalten. **1**
b) Um den **Grenzabstand** der Hopfenpflanzung **festzustellen,** ist gemäß § 22 Abs. 1 die Entfernung der Mittelachsen der zur Grenze nächsten Hopfenstangen bei deren Austritt aus dem Boden und bei Drahtanlagen von dem der Grenze nächsten oberen Ende der Steigdrähte zur Grenze waagrecht zu messen.

2. Ausnahmen

Diese Abstände sind gegenüber Weinbergen in erklärter Reblage sowie gegenüber erwerbsgartenbaulich genutzten Grundstücken in erklärter Gartenbaulage zu verdoppeln, soweit sich die Hopfenpflanzung an der südlichen, östlichen oder westlichen Seite des begünstigten Grundstücks befindet (§ 18). **2**

Wegen des nachbarlichen Verhältnisses zu landwirtschaftlich nicht genutzten Grundstücken im Außenbereich (§ 19), zu Wegen (Straßen) und Gewässern sowie wegen abweichender Festlegungen durch einen Flurbereinigungs- oder Zusammenlegungsplan (§ 21), wegen der Feststellung der Abstände bei Erneuerung der Anlage (§ 22), Verjährung (§ 26), Behandlung der Anlagen aus der Zeit vor dem Inkrafttreten dieses Gesetzes (§ 33) wird auf die angeführten Vorschriften verwiesen.

§ 18 Begünstigung von Weinbergen und Erwerbsgartenbaugrundstücken

Gegenüber Weinbergen in erklärter Reblage (§ 28 Abs. 2) sowie gegenüber erwerbsgartenbaulich genutzten Grundstücken in erklärter Gartenbaulage (§ 28 Abs. 3) sind die Abstände nach § 11 Abs. 1, § 12 Abs. 1, §§ 13, 15, 16 Abs. 1 Nr. 2 bis 5 und Abs. 2 sowie § 17 Satz 1 zu verdoppeln, soweit sich die Einfriedigung, Spaliervorrichtung oder Pflanzung an deren südlicher, östlicher oder westlicher Seite befindet. Das gilt nicht für Obstgehölze und Baumschulbestände innerhalb des geschlossenen Wohnbezirks.

1. Allgemeines

1 Bereits im früheren württembergischen Nachbarrecht waren erhöhte Abstände gegenüber Weinbergen vorgeschrieben, damit die gerade im Weinbau besonders stark in Erscheinung tretenden Schäden durch Schattenwirkung vermieden oder wenigstens gemildert werden.

Diese Privilegierung von Weinbergen fand auch im heutigen Nachbarrecht Platz. Allerdings greifen diese Sonderregelungen nicht mehr ganz allgemein gegenüber Weinbergen. Sie kommen vielmehr nur den Weinbergen zugute, welche von den Gemeinden durch Gemeindesatzung zur Reblage erklärt sind. Dieselbe Begünstigung wie den Weinbergen ist unter denselben Voraussetzungen den Grundstücken eingeräumt, die durch Gemeindesatzung zur Gartenbaulage erklärt sind und erwerbsgartenbaulich, also nicht nur als Haus- oder Kleingärten, genutzt werden.

2. Voraussetzungen

2 a) Gegenüber den von § 18 begünstigten Grundstücken (Weinberge und Erwerbsgartenbaugrundstücke) sind die Abstände der §§ 11 Abs. 1, 12 Abs. 1, 13, 15, 16 Abs. 1 Nr. 2 bis 5 und Abs. 2 zu verdoppeln, soweit sich die Einfriedigung, Spaliervorrichtung oder Pflanzung an der südlichen, östlichen oder westlichen Seite des begünstigten Grundstücks befindet. Die Verdoppelung der Abstände kommt in Frage für

- Einfriedigungen gegenüber Grundstücken, die tatsächlich weinbaulich oder erwerbsgartenbaulich genutzt werden (§ 11 Abs. 1),
- Hecken (§ 12),
- Spaliervorrichtungen (§ 13),
- Waldungen (§ 15),
- sonstige Gehölze, soweit mit ihnen nach § 16 Abs. 1 Nrn. 2 bis 5 ein Grenzabstand von 3 bis 8 m einzuhalten ist, und soweit die Abstände nach § 16 Abs. 2 in Innerortslage auf die Hälfte bzw. auf 6 m ermäßigt sind,
- Hopfenpflanzungen (§ 17).

b) Nach § 18 Satz 2 entfällt eine Verdoppelung der Abstände für Obstgehölze und Baumschulbestände innerhalb des geschlossenen Wohnbezirks. 3
In dieser Vorschrift wurde durch das Änderungsgesetz vom 26. Juli 1995 der Begriff „innerhalb des geschlossenen Wohnbezirks nicht an die neue Terminologie des NRG („Innerortslage“ § 12 Abs. 2 Satz 2) angepasst. Dies wäre auch nicht sachgerecht gewesen, da Obstgehölze und Baumschulbestände als in der Regel landwirtschaftlich genutzte Grundstücke nicht zur Innerortslage gehören, die „Privilegierung“ für sie somit ins Leere laufen würde. Den Begriff „geschlossenen Wohnbezirk“ wird man vielmehr mit dem bei der Anwendung des Baurechts vielfach verwendeten Begriff des Innenbereichs gleichsetzen dürfen.

c) Wegen der **Ausnahmen** von den Abstandsbestimmungen gegenüber landwirtschaftlich nicht genutzten Grundstücken (§ 19 Abs. 2), wegen Pflanzungen hinter geschlossenen Einfriedigungen (§ 20), an öffentlichen Wegen und Gewässern sowie bei Anpflanzungen aufgrund eines Flurbereinigungs- oder Zusammenlegungsplans (§ 21 Abs. 1), wegen toter Einfriedigungen und Hecken gegenüber Grundstücken, die unmittelbar an den Schienenweg einer Eisenbahn angrenzen (§ 21 Abs. 3), wegen Einfriedigungen und Pflanzen für den Uferschutz oder zum Schutz von Böschungen oder steilen Abhängen (§ 21 Abs. 3), wegen der Feststellung der Abstände, auch bei Erneuerung von Anlagen (§ 22), Verjährung (§ 26) und Behandlung der Anlagen aus der Zeit vor dem Inkrafttreten des NRG (§ 33) wird auf die angeführten Vorschriften des NRG verwiesen. 4

§ 19 Verhältnis zu landwirtschaftlich nicht genutzten Grundstücken

(1) Die Vorschriften der §§ 11 bis 17 gelten nicht gegenüber Grundstücken im Außenbereich, die Wald, Hutung, Heide oder Ödung sind oder die landwirtschaftlich oder gartenbaulich sonst nicht genutzt werden und nicht bebaut sind und auch nicht als Hofraum dienen. Mit Wald gegenüber Wald ist aber ein Abstand von 1 m einzuhalten.

(2) Die in den §§ 11 bis 18 vorgeschriebenen Abstände vermindern sich gegenüber Grundstücken im Außenbereich um diejenige Entfernung, auf die diese Grundstücke, von der Grenze an gerechnet, landwirtschaftlich oder gartenbaulich nicht genutzt, nicht bebaut sind und auch nicht als Hofraum dienen.

1. Allgemeines

Gegenüber Grundstücken im Außenbereich, die im Zeitpunkt der Pflanzung auf dem Nachbargrundstück landwirtschaftlich, gartenbaulich u. Ä. nicht genutzt werden, treten die Nachteile von Pflanzungen oder Anlagen auf dem Nachbargrundstück völlig zurück. Grenzabstände sind in diesen Fällen nicht gerechtfertigt. § 19 bestimmt deshalb, dass im Außenbereich die Abstandsbestimmungen für tote Einfriedigungen, Spaliervorrichtungen und Pflanzungen (§§ 11 bis 17) nicht gelten gegenüber Grundstücken, die Wald, Hutung, Heide oder Ödung sind oder die landwirtschaftlich oder gartenbaulich sonst nicht genutzt werden (z. B. Spiel- und Sportplätze, Lagerplätze, Parkanlagen, Parkplätze, Felsriegel), nicht bebaut sind und auch nicht als Hofraum (bei Gebäuden liegende Flächen, die als Zufahrt, 1

Stellplatz oder Arbeitsraum benutzt werden) dienen. Mit Wald ist aber gegenüber Wald stets ein Abstand von 1 m einzuhalten.

2. Definitionen

2 a) Unter **Hutung** sind nach dem Bodenschätzungsgesetz (RGBl. I 1934, S. 1050) und den dazu ergangenen Durchführungsbestimmungen die Flächen geringer Ertragsfähigkeit zu verstehen, die nicht bestellt werden und nur gelegentlich Weidenutzung zulassen. **Heiden** sind Flächen ohne Wiesen- und Ackernutzung, allenfalls gelegentliche Schafbeweidung, auf denen sich Pflanzengesellschaften mit vielen Zwergsträuchern angesiedelt haben. **Ödung** ist Land ohne planmäßige Bewirtschaftung, das sich selbst überlassen ist; darunter fallen auch Moore.

3 b) Bei Grundstücken im Außenbereich werden die aus der landwirtschaftlichen Erzeugung genommenen Flächen noch weiterhin landwirtschaftlich genutzt. Zur gartenbaulichen Nutzung zählt in § 19 im Gegensatz zu § 7 Abs. 1, § 18 Satz 1 und § 23 Abs. 2 auch die nicht erwerbsmäßige gärtnerische Nutzung (z. B. Feld- oder Freizeitgarten), da hier der Wortteil „Erwerb" fehlt. Diese Unterscheidung ist auch gerechtfertigt, da sonst diese Gärten gegenüber entsprechend genutzten Gärten im Innenbereich im Hinblick auf die dort auf dem Nachbargrundstück nach §§ 11 bis 17 einzuhaltenden Abstände weniger geschützt würden. Dies würde dem Frieden unter vergleichbaren Nachbargärten im Außenbereich sicher nicht zuträglich sein.

3. Voraussetzungen

4 Wird ein Grundstück im Außenbereich hinter der Grenze ganz oder zum Teil landwirtschaftlich oder gartenbaulich nicht genutzt, ist es nicht bebaut und dient es auch nicht als Hofraum, so **vermindert** sich gegenüber diesem Grundstück der mit einer toten Einfriedigung, Spaliervorrichtung oder Pflanzung gemäß §§ 11 bis 17 einzuhaltende Abstand – auch im Falle der Begünstigung von Weinbergen und Erwerbsgartenbaugrundstücken nach § 18 – um diejenige Entfernung, auf die von der Grenze an gerechnet nicht eine der angeführten Nutzungen des Nachbargrundstücks stattfindet. Die ab der Grundstücksgrenze nicht genutzten Flächen des Nachbargrundstücks können damit bei der Abstandsberechnung zugunsten des zu bepflanzenden Grundstücks einbezogen werden, sodass abweichend von der Regel nicht die Grundstücksgrenze, sondern die Grenze zwischen dem genutzten und nicht genutzten Gelände auf dem Nachbargrundstück maßgebend ist. Wenn also z. B. entlang der Grenze des Nachbargrundstücks ein zu diesem gehörender Privatweg von 2 m Breite führt, so ist für eine Ulme nur ein Abstand von 6 m statt, wie in § 16 Abs. 1 Nr. 6 vorgesehen, von 8 m einzuhalten; bei öffentlichen Wegen findet § 22 Abs. 3 Anwendung; zur Verjährung siehe § 26.

§ 20 Pflanzungen hinter geschlossenen Einfriedigungen

Die §§ 12 bis 18 gelten nicht, wenn sich die Spaliervorrichtung oder die Pflanzung hinter einer geschlossenen Einfriedigung befindet, ohne diese zu überragen. Als geschlossen gelten auch Einfriedigungen, bei denen die Zaunteile breiter sind als die Zwischenräume.

1. Allgemeines

Für den Charakter einer geschlossenen Einfriedigung ist nicht das Material oder die Art der Anbringung maßgebend, sondern ob die Sicht auf das dahinter liegende Grundstück völlig oder wenigstens überwiegend genommen wird (OLG Karlsruhe, Urt. v. 17.7.2020 – 12 U 113/19; OLG Karlsruhe Die Justiz 1976, 472). Einfriedigungen sind bspw. zusammenhängende Wände aus Stein, Metall, Holz, Schilf- beziehungsweise Rohrmatten, aber auch Zäune, bei denen die Zaunteile breiter sind als die Zwischenräume. Bei den in Mode gekommenen Ranchzäunen kommt es auf die Ausgestaltung im Einzelfall an. 1

Dagegen sind keine geschlossenen Einfriedungen Zäune, bei welchen die offenen Zwischenräume zwischen den einzelnen Zaunstücken mindestens ebenso groß oder größer sind als die Breite der einzelnen Zaunstücke. Ferner gehören hierzu Staketen-, Gitter- und Drahtzäune sowie Schranken, aber auch Hecken (für diese gilt § 12).

Wie alle Einfriedigungen unterliegen die „geschlossenen Einfriedigungen" den in § 11 enthaltenen Bestimmungen. Auch mit ihnen sind also, wenn sie eine gewisse Höhe überschreiten, Abstände von der Nachbargrenze einzuhalten (OLG Karlsruhe, Urt. v. 17.7.2020 – 12 U 113/19, juris Rn. 127).

2. Voraussetzungen

a) Stehen Spaliervorrichtungen oder Pflanzungen hinter solchen geschlossenen Einfriedigungen, ohne diese zu überragen, treten sie für den Nachbarn überhaupt nicht in Erscheinung. Es genügt deshalb hier zum Schutz des Nachbarn, wenn die Abstandsbestimmungen für die Einfriedigung eingehalten werden. Mit den Spaliervorrichtungen und Pflanzungen sind keine weiteren Abstandsbestimmungen mehr zu beachten. Voraussetzung ist aber, dass Einfriedigung und Anpflanzung auf demselben Grundstück stehen (LG Konstanz VBlBW 1988, 489). Eine Hauswand auf der Grenze oder eine geschlossene Einfriedigung auf dem Nachbargrundstück genügt nicht; anders nur bei einer gemeinsamen Grenzanlage nach §§ 921, 922 BGB. 2

b) Überragen die Pflanzen jedoch, so entfällt damit der Grund für die Nichtanwendung der aus §§ 12 bis 18 sich ergebenden Abstandsvorschriften, sie sind nunmehr anwendbar mit der Einschränkung, dass aus Gründen der Verhältnismäßigkeit anstelle des verjährbaren Beseitigungsanspruchs (nach *Pelka* S. 141: Beginn der Verjährung erst in dem Jahr, in dem die Pflanzung für den Nachbarn erkennbar auf Dauer überragt) in der Regel ein unverjährbarer Anspruch auf Verkürzung bis zur Höhe der geschlossenen Einfriedigung besteht (so auch *Birk* § 20 Anm. 3a). Aus Sinn und Zweck des NRG, jedem Nachbarn möglichst eine ungestörte und freie Nutzung seines Grundstücks zu sichern, ist diese Gesetzeslücke im Regelfall zugunsten des geringst notwendigen Eingriffs in die Pflanzung zu schließen. 3

c) Stehen die Spaliervorrichtungen oder Pflanzungen hinter nicht geschlossenen Einfriedigungen, also bspw. hinter Draht- oder Staketenzäunen, so sind hierfür die Abstandsbestimmungen der §§ 12 bis 18 uneingeschränkt zu befolgen. 4

d) § 20 gilt für sämtliche unter §§ 12 bis 18 fallenden Pflanzungen unabhängig davon, ob es sich um stammabstands- und höhenbeschränkte (§§ 12, 13, 16 5

Abs. 1 Nr. 1 und 2) oder um nur stammabstandsbeschränkte Pflanzungen (§§ 14, 15, 16 Abs. 1 Nr. 3 bis 5, § 17) handelt.

§ 21 Verhältnis zu Wegen, Gewässern und Eisenbahnen; Ufer- und Böschungsschutz

(1) Die §§ 11 bis 18 gelten nicht für
1. das nachbarliche Verhältnis zwischen öffentlichen Straßen und Gewässern und den an sie grenzenden Grundstücken,
2. die auf Grund eines Flurbereinigungs- oder Zusammenlegungsplanes erfolgten Anpflanzungen, soweit sie sich im Flurbereinigungs- oder Zusammenlegungsgebiet auswirken.
Bestehende Ausgleichs- oder Schadenersatzansprüche bleiben unberührt.

(2) Die Bestimmungen der §§ 11, 12 und 18 über tote Einfriedigungen und Hecken gelten nicht für das nachbarliche Verhältnis zwischen Grundstücken, die unmittelbar an den Schienenweg einer Eisenbahn grenzen einerseits und dem Schienenweg andererseits.

(3) Auf Einfriedigungen und Pflanzungen, die zum Uferschutz dienen oder die zum Schutz von Böschungen oder steilen Abhängen erforderlich sind, sind die §§ 11, 12, 16 und 18 nicht anzuwenden.

1. Allgemeines

1 Durch Gesetz vom 26. Juli 1995 wurde Abs. 1 neu gefasst. Dabei wurde in Abs. 1 Nr. 1 das Wort „Wege“ – wohl in Anpassung an die Einteilung des StrG (§ 3 StrG) – durch das Wort „Straßen“ ersetzt, ohne das Wort „Wege“ an anderen Stellen des NRG (§ 21 Überschrift, § 22 Abs. 2 Satz 1, § 25 Überschrift und Abs. 1) zu ersetzen. Damit wird jedoch die bisherige Gleichbehandlung von „Wegen“ (Unterbegriff § 3 Abs. 2 Nr. 4 StrG) und „Straßen“ (Oberbegriff § 2 Abs. 1 StrG) nicht in Frage gestellt. Das NRG hatte bereits in seiner ursprünglichen Fassung diese Worte unsystematisch, in § 25 Abs. 1 sogar in demselben Zusammenhang verwendet, ohne dass erkennbar eine unterschiedliche Behandlung gewollt gewesen wäre. Auch ist davon auszugehen, dass die Bundesautobahnen und die Bundesfernstraßen mitumfasst werden. Zu den vorgehenden öffentlich-rechtlichen Vorschriften siehe unten Rn. 2 a. E.
Weiter wurden die aufgrund eines im Flurbereinigungsverfahren erlassenen Planes erfolgten Anpflanzungen (§ 21 Abs. 1 Nr. 2) von den Beschränkungen des NRG ausgenommen.

2. Voraussetzungen

2 **a)** Die zum Schutz von Nachbargrundstücken erlassenen Bestimmungen über die Abstände von Einfriedigungen, Spaliervorrichtungen und Pflanzungen (§§ 11 bis 18) gelten nach § **21 Abs. 1 Nr. 1** nicht für das gegenseitige nachbarliche Verhältnis zwischen öffentlichen Wegen und Gewässern einerseits und der an sie grenzenden Grundstücke andererseits. Es brauchen also mit solchen Anlagen und Pflanzungen sowohl auf dem Grundstück des öffentlichen Weges (BVerwG VBlBW 1982, 43) oder Gewässers als auch auf dem Nachbargrundstück dieses Grundstücks keine Abstände eingehalten werden. Das heißt Einfriedigun-

gen, Spaliervorrichtungen und Pflanzungen können auf Grundstücken, die an einen öffentlichen Weg oder an ein Gewässer stoßen, bis an die Grenze gesetzt werden. Allerdings können öffentlich-rechtliche Vorschriften entgegenstehen, z. B. § 28 Abs. 2 StrG und § 11 Abs. 2 FStrG, aber auch Bebauungspläne.
Anpflanzungen bei der Herstellung öffentlicher Verkehrswege (z. B. Baumalleen an Straßen oder in Fußgängerzonen als Zubehör der Straße) brauchen ebenfalls nicht die Abstandsbestimmungen der §§ 11 bis 18 zu beachten. Gleichzeitig verbietet Art. 14 GG im nachbarlichen Verhältnis von öffentlicher Straße und Anliegergrundstück übermäßige – unmittelbare oder mittelbare – Einwirkungen und verlangt eine angemessene Rücksichtnahme der Straße auf die schutzwürdigen Interessen des Anliegers (BVerwG VBlBW 1982, 43). Auch finden sich im StrG (§ 15 Abs. 4 – Zutritt von Licht und Luft; § 37 Abs. 5 – Berücksichtigung privater Belange im Rahmen der Abwägung) vorgehende Vorschriften zum Nachbarschutz. Soweit danach eine Straßenanpflanzung vom Anlieger innerhalb der Grenzabstände der §§ 13 bis 18 zu dulden ist, sind seine Abwehrrechte auf § 910 BGB i. V. m. § 25 Abs. 1 beschränkt (LG Aachen RdL 1986, 237). Gleiches gilt für tote Einfriedigungen und Spaliervorrichtungen innerhalb der Grenzabstände der §§ 11 und 12.
Wegen der durch öffentliche Wege oder durch Gewässer getrennten Grundstücke s. § 22 Abs. 2.

b) Das Gleiche gilt nunmehr auch für Anpflanzungen, die aufgrund eines Flur- **3**
bereinigungs- (§§ 56 ff. FlurbG) oder Zusammenlegungsplans (§ 100 FlurbG) erfolgen und soweit sie sich (nur) im Flurbereinigungs- oder Zusammenlegungsgebiet auswirken nach **§ 21 Abs. 1 Nr. 2.** Die Interessen der beteiligten Grundstückseigentümer werden bereits im Flurbereinigungsverfahren gegeneinander abgewogen. Gegenüber Grundstücken außerhalb des Flurbereinigungs- oder Zusammenlegungsgebiets dagegen sind auf den innerhalb dieser Gebiete an deren Grenze gelegenen Grundstücke die Abstandsbestimmungen der §§ 11 bis 18 zu beachten.

c) Zwischen Grundstücken, die unmittelbar an den Schienenweg (nur eigentli- **4**
che Gleisanlagen) einer Eisenbahn (dazu zählen neben der Deutschen Bahn AG auch die auf eigenen Bahnkörpern verkehrenden Stadtschnellbahnen) grenzen einerseits und dem Schienenweg andererseits finden die Abstandsbestimmungen für tote Einfriedigungen (§ 11) und Hecken (§ 12) ebenfalls keine Anwendung, **§ 21 Abs. 2.** Einfriedigungen und Hecken können beiderseits somit bis an die Grenze gesetzt werden, soweit nicht öffentlich-rechtliche Vorschriften aus Gründen der Sicherheit des Eisenbahnverkehrs dem entgegenstehen. Daran ändert sich auch nichts, wenn diese in erklärten Reb- oder Gartenbaulagen (§ 18) stehen. Gegenüber den übrigen Grundstücken des Bahnunternehmens (z. B. Bahnhöfe, Lagerplätze u. a.) oder von diesen sind die Grenzabstände jedoch einzuhalten.
Dagegen müssen für die übrigen Pflanzungen (§§ 14 bis 17) und Spaliervorrichtungen die Grenzabstände eingehalten werden, auch wenn sie unmittelbar am Schienenweg stehen.
Für die unter das Landeseisenbahngesetz vom 8. Juni 1995 (GBl. S. 417) fallenden nichtbundeseigenen Eisenbahnen darf nach § 5 Abs. 2 dieses Gesetzes mit

Anpflanzungen, Zäunen, Stapeln und Haufen sowie anderen mit dem Grundstück nicht fest verbundenen Einrichtungen die Sicherheit oder Leichtigkeit des Verkehrs nicht beeinträchtigt werden. Für die bundeseigenen Eisenbahnen fehlt zwar eine dementsprechende gesetzliche Vorschrift, es besteht aber dennoch ein Abwehranspruch nach § 1004 BGB auf Freihaltung des in § 9 der Eisenbahn-Bau- und Betriebsordnung vom 8. Mai 1967 (BGBl. II S. 1563) vorgeschriebenen Regellichtraums.

5 **d**) Dienen tote Einfriedigungen, Hecken oder sonstige Gehölze dem Uferschutz oder sind sie zum Schutz von Böschungen oder steilen Abhängen erforderlich, so brauchen die in den §§ 11 (Einfriedigung), 12 (Hecken), 16 (sonstige Gehölze) vorgesehenen Abstandsbestimmungen nicht beachtet zu werden, **§ 21 Abs. 3**. Dies gilt auch dann, wenn das Nachbargrundstück in erklärter Reb- oder Gartenbaulage (§ 18) liegt. Dies hat seinen Grund darin, dass diese Anlagen vielfach unmittelbar an die Grenze gesetzt werden müssen, wenn sie den ihnen zugedachten Zweck als Uferschutz oder Schutz von Böschungen oder steilen Abhängen erfüllen sollen.

3. Ansprüche des Nachbarn

6 § 21 Abs. 1 Satz 2 stellt klar, dass bestehende **Ausgleichs- oder Schadensersatzansprüche** unberührt bleiben. Solche Ausgleichs- oder Schadensersatzansprüche können sich insbesondere aus Bundesrecht (z. B. § 44 Abs. 3, § 51 FlurbG, bürgerlich-rechtlicher Aufopferungsanspruch entspr. § 906 Abs. 2 Satz 2 BGB – s. BGH RdL 1990, 265 und § 906 BGB Rn. 16) ergeben, da Anpflanzungen, die aufgrund von Absatz 1 Satz 1 die Abstände der §§ 11 bis 18 nicht einhalten, für die benachbarten Grundstücke zu Einbußen bei der Nutzung und Bewirtschaftung führen können (z. B. durch Schattenwirkung, Entzug von Wasser- und Nährstoffen, Behinderung des Geräte- und Maschineneinsatzes). Diese Klarstellung in § 21 Abs. 1 Satz 2 dient lediglich dem Interesse der Rechtssicherheit, denn bundesrechtliche Ausgleichs- oder Schadensersatzansprüche werden ohnehin vom NRG an sich nicht berührt.
Hinsichtlich möglicher Ausgleichs- oder Schadensersatzansprüche ist zu beachten, dass Schäden, die durch herabfallende Früchte (z. B. Obst einschließlich Nüsse, Kastanien, Eicheln, Holunderbeeren) an fahrenden oder parkenden Fahrzeugen im öffentlichen Straßenraum verursacht werden, vom Baumeigentümer/-Besitzer nicht entschädigt werden müssen (OLG Stuttgart v. 30. Oktober 2002 – 4 U 100/02). Dies gilt insbesondere für abgestellte bzw. parkende Fahrzeuge, da diese Gefahren insbes. in der Reifezeit offensichtlich sind (LG Heilbronn VersR 1989, 275). Bezüglich der Bäume selbst gelten die allgemeinen Regeln für die Verkehrssicherungspflicht (s. *Grüneberg-Herrler* § 823 BGB Rn. 190).

§ 22 Feststellung der Abstände

(1) Die Grenzabstände werden von der Mittelachse der der Grenze nächsten Stämme, Triebe oder Hopfenstangen bei deren Austritt aus dem Boden, bei Drahtanlagen von Hopfenpflanzungen aber von dem der Grenze nächsten oberen Ende der Steigdrähte ab waagrecht gemessen.

(2) Im Verhältnis der durch öffentliche Wege oder durch Gewässer getrennten Grundstücke werden die Abstände von der Mitte des Weges oder Gewässers angemessen. Dies gilt nicht gegenüber Grundstücken in Innerortslage.

(3) Ist die Einhaltung eines bestimmten Abstands von der Lage oder der Kulturart des Grundstücks oder des Nachbargrundstücks abhängig, so sind bei der Erneuerung einer Einfriedigung, Spaliervorrichtung oder Pflanzung für die Bemessung des Abstands die dann bestehenden Verhältnisse dieses Grundstücks maßgebend. Dasselbe gilt, wenn in einer der Erneuerung gleichkommenden Weise die Einfriedigung oder Spaliervorrichtung ausgebessert oder die Pflanzung ergänzt wird.

1. Allgemeines

Wie im früheren badischen und württembergischen Nachbarrecht ist im NRG für die Feststellung der Grenzabstände bei Pflanzungen die Mittelachse der Stämme, Triebe oder Hopfenstangen maßgeblich, die der Grenze am nächsten stehen, und zwar bei deren Austritt aus dem Boden. Bei Drahtanlagen von Hopfenpflanzungen ist zur Feststellung des Grenzabstandes von dem der Grenze nächsten oberen Ende der Steigdrähte ab zu messen. **1**

2. Voraussetzungen

a) § 22 **Abs. 1** legt fest, wie die Grenzabstände **bei Pflanzungen** festzustellen sind, entscheidend dafür sind die Mittelachse der Stämme, Triebe oder Hopfenstangen, die der Grenze am nächsten stehen, und zwar bei deren Austritt aus dem Boden. Die Messung des Abstandes zur Grenze erfolgt senkrecht zur Grenze. Außerdem wird waagrecht und nicht entsprechend dem vorhandenen Geländeverlauf gemessen, d. h. Niveauunterschiede werden nicht berücksichtigt. Wird auf einem natürlich überhöhten Grundstück eine abstandspflichtige bzw. höhenbegrenzte Pflanzung oder Einfriedigung vorgenommen, so ist die Geländeüberhöhung bei den Abständen nicht zu berücksichtigen, obwohl vom tiefer liegenden Nachbarn her gesehen diese Überhöhung wie eine zusätzliche Höhe wirkt. Bei einseitiger künstlicher Überhöhung dagegen ist gegen den Grundstückseigentümer, der diese Überhöhung veranlasst hat, von der bisherigen natürlichen Geländehöhe auszugehen, da die Aufschüttung ihm keinen Vorteil gegenüber dem Nachbarn bringen darf, dessen Grundstück nicht aufgeschüttet wird (LG Ravensburg Die Justiz 1962, 132; einschränkend *Pelka* S. 144: von extremen Fällen abgesehen bei einzelnen Gehölzen nicht zu berücksichtigen, d. h. vom überhöhten Gelände auszugehen). Aus dem Gedanken eines ausreichenden Sichtschutzes gegenüber dem erhöhten Nachbargrundstück wird dagegen zugunsten des Unterliegers vom erhöhten Niveau des Nachbargrundstücks auszugehen sein. Allerdings wird eine von Menschenhand geschaffene Aufschüttung insbesondere dann, wenn sie nicht z. B. durch eine Mauer befestigt ist, letztendlich zum natürlichen Gelände, wobei einige (wenige) Jahre aber nicht ausreichen. Auch bei einseitigen Abgrabungen ist von der Höhe des verbleibenden natürlichen Geländes, bei beiderseitigen Abgrabungen vom neuen gemeinsamen Niveau aus zu messen. Maßgebend sind jeweils die Höhenverhältnisse im Zeitpunkt der Errichtung der Einfriedigung oder der Pflanzung. Spätere Veränderungen beeinflussen nicht die Rechtslage für eine konkrete Anlage oder Pflanzung. **2**

Weitere Bestimmungen über die Messung von Abständen und Höhen sind in § 3 Abs. 2 und 3, § 4 Abs. 1, § 7 Abs. 1 und 2, § 10 Abs. 1 und § 23 Abs. 1 enthalten.

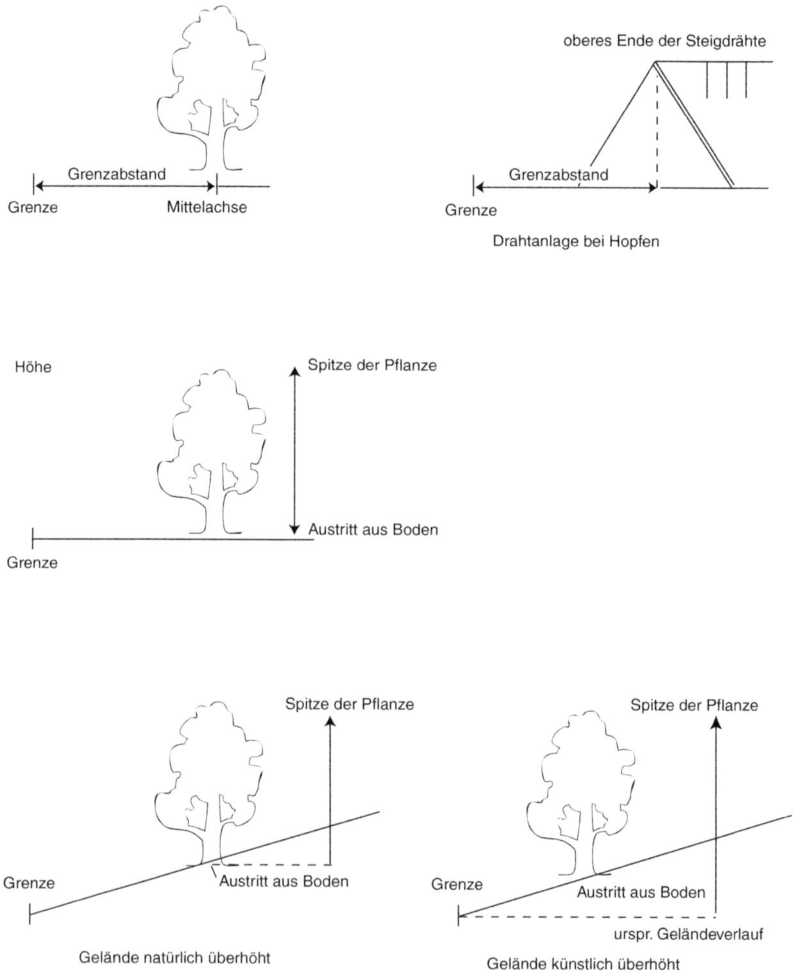

Abb. 12

Bei toten Einfriedigungen und Spalieranlagen erübrigt sich eine besondere Bestimmung hierüber, da hier ohne Weiteres der Abstand dadurch ermittelt werden kann, dass die Entfernung der dem Nachbar zugekehrten Außenseite des Zauns oder der Spaliervorrichtung waagrecht zur Grenze gemessen wird. Verläuft die

Einfriedigung oder sonstige Anlage nicht im gleichen Abstand, also nicht parallel zur Grenze, so ist sie von dem Punkt ab gesetzwidrig, an dem sie sich über den vorgeschriebenen Abstand hinaus dem Nachbargrundstück nähert.

b) Wenn Grundstücke durch öffentliche Wege (Straßen) oder Gewässer von geringer Breite getrennt werden, kämen insbesondere Baumanlagen einander zu nahe, wenn sie beiderseits bis an den Rand des öffentlichen Weges oder Gewässers gepflanzt werden dürften. Um Unzuträglichkeiten dieser Art vorzubeugen, müssen daher grundsätzlich im gegenseitigen Verhältnis von Grundstücken, die durch öffentliche Wege oder Gewässer getrennt sind und damit nicht unmittelbar aneinanderstoßen, die Mindestabstände der §§ 11 bis 18 eingehalten werden. Die Abstände werden dann von der Mitte des öffentlichen Weges oder Gewässers an gemessen, **§ 22 Abs. 2**. Durch diese Regelung ist der Schutz der Grundstücke voll gewährleistet. Es ist genauso, wie wenn die Grundstücke auf der Mitte des Weges oder Gewässers aneinander stoßen würden. Werden z. B. zwei Obstgüter durch einen öffentlichen Feldweg von 2 m Breite voneinander getrennt, so verringert sich der einzuhaltende Abstand bei jedem der beiden Angrenzer je um 1 m. 3
§ 22 Abs. 2 Satz 2 enthält eine Privilegierung von Grundstücken in Innerortslagen (d. h. im Innenbereich i. S. d. Baurechts), denn danach wird, wenn das Nachbargrundstück in Innerortslage liegt und nicht landwirtschaftlich genutzt wird – im Interesse einer leichteren Bepflanzung von Grundstücken – bei der Messung des Abstands (z. B. zwischen einem Baum und der Grenze des Nachbargrundstücks) eine dazwischen liegende öffentliche Straße nicht mehr zur Hälfte zugunsten des den Abstand verlangenden Nachbarn, sondern überhaupt nicht mehr zu dessen Gunsten berücksichtigt. Die gesamte Straßenbreite wird bei der Abstandsmessung vielmehr dem Grundstück des pflanzenden Grundstückseigentümers zugerechnet mit der Folge, dass er entsprechend näher an seiner Grundstücksgrenze zur Straße pflanzen kann.

c) Die in §§ 11 bis 18 vorgeschriebenen Abstände für Einfriedigungen, Spaliervorrichtungen und Pflanzungen können je nach der Kulturart des Nachbargrundstücks verschieden sein. **§ 22 Abs. 3** beantwortet dabei die Frage des entscheidenden Zeitpunkts der maßgebenden Kulturart des Nachbargrundstücks. Maßgebend ist demnach grundsätzlich die **Kulturart des Nachbargrundstücks** zu der Zeit, als die Einfriedigung oder Pflanzung angelegt wird (insoweit wird auf die „Statuserhaltung für die aus der landwirtschaftlichen Erzeugung genommenen Flächen“ hingewiesen § 7). Wird später die Kulturart des Nachbargrundstücks geändert, so ändert sich dadurch der erforderliche Abstand nicht. Nur wenn die Einfriedigung oder die Pflanzung erneuert oder so ausgebessert, ergänzt oder verändert wird, dass diese Änderung einer Erneuerung gleichkommt, ist für die Ermittlung des Grenzabstands nicht mehr die frühere, sondern diejenige Kulturart des Nachbargrundstücks maßgebend, die zur Zeit der Erneuerung bzw. Veränderung der Anlage besteht (s. auch § 33). 4
Werden die Grundstücksgrenzen nachträglich verändert (durch Rechtsgeschäft oder Hoheitsakt), so berührt dies auch dann nicht rechtmäßige, d. h. bei der Anpflanzung oder Erneuerung die gesetzlichen Abstände einhaltende Pflanzungen und Anlagen, wenn durch die Grenzänderung nunmehr diese Abstände unterschritten werden.

2. Überragende Zweige und eingedrungene Wurzeln

§ 23 Überragende Zweige

(1) Abweichend von § 910 Abs. 1 BGB kann der Besitzer eines Grundstücks die Beseitigung von herüberragenden Zweigen eines auf dem Nachbargrundstück stehenden Obstbaums nur bis zur Höhe von 3 m verlangen. Die Höhe wird vom Boden bis zu den unteren Zweigspitzen in unbelaubtem Zustand gemessen.

(2) Die Beseitigung der Zweige kann auf die volle Höhe des Baumes verlangt werden, wenn das benachbarte Grundstück erwerbsgartenbaulich oder landwirtschaftlich genutzt wird oder ein Hofraum ist oder die Zweige auf ein auf dem benachbarten Grundstück stehendes Gebäude hereinragen oder den Bestand oder die Benutzung eines Gebäudes beeinträchtigen oder die Errichtung eines Gebäudes unmöglich machen oder erschweren.

(3) Der Besitzer des Baumes ist zur Beseitigung der Zweige in der Zeit vom 1. März bis 30. September nicht verpflichtet. Er hat die Beseitigung innerhalb einer dem Umfang der Arbeit entsprechenden Frist, jedenfalls aber innerhalb Jahresfrist vorzunehmen. Die sofortige Beseitigung kann verlangt werden, wenn ein dringendes Bedürfnis vorliegt. Wird die Beseitigung nicht innerhalb der in Satz 2 bestimmten Frist oder im Falle des Satzes 3 sofort bewirkt, so ist der Nachbar berechtigt, sie nach § 910 Abs. 1 Satz 2 BGB oder auf Kosten des Besitzers durchzuführen. Im letzteren Fall gehören die abgeschnittenen Zweige dem Besitzer des Baumes.

§ 24 Eingedrungene Wurzeln

(1) Abweichend von § 910 Abs. 1 BGB ist der Besitzer eines Obstbaumguts oder eines Grundstücks der in § 19 Abs. 1 Satz 1 genannten Art, in das aus einem angrenzenden Obstbaumgut Wurzeln eines Obstbaumes eingedrungen sind, zu deren Beseitigung nur insoweit befugt, als dies zur Herstellung und Unterhaltung eines Weges, eines Grabens, einer baulichen Anlage, eines Dräns oder einer sonstigen Leitung erforderlich ist.

(2) Die Beseitigung von sonstigen eingedrungenen Baumwurzeln ist bei einem Grundstück in Innerortslage nur dann zulässig, wenn durch die Wurzeln die Nutzung des Grundstücks wesentlich beeinträchtigt wird, insbesondere Arbeiten der in Absatz 1 genannten Art die Beseitigung erfordern.

Zu §§ 23 und 24

1. Allgemeines

1 a) **Abgrenzung.** Die grundlegenden Bestimmungen für überragende (herüberragende) Zweige und von einem Nachbargrundstück eingedrungene Wurzeln eines Baumes oder Strauches enthält § 910 BGB. In Art. 122 und 124 EGBGB wurde allerdings für den Landesgesetzgeber eine davon abweichende Gesetzgebungsermächtigung geschaffen. Davon wurde in Baden-Württemberg **im Interesse der Allgemeinheit an der Erhaltung der Bäume** mit den §§ 23, 24 NRG Gebrauch gemacht. Mit § 23 wurde die Befugnis auf Beseitigung herüberragender Zweige eines Obstbaums, mit § 24 die Befugnis, eingedrungene Wurzeln eines Obstbaums (seit 1. Januar 1996 auch sonstige Baumwurzeln) zu beseitigen,

eingeschränkt. Die §§ 23, 24 sind daher von § 910 BGB, den diese konkretisieren, abzugrenzen.
Für § 910 BGB reicht – wenn die Voraussetzungen des § 910 Abs. 2 BGB nicht vorliegen – jede objektiv gegebene Erschwerung oder Verhinderung einer bestimmten Grundstücksnutzung zum – möglicherweise die Lebensfähigkeit und Standsicherheit beeinträchtigenden – Eingriff in Bäume und Sträucher des Nachbargrundstücks aus. Dagegen müssen nach dem NRG bei Obstbäumen (§ 23) bzw. bei Grundstücken in Innerortslage (§ 24) noch weitere Voraussetzungen für die Zulässigkeit solcher Eingriffe erfüllt sein. Weitergehend als in § 910 BGB werden in §§ 23 bis 25 auch die Besitzer der betroffenen Grundstücke berechtigt, die Beseitigung der herüberragenden Zweige zu verlangen bzw. die Beseitigung der Wurzeln selbst vorzunehmen.
§ 24 Abs. 2 enthält eine gegenüber § 910 Abs. 1 Satz 1 BGB vorrangige Regelung und schränkt das Selbsthilferecht hinsichtlich in der Vorschrift näher bezeichneter, in das Nachbargrundstück eingedrungener Baumwurzeln ein (OLG Karlsruhe, Urt. v. 17.1.2023 – 12 U 92/22, juris Rn. 36; Urt. v. 27.5.2014 – 12 U 168/13, juris Rn. 40; *Bruns* Nachbarrechtsgesetz Baden-Württemberg, 5. Aufl. 2021, § 24 Rn. 1).

b) **Geltungsbereich der §§ 23, 24 NRG.** Gemäß § 35 sind die Vorschriften der §§ 23 und 24 im Geltungsbereich des badischen Ausführungsgesetzes zum BGB für die bei Inkrafttreten des NRG (1. Januar 1960) bestehenden Obstbäume nicht anzuwenden, wenn mit diesen nicht mindestens die Abstände dieses Gesetzes eingehalten werden. Uneingeschränkt gelten sie jedoch im früheren Geltungsbereich des württembergischen Ausführungsgesetzes. 2

2. Definitionen

a) Ein **Obstbaum** (§ 23) ist eine mehrjährige Pflanze mit essbaren Früchten oder Samen. Dazu zählen das Kernobst (Äpfel, Birnen, Quitten), das Steinobst (Kirschen, Pflaumen, Zwetschgen, Aprikosen, Pfirsiche) und das Schalenobst (Walnuss, Haselnuss, Edelkastanie, Mandel), nicht jedoch das Beerenobst. Zum Nussbaum: „Ja" *Staudinger* Art. 122 EGBGB Rn. 5, „nein" *Soergel/Hartmann* Art. 122 EGBGB Rn. 1; entscheidend ist jedoch der allgemeine Sprachgebrauch, der das Schalenobst zum Obst zählt. 3

b) Ein **Obstbaumgut** (§ 24) ist ein Grundstück, das mit einer Vielzahl von Obstbäumen planmäßig bepflanzt ist und zumindest überwiegend zur Obstproduktion bestimmt ist. 4

3. Voraussetzungen

a) **Voraussetzungen nach § 910 BGB.** In § 910 BGB ist bestimmt, dass der Eigentümer eines Grundstücks Wurzeln, die von einem Baum oder Strauch des Nachbargrundstücks in sein Grundstück eingedrungen sind, grundsätzlich abschneiden und behalten kann. Dasselbe gilt für herüberragende Zweige. Dieses Recht entfällt jedoch, wenn die eingedrungenen Wurzeln oder die herüberragenden Zweige die Benutzung des betroffenen Grundstücks objektiv nicht beeinträchtigen, § 910 Abs. 2 BGB. 5

b) **Voraussetzungen nach § 23 NRG.** Selbst wenn eine derartige objektive Beeinträchtigung vorliegt, wird dieses Recht von §§ 23, 24 eingeschränkt. 6

aa) Nach § **23 Abs. 1** kann, abweichend von § 910 BGB, nur verlangt (und insoweit auch nur das Selbsthilferecht nach § 910 Abs. 1 Satz 2 BGB ausgeübt) werden, dass vom Nachbargrundstück herüberragende Zweige eines Obstbaums bis zur Höhe von 3 m – vom Boden ab bis zu den unteren Zweigspitzen in unbelaubtem Zustand gemessen – entfernt werden (BGH, Urt. v. 7.5.2021 – V ZR 299/19).

7 **bb)** Nach § **23 Abs. 2** kann in einigen, genau angegebenen Fällen jedoch die Beseitigung der Zweige bis zur Grundstücksgrenze auf die volle Höhe des Baumes verlangt werden. Dies ist der Fall, wenn das vom Überhang betroffene Grundstück *erwerbsgartenbaulich* genutzt wird oder ein Hofraum ist, ferner wenn die herüberragenden Zweige auf ein Gebäude hereinragen, den Bestand oder die Benutzung eines Gebäudes beeinträchtigen oder die Errichtung eines Gebäudes unmöglich machen oder erschweren.
Diese Vorschrift wurde mit Gesetz vom 4. Februar 2014 dahingehend ergänzt, dass auch im Falle der *landwirtschaftlichen* Nutzung des Nachbargrundstücks die Beseitigung der Zweige bis zur Grundstücksgrenze auf die volle Höhe des Baumes verlangt werden kann.

8 **cc)** Nach § **23 Abs. 3** müssen die zu beseitigenden herüberragenden Zweige nur dann sofort entfernt werden, wenn ein dringendes Bedürfnis hierzu vorliegt. In allen anderen Fällen ist der Besitzer des Baumes in der Zeit vom 1. März bis 30. September nicht zur Beseitigung verpflichtet. Die Entfernung hat innerhalb einer dem Umfang der Arbeit entsprechenden Frist, jedenfalls aber innerhalb Jahresfrist zu geschehen. Wird sie innerhalb dieser Frist oder bei Vorliegen eines dringenden Bedürfnisses nicht sofort vorgenommen, so ist der Nachbar berechtigt, die herüberhängenden Zweige selbst abzuschneiden und zu behalten, wenn dem Besitzer zuvor vergeblich eine angemessene Frist zur Beseitigung der Zweige gesetzt wurde. Stattdessen kann der Nachbar aber auch die herüberragenden Zweige auf Kosten des Besitzers beseitigen lassen. Die abgeschnittenen Zweige gehören dann allerdings dem Besitzer des Baumes (Abs. 3). Dieser Anspruch auf Beseitigung herüberragender Zweige unterliegt nicht der Verjährung (§ 26 Abs. 3).

9 c) **Voraussetzungen nach § 24 NRG.** § 24 NRG schützt – parallel zu § 23, nach dem die herüberragenden Zweige von Obstbäumen nicht ohne Weiteres durch den Nachbarn entfernt werden dürfen – **Obstbaumwurzeln**, die aus einem angrenzenden Obstbaumgut, sowie sonstige Baumwurzeln, die in ein Grundstück in **Innerortslage** eingedrungen sind.

10 **aa)** Nach § 24 Abs. 1 dürfen eingedrungene Obstbaumwurzeln eines angrenzenden Obstbaumgutes durch den Besitzer des Obstbaumgutes nur entfernt werden, wenn dies zur Herstellung und Unterhaltung eines Weges, eines Grabens, einer baulichen Anlage, eines Dräns (d. h. Drainage) oder einer sonstigen Leitung erforderlich ist. Dasselbe gilt für Besitzer von Grundstücken, die Wald, Hutung, Heide, Ödung sind oder sonst nicht landwirtschaftlich oder gartenbaulich genutzt werden, die nicht bebaut sind und auch nicht als Hofraum dienen. Kein besonderer Schutz (mit Ausnahme von § 910 BGB) besteht damit für Obstbaumwurzeln gegenüber sonstigen, insbesondere landwirtschaftlich oder gartenbaulich genutzten sowie bebauten oder als Hofraum dienenden Grundstücken. Dies gilt selbst dann, wenn der Baum, von dem aus die Wurzeln eingedrungen sind,

Teil eines Obstbaumgutes ist. Der Schutzbereich durch Absatz 1 ist gegenüber § 23 auch dadurch erheblich eingeschränkt, dass hier nicht auf den einzelnen Obstbaum, sondern nur auf solche abgestellt wird, die Teil eines Obstbaumgutes sind. Nicht gefordert ist jedoch, dass das Obstbaumgut Teil eines landwirtschaftlichen oder gartenbaulichen Betriebs ist; auch Liebhaberanlagen können Obstbaumgüter i. S. v. Absatz 1 sein.

bb) Nach dem durch Gesetz vom 26. Juli 1995 eingefügten § 24 Abs. 2 dürfen bei Grundstücken in **Innerortslage** (d. h. bei einem nicht landwirtschaftlich genutzten Grundstück innerhalb der im Zusammenhang bebauten Ortsteile oder im Geltungsbereich eines Bebauungsplans) sonstige eingedrungene Baumwurzeln nur entfernt werden, wenn durch diese die Nutzung des Grundstücks wesentlich beeinträchtigt wird, insbesondere die Herstellung und Unterhaltung eines Weges, eines Grabens, einer baulichen Anlage, eines Dräns oder einer sonstigen Leitung deren Beseitigung erfordern. Davon ausgehend, dass bei landwirtschaftlich genutzten Grundstücken in der Regel wesentliche Beeinträchtigungen gegeben sind, hat der Gesetzgeber die Entfernung der Wurzeln bei diesen Grundstücken gegenüber § 910 BGB nicht eingeschränkt. **11**

§ 24 Abs. 2 schützt mit seinem Wortlaut „sonstige eingedrungene Baumwurzeln" – alle Baumwurzeln – sie ist nicht auf Obstbäume beschränkt (OLG Karlsruhe, Urt. v. 17.1.2023 – 12 U 92/22, juris Rn. 36). Für diese Auslegung spricht auch die Zielsetzung des später eingefügten Absatz 2, nämlich die Erhaltung von Bäumen zu fördern, erscheint jedoch eine solche Gesetzesauslegung gerechtfertigt, die diesem Ziel möglichst nahe kommt. Dann müssen auch alle Obstbaumwurzeln mit Ausnahme der aus einem angrenzenden Obstbaumgut eingedrungenen Wurzeln von Absatz 2 umfasst werden. Vom Ziel des Absatzes 2 her gesehen hätten zwar auch die Obstbaumwurzeln aus einem angrenzenden Obstbaumgut den besonderen Schutz gegenüber den Grundstücken in Innerortslage verdient. Angesichts des Gesetzeswortlauts wäre jedoch eine derartige erweiternde Gesetzesauslegung nicht möglich.

cc) Der Anspruch auf Beseitigung eingedrungener Wurzeln unterliegt nicht der Verjährung (§ 26 Abs. 3). **12**

d) Betretungsrecht des Nachbargrundstücks. Zur Beseitigung der eingedrungenen Wurzeln darf und braucht auch in der Regel das Nachbargrundstück nicht betreten und benutzt werden, da die Wurzeln nur ab der Grundstücksgrenze auf dem eigenen Grundstück entfernt werden dürfen. Mit Zustimmung des Eigentümers oder Nutzungsberechtigten ist das Betreten des Nachbargrundstücks selbstverständlich zulässig. **13**

Bei der Beseitigung der herüberragenden Zweige dagegen kann die Benutzung (Betreten) des Nachbargrundstücks, sei es durch das Herabfallen der abgeschnittenen Zweige, sei es als Arbeitsraum, notwendig sein. Dazu ist jedoch wie beim Zurückschneiden von Hecken (s. § 12) die Erlaubnis des Nachbarn erforderlich, die aufgrund des nachbarlichen Gemeinschaftsverhältnisses nicht ohne wichtigen Grund verweigert werden darf.

4. Anspruchsberechtigter

14 Die Rechte aus den §§ 23, 24 NRG stehen – nach dem eindeutigen Wortlaut („Besitzer") der §§ 23 und 24 und da die herüberragenden Zweige und eingedrungenen Wurzeln nicht in erster Linie das Eigentum, sondern den Besitz und die Benutzung der Grundstücke berühren – jedem **Besitzer** des Nachbargrundstücks zu. Der Anspruch auf die Beseitigung und das Recht hierzu (entgegen *Soergel* § 910 BGB Rn. 10; MK Art. 122 EGBGB Rn. 1 und *Staudinger* § 910 BGB Rn. 24, laut derer aus Art. 122 EGBGB folge, dass der Kreis der Anspruchsberechtigten nicht über den Kreis der Berechtigten in § 910 BGB hinaus erstreckt werden könne) ist damit nicht auf den Eigentümer beschränkt, sondern steht jedem Besitzer (Nießbraucher, Pächter, Erbbauberechtigter usw.) zu. Umgekehrt richtet sich der Anspruch ebenfalls gegen den Besitzer (Eigentümer, Pächter, Nießbraucher usw.) des Baumgrundstücks.

§ 25 Bäume an öffentlichen Wegen

(1) Abweichend von § 910 Abs. 1 BGB kann der Besitzer eines Grundstücks die Beseitigung herüberragender Zweige von Bäumen, die auf öffentlichen Wegen oder deren Zubehörden (Nebenwegen, Dämmen, Böschungen) oder nach polizeilicher Vorschrift in regelmäßiger Anordnung längs der Straße auf den angrenzenden Grundstücken gepflanzt sind, nur bis zur Höhe von 3 m verlangen. Die Bestimmungen des § 23 Abs. 1 Satz 2, Abs. 2 und 3 gelten auch hier.

(2) Zur Beseitigung der in sein Grundstück eingedrungenen Wurzeln dieser Bäume ist der Besitzer des Grundstücks nur entsprechend § 24 Abs. 2 und nur dann befugt, wenn er dem Eigentümer des Baumes eine angemessene Frist zur Beseitigung der Wurzeln gesetzt hat und die Beseitigung nicht innerhalb der Frist erfolgte.

1. Allgemeines

1 **a**) Durch Gesetz vom 26. Juli 1995 wurde Absatz 2 insoweit neu gefasst, dass das Recht des Grundstücksbesitzers, eingedrungene Wurzeln von in Absatz 1 aufgeführten Bäumen selbst abzuschneiden und zu beseitigen, von der vorherigen Aufforderung an den Baumeigentümer und den fruchtlosen Ablauf einer angemessenen Frist abhängig ist. Da das Beseitigen von Wurzeln nicht selten die Vitalität und insbesondere auch die Standfestigkeit eines Baumes beeinträchtigt, muss der Baumeigentümer auch angesichts der hohen Anforderungen, welche die Rechtsprechung inzwischen an die Verkehrssicherungspflicht bei Straßenbäumen stellt (s. *Grüneberg-Sprau* § 823 BGB Rn. 220), im jeweiligen Einzelfall selbst entscheiden können, ob er dabei den Baum erhalten kann oder insgesamt entfernen und ggf. durch eine Neuanpflanzung ersetzen muss. Dazu muss er wissen, dass in den Wurzelbereich seines Baumes eingegriffen werden soll.

2 **b**) Während in den §§ 23 und 24 Abs. 1 die Beseitigung herüberragender Zweige und eingedrungener Wurzeln von Obstbäumen geregelt ist, ist im **§ 25 vonBäumen ganz allgemein** die Rede, die auf öffentlichen Wegen (d. h. Straßen i. S. v. § 2 StrG) oder deren Nebenwegen, Dämmen oder Böschungen stehen oder die nach polizeilicher Vorschrift in regelmäßiger Anordnung längs der Straße auf den

angrenzenden Grundstücken gepflanzt sind. Diese Bäume gehören nach § 2 Abs. 2 Nr. 3 StrG als Zubehör zur Straße, wobei es keine Rolle spielt, ob sie sich auf dem Straßenkörper oder auf Nachbargrundstücken befinden (*Nagel*, Straßengesetz für Baden-Württemberg § 12 Rn. 35, 37). Entgegen früherer Ausnahmen (§ 16 Abs. 1 Nr. 6 a. F.) gilt nun für alle Straßenbäume nach § 21 Abs. 1 Nr. 1 NRG, dass keine Abstände mehr eingehalten werden müssen (§ 21), das heißt, diese Bäume dürfen nach § 21 ohne Einhaltung eines Grenzabstands gepflanzt werden.

2. Voraussetzungen

Dem Nachbarn steht – parallel zu den §§ 23, 24 – bezüglich der Bäume an öffentlichen Wegen nur ein beschränkter Beseitigungsanspruch für die herüberragenden Zweige und eingedrungenen Wurzeln zu. **3**

a) Nach § 25 Abs. 1 dürfen die Zweige durch den Nachbarn nicht gänzlich abgeschnitten werden. Die Entfernung kann vielmehr lediglich bis zur Höhe von 3 m, vom Boden ab bis zu den unteren Zweigspitzen in unbelaubtem Zustand gemessen, verlangt werden. Nach § 25 Abs. 1 Satz 2 i. V. m. § 23 Abs. 2 ist auf die volle Höhe des Baumes der Überhang nur zu entfernen, wenn das beeinträchtigte Nachbargrundstück erwerbsgartenbaulich genutzt wird oder ein Hofraum ist, desgleichen wenn die herüberragenden Zweige auf ein Gebäude hereinragen, den Bestand oder die Benutzung eines Gebäudes beeinträchtigen oder die Errichtung eines Gebäudes unmöglich machen oder erschweren. **4**
Die in § 23 Abs. 3 enthaltenen Bestimmungen über den Zeitpunkt, in dem die Entfernung verlangt werden kann, finden für die Bäume an öffentlichen Wegen in vollem Umfang Anwendung (§ 25 Abs. 1 Satz 2 i. V. m. § 23 Abs. 3). Der Anspruch auf Beseitigung herüberragender Zweige ist nach § 26 Abs. 3 der Verjährung nicht unterworfen.

b) Auch für die Entfernung von Wurzeln dieser Bäume sind dem Besitzer eines Nachbargrundstücks Beschränkungen auferlegt, § **25 Abs. 2**. Die Wurzeln dürfen nur entfernt werden, wenn **5**
- durch die Wurzeln die Nutzung des Grundstücks wesentlich beeinträchtigt wird, insbesondere zur Herstellung und Unterhaltung eines Weges, eines Grabens, einer baulichen Anlage, eines Dräns oder einer sonstigen Leitung die Beseitigung erforderlich ist (§ 24 Abs. 2 entspr.), und
- dem Eigentümer des Baumes eine angemessene Frist zur Beseitigung der Wurzeln gesetzt wurde und die Beseitigung nicht innerhalb dieser Frist erfolgt ist (Absatz 2). Angemessen ist eine Frist nur, wenn sie neben dem Umfang und der Schwierigkeit der Arbeiten für den Baumeigentümer auch die Jahreszeit (möglichst nicht in der Hauptwuchsperiode und in der Zeit des Fruchtstandes) berücksichtigt.

Außerdem muss der Grundstücksbesitzer bereit sein, dem Baumeigentümer das Betreten und Benutzen (Ausgraben der Wurzeln) seines Grundstücks zu gestatten. Entsprechend § 7d Abs. 3 hat der Baumeigentümer den dabei entstehenden Schaden zu ersetzen. Auch wird vor Beginn Sicherheitsleistung verlangt werden können. Verweigert der betroffene Grundstückseigentümer dem Baumeigentümer trotz Fristsetzung die Beseitigung der eingedrungenen Wurzeln ohne wichtigen Grund, ist er so zu behandeln, wie wenn er keine angemessene Frist gesetzt hätte. Er hat dann sein Selbsthilferecht zur Beseitigung der Wurzeln verloren.

3. Anspruchsberechtigter

6 Der Anspruch auf die Beseitigung und das Recht hierzu steht jedem Besitzer (Nießbraucher, Pächter, Erbbauberechtigter usw.) zu. Dieser Anspruch ist nicht nur gegen den Eigentümer, sondern auch gegen die Besitzer der Bäume möglich.

5. Abschnitt **Allgemeine Bestimmungen**

§ 26 Verjährung

(1) Beseitigungsansprüche nach diesem Gesetz verjähren in fünf Jahren. Sind Gehölze im Sinne des § 16 Absatz 1 Nummer 4 oder 5 betroffen, so beträgt die Verjährungsfrist zehn Jahre. Bei Pflanzungen beginnt der Lauf der Verjährungsfrist mit dem 1. Juli nach der Pflanzung. Bei an Ort und Stelle gezogenen Gehölzen beginnt sie am 1. Juli des zweiten Entwicklungsjahres. Bei späterer Veränderung der artgemäßen Ausdehnung des Gehölzes beginnt die Verjährung von neuem; dasselbe gilt im Falle des § 16 Absatz 1 Nummer 4 Buchstabe c, wenn die Umtriebszeit von zehn Jahren überschritten wird.

(2) Die Berufung auf Verjährung ist ausgeschlossen, wenn die Anlage erneuert oder in einer der Erneuerung gleichkommenden Weise ausgebessert wird. Dasselbe gilt, wenn eine Pflanzung erneuert oder ergänzt wird.

(3) Der Anspruch auf das Zurückschneiden der Hecken, auf Beseitigung herüberragender Zweige und eingedrungene Wurzeln sowie auf Verkürzung zu hoch gewachsener Gehölze ist der Verjährung nicht unterworfen.

1. Allgemeines

1 **a)** Die Verjährungsregelung des § 26 gilt nur für die dem Wortlaut des § 26 entnehmbaren Ansprüche; sie gilt hingegen nicht für sämtliche im NRG enthaltenen Ansprüche. § 26 bildet für die Verjährung auch nach dem Willen des Landesgesetzgebers keine abschließende Regelung für alle im NRG genannten Ansprüche, vielmehr sind die Verjährungsvorschriften des BGB ergänzend für das NRG anwendbar (OLG Karlsruhe, Urt. v. 17.11.2022 – 12 U 286/21, juris Rn. 53).
Durch Gesetz vom 26. Juli 1995 wurde die Bestimmung über die **Verjährung** des **Beseitigungsanspruchs**, die bisher nur für Einfriedigungen, Spaliervorrichtungen und Pflanzungen (Hecken, Wald, Weinberge, Hopfenpflanzungen und Gehölze) galt, **auf alle anderen Beseitigungsansprüche** (z. B. auch §§ 8 bis 10) **erstreckt,** sodass nunmehr alle Beseitigungsansprüche, die sich aus dem NRG ergeben können, **nach fünf Jahren** verjähren. Zur Klarstellung wird der nunmehr zweifelsfrei einbezogene Beseitigungsanspruch für eingedrungene Wurzeln dem bei Beseitigung herüberragender Zweige gleichgestellt.
Durch Neuregelung des Gesetzes zur Änderung des Nachbarrechtsgesetzes vom 4. Februar 2014 wurde die Verjährungsfrist – abweichend von der Neuregelung durch Gesetz vom 26. Juli 1995 – für die Beseitigung von Gehölzen, die unter § 16 Abs. 1 Nr. 4 und Nr. 5 fallen, auf zehn Jahre festgesetzt.

2 **b)** Das Nachbarrechtsgesetz Baden-Württemberg normiert zwar selbst an keiner Stelle ausdrücklich einen Beseitigungsanspruch, ein solcher ist allerdings aus den,

in den Abstandsvorschriften enthaltenen Verpflichtungen für den Fall der Nichteinhaltung abzuleiten, da diese Vorschriften anderenfalls sinnlos wären. Die Verjährungsfristen des § 26 Abs. 1 NRG gelten daher lediglich für diese sich mittelbar aus dem NRG ergebenden Beseitigungsansprüche, jedoch nicht für – daneben möglicherweise bestehende – Ansprüche aus § 1004 BGB. Diese Ansprüche bleiben von der Regelung des § 26 Abs. 1 unberührt (in diesem Sinne BGH, NJW 2004, 1035; OLG Karlsruhe, Urt. v. 17.11.2022 – 12 U 286/21, juris Rn. 51).

c) Die **Verjährung von Ansprüchen** dient dem Rechtsfrieden und der Rechtssicherheit. Sie soll verhindern, dass der Verpflichtete wegen des Zeitablaufs in Beweisschwierigkeiten kommt. Auch ist zu vermuten, dass ein Anspruch, der aus einem zurückliegenden Entstehungsgrund geltend gemacht wird, möglicherweise nicht entstanden oder bereits erloschen ist. Sollte der Anspruch dennoch bestehen, so hat der Berechtigte den Nachteil der Verjährung durch seine eigene Nachlässigkeit „verschuldet"; dies gilt auch, wenn der Anspruchsberechtigte das Entstehen eines Beseitigungsanspruchs nicht kannte oder kennen konnte. **3**
Die eingetretene Verjährung beseitigt den Anspruch nicht. Sie gibt jedoch dem Verpflichteten das Recht, die Leistung zu **verweigern – dauerndes Leistungsverweigerungsrecht** (§ 214 Abs. 1 BGB). Ob der Verpflichtete sich auf die Verjährung beruft, steht in seinem freien Belieben, und wenn er die Verpflichtung freiwillig erfüllt, leistet er das von ihm Geschuldete (§ 214 Abs. 2 Satz 1 BGB). Erhebt er die Einrede der Verjährung nicht, wird er vom Gericht zur Beseitigung verurteilt. Der Schutz eines Baumes durch eine Baumschutzverordnung verpflichtet den Baumeigentümer nicht, durch die Einrede der Verjährung dem Beseitigungsanspruch des Nachbarn entgegenzutreten (VG Karlsruhe NuR 1984, 32).

2. Voraussetzungen

a) **§ 26 Abs. 1** bringt eine Abweichung von der regelmäßigen dreijährigen Verjährungsfrist des § 195 BGB. Danach verjähren alle Beseitigungsansprüche nach dem NRG erst in fünf Jahren. Dies gilt nunmehr auch für den Wald-zu-Wald-Abstand nach § 19 Abs. 1 Satz 2. Allerdings kann unter dem Gesichtspunkt des nachbarlichen Gemeinschaftsverhältnisses ein Rückschnitt auch nach Ablauf der Verjährungsfrist in Frage kommen, wenn ein über die gesetzliche Regelung (z. B. bei Gehölzen des § 16 Abs. 1 Nr. 3 bis 6) hinausgehender billiger Ausgleich widerstrebender Interessen dringend geboten erscheint (BGH RdL 2004, 76; NJW 2004, 1666; *Otto* DWW 2004, 284 [285]). **4**

b) Der mit Gesetz vom 4. Februar 2014 neu eingefügte **§ 26 Abs. 1 Satz 2** bringt eine weitere Abweichung von der regelmäßigen dreijährigen Verjährungsfrist des § 195 BGB. Danach verjähren Beseitigungsansprüche von Gehölzen, die unter § 16 Abs. 1 Nr. 4 und Nr. 5 fallen, erst in zehn Jahren (OLG Karlsruhe, Urt. v. 2.3.2023 – 12 U 165/22, juris Rn. 32). Zu dieser Neuregelung kam es, da diese Gehölze (die unter § 16 Abs. 1 Nr. 4 und Nr. 5 fallen) ihre für den Nachbarn störende Wirkung regelmäßig erst ab einer bestimmten Höhe entfalten, welche diese Gehölze in vielen Fällen aber erst nach Ablauf von fünf Jahren erreichen. Um einen sich daraus ergebenden Nachteil für den durch das Gehölz beeinträchtigten Nachbarn zu verhindern, wurde bei diesen Gehölzen die Verjährungsfrist auf zehn Jahre verlängert. Durch die Regelung wollte der Gesetzgeber auch der **5** im Hinblick auf die Nutzung solarer Energie zunehmenden Bedeutung von Sonneneinstrahlung auf Grundstücken gerecht werden.

6 c) Rechtskräftig festgestellte Beseitigungsansprüche verjähren in 30 Jahren mit Rechtskraft der Entscheidung (§ 197 Abs. 1 Nr. 3 und § 201 BGB).

7 **d**) Im Übrigen gelten die BGB-Vorschriften über die Verjährung (§§ 194 ff. BGB), die durch das Gesetz zur Modernisierung des Schuldrechts vom 26. November 2001 (BGBl. S. I 3138) mit Wirkung vom 1. Januar 2002 neu gefasst wurden.
aa) Die **Verjährung beginnt** am Schluss des Jahres, in dem der Anspruch (z. B. mit der Aufstellung oder Erhöhung der Einfriedigung) entstanden ist und der Gläubiger von den, den Anspruch begründenden, Umständen und der Person des Schuldners Kenntnis erlangt oder ohne grobe Fahrlässigkeit erlangen müsste (§ 199 BGB). Bei Pflanzungen beginnt der Lauf der Verjährungsfrist jedoch abweichend erst am 1. Juli nach der Pflanzung, also bei Herbstpflanzungen erst am 1. Juli des Folgejahres, bei an Ort und Stelle gezogenen Gehölzen sogar erst am 1. Juli des 2. Entwicklungsjahres (§ **26 Abs. 1 Satz 3 und 4**), wobei es hier aufgrund des klaren Wortlauts des § 26 Abs. 1 Satz 3 nicht auf die Kenntnis des Gläubigers ankommt. Dies gilt auch, wenn die Pflanzen während der Verjährungszeit klein sind und nicht stören. Der Grundstückseigentümer muss sich daher schon frühzeitig entscheiden, ob er gegen den Nachbarn vorgeht, will er nicht die Einrede der Verjährung riskieren. Bei späterer Veränderung der artgemäßen Ausdehnung des Gehölzes (z. B. durch Veredelung) beginnt die Verjährungsfrist von neuem. Wachsen Gehölze nach § 16 Abs. 1 Nr. 1 und 2 über die Höhenbegrenzung von 1,80 m bzw. 4 m hinaus, so beginnt nur dann eine neue Verjährungsfrist für den Beseitigungsanspruch zu laufen, wenn die nächstgrößeren Abstände von 2 m bzw. 3 m ebenfalls nicht eingehalten werden. Im Übrigen bleibt der Nachbar auf seinen nichtverjährbaren Verkürzungsanspruch beschränkt.

8 **bb**) Die **Verjährung wird gehemmt** z. B. während einer Verhandlung über den Anspruch (§ 203 BGB), durch Klageerhebung (§ 204 Abs. 1 Nr. 1 BGB), durch ein selbstständiges Beweissicherungsverfahren (§ 204 Abs. 1 Nr. 7 BGB), oder beginnt erneut, wenn der Schuldner den Anspruch anerkennt (§ 212 Abs. 1 Nr. 1 BGB), nicht jedoch durch eine mündliche oder schriftliche Aufforderung oder Mahnung durch den Gläubiger des Beseitigungsanspruchs.
Wird die Verjährung gehemmt, wird der Zeitraum der Verjährungshemmung in die Verjährungsfrist nicht eingerechnet, d. h. sie verlängert sich um die Zeit der Hemmung. Die Hemmung beginnt mit dem Eintritt des hemmenden Ereignisses und endet bei § 203 BGB mit der Verweigerung der Fortsetzung der Verhandlungen, frühestens drei Monate nach Ende der Hemmung, und bei § 204 BGB sechs Monate nach einer rechtskräftigen Entscheidung oder einer anderweitigen Beendigung des eingeleiteten Verfahrens (§ 204 Abs. 2 BGB). Nach Vollendung der Verjährung ist der Verpflichtete berechtigt, die Leistung zu verweigern (§ 214 Abs. 1 BGB). Bei allen Verstößen gegen das NRG, die einen Beseitigungsanspruch zur Folge haben, insbesondere Aufschüttungen, Erhöhungen, tote Einfriedigungen, Spaliervorrichtungen, Pflanzungen braucht also nach Ablauf der Verjährungsfrist die Anlage nicht mehr beseitigt zu werden, wenn der Nachbar die Einrede der Verjährung, auf die jedoch verzichtet werden kann, erhebt.

e) Der Wechsel des Eigentums bzw. des Besitzes sowohl auf der Seite des Anspruchsberechtigten als auch des Anspruchsverpflichteten hat auf den Lauf der Verjährungsfrist keinen Einfluss. Die bei den jeweiligen Vorgängern verstrichene Verjährungszeit wird den Rechtsnachfolgern angerechnet, da § 26 auf den Zeitpunkt der Pflanzung abstellt. **9**
Werden die Anlagen erneuert oder in einer der Erneuerung gleichkommenden Weise ausgebessert oder ergänzt, so beginnt die Verjährungsfrist wieder neu zu laufen (§ 26 Abs. 2).

f) Nach § 26 Abs. 3 tritt keine Verjährung ein bei Ansprüchen auf das **Zurückschneiden** der Hecken, auf die Beseitigung herüberragender Zweige und eingedrungener Wurzeln sowie die Verkürzung zu hoch gewachsener Bäume, Hecken und Sträucher (§ 26 Abs. 3). In diesen Fällen kann der Anspruch auf Beseitigung des gesetzwidrigen Zustands ohne Rücksicht darauf geltend gemacht werden, wie lange dieser Zustand schon besteht. Wenn allerdings der gesetzwidrige Zustand lange Zeit währt, ohne dass der Eigentümer des Nachbargrundstücks von seinen in Abs. 3 aufgeführten Ansprüchen Gebrauch macht, so kann darin unter Umständen eine stillschweigende Duldung (Verzicht) erblickt werden, wobei ein **Verzicht** (einseitig in Bezug auf die Verjährungseinrede oder durch stillschweigenden Erlassvertrag) nur den Verzichtenden selbst und dessen Gesamtrechtsnachfolger (Erben), nicht jedoch einen Sonderrechtsnachfolger (z. B. Käufer) bindet. Soll der Verzicht allgemein gelten, muss er durch eine Grunddienstbarkeit dinglich gesichert werden. **10**

3. Verwirkung

Auch kann**Verwirkung**, die im Gegensatz zur Verjährung zum Erlöschen des Anspruchs führt und daher im Prozess ebenfalls im Gegensatz zur Verjährung von Amts wegen zu berücksichtigen ist, eingetreten sein, wenn die Geltendmachung des Anspruchs gegen Treu und Glauben verstößt, also nicht nur Fristen abgelaufen, sondern zusätzliche Voraussetzungen gegeben sind. Dies ist z. B. der Fall, wenn seit der Möglichkeit, den Anspruch geltend zu machen, eine längere Zeit verstrichen ist (Zeitmoment) und besondere Umstände eintreten, welche die verspätete Geltendmachung als Verstoß gegen Treu und Glauben (weil illoyal verspätet – BGH NJW 2002, 2707 unter II. 2.) erscheinen lassen (Umstandsmoment). Letzteres ist anzunehmen, wenn der Verpflichtete bei objektiver Betrachtung aus dem Verhalten des Berechtigten entnehmen durfte, dass dieser sein Recht nicht mehr geltend machen werde (BGH NJW 1989, 836; 2003, 824; BAG NJW 2004, 3138). Ferner muss sich der Verpflichtete im Vertrauen auf das Verhalten des Berechtigten in seinen Maßnahmen so eingerichtet haben, dass ihm durch die verspätete Durchsetzung des Rechts ein unzumutbarer Nachteil entstehen würde. Bloße, auch länger dauernde Untätigkeit des Berechtigten als solche schafft noch keinen Vertrauenstatbestand. **11**
Inwieweit Verzicht oder Verwirkung im Einzelfall anzunehmen ist, unterliegt der richterlichen Beweiswürdigung. In der Duldung der Anpflanzung einer Hecke aus Pflanzen, die höher als zulässig wachsen können, liegt noch kein Verzicht auf das Zurückschneiden auf die nach § 12 Abs. 1 höchstzulässige Höhe.

4. Sonstiges

12 Bei der Erfüllung der Ansprüche auf Beseitigung bzw. Zurückschneiden sind die öffentlich-rechtlichen Vorschriften des **Natur-** und **Landschaftsschutzrechtes** (NatSchG, Natur- und Landschaftsschutzverordnungen, Baumschutzsatzungen) zu beachten, die der Erfüllung dieser Ansprüche im einzelnen Fall entgegenstehen bzw. diese zeitlich oder in ihrem Umfang modifizieren können. Dies ist vom anspruchsberechtigten Nachbarn auch im Rahmen seines Selbsthilferechts nach § 910 BGB zu beachten. Ob diesem dann in analoger Anwendung von § 906 Abs. 2 BGB (BGH VersR 1984, 566) ein angemessener Ausgleich zusteht, ist umstritten, da z. B. eine Baumschutzsatzung nicht nur den Besitzer eines Baumes, sondern auch den Nachbarn bindet (Für Naturschutzrecht – Froschlärm – verneinend BGH NJW 1993, 925).

§ 27 Vorrang von Festsetzungen im Bebauungsplan

Enthält ein Bebauungsplan oder eine sonstige Satzung nach dem Baugesetzbuch oder dem Maßnahmengesetz zum Baugesetzbuch oder eine Satzung nach § 74 der Landesbauordnung Festsetzungen über Böschungen, Aufschüttungen, Einfriedigungen, Hecken oder Anpflanzungen, so müssen hierfür die nach diesem Gesetz vorgeschriebenen Abstände insoweit nicht eingehalten werden, als es die Verwirklichung der planerischen Festsetzungen erfordert. Dies gilt nicht gegenüber landwirtschaftlich genutzten Grundstücken.

Anmerkung

1 Das Maßnahmengesetz zum Baugesetzbuch wurde durch Art. 11 Abs. 22 des Bau- und Raumordnungsgesetzes 1998 vom 18. August 1997 (BGBl. I S. 2081) mit Wirkung ab 1. Januar 1998 aufgehoben.
Die Wörter „oder eine Satzung nach § 74 der Landesbauordnung" wurden in § 27 Satz 1 NRG durch Gesetz vom 6.12.2022 (GBl. S. 617) eingefügt.

1. Allgemeines

2 Die bisherige Ermächtigung, durch Gemeindesatzung die Ortsteile, die zum geschlossenen Wohnbezirk gehören, zu bestimmen, ist durch das Gesetz vom 26. Juli 1995 aufgehoben worden, da den Gemeinden in § 34 Abs. 4 bis 6 BauGB in der Fassung der Bekanntmachung vom 23. September 2004 (BGBl. I S. 2414) umfassende Möglichkeiten zum Erlass entsprechender Satzungen eingeräumt wurden (Festlegung der Grenzen für die im Zusammenhang bebauten Ortsteile bzw. von solchen Ortsteilen im Außenbereich sowie Einbeziehung einzelner Außenbereichsflächen in solche Ortsteile). Auch wurde im NRG der Begriff des geschlossenen Wohnbezirks durch den Begriff der Innerortslage, der alle Grundstücke umfasst, die nicht im Außenbereich liegen und die auch nicht landwirtschaftlich oder gartenbaulich genutzt werden, ersetzt. Allerdings bleiben Satzungen nach § 7 a. F. noch bestehen, soweit sie nicht dem Bauplanungsrecht widersprechen bzw. durch Satzungen nach § 34 BauGB aufgehoben oder verdrängt werden.

2. Voraussetzungen

Durch § 27 NRG werden die Rechte eines jeden Nachbarn, die sich aus dem NRG ergeben, eingeschränkt, da sie durch die Festsetzungen in einem Bebauungsplan (oder einer sonstigen Satzung nach dem Baugesetzbuch) überlagert werden können. 3

a) In einem **Bebauungsplan,** der von den Gemeinden nach § 10 BauGB als Satzung zu beschließen ist, sodass insoweit die Bestimmungen über den Erlass von Satzungen nach der Gemeindeordnung Anwendung finden, können nach § 9 Abs. 1 Nr. 25, 26 BauGB Festsetzungen getroffen werden hinsichtlich Böschungen, Aufschüttungen und Anpflanzungen, und zwar auch in Bezug auf die von diesen gegenüber den Nachbargrundstücken einzuhaltenden Abständen. Die damit verbundenen Einschränkungen der Rechte des Nachbarn, die sich aus dem NRG ergeben, werden vom Gesetzgeber deshalb als vertretbar angesehen, weil derartige Festsetzungen im Bebauungsplanverfahren abgewogen werden müssen, die Grundstückseigentümer dort Anregungen und Einwendungen vorbringen können und der Plan gerichtlich überprüft werden kann. Damit bekommen die verfahrensrechtlichen Vorschriften über die Aufstellung der Bauleitpläne (Bebauungspläne) in §§ 2 ff. BauGB, 4

- insbesondere ortsübliche Bekanntmachung des Aufstellungsbeschlusses (§ 2 Abs. 1 BauGB) mit Begründung des Bauleitplanentwurfs (§ 2a BauGB), Beteiligung der Öffentlichkeit und der Behörden (§ 3 BauGB), Entwicklung der verbindlichen Bebauungspläne aus dem Flächennutzungsplan (§ 8 Abs. 2 BauGB), Einsicht für jedermann (§ 10 Abs. 3 BauGB),
- sowie über den Rechtsschutz gegen Bebauungspläne durch das verwaltungsgerichtliche Normenprüfungsverfahren nach § 47 VwGO,

auch für den privatrechtlichen Nachbarschutz eine wesentliche Bedeutung.
Soweit im Bebauungsplan Festsetzungen über die Anpflanzung von Bäumen, Sträuchern und sonstigen Pflanzen getroffen worden sind, kann die Gemeinde den Eigentümer durch Bescheid verpflichten, sein Grundstück innerhalb einer angemessenen Frist entsprechend zu bepflanzen. Nach Rechtsbeständigkeit des Verwaltungsaktes ist zur Befolgung der Verpflichtung Zwangsgeld und Ersatzvornahme durch die Gemeinde möglich.
Zur Gestaltung der nichtüberbauten Flächen der bebauten Grundstücke s. § 9 Abs. 1 LBO. Danach kann die Baurechtsbehörde unter bestimmten Voraussetzungen die Pflanzung bzw. Erhaltung von Bäumen und Sträuchern, auch von standortgerechten, verlangen.

b) Das **Abwägungsgebot** in § 1 Abs. 6 BauGB, wonach bei der Aufstellung von Bebauungsplänen die öffentlichen und privaten Belange gegeneinander und untereinander gerecht abzuwägen sind, hat zentrale Bedeutung für jede rechtsstaatliche Planung. Dabei bezieht sich dieses Gebot sowohl auf das Planen als Vorgang als auch auf den Plan als Produkt des Planens (BVerwGE 45, 309). Zunächst muss daher das gesamte abwägungserhebliche Material ermittelt und zusammengestellt werden, wobei dies bereits ein Vorgang des planerischen Abwägens ist. Danach hat die Abwägung wie in § 1 Abs. 6 BauGB umschrieben stattzufinden, wobei den öffentlichen Belangen nicht von vornherein Vorrang gegenüber entgegenstehenden privaten Belangen zukommt. Vielmehr ist die je- 5

weils objektive Gewichtung der von der Planung berührten Belange zu ermitteln, die anstehenden Konflikte zu bewältigen, dem Gebot der Rücksichtnahme Rechnung zu tragen, die Grundsätze der Verhältnismäßigkeit und der Erforderlichkeit sowie das Gebot der Gleichbehandlung zu beachten und den Grundsatz der Baufreiheit zur Geltung zu bringen. Nach BVerwGE 34, 309 ist das Abwägungsgebot verletzt und damit der Bebauungsplan nichtig, wenn
- eine sachgerechte Abwägung überhaupt nicht stattgefunden hat,
- in der Abwägung solche Belange nicht eingestellt wurden, die nach Lage der Dinge hätten eingestellt werden müssen,
- die Bedeutung der betroffenen privaten Belange verkannt oder
- der Ausgleich der berührten öffentlichen Belange in einer Weise vorgenommen wurde, der zum objektiven Gewicht einzelner Belange außer Verhältnis steht.

6 c) Nach § **27 Satz 2** gilt, aus Gründen des Bestandsschutzes für die **landwirtschaftlich genutzten Grundstücke** der Vorrang von Festsetzungen im Bebauungsplan nicht gegenüber diesen Grundstücken, die gemäß § 7 Abs. 1 allerdings durch landwirtschaftliche Betriebe genutzt sein müssen.

§ 28 Erklärte Waldlage, erklärte Reblage und erklärte Gartenbaulage

(1) Teile des Gemeindegebiets außerhalb des geschlossenen Wohnbezirks und des Bereichs des Bebauungsplans können durch Gemeindesatzung zur Waldlage erklärt werden (erklärte Waldlage), wenn ihre Aufforstung mit Rücksicht auf die Standortverhältnisse oder aus Gründen der Landeskultur zweckmäßig ist.

(2) Teile des Gemeindegebiets können durch Gemeindesatzung zur Reblage erklärt werden (erklärte Reblage), wenn sie für den Weinbau besonders geeignet sind.

(3) Teile des Gemeindegebiets können durch Gemeindesatzung zur Gartenbaulage erklärt werden (erklärte Gartenbaulage), wenn sie für den unter Verwendung ortsfester Kulturvorrichtungen betriebenen Erwerbsgartenbau besonders geeignet sind.

(4) Die Gemeinde hat vor der Erklärung nach den Absätzen 1, 2 oder 3 die untere Verwaltungsbehörde zu hören.

1. Grundsatz

1 Für Waldgrundstücke, Reblagen und Erwerbsgartenbaugrundstücke setzen die §§ 11 ff. **besondere Abstände** fest. Diese Abstände ermäßigen sich z. B. bei erklärten Waldlagen (§ 15 Abs. 1 Satz 2) und erhöhen sich zugunsten erklärter Reblagen und erklärter Gartenbaulagen (§ 18). Die Voraussetzungen für diese begünstigenden oder belastenden Abstandsregeln zu schaffen, ermöglicht § 28. Die Satzungen haben konstitutive Wirkung. Durch sie wird für jedermann verbindlich festgelegt, welche Grundstücke zu einer erklärten Wald-, Reb- oder Gartenbaulage gehören. Auch einzelne Grundstücke können hierzu erklärt werden, wenn sie sehr groß sind.

2. Voraussetzungen

a) **Erklärte Waldlagen** nach § 28 Abs. 1 können nur im Außenbereich (außerhalb des Geltungsbereichs eines Bebauungsplans oder eines geschlossenen Wohnbezirks) eingerichtet werden. Eine **Aufforstung** (§ 28 Abs. 1), die in der offenen Landschaft einer Genehmigung durch das Landratsamt bedarf (§§ 25, 29 Abs. 1, 4 und 6 LLG), kann nach den **natürlichen Standortverhältnissen** (Klima, Lage, Boden) aus Gründen eines wirtschaftlichen Nutzens (Nutzfunktion), aber gleichermaßen auch wegen ihrer Bedeutung für die Umwelt (**Gründe der Landeskultur**), insbesondere für die dauernde Leistungsfähigkeit des Naturhaushaltes und des Klimas, den Wasserhaushalt, die Reinhaltung der Luft, die Bodenfruchtbarkeit, das Landschaftsbild, Agrar- und Infrastruktur sowie die Erholung der Bevölkerung (Schutz- und Erholungsfunktion) objektiv zweckmäßig sein, wenn es sich z. B. um Ödland, Grenzertragsböden oder wenig ertragfähige Lagen handelt, die keinen ausreichenden landwirtschaftlichen Reinertrag bringen oder nur schwer zu bewirtschaften sind. Persönliche oder nur wirtschaftliche Gründe beim derzeitigen Eigentümer wie z. B. mangelnde Rentabilität der Landwirtschaft, Arbeitskräftemangel, gesteigerter Holzbedarf können allein die Zweckmäßigkeit einer Aufforstung nicht begründen. 2

Mit der Erklärung zur Waldlage soll ein Interessenausgleich zwischen Feld- und Waldbau gefunden werden. Ein Landwirt wird leicht geneigt sein, vom benachbarten Wald nur die Nachteile zu sehen und zu befürchten, dass sein Acker- und Wiesenland unter der Nachbarschaft des Waldes leidet. Er kann auf die Schatten- und Feuchtigkeitswirkung hinweisen, er kennt das „Brennen" an der Südseite des Waldes u. a. m. Der Forstwirt umgekehrt spricht vom unzweifelhaften volkswirtschaftlichen Nutzen des Waldes und seinen regulierenden Wirkungen auf Wind, Regen und damit auf das Klima. Er wird also nicht mit seinen forstwirtschaftlichen Interessen hinter die Interessen der Landwirtschaft zurücktreten wollen.

b) Ein vergleichbarer Interessenausgleich soll mit der Erklärung zur **Reblage** (Voraussetzung: besondere Eignung des Geländes, vgl. § **28 Abs. 2** und die weinrechtliche Abgrenzung des Rebgeländes durch Rechtsverordnungen der Regierungspräsidien: RP Stuttgart vom 22. November 1983 [GBl. S. 750]; RP Karlsruhe vom 18. November 1983 [GBl. S. 730]; RP Freiburg vom 21. November 1983 [GBl. S. 741]; RP Tübingen vom 18. November 1983 [GBl. S. 739]) und mit der Erklärung zur **Gartenbaulage** (Voraussetzung: besondere Eignung des Geländes für Erwerbsgartenbau mit Gewächshäusern § **28 Abs. 3**) erreicht werden. 3

Die mit einer erklärten Reblage verbundene Verdopplung der auf den Nachbargrundstücken einzuhaltenden Grenzabstände (§ 18) hat über die Ziele des NRG hinausgehend heute noch weitere Vorteile, indem sie die bei der ordnungsgemäßen Bewirtschaftung des Rebgeländes nicht immer vermeidbaren Nachteile (z. B. Abtrifft von Spritzmitteln) verhindert oder zumindest auf ein für eine andersartige Nutzung der Nachbargrundstücke tolerierbares Maß vermindert. Damit wird auch dem Grundgedanken des § 50 BImSchG Rechnung getragen.

c) Die Gemeinde hat vor einem Satzungsbeschluss nach § 28 die unteren Verwaltungsbehörden (Landratsamt) zu beteiligen (§ **28 Abs. 4**). Ebenso sind nach § 9 NatSchG die zuständigen Naturschutzbehörden zu beteiligen. 4

3. Sonstiges

5 Ein Bebauungsplan nach § 10 BauGB geht einer Satzung nach § 28 vor. Besonders ist darauf zu achten, dass die Satzung nicht gegen Festsetzungen insbesondere für ein Natur- oder Landschaftsschutzgebiet verstößt (§§ 26 ff. NatSchG).

§ 29 Erlass von Gemeindesatzungen

(1) Die Gemeinde hat den Entwurf einer Satzung nach § 28 öffentlich bekannt zu machen. Die Betroffenen können innerhalb eines Monats nach der Bekanntmachung Einwendungen erheben. Hierauf ist in der öffentlichen Bekanntmachung hinzuweisen.

(2) Über die Einwendungen ist gleichzeitig mit dem endgültigen Beschluss über die Satzung zu entscheiden.

1. Voraussetzungen nach der Gemeindeordnung

1 Der Erlass einer Gemeindesatzung ist in der Gemeindeordnung für Baden-Württemberg (GemO) in der Fassung vom 24. Juli 2000 (GBl. 2000 S. 581, ber. S. 698) geregelt. Die Satzung kommt zustande durch Beschluss des Gemeinderats (§ 37 Abs. 6 GemO), wobei eine Abwägung zwischen den verschiedenen betroffenen Interessen vorzunehmen ist. Die Übertragung der Beschlussfassung auf einen Ausschuss des Gemeinderats ist nicht zulässig (§ 39 Abs. 2 Nr. 3 GemO).
Die Satzung wird durch den Bürgermeister verkündet. Sie ist nach § 4 Abs. 3 GemO öffentlich bekannt zu machen. Sie tritt am Tage nach der Bekanntmachung in Kraft, wenn ein anderer Zeitpunkt nicht bestimmt ist. Rückwirkende Kraft können Satzungen nach § 28 nicht beigelegt werden.
Die Satzung ist der Rechtsaufsichtsbehörde anzuzeigen (§ 4 Abs. 3 Satz 3 GemO). Es besteht keine Genehmigungspflicht; die Rechtsaufsichtsbehörde kann jedoch im Rahmen der gemeindlichen Rechtsaufsicht die Satzung bei Rechtswidrigkeit (Nichtigkeit) des Satzungsinhalts oder des Verfahrens zum Erlass der Satzung beanstanden. Zur Verletzung von Verfahrens- oder Formvorschriften § 4 Abs. 4 GemO.

2. Voraussetzungen nach § 29 NRG

2 **a)** § 29 Abs. 1 Satz 1 NRG schreibt über die GemO hinaus vor, dass schon der Entwurf einer Satzung, durch die Gemarkungsteile zu erklärten Lagen für die Sondernutzungen gemacht werden sollen (§ 28), zu veröffentlichen ist, und zwar in gleicher Weise, wie die später zu erlassende Satzung bekannt gemacht werden muss. Innerhalb einer Frist von einem Monat nach der Bekanntmachung können die Betroffenen Einwendungen erheben. Den Kreis der Betroffenen wird man weit ziehen müssen. Nicht nur die eigentlichen Grundstückseigentümer des betroffenen Gebietes, sondern auch Nachbarn im weiteren örtlichen Sinne sind daran interessiert, ob ein Gewann dieser oder jener Nutzung zugeführt wird. Über die Einwendungen ist gleichzeitig mit dem endgültigen Beschluss über die Satzung zu entscheiden.

3 **b)** Die Einwendungen nach Absatz 1 Satz 2 stellen weder einen Einspruch noch eine Beschwerde dar; sie sind vielmehr Gegenvorstellungen, welche die Gemeinde,

d. h. den Gemeinderat und die zu hörenden Fachbehörden befähigen sollen, alles Für und Wider zu erkennen und vor Erlass der Satzung zu würdigen (so auch im Bauplanungs- und Naturschutzrecht). Mit Erlass der Satzung wird auch über die Einwendungen entschieden. Ein Rechtsmittel üblicher Art, also z. B. Widerspruch oder Klage beim Verwaltungsgericht steht dem Betroffenen nicht zu. Es handelt sich hier um einen Akt der örtlichen Rechtsetzung und nicht um einen Verwaltungsakt. Es bleibt also nur die Durchführung eines Normenkontrollverfahrens übrig (§ 47 VwGO i. V. m. § 4 des Gesetzes zur Ausführung der Verwaltungsgerichtsordnung in der Fassung vom 16. August 1994 [GBl. S. 486]).

3. Rechte des von der Satzung Betroffenen

Wer aufgrund der Satzung über eine Wald-, Reb- oder Gartenbaulage im Einzelfall in Anspruch genommen wird, kann im gerichtlichen Verfahren die Ungültigkeit der Satzung geltend machen; die Rechtmäßigkeit der Satzung wird in zivilgerichtlichen Verfahren lediglich inzidenter geprüft. **4**

6. Abschnitt **Einwirkung von Verkehrsunternehmen**

§ 30 Einwirkung von Verkehrsunternehmen

Die Vorschrift des § 14 des Bundes-Immissionsschutzgesetzes wird auf Eisenbahn-, Schifffahrts- und ähnliche Verkehrsunternehmungen erstreckt.

Nach § 14 BImSchG kann gegenüber einer mit obrigkeitlicher Genehmigung errichteten gewerblichen Anlage der gestörte Nachbar eine Einstellung des störenden Betriebs dieser Anlage nicht verlangen, sondern nur die Herstellung von Einrichtungen, welche die benachteiligende Einwirkung ausschließen oder, wo solche Einrichtungen untunlich oder mit einem gehörigen Betrieb der Anlage unvereinbar sind, die Schadloshaltung. Diese Bestimmung wird aufgrund Art. 125 EGBGB durch § 30 auch auf Eisenbahn-, Schifffahrts- und ähnliche Verkehrsunternehmungen (z. B. Autobahnen) ausgedehnt. **1**

7. Abschnitt **Übergangs- und Schlussbestimmungen**

§ 31 Durch Zeitablauf entstandene Fensterschutzrechte

Hat im Geltungsbereich des badischen Ausführungsgesetzes zum Bürgerlichen Gesetzbuch der Eigentümer eines Gebäudes vor dem Inkrafttreten des Bürgerlichen Gesetzbuchs durch Zeitablauf das Recht erlangt, dass zum Schutz seiner Fenster Anlagen auf einem Nachbargrundstück einen bestimmten Abstand einhalten müssen, so gilt dieses Recht auch weiterhin als Grunddienstbarkeit.

§ 31 gilt nur für das Gebiet des früheren Landes Baden. Es übernimmt Artikel 17 **1**
des badischen Ausführungsgesetzes zum Bürgerlichen Gesetzbuch und anderer Gesetze vom 13. Oktober 1925 (GVBl. S. 281). Fensterschutzrechte, die vor dem

Inkrafttreten des BGB durch Zeitablauf erlangt worden sind, gelten als Grunddienstbarkeiten weiter. Inhalt dieser Fensterschutzrechte ist das Recht des Eigentümers, „dass zum Schutze seiner Fenster Anlagen auf einem Nachbargrundstück einen bestimmten Abstand einhalten müssen".
Die nach § 31 weitergeltenden Grunddienstbarkeiten mussten gemäß § 31 Abs. 1 des baden-württembergischen Ausführungsgesetzes zum Bürgerlichen Gesetzbuch (BaWü AGBGB) vom 26. November 1974 (GBl. S. 498) zur Erhaltung der Wirksamkeit gegenüber dem öffentlichen Glauben des Grundbuchs bis zum 31. Dezember 1977 in das Grundbuch eingetragen sein. Wurde diese Frist versäumt und das Recht auch später nicht vor einer Übereignung eingetragen, erlischt es bei der Übereignung des belasteten (dienenden) Grundstücks auf einen gutgläubigen Erwerber. Bis zu einer solchen Veräußerung kann jedoch der Berechtigte auch heute noch die Eintragung des Fensterschutzrechts als Grunddienstbarkeit im Grundbuch verlangen.

§ 32 Alte Mauerrechte

Hat der Eigentümer eines Grundstücks vor dem Inkrafttreten des Bürgerlichen Gesetzbuchs auf Grund des badischen Landrechtssatzes 663 von seinem Nachbarn verlangt, dass er zur Erbauung einer Scheidewand beitrage, so bleiben für das Recht und die Pflicht zur Errichtung derselben die bisherigen Vorschriften maßgebend.

1 Ähnlich wie § 31 übernimmt § 32 die Regelung des Art. 9 des ba. AGBGB. In diesem war bestimmt, dass für die Errichtung einer Scheidewand die Rechte aus dem Landrechtssatz 663 gelten sollen. Dabei war nicht erforderlich, dass mit dem Bau der Scheidemauer schon vor 1900 begonnen worden ist, sondern lediglich, dass das Verlangen rechtzeitig gestellt war.

§ 33 Bestehende Einfriedigungen, Spaliervorrichtungen, Pflanzungen und bauliche Anlagen

(1) Für die Abstände von Einfriedigungen, Spaliervorrichtungen und Pflanzungen, die bei Inkrafttreten des Gesetzes bereits bestehen, bleiben die bisherigen Vorschriften maßgebend, soweit sie in der Beschränkung des Eigentümers weniger weit gehen als die Vorschriften dieses Gesetzes. Dasselbe gilt für die Abstände von baulichen Anlagen, die bei Inkrafttreten des Gesetzes bestehen, mit deren Bau begonnen worden ist oder die genehmigt sind.

(2) Wird die Einfriedigung, Spaliervorrichtung oder Pflanzung erneuert, so greifen die Bestimmungen dieses Gesetzes Platz. Dasselbe gilt, wenn in einer der Erneuerung gleichkommenden Weise die Einfriedigung oder Spaliervorrichtung ausgebessert oder die Pflanzung ergänzt wird.

1. Allgemeines

1 Auf Einfriedigungen, Spaliervorrichtungen und Pflanzungen, die bereits am 1. Januar 1960 bestanden haben, können die Bestimmungen des NRG nicht ohne Einschränkungen angewandt werden; Gleiches gilt für bauliche Anlagen,

die bei Inkrafttreten des Gesetzes bestanden haben oder mit deren Bau zu diesem Zeitpunkt begonnen worden war oder deren Genehmigung zu diesem Zeitpunkt erteilt worden war. In bestehende Verhältnisse einzugreifen, ist immer schwierig und schmerzhaft; auch der Schutz des Privateigentums nach Artikel 14 GG erfordert Übergangsvorschriften, wie sie in den §§ 33 bis 35 enthalten sind.

2. Voraussetzungen

a) Die für den Eigentümer dieser Anlagen und Pflanzungen **günstigeren Regelungen** bleiben weiterhin maßgebend, das heißt für die am 1. Januar 1960 bestandenen Einfriedigungen, Spaliervorrichtungen und Pflanzungen sowie für die baulichen Anlagen bleiben 2

- im früheren Land Baden Art. 10, 11, 14 bis 16 ba. AGBGB,
- im früheren Land Württemberg Art. 194, 196, 199 bis 212, 219, 220 und 222 wü. AGBGB sowie
- in den früheren Hohenzollerischen Landen im Bereich des ehemaligen Fürstentums Hohenzollern-Sigmaringen örtliches Gewohnheitsrecht, im Bereich des ehemaligen Fürstentums Hohenzollern-Hechingen die Feldpolizeiordnung vom 22. März 1845 (Verordnungs- und Anzeigenblatt für das Fürstentum Hohenzollern-Hechingen Nr. 19)

weiterhin maßgebend, soweit sie für den Eigentümer dieser Anlagen und Pflanzungen günstiger sind, also einen geringeren Grenzabstand einhalten mussten. Sind die Vorschriften des NRG hinsichtlich der einzuhaltenden Abstände jedoch günstiger als das frühere Recht, d. h. muss der Eigentümer der Einfriedigung, Spaliervorrichtung oder Pflanzung nach dem NRG einen geringeren Abstand einhalten, kann er sofort die günstigere Regelung ausnützen.

b) Die Vorschriften des NRG, die für den Eigentümer der Spaliervorrichtung usw. jedoch **ungünstiger** sind, weil größere Abstände eingehalten werden müssen, sind auf bestehende Einfriedigungen, Spaliervorrichtungen und Pflanzungen erst dann anwendbar, wenn diese erneuert bzw. in einer der Erneuerung gleichkommenden Weise ausgebessert oder ergänzt werden. 3

Die **Abgrenzung der Erneuerung von der** unschädlichen **Ergänzung oder Ausbesserung** ist im Einzelfall mitunter schwierig, zumal eine Erneuerung abschnittsweise in der Form einer Ergänzung oder Ausbesserung durchgeführt werden kann. Im Grundsatz gilt: Wird mehr als die Hälfte der Pflanzung, Spaliervorrichtung oder Einfriedigung ersetzt, muss in der Regel von einer Erneuerung ausgegangen werden. Dies gilt auch dann, wenn in einem „Arbeitsgang“ weniger als die Hälfte, in mehreren in engem zeitlichen und räumlichen Zusammenhang stehenden „Arbeitsgängen“ zusammen jedoch mehr als die Hälfte erneuert wird, sodass sich die Pflanzung, Spaliervorrichtung oder Einfriedigung im Ergebnis als „erneuert“ präsentiert. Für das Baurecht hat der VGH Mannheim (VBlBW 1990, 267; NuR 1999, 109) bei einer Einfriedigung (Drahtzaun) die vollständige Erneuerung des Drahtgeflechts einer Neuerrichtung gleichgestellt, auch wenn die Pfosten belassen werden. Zur verfassungsrechtlichen Sicht s. HessStGH NVwZ 2005, 683.

Bei der **Veränderung baulicher Anlagen** dagegen müssen alle späteren Baumaßnahmen, selbst geringfügige An- und Umbauten, den jeweils geltenden Bestimmungen des NRG entsprechen. Der Bestandsschutz des Absatzes 1 Satz 2 gilt nur für den Zustand am 1. Januar 1960.

4 **c)** Nach § 37 Abs. 2 Nr. 2 sind auch die Ermächtigungen der Art. 209 und 211 des wü. AGBGB, durch **Gemeindesatzungen** vom Gesetz abweichende Abstände u. a. zugunsten der Weinberge und Grundstücke innerhalb des geschlossenen Wohnbezirks und für Anpflanzungen von Bäumen und Sträuchern sowie Hopfenpflanzungen festzusetzen, außer Kraft getreten. Hiervon hatten die Gemeinden in der Vergangenheit in großem Umfang Gebrauch gemacht. Das NRG dagegen enthält mit Ausnahme der §§ 18, 17 und 28 keine Ermächtigung mehr für die Gemeinden, direkt oder indirekt durch Gemeindesatzung Einfluss auf die Grenzabstände zu nehmen. Soweit die Gemeindesatzungen nach Art. 209 und 211 andere günstigere (d. h. geringere) Grenzabstände für die am 1. Januar 1960 bestehenden Einfriedigungen, Spaliervorrichtungen und Pflanzungen enthalten, bleiben diese Abstände weiterhin maßgebend. Auch diese Satzungen zählen zu den bisherigen Vorschriften i. S. v. § 33 Abs. 1. Erst bei einer Erneuerung müssen die zu diesem Zeitpunkt geltenden nachbarrechtlichen Vorschriften (§ 22 Abs. 3) beachtet werden. Durch den Wegfall der Waldabstandsvergrößerung durch Gemeindesatzung nach § 15 Abs. 2 a. E. ist eine zusätzliche Beschränkung des Waldeigentümers entfallen. Bei Außer-Kraft-Treten einer solchen Regelung findet daher Art. 2 Abs. 1 des Gesetzes vom 26. Juli 1995 i. V. m. § 33 keine Anwendung.

5 **d)** Durch das Gesetz vom 26. Juli 1995 wurden die Eigentümer auch bei ihren Hecken, Spaliervorrichtungen, Gehölzen hinsichtlich der einzuhaltenden Abstände und Höhen begünstigt; sie konnten ab Inkrafttreten der Änderungen am 1. Januar 1996 von der geänderten Rechtslage Gebrauch machen, die Nachbarn wurden in ihren Abwehransprüchen entsprechend eingeschränkt. Soweit im Einzelfall jedoch eine Verschlechterung für den Eigentümer eingetreten ist, also bei Neuanlage ein Beseitigungsanspruch des Nachbarn bestehen würde, finden auf bestehende Anlagen, Einrichtungen und Pflanzungen § 33 Abs. 1 (bisherige günstigere Bestimmungen bleiben maßgebend) und § 33 Abs. 2 (bei Erneuerung sind die jetzt geltenden Bestimmungen maßgebend) entsprechende Anwendung.

§ 34 Bäume von Waldgrundstücken

(1) Im Geltungsbereich des württembergischen Ausführungsgesetzes zum Bürgerlichen Gesetzbuch und zu anderen Reichsjustizgesetzen muss der Eigentümer eines Waldgrundstücks, in das Zweige und Wurzeln der Bäume und Sträucher eines anderen zur Zeit des Inkrafttretens des Bürgerlichen Gesetzbuchs bereits mit Wald bestandenen Grundstücks herüberragen, die Zweige und Wurzeln dulden.

(2) Die Beseitigung herüberragender Zweige von Bäumen und Sträuchern, die an dem südwestlichen, westlichen oder nordwestlichen Trauf von am 1. Januar 1894 bereits vorhandenen, rein oder vorwiegend mit Nadelholz bestockten Waldungen stehen, kann nicht verlangt werden, wenn hierdurch der Forstbestand der Bäume gefährdet würde, die zum Schutz des hinterliegenden Waldes erforderlich sind.

(3) In diesen Fällen finden die Bestimmungen der § 23 Abs. 2 und § 24 entsprechende Anwendung.

(4) Diese Vorschriften gelten nur, soweit nicht seit dem Inkrafttreten des Bürgerlichen Gesetzbuchs eine Verjüngung des Waldes stattgefunden hat und, wenn dies nicht der Fall war, bis zur nächsten Verjüngung.

1. Allgemeines

§ 34 übernimmt die Regelung des früheren Art. 217 wü. AGBGB. Die darin enthaltenen Vorschriften gelten nur bis zur nächsten Verjüngung des Waldes. Mit der Verjüngung selbst sind dann die allgemeinen Vorschriften einzuhalten. 1

2. Voraussetzungen

a) Grundsätzlich gelten für eingedrungene Wurzeln und herüberragende Zweige aus Waldgrundstücken die Vorschriften des § 910 BGB für die **Beseitigung von Wurzeln und Zweigen**, wenn sie die Benutzung eines Nachbargrundstücks beeinträchtigen. Diese Grundsatzbestimmung wird jedoch für Wälder, die am 1. Januar 1900 (Inkrafttreten des BGB) bzw. 1. Januar 1894 (Inkrafttreten des früheren Gesetzes betreffend das landwirtschaftliche Nachbarrecht) schon bestanden haben, bis zur nächsten Verjüngung des Waldes durch Saat, Pflanzung oder Naturverjüngung eingeschränkt: 2
aa) Nach **§ 34 Abs. 1** muss der Eigentümer eines Waldgrundstücks **dulden**, dass Zweige und Wurzeln von einem benachbarten Waldgrundstück, das bereits im Zeitpunkt des Inkrafttretens des BGB (1. Januar 1900) mit Wald bestanden war, herüberragen.
bb) Nach **§ 34 Abs. 2** muss der Eigentümer auch eines nicht mit Wald bestockten Grundstücks herüberragende Zweige, nicht jedoch Wurzeln von Bäumen und Sträuchern **dulden**, wenn diese an dem südwestlichen, westlichen oder nordwestlichen Trauf eines bereits am 1. Januar 1894 vorhandenen Nadelwaldes stehen und wenn durch die Entfernung der Zweige der Fortbestand der Bäume, die zum Schutz des hinterliegenden Waldes erforderlich sind, gefährdet würde.

b) Nach **§ 34 Abs. 3** i. V. m. § 23 Abs. 2 entfällt die Duldungspflicht des Eigentümers eines Waldgrundstücks, wenn er nunmehr sein Grundstück erwerbsgartenbaulich oder als Hofraum nutzt oder wenn die Zweige auf ein dort stehendes Gebäude hereinragen, dessen Bestand oder Benutzung beeinträchtigen oder dessen Errichtung unmöglich machen oder erschweren. In diesem Fall kann vom beeinträchtigten Grundstückseigentümer die Beseitigung der herüberragenden Zweige bis zur vollen Höhe und bis zur Grenze des Grundstücks verlangt bzw. unter den Voraussetzungen des § 910 Abs. 1 Satz 2 BGB selbst durchgeführt werden. Die Beseitigung der eingedrungenen Wurzeln ist nur dann zulässig, soweit dies zur Herstellung und Unterhaltung eines Weges, eines Grabens, einer baulichen Anlage, eines Dräns oder einer sonstigen Leitung erforderlich ist (Absatz 3 i. V. m. § 24). 3

c) Der Eigentümer eines nicht mit Wald bestockten Grundstücks kann ebenfalls in den Fällen des Absatzes 2 die Beseitigung der herüberragenden Zweige bis zur vollen Höhe und bis zur Grenze unter den in § 23 Abs. 2 genannten Voraussetzungen verlangen oder selbst durchführen. Hinsichtlich der eingedrungenen Wurzeln gilt jedoch § 910 BGB uneingeschränkt. 4

3. Sonstiges

5 Der Anspruch auf die Beseitigung herüberragender Zweige und eingedrungener Wurzeln ist nicht der **Verjährung** unterworfen (§ 26 Abs. 3). Auch das Recht zur Beseitigung der eingedrungenen Wurzeln verjährt nicht (siehe Erläuterungen zu § 26 Abs. 3, § 910 BGB).

§ 35 Überragende Zweige und eingedrungene Wurzeln von bestehenden Obstbäumen

Im Geltungsbereich des badischen Ausführungsgesetzes zum Bürgerlichen Gesetzbuch sind die Vorschriften der §§ 23 und 24 für bestehende Obstbäume nicht anzuwenden, wenn mit diesen nicht mindestens die Abstände dieses Gesetzes eingehalten werden.

1. Allgemeines

1 Im **Bereich desfrüheren Landes Baden** mussten mit Obstbäumen wesentlich geringere Abstände zur Grenze eingehalten werden als nach dem NRG. Dafür konnte der Nachbar uneingeschränkt vom Selbsthilferecht des § 910 BGB Gebrauch machen, er konnte also eingedrungene Wurzeln von Obstbäumen beseitigen sowie die Beseitigung herüberragender Zweige verlangen oder diese selbst abschneiden.

2. Erforderlichkeit des § 35 NRG

2 **a)** Da der Nachbar bei den am 1. Januar 1960 bestehenden Pflanzungen die nach früherem Recht zulässige Unterschreitung der Abstände nach dem NRG dulden muss (§ 33 Abs. 1), sollte er auch das nach früherem Recht gegenüber Obstbäumen bestehende uneingeschränkte Selbsthilferecht behalten, es sei denn, dass eine Beeinträchtigung seines Grundstücks nicht gegeben ist (§ 910 Abs. 2 BGB). Die insoweit durch §§ 23 und 24 eingeführten Beschränkungen des Selbsthilferechts müssen daher entfallen.

3 **b)** Dagegen fallen Obstbäume, die im Gebiet des früheren Landes Baden zwar vor dem 1. Januar 1960 gepflanzt waren, aber die Abstände des NRG (§§ 13, 16, 18) einhalten, unter §§ 23 und 24, sodass sie gegen das Abschneiden der eingedrungenen Wurzeln bzw. die Beseitigung der herüberragenden Zweige geschützt sind.

§ 36 Verweisung auf aufgehobene Vorschriften

Soweit in Gesetzen und Verordnungen auf Vorschriften verwiesen ist, die durch dieses Gesetz aufgehoben werden, treten an ihre Stelle die entsprechenden Vorschriften dieses Gesetzes.

1 Die Vorschrift dient lediglich der Klarstellung.

§ 37 Inkrafttreten

(1) Das Gesetz tritt am 1. Januar 1960 in Kraft, mit Ausnahme der §§ 15 Abs. 2, 27, 28 und 29, diese treten mit der Verkündung des Gesetzes[9] in Kraft.

(2) Gleichzeitig treten alle entgegenstehenden landesrechtlichen Vorschriften sowie die ortsrechtlichen Bestimmungen über das private Nachbarrecht außer Kraft. Insbesondere treten außer Kraft:
1. die Artikel 8 bis 19 des badischen Ausführungsgesetzes zum Bürgerlichen Gesetzbuch vom 17. Juni 1899 in der Fassung der Bekanntmachung vom 13. Oktober 1925 (GVBl. S. 281),
2. die Artikel 191 bis 224 des württembergischen Ausführungsgesetzes zum Bürgerlichen Gesetzbuch und zu anderen Reichsjustizgesetzen vom 29. Dezember 1931 (RegBl. S. 545), mit Ausnahme des Art. 209 Buchst. b)[10],
3. die §§ 64 bis 71 der Feldpolizeiordnung für das Fürstentum Hohenzollern-Hechingen vom 22. März 1845 (Verordnungs- und Anzeigenblatt für das Fürstentum Hohenzollern-Hechingen 1845 Nr. 19).

1. Inkrafttreten des NRG

Das NRG ist mit Ausnahme der zum Erlass von Gemeindesatzungen ermächtigenden §§ 15 Abs. 2, 27 bis 29, die bereits am 15. Dezember 1959 in Kraft getreten waren, am 1. Januar 1960 in Kraft getreten; Neufassung vom 8. Januar 1996 (GBl. S. 54). 1

2. Gesetzesänderungen

Das NRG wurde inzwischen geändert 2
- durch § 114 der Landesbauordnung für Baden-Württemberg vom 6. April 1964 (GBl. S. 151): Einfügung der §§ 7a bis e,
- durch § 51 Abs. 1 Satz 2 Buchstabe b Nr. 6 des baden-württembergischen Ausführungsgesetzes zum Bürgerlichen Gesetzbuch vom 26.11.1974 (GBl. S. 498): Artikel 209 Buchstabe b, der noch durch § 37 Abs. 2 Nr. 2 aufrechterhalten worden war, wurde mit seiner Ermächtigung für die Gemeinden, durch Satzung für besonders bevorzugte Weinberglagen Anpflanzungen von Bäumen ganz zu untersagen, aufgehoben,
- durch Gesetz vom 26. Juli 1995 (GBl. S. 605) mit dem Ziel, „die privatrechtlichen Regelungen über Grenzabstände im Nachbarrechtsgesetz den geltenden öffentlich-rechtlichen Bestimmungen des Bauordnungs- und Bauplanungsrechts anzupassen sowie die Grenzabstände von Bäumen und sonstigen Pflanzen aufgrund der weitgehend veränderten Verhältnisse (insbesondere wesentlich kleinere Baugrundstücke) und der weit stärker ins Bewusstsein gedrungenen ökologischen Belange behutsam zu verringern“ (LT-DS 11/14811),
- durch Art. 63 des Verwaltungsstruktur-Reformgesetzes vom 1. Juli 2004 (GBl. S. 469): Streichung der Worte „(§ 19 Abs. 1 Nr. 3 des Baugesetzbuches)“ in § 7 Abs. 1 Satz 1 und § 19 Abs. 1 Satz 1 und Abs. 2 sowie Neufassung § 28 Abs. 4,

---

9 Ausgabedatum des GBl.: 15. Dezember 1959.
10 Außer Kraft durch § 51 Abs. 1 Buchst. b Nr. 6 ba.-wü. AGBGB.

- durch Gesetz vom 4. Februar 2014 (GBl. S. 65) dessen grundlegendes Ziel die ökologische Modernisierung des Landes war: Einfügung des „neuen“ § 7c „Überbau durch Wärmedämmung“ sowie Änderungen/Ergänzungen der §§ 16, 23 und 26,
- durch Gesetz vom 6. Dezember 2022 (GBl. S. 617, 622): Einfügen der Wörter „oder eine Satzung nach § 74 der Landesbauordnung“ in § 27 Satz 1.

C Nachbarrechtliche Vorschriften des Bürgerlichen Gesetzbuchs

I. Gesetzestext BGB

in der Fassung der Bekanntmachung vom 2. Januar 2002 (BGBl. I S. 42, 2909; 2003 I S. 738), zuletzt geändert durch Gesetz vom 17. Juli 2025 (BGBl. 2025 I Nr. 163)

– Auszug –

Inhaltsübersicht

§ 909 Vertiefung
§ 910 Überhang
§ 911 Überfall
§ 912 Überbau; Duldungspflicht
§ 913 Zahlung der Überbaurente
§ 914 Rang, Eintragung und Erlöschen der Rente
§ 915 Abkauf
§ 916 Beeinträchtigung von Erbbaurecht oder Dienstbarkeit
§ 917 Notweg
§ 918 Ausschluss des Notwegrechts
§ 919 Grenzabmarkung
§ 920 Grenzverwirrung
§ 921 Gemeinschaftliche Benutzung von Grenzanlagen
§ 922 Art der Benutzung und Unterhaltung
§ 923 Grenzbaum
§ 924 Unverjährbarkeit nachbarrechtlicher Ansprüche
§ 1004 Beseitigungs- und Unterlassungsanspruch

Buch 1 **Allgemeiner Teil**

Abschnitt 6 **Ausübung der Rechte, Selbstverteidigung, Selbsthilfe**

§ 226 Schikaneverbot

Die Ausübung eines Rechts ist unzulässig, wenn sie nur den Zweck haben kann, einem anderen Schaden zuzufügen.

§ 227 Notwehr

(1) Eine durch Notwehr gebotene Handlung ist nicht widerrechtlich.

(2) Notwehr ist diejenige Verteidigung, welche erforderlich ist, um einen gegenwärtigen rechtswidrigen Angriff von sich oder einem anderen abzuwenden.

§ 228 Notstand

Wer eine fremde Sache beschädigt oder zerstört, um eine durch sie drohende Gefahr von sich oder einem anderen abzuwenden, handelt nicht widerrechtlich, wenn die Beschädigung oder die Zerstörung zur Abwendung der Gefahr erforderlich ist und der Schaden nicht außer Verhältnis zu der Gefahr steht. Hat der Handelnde die Gefahr verschuldet, so ist er zum Schadensersatz verpflichtet.

Buch 2 **Recht der Schuldverhältnisse**

Abschnitt 8 **Einzelne Schuldverhältnisse**

§ 836 Haftung des Grundstücksbesitzers

(1) Wird durch den Einsturz eines Gebäudes oder eines anderen mit einem Grundstück verbundenen Werkes oder durch die Ablösung von Teilen des Gebäudes oder des Werkes ein Mensch getötet, der Körper oder die Gesundheit eines Menschen verletzt oder eine Sache beschädigt, so ist der Besitzer des Grundstücks, sofern der Einsturz oder die Ablösung die Folge fehlerhafter Errichtung oder mangelhafter Unterhaltung ist, verpflichtet, dem Verletzten den daraus entstehenden Schaden zu ersetzen. Die Ersatzpflicht tritt nicht ein, wenn der Besitzer zum Zwecke der Abwendung der Gefahr die im Verkehr erforderliche Sorgfalt beobachtet hat.

(2) Ein früherer Besitzer des Grundstücks ist für den Schaden verantwortlich, wenn der Einsturz oder die Ablösung innerhalb eines Jahres nach der Beendigung seines Besitzes eintritt, es sei denn, dass er während seines Besitzes die im Verkehr erforderliche Sorgfalt beobachtet hat oder ein späterer Besitzer durch Beobachtung dieser Sorgfalt die Gefahr hätte abwenden können.

(3) Besitzer im Sinne dieser Vorschriften ist der Eigenbesitzer.

§ 837 Haftung des Gebäudebesitzers

Besitzt jemand auf einem fremden Grundstück in Ausübung eines Rechts ein Gebäude oder ein anderes Werk, so trifft ihn anstelle des Besitzers des Grundstücks die im § 836 bestimmte Verantwortlichkeit.

§ 838 Haftung des Gebäudeunterhaltungspflichtigen

Wer die Unterhaltung eines Gebäudes oder eines mit einem Grundstück verbundenen Werkes für den Besitzer übernimmt oder das Gebäude oder das Werk vermöge eines ihm zustehenden Nutzungsrechts zu unterhalten hat, ist für den durch den Einsturz oder die Ablösung von Teilen verursachten Schaden in gleicher Weise verantwortlich wie der Besitzer.

Buch 3 **Sachenrecht**

Abschnitt 1 **Besitz**

§ 858 Verbotene Eigenmacht

(1) Wer dem Besitzer ohne dessen Willen den Besitz entzieht oder ihn im Besitz stört, handelt, sofern nicht das Gesetz die Entziehung oder die Störung gestattet, widerrechtlich (verbotene Eigenmacht).

(2) Der durch verbotene Eigenmacht erlangte Besitz ist fehlerhaft. Die Fehlerhaftigkeit muss der Nachfolger im Besitz gegen sich gelten lassen, wenn er Erbe des Besitzers ist oder die Fehlerhaftigkeit des Besitzes seines Vorgängers bei dem Erwerb kennt.

§ 859 Selbsthilfe des Besitzers

(1) Der Besitzer darf sich verbotener Eigenmacht mit Gewalt erwehren.

(2) Wird eine bewegliche Sache dem Besitzer mittels verbotener Eigenmacht weggenommen, so darf er sie dem auf frischer Tat betroffenen oder verfolgten Täter mit Gewalt wieder abnehmen.

(3) Wird dem Besitzer eines Grundstücks der Besitz durch verbotene Eigenmacht entzogen, so darf er sofort nach der Entziehung sich des Besitzes durch Entsetzung des Täters wieder bemächtigen.

(4) Die gleichen Rechte stehen dem Besitzer gegen denjenigen zu, welcher nach § 858 Abs. 2 die Fehlerhaftigkeit des Besitzes gegen sich gelten lassen muss.

§ 860 Selbsthilfe des Besitzdieners

Zur Ausübung der dem Besitzer nach § 859 zustehenden Rechte ist auch derjenige befugt, welcher die tatsächliche Gewalt nach § 855 für den Besitzer ausübt.

§ 861 Anspruch wegen Besitzentziehung

(1) Wird der Besitz durch verbotene Eigenmacht dem Besitzer entzogen, so kann dieser die Wiedereinräumung des Besitzes von demjenigen verlangen, welcher ihm gegenüber fehlerhaft besitzt.

(2) Der Anspruch ist ausgeschlossen, wenn der entzogene Besitz dem gegenwärtigen Besitzer oder dessen Rechtsvorgänger gegenüber fehlerhaft war und in dem letzten Jahre vor der Entziehung erlangt worden ist.

§ 862 Anspruch wegen Besitzstörung

(1) Wird der Besitzer durch verbotene Eigenmacht im Besitz gestört, so kann er von dem Störer die Beseitigung der Störung verlangen. Sind weitere Störungen zu besorgen, so kann der Besitzer auf Unterlassung klagen.

(2) Der Anspruch ist ausgeschlossen, wenn der Besitzer dem Störer oder dessen Rechtsvorgänger gegenüber fehlerhaft besitzt und der Besitz in dem letzten Jahre vor der Störung erlangt worden ist.

§ 863 Einwendungen des Entziehers oder Störers

Gegenüber den in den §§ 861, 862 bestimmten Ansprüchen kann ein Recht zum Besitz oder zur Vornahme der störenden Handlung nur zur Begründung der Behauptung geltend gemacht werden, dass die Entziehung oder die Störung des Besitzes nicht verbotene Eigenmacht sei.

§ 864 Erlöschen der Besitzansprüche

(1) Ein nach den §§ 861, 862 begründeter Anspruch erlischt mit dem Ablauf eines Jahres nach der Verübung der verbotenen Eigenmacht, wenn nicht vorher der Anspruch im Wege der Klage geltend gemacht wird.

(2) Das Erlöschen tritt auch dann ein, wenn nach der Verübung der verbotenen Eigenmacht durch rechtskräftiges Urteil festgestellt wird, dass dem Täter ein Recht an der Sache zusteht, vermöge dessen er die Herstellung eines seiner Handlungsweise entsprechenden Besitzstandes verlangen kann.

§ 865 Teilbesitz

Die Vorschriften der §§ 858 bis 864 gelten auch zugunsten desjenigen, welcher nur einen Teil einer Sache, insbesondere abgesonderte Wohnräume oder andere Räume, besitzt.

§ 866 Mitbesitz

Besitzen mehrere eine Sache gemeinschaftlich, so findet in ihrem Verhältnis zueinander ein Besitzschutz insoweit nicht statt, als es sich um die Grenzen des den einzelnen zustehenden Gebrauchs handelt.

§ 867 Verfolgungsrecht des Besitzers

Ist eine Sache aus der Gewalt des Besitzers auf ein im Besitz eines anderen befindliches Grundstück gelangt, so hat ihm der Besitzer des Grundstücks die Aufsuchung und die Wegschaffung zu gestatten, sofern nicht die Sache inzwischen in Besitz genommen worden ist. Der Besitzer des Grundstücks kann Ersatz des durch die Aufsuchung und die Wegschaffung entstehenden Schadens verlangen. Er kann, wenn die Entstehung eines Schadens zu besorgen ist, die Gestattung verweigern, bis ihm Sicherheit geleistet wird; die Verweigerung ist unzulässig, wenn mit dem Aufschub Gefahr verbunden ist.

Abschnitt 3 **Eigentum**

§ 903 Befugnisse des Eigentümers

Der Eigentümer einer Sache kann, soweit nicht das Gesetz oder Rechte Dritter entgegenstehen, mit der Sache nach Belieben verfahren und andere von jeder Einwirkung ausschließen. Der Eigentümer eines Tieres hat bei der Ausübung seiner Befugnisse die besonderen Vorschriften zum Schutz der Tiere zu beachten.

§ 904 Notstand

Der Eigentümer einer Sache ist nicht berechtigt, die Einwirkung eines anderen auf die Sache zu verbieten, wenn die Einwirkung zur Abwendung einer gegenwärtigen Gefahr notwendig und der drohende Schaden gegenüber dem aus der Einwirkung dem Eigentümer entstehenden Schaden unverhältnismäßig groß ist. Der Eigentümer kann Ersatz des ihm entstehenden Schadens verlangen.

§ 905 Begrenzung des Eigentums

Das Recht des Eigentümers eines Grundstücks erstreckt sich auf den Raum über der Oberfläche und auf den Erdkörper unter der Oberfläche. Der Eigentümer kann jedoch Einwirkungen nicht verbieten, die in solcher Höhe oder Tiefe vorgenommen werden, dass er an der Ausschließung kein Interesse hat.

§ 906 Zuführung unwägbarer Stoffe

(1) Der Eigentümer eines Grundstücks kann die Zuführung von Gasen, Dämpfen, Gerüchen, Rauch, Ruß, Wärme, Geräusch, Erschütterungen und ähnliche von einem anderen Grundstück ausgehende Einwirkungen insoweit nicht verbieten, als die Einwirkung die Benutzung seines Grundstücks nicht oder nur unwesentlich beeinträchtigt. Eine unwesentliche Beeinträchtigung liegt in der Regel vor, wenn die in Gesetzen oder Rechtsverordnungen festgelegten Grenz- oder Richtwerte von den nach diesen Vorschriften ermittelten und bewerteten Einwirkungen nicht überschritten werden. Gleiches gilt für Werte in allgemeinen Verwaltungsvorschriften, die nach § 48 des Bundes-Immissionsschutzgesetzes erlassen worden sind und den Stand der Technik wiedergeben.

(2) Das Gleiche gilt insoweit, als eine wesentliche Beeinträchtigung durch eine ortsübliche Benutzung des anderen Grundstücks herbeigeführt wird und nicht durch Maßnahmen verhindert werden kann, die Benutzern dieser Art wirtschaftlich zumutbar sind. Hat der Eigentümer hiernach eine Einwirkung zu dulden, so kann er von dem Benutzer des anderen Grundstücks einen angemessenen Ausgleich in Geld verlangen, wenn die Einwirkung eine ortsübliche Benutzung seines Grundstücks oder dessen Ertrag über das zumutbare Maß hinaus beeinträchtigt.

(3) Die Zuführung durch eine besondere Leitung ist unzulässig.

§ 907 Gefahr drohende Anlagen

(1) Der Eigentümer eines Grundstücks kann verlangen, dass auf den Nachbargrundstücken nicht Anlagen hergestellt oder gehalten werden, von denen mit Sicherheit vorauszusehen ist, dass ihr Bestand oder ihre Benutzung eine unzulässige Einwirkung auf sein Grundstück zur Folge hat. Genügt eine Anlage den landesgesetzlichen Vorschriften, die einen bestimmten Abstand von der Grenze oder sonstige Schutzmaßregeln vorschreiben, so kann die Beseitigung der Anlage erst verlangt werden, wenn die unzulässige Einwirkung tatsächlich hervortritt.

(2) Bäume und Sträucher gehören nicht zu den Anlagen im Sinne dieser Vorschriften.

§ 908 Drohender Gebäudeeinsturz

Droht einem Grundstück die Gefahr, dass es durch den Einsturz eines Gebäudes oder eines anderen Werkes, das mit einem Nachbargrundstücke verbunden ist, oder durch die Ablösung von Teilen des Gebäudes oder des Werkes beschädigt wird, so kann der Eigentümer von demjenigen, welcher nach dem § 836 Abs. 1 oder den §§ 837, 838 für den eintretenden Schaden verantwortlich sein würde, verlangen, dass er die zur Abwendung der Gefahr erforderliche Vorkehrung trifft.

§ 909 Vertiefung

Ein Grundstück darf nicht in der Weise vertieft werden, dass der Boden des Nachbargrundstücks die erforderliche Stütze verliert, es sei denn, dass für eine genügende anderweitige Befestigung gesorgt ist.

§ 910 Überhang

(1) Der Eigentümer eines Grundstücks kann Wurzeln eines Baumes oder eines Strauches, die von einem Nachbargrundstück eingedrungen sind, abschneiden und behalten. Das gleiche gilt von herüberragenden Zweigen, wenn der Eigentümer dem Besitzer des Nachbargrundstücks eine angemessene Frist zur Beseitigung bestimmt hat und die Beseitigung nicht innerhalb der Frist erfolgt.

(2) Dem Eigentümer steht dieses Recht nicht zu, wenn die Wurzeln oder die Zweige die Benutzung des Grundstücks nicht beeinträchtigen.

§ 911 Überfall

Früchte, die von einem Baume oder einem Strauche auf ein Nachbargrundstück hinüberfallen, gelten als Früchte dieses Grundstücks. Diese Vorschrift findet keine Anwendung, wenn das Nachbargrundstück dem öffentlichen Gebrauch dient.

§ 912 Überbau; Duldungspflicht

(1) Hat der Eigentümer eines Grundstücks bei der Errichtung eines Gebäudes über die Grenze gebaut, ohne dass ihm Vorsatz oder grobe Fahrlässigkeit zur Last fällt, so hat der Nachbar den Überbau zu dulden, es sei denn, dass er vor oder sofort nach der Grenzüberschreitung Widerspruch erhoben hat.

(2) Der Nachbar ist durch eine Geldrente zu entschädigen. Für die Höhe der Rente ist die Zeit der Grenzüberschreitung maßgebend.

§ 913 Zahlung der Überbaurente

(1) Die Rente für den Überbau ist dem jeweiligen Eigentümer des Nachbargrundstücks von dem jeweiligen Eigentümer des anderen Grundstücks zu entrichten.

(2) Die Rente ist jährlich im Voraus zu entrichten.

§ 914 Rang, Eintragung und Erlöschen der Rente

(1) Das Recht auf die Rente geht allen Rechten an dem belasteten Grundstück, auch den älteren, vor. Es erlischt mit der Beseitigung des Überbaus.

(2) Das Recht wird nicht in das Grundbuch eingetragen. Zum Verzicht auf das Recht sowie zur Feststellung der Höhe der Rente durch Vertrag ist die Eintragung erforderlich.

(3) Im Übrigen finden die Vorschriften Anwendung, die für eine zugunsten des jeweiligen Eigentümers eines Grundstücks bestehende Reallast gelten.

§ 915 Abkauf

(1) Der Rentenberechtigte kann jederzeit verlangen, dass der Rentenpflichtige ihm gegen Übertragung des Eigentums an dem überbauten Teil des Grundstücks den Wert ersetzt, den dieser Teil zur Zeit der Grenzüberschreitung gehabt hat. Macht er von dieser Befugnis Gebrauch, so bestimmen sich die Rechte und Verpflichtungen beider Teile nach den Vorschriften über den Kauf.

(2) Für die Zeit bis zur Übertragung des Eigentums ist die Rente fortzuentrichten.

§ 916 Beeinträchtigung von Erbbaurecht oder Dienstbarkeit

Wird durch den Überbau ein Erbbaurecht oder eine Dienstbarkeit an dem Nachbargrundstück beeinträchtigt, so finden zugunsten des Berechtigten die Vorschriften der §§ 912 bis 914 entsprechende Anwendung.

§ 917 Notweg

(1) Fehlt einem Grundstück die zur ordnungsmäßigen Benutzung notwendige Verbindung mit einem öffentlichen Wege, so kann der Eigentümer von den Nachbarn verlangen, dass sie bis zur Hebung des Mangels die Benutzung ihrer Grundstücke zur Herstellung der erforderlichen Verbindung dulden. Die Richtung des Notwegs und der Umfang des Benutzungsrechts werden erforderlichenfalls durch Urteil bestimmt.

(2) Die Nachbarn, über deren Grundstücke der Notweg führt, sind durch eine Geldrente zu entschädigen. Die Vorschriften des § 912 Abs. 2 Satz 2 und der §§ 913, 914, 916 finden entsprechende Anwendung.

§ 918 Ausschluss des Notwegrechts

(1) Die Verpflichtung zur Duldung des Notwegs tritt nicht ein, wenn die bisherige Verbindung des Grundstücks mit dem öffentlichen Wege durch eine willkürliche Handlung des Eigentümers aufgehoben wird.

(2) Wird infolge der Veräußerung eines Teils des Grundstücks der veräußerte oder der zurückbehaltene Teil von der Verbindung mit dem öffentlichen Wege abgeschnitten, so hat der Eigentümer desjenigen Teils, über welchen die Verbindung bisher stattgefunden hat, den Notweg zu dulden. Der Veräußerung eines Teils steht die Veräußerung eines von mehreren demselben Eigentümer gehörenden Grundstücken gleich.

§ 919 Grenzabmarkung

(1) Der Eigentümer eines Grundstücks kann von dem Eigentümer eines Nachbargrundstücks verlangen, dass dieser zur Errichtung fester Grenzzeichen und, wenn ein Grenzzeichen verrückt oder unkenntlich geworden ist, zur Wiederherstellung mitwirkt.

(2) Die Art der Abmarkung und das Verfahren bestimmen sich nach den Landesgesetzen; enthalten diese keine Vorschriften, so entscheidet die Ortsüblichkeit.

(3) Die Kosten der Abmarkung sind von den Beteiligten zu gleichen Teilen zu tragen, sofern nicht aus einem zwischen ihnen bestehenden Rechtsverhältnis sich ein anderes ergibt.

§ 920 Grenzverwirrung

(1) Lässt sich im Falle einer Grenzverwirrung die richtige Grenze nicht ermitteln, so ist für die Abgrenzung der Besitzstand maßgebend. Kann der Besitzstand nicht festgestellt werden, so ist jedem der Grundstücke ein gleich großes Stück der streitigen Fläche zuzuteilen.

(2) Soweit eine diesen Vorschriften entsprechende Bestimmung der Grenze zu einem Ergebnis führt, das mit den ermittelten Umständen, insbesondere mit der feststehenden Größe der Grundstücke, nicht übereinstimmt, ist die Grenze so zu ziehen, wie es unter Berücksichtigung dieser Umstände der Billigkeit entspricht.

§ 921 Gemeinschaftliche Benutzung von Grenzanlagen

Werden zwei Grundstücke durch einen Zwischenraum, Rain, Winkel, einen Graben, eine Mauer, Hecke, Planke oder eine andere Einrichtung, die zum Vorteil beider Grundstücke dient, voneinander geschieden, so wird vermutet, dass die Eigentümer der Grundstücke zur Benutzung der Einrichtung gemeinschaftlich berechtigt seien, sofern nicht äußere Merkmale darauf hinweisen, dass die Einrichtung einem der Nachbarn allein gehört.

§ 922 Art der Benutzung und Unterhaltung

Sind die Nachbarn zur Benutzung einer der in § 921 bezeichneten Einrichtungen gemeinschaftlich berechtigt, so kann jeder sie zu dem Zwecke, der sich aus ihrer Beschaffenheit ergibt, insoweit benutzen, als nicht die Mitbenutzung des anderen beeinträchtigt wird. Die Unterhaltungskosten sind von den Nachbarn zu gleichen Teilen zu tragen. Solange einer der Nachbarn an dem Fortbestand der Einrichtung ein Interesse hat, darf sie nicht ohne seine Zustimmung beseitigt oder geändert werden. Im Übrigen bestimmt sich das Rechtsverhältnis zwischen den Nachbarn nach den Vorschriften über die Gemeinschaft.

§ 923 Grenzbaum

(1) Steht auf der Grenze ein Baum, so gebühren die Früchte und, wenn der Baum gefällt wird, auch der Baum den Nachbarn zu gleichen Teilen.

(2) Jeder der Nachbarn kann die Beseitigung des Baumes verlangen. Die Kosten der Beseitigung fallen den Nachbarn zu gleichen Teilen zur Last. Der Nachbar, der die Beseitigung verlangt, hat jedoch die Kosten allein zu tragen, wenn der andere auf sein Recht an dem Baume verzichtet; er erwirbt in diesem Falle mit der Trennung das Alleineigentum. Der Anspruch auf die Beseitigung ist ausgeschlossen, wenn der Baum als Grenzzeichen dient und den Umständen nach nicht durch ein anderes zweckmäßiges Grenzzeichen ersetzt werden kann.

(3) Diese Vorschriften gelten auch für einen auf der Grenze stehenden Strauch.

§ 924 Unverjährbarkeit nachbarrechtlicher Ansprüche

Die Ansprüche, die sich aus den §§ 907 bis 909, 915, dem § 917 Abs. 1, dem § 918 Abs. 2, den §§ 919, 920 und dem § 923 Abs. 2 ergeben, unterliegen nicht der Verjährung.

§ 1004 Beseitigungs- und Unterlassungsanspruch

(1) Wird das Eigentum in anderer Weise als durch Entziehung oder Vorenthaltung des Besitzes beeinträchtigt, so kann der Eigentümer von dem Störer die Beseitigung der Beeinträchtigung verlangen. Sind weitere Beeinträchtigungen zu besorgen, so kann der Eigentümer auf Unterlassung klagen.

(2) Der Anspruch ist ausgeschlossen, wenn der Eigentümer zur Duldung verpflichtet ist.

II. Erläuterungen nachbarrechtlicher Vorschriften des Bürgerlichen Gesetzbuches aus dem 3. Abschnitt (Eigentum) des 3. Buches (Sachenrecht)

Abschnitt 3 **Eigentum**

§ 903 Befugnisse des Eigentümers

Der Eigentümer einer Sache kann, soweit nicht das Gesetz oder Rechte Dritter entgegenstehen, mit der Sache nach Belieben verfahren und andere von jeder Einwirkung ausschließen. Der Eigentümer eines Tieres hat bei der Ausübung seiner Befugnisse die besonderen Vorschriften zum Schutz der Tiere zu beachten.

1. Allgemeines

1 Art. 14 Abs. 1 Satz 1 GG gewährt das Eigentum als umfassendste Herrschaftsmacht über eine Sache. Beschränkt wird es durch das Gesetz und Rechte Dritter. Gegenstand des Eigentums sind nur einzelne bewegliche und unbewegliche Sachen, §§ 90 ff. BGB. Tiere werden über § 90a BGB wie Sachen behandelt. Das Gesetz unterscheidet: **Alleineigentum** – Rechtsinhaber ist immer eine einzelne, natürliche oder juristische Person oder eine rechtsfähige Personengesellschaft; **Miteigentum** – jedem Eigentümer steht ein ideeller Anteil an der ganzen Sache zu, §§ 1008 ff., 741 ff. BGB; **Gesamthandeigentum** – jedem Gesamthänder steht ein Anteil am Gesamtvermögen zu; **Treuhandeigentum** – der Treugeber überträgt dem Treuhänder einen Vermögensgegenstand und räumt ihm eine umfassende Rechtsmacht ein, beschränkt sie aber im Innenverhältnis (dazu *Grüneberg-Herrler* § 903 BGB Rn. 33 ff.); **Wohnungseigentum** – als Sonderform nach WEG.

2. Befugnisse des Eigentümers

2 § 903 BGB beschreibt die Befugnisse des Eigentümers in zwei Richtungen. Positiv: Er darf mit der Sache nach Belieben verfahren. Negativ: Er kann jeden anderen von

jeder Einwirkung ausschließen. Aus dem nachbarlichen Gemeinschaftsverhältnis können sich weitere Befugnisse und Einschränkungen ergeben (unten Rn. 9 ff.).

a) **Positive Befugnis.** Der Eigentümer kann mit der Sache nach Belieben verfahren. Er kann sie verkaufen oder belasten, er kann sein Eigentum aufgeben, §§ 928, 959 BGB, er kann es vernichten, er kann sein Grundstück umgestalten, bebauen oder bepflanzen, er kann Nutzungsbeschränkungen treffen. Aus dieser Befugnis folgt das Hausrecht des Eigentümers, er kann anderen den Zutritt gestatten oder nur zu einem bestimmten Zweck oder nur gegen Entgelt (BGHNJW 2006, 377 Tz. 25; 2012, 1725). 3

b) **Negative Befugnis.** Der Eigentümer kann andere von jeder Einwirkung ausschließen. Er kann das Betreten seines Grundstücks und die Nutzung verbieten. Er kann Beeinträchtigungen abwehren und kann Hausverbote aussprechen. 4

c) **Nachbarliches Gemeinschaftsverhältnis.** Bei benachbarten Grundstücken, auch wenn sie nicht unmittelbar aneinandergrenzen, bestehen weitere Bindungen aufgrund des nachbarlichen Gemeinschaftsverhältnisses. So können die Befugnisse der verschiedenen Eigentümer kollidieren. Jedes Recht des einen Eigentümers ist durch die besondere Lage des Grundstücks und die dadurch gebotene Rücksichtnahme auf die Belange des Grundstücksnachbarn inhaltlich begrenzt (dazu unten Rn. 9 ff.). 5

3. Beschränkungen des Eigentums

Eigentum verpflichtet! Sein Gebrauch soll zugleich dem Wohle der Allgemeinheit dienen, Art. 14 Abs. 2 GG. Diese verfassungsrechtlich festgelegte Sozialgebundenheit des Eigentums ist Grundlage zahlreicher öffentlich-rechtlicher und privatrechtlicher Vorschriften, welche die Herrschaftsgewalt des Eigentümers einschränken. 6

a) **Privatrechtliche Beschränkungen. – aa) Normen des Nachbarrechts.** Beschränkungen enthalten insbes. die §§ 904 ff. BGB, § 1004 Abs. 2 i. V. m. § 823 Abs. 2 BGB und die auf Art. 124 EGBGB beruhenden Vorschriften des NRG. Was nach diesen Regeln zu dulden ist, ist nicht rechtswidrig i. S. v. § 823 BGB (BGH NJW-RR 2000, 537). 7

bb) Treu und Glauben. Eine weitere Schranke bilden die §§ 226, 242, 826 BGB. Das gesamte Rechtsverhältnis steht unter dem Gebot von Treu und Glauben. Eine Rechtsausübung, die dagegen verstößt, ist unzulässig. Ausprägungen davon sind das Schikaneverbot, § 226 BGB, das es untersagt, eine Handlung ausschließlich deshalb vorzunehmen, um einen anderen zu schikanieren. So kann die Errichtung einer sonst zulässigen, aber ohne eigene Bedürfnisse oder Notwendigkeit sehr hoch gezogenen Einfriedungsmauer unzulässig sein, wenn sie nur dazu dient, dem Nachbarn Licht und Luft zu entziehen. Der Beweis einer solchen Willensrichtung ist allerdings schwierig. Auch § 826 BGB ist eine Ausprägung des Grundsatzes von Treu und Glauben, er gewährt demgegenüber jedem, der durch eine vorsätzliche, sittenwidrige Handlung geschädigt wird, einen Schadensersatzanspruch. Über den Begriff der guten Sitten und seiner Auslegung ist eine Anpassung an die herrschenden Wertvorstellungen möglich. 8

9 cc) **Das nachbarrechtliche Gemeinschaftsverhältnis.** Die nachbarrechtlichen Sonderregeln der §§ 903 ff. BGB und des NRG sind grundsätzlich abschließend. Allerdings kann der gerechte Ausgleich widerstreitender Interessen der Nachbarn ein Hinausgehen über die Regeln des Nachbarrechts erfordern. Rechtsgrundlage ist das nachbarliche Gemeinschaftsverhältnis, das sich auf den allgemeinen Grundsatz von Treu und Glauben, § 242 BGB, gründet. Daraus folgt für die Nachbarn eine Pflicht zur gegenseitigen Rücksichtnahme, die im konkreten Fall zu weiteren Beschränkungen in der Wahrnehmung von bestehenden Eigentümerrechten und Abwehransprüchen führen kann (BGH NJW-RR 2008, 610).

10 Schon das Reichsgericht (RGZ 154, 161 ff.) – und ihm folgend der Bundesgerichtshof – hat für das Nachbarrecht aus den Gesichtspunkten von Treu und Glauben, § 242 BGB, und dem Schikaneverbot, § 226 BGB, das nachbarliche Gemeinschaftsverhältnis abgeleitet und als Grundlage zahlreicher Entscheidungen in Nachbarstreitigkeiten weiterentwickelt. Allerdings greifen diese Regeln nur in Ausnahmefällen, wo ein über die gesetzlichen Regelungen hinausgehender billiger Ausgleich widerstreitender Interessen dringend geboten erscheint (BGH NJW 2004, 1037, *Grüneberg-Herrler* § 903 BGB Rn. 13, *Bamberger/Roth* § 903 BGB Rn. 35). Eine schrankenlose Anwendung würde das Eigentum letztlich unübersehbar machen und den in den Nachbarrechtsgesetzen der Länder geregelten Ausgleich zwischen benachbarten Grundstücken infrage stellen. Darüber hinaus begründet das nachbarliche Gemeinschaftsverhältnis kein Schuldverhältnis (BGH NJW-RR 2011, 3294 Tz. 7) als Rechtsgrund für selbstständige Ansprüche und damit auch keine Haftung des Grundstückseigentümers für Hilfspersonen wie Architekten und Bauunternehmer (BGHZ 42, 374).

11 Soweit das Nachbarrecht Rechte und Pflichten abschließend regelt, können andere Rechte und Pflichten nicht aus dem nachbarrechtlichen Gemeinschaftsverhältnis hergeleitet werden (BGH NJW 2014, 311 Tz. 26). Es kann in Ausnahmefällen aber Rechte beschränken oder ausschließen (BGH NJW 2014, 311 Tz. 26), es kann auch eine Handlungs- oder Duldungspflicht auferlegen (mitheizen der benachbarten Doppelhaushälfte, BGH NJW-RR 2013, 650 Tz. 6). U.U. enthält der Eigentümer dafür einen Ausgleichsanspruch (BGH NJW-RR 2014, 973). So kann sich aus dem Gemeinschaftsverhältnis etwa der Anspruch des Grundstückseigentümers auf Duldung einer für die Grenzfeststellung erforderlichen Vermessung in der Wohnung des Nachbarn ergeben. Dabei sind die Interessen der Parteien zu beachten und ggf. abzuwägen (BGH NJW-RR 2022, 1178 Tz. 8 ff. und 16 f.).

Dabei können nicht alle negativen Einwirkungen, die durch Handlungen auf dem eigenen Grundstück geschehen und sich auf das Nachbargrundstück auswirken, von dem Eigentümer dieses Grundstücks als Besitz- oder Eigentumsverletzung verboten werden, §§ 862, 1004 BGB (BGH NRW-RR 2003, 1313). Es besteht **kein Abwehranspruch** gegen Behinderung der Licht- und Luftzufuhr oder des Ausblicks durch Zäune, Antennen oder Pflanzen (BGH NJW-RR 2015, 1425 Tz. 15). Auch **immaterielle (ideelle) Einwirkungen**, die das ästhetische oder sittliche Empfinden des Nachbarn verletzten oder den Verkehrswert des Grundstücks mindern, und durch Handlungen auf dem eigenen Grundstück entstehen, begründen grundsätzlich keinen Abwehranspruch (BGH NJW-RR

2003, 1313); wie bspw. das Nacktbaden (RGZ 76, 130), ein Bordell (BGHZ 95, 307), die Ablagerung von Baumaterialien oder ein Schrottplatz neben einem Hotel (BGH JZ 1970, 782).

Aus dem nachbarrechtlichen Gemeinschaftsverhältnis können **Abwehransprüche** begründet werden, §§ 823 (Persönlichkeitsverletzung), 862, 1004, 226, 826 BGB (BGH NJW-RR 2003, 1313). So bei Beeinträchtigung des Zugangs zum Nachbargrundstück oder bei einer Überwachungskamera auf dem Nachbargrundstück, die das eigene Grundstück erfasst (BGH NJW-RR 12, 140). Oder die Verpflichtung, bauliche Veränderungen in einer den Belangen des Nachbarn möglichst wenig beeinträchtigenden Weise durchzuführen. 12
Dagegen kann sich aus dem nachbarlichen Gemeinschaftsverhältnis kein Notwegrecht (§ 917 BGB) ergeben. Diese Norm enthält im Hinblick auf die nicht durch dingliche Rechte oder schuldrechtliche Verträge begründeten Wegerechte eine abschließende Regelung. Sind deren Voraussetzungen nicht erfüllt, kann sich der Anspruch nicht aus dem Gemeinschaftsverhältnis, aus jahrzehntelanger Übung oder aus dem Schikaneverbot (§ 226 BGB) ergeben (BGH NJW-RR 2022, 1381 Tz. 16 ff.).
Beschränkungen durch das gemeinschaftliche Nachbarverhältnis gelten auch für den Bereich des Immissionsschutzes, § 906, § 1004 BGB (BGHZ 38, 61; BGH NJW 2001, 3119).

Beispiele: BGH NJW 2003, 1392 – Entstehung eines nachbarlichen Gemeinschaftsverhältnisses durch spätere Parzellierung eines bebauten Gesamtgrundstücks und weitere Duldung der Abwasserdurchleitung; BGH NJW-RR 2003, 1313 – Zustimmungspflicht zu baulicher Veränderung nach Grundstücksteilung; BGH JZ 2001, 244 – Ansiedlung in der Nähe einer Hammerschmiede in Kenntnis oder grob fahrlässiger Unkenntnis der davon ausgehenden Geräuscheinwirkungen unter Einhaltung der zulässigen Richtwerte; BGH NJW 2000, 1719 – Nichtnutzung des eigenen Grundstücks begründet nach den Grundsätzen des nachbarlichen Gemeinschaftsverhältnisses keine Pflicht zur Duldung der Inanspruchnahme des Grundstücks durch den Nachbarn, vielmehr gilt das Recht aus § 903 Satz 1 uneingeschränkt; AG Neu-Ulm NJW-RR 1999, 892 – das nachbarliche Gemeinschaftsverhältnis erlaubt es einem Grundstückseigentümer jedenfalls in einem allgemeinen Wohngebiet mit Einfamilien- und Reihenhausbebauung, eine Katze mit freiem Auslauf zu halten, auch bei entsprechenden „Kotablagerungen“, bei mehreren Katzen dagegen kommt § 1004 BGB zur Anwendung (ausführlich hierzu MK § 903 BGB Rn. 37. Zum Thema Konflikte durch Bäume an der Grenze im nachbarlichen Gemeinschaftsverhältnis *Otto* RdL 2005, 6).

Zum baurechtlichen Nachbarschutz auf der Grundlage des nachbarlichen Gemeinschaftsverhältnisses VGH BaWü VBlBW 2003, 235.

b) **Öffentlich-rechtliche Beschränkungen.** Die Befugnisse des Eigentümers werden auch durch unzählige Vorschriften des öffentlichen Rechts begrenzt. Die Durchsetzung dieser Eigentumsbeschränkungen unterliegt den Verwaltungsbehörden. Ein Dritter kann durch ihre Nichteinhaltung in seinen Rechten verletzt sein und kann sie selbstständig geltend machen, wenn die Norm ihn schützt, sie drittschützenden Charakter hat, etwa Grenzabstände (BGH NZM 2013, 244) 13 oder Schall und Geruchsbelästigung (BayObLG NJW-RR 1994, 781; hierzu ausführlich *Grüneberg-Herrler* § 903 BGB Rn. 14–26). Zuständig für eine Klage ist dann das Verwaltungsgericht.

Öffentlich-rechtliche Beschränkungen enthalten u. a. das Flurbereinigungsgesetz, das Baugesetzbuch, die Landesbauordnung, das Wasserhaushaltsgesetz, das Wassergesetz, das öffentliche Verkehrsrecht, das BImSchG, das Chemikaliengesetz, das Kreislaufwirtschafts- und Abfallgesetz, die Gewerbeordnung, das Gaststättengesetz, das Jagd- und Fischereirecht, das Pflanzenschutzgesetz, das Denkmalschutzgesetz und das Naturschutzrecht, aber auch ortspolizeiliche Verordnungen.

Beispiele: Nach den **naturschutzrechtlichen Schutzgebietsvorschriften** darf der Eigentümer keine Veränderungen durchführen oder nur mit Erlaubnis der Naturschutzbehörde vornehmen. Die **Verordnungen zum Schutz der Baumbestände** sind Rechtsgrundlage für Nutzungsbeschränkungen hinsichtlich der Entfernung und Beschneidung von Bäumen (OVG Berlin NVwZ 2005, 721). Die aufgrund des Baugesetzbuches erlassenen **Bebauungspläne** setzen Art und Umfang der Bebauungsmöglichkeit eines Grundstückes fest. Bei dauerhaftem Verkehrslärm sind die Wertentscheidungen des **BImSchG** maßgebend, wobei die Grenzwerte der TA Luft und TA Lärm sowie VDI-Regeln Anhaltspunkte, jedoch ohne Bindung, liefern (BGH NJW 1988, 900; *Grüneberg-Herrler* § 906 BGB Rn. 38). Wird das Grundstück durch die zugelassene Straßenbenutzung schwer und unerträglich betroffen, steht dem Eigentümer ein Entschädigungsanspruch aus enteignungsgleichem Eingriff zu. Das **Wasserhaushaltsgesetz** schränkt das Eigentum ein, um die Gewässer einschließlich des Grundwassers zu schützen sowie Ausbau- und Unterhaltungsmaßnahmen durchführen zu können. Der Grundstückseigentümer muss hinnehmen, dass Wasserschutzgebiete, § 19 WHG, die Nutzung seines Eigentums beschränken. **Ortspolizeiliche Verordnungen** enthalten Bestimmungen z. B. über den Schutz gegen Lärmbelästigungen (Benutzung von Tonwiedergabegeräten, Haus- und Gartenarbeiten, Nutzung von Sport- und Spielplätzen, Tierlärm u. a.) und gegen umweltschädliches Verhalten und Belästigungen der Allgemeinheit (Abspritzen von Fahrzeugen, Gefahren durch Tiere, Taubenfütterungsverbot u. a.).

14 c) **Rechte Dritter.** Auch Rechte Dritter begrenzen die Freiheit des Eigentums unmittelbar, so beschränken etwa dingliche Rechte, wie die Grunddienstbarkeit, der Nießbrauch, die beschränkt persönliche Dienstbarkeit, §§ 1018, 1030, 1090 BGB, die Nutzung des Eigentums (BGH NJW 1974, 1381). Schuldrechtliche Ansprüche begrenzen das Eigentum demgegenüber nicht unmittelbar, sie legen dem Eigentümer nur eine persönliche Verpflichtung auf.

15 d) **Gemeinwohl/Gemeingebrauch.** Steht eine Sache im Gemeingebrauch, wie Straßen und Plätze, §§ 7 FStrG, 13 LStrG, kann jedermann sie, im Rahmen der Widmung und der Zweckbestimmung, benutzen; das Recht des Eigentümers tritt insoweit zurück (BGHZ 33, 239). Bei Beschränkung hat der Hoheitsträger einen öffentlich-rechtlichen Abwehranspruch, ist ein privater Eigentümer betroffen, steht ihm der Anspruch nach § 1004 BGB zu (BGH NJW 1998, 2058). Ein Grundstück ist aber auch in seinem „Kontakt nach außen" geschützt, d. h. im

Ab- und Zugang von und zu einer im Gemeingebrauch stehenden Straße (BGH NJW 1998, 2058). Auch dieser „Bestand" ist geschützt, sog. „Anliegergemeingebrauch". Garantiert ist aber nicht der uneingeschränkte Bestand, sondern nur die Verbindung (BGH NJW 1979, 1043).

> **Beispiele:** Eine „Laternengarage" ist grundsätzlich zulässig (BVerwG DVBl 1979, 155), wie auch das Abstellen von Wohnwagen (BVerwG NJW 1986, 337). Kein Anspruch besteht dagegen auf Parken in der Nähe des Grundstücks (BVerwG NJW 1983, 770).

Eingriffe von hoher Hand, die über die Sozialbindung des Eigentums hinausgehen, dürfen nur zum Wohle der Allgemeinheit in Erfüllung bestimmter öffentlicher Aufgaben und nicht aus fiskalischen Erwägungen oder allgemeinen Zweckmäßigkeitserwägungen heraus (Enteignung eines Grundstücks zum Zwecke der weiteren Nutzung als Sportgelände, BVerfG NJW 1999, 1176) und gegen angemessene Entschädigung im Wege der Enteignung erfolgen, Art. 14 Abs. 3 GG. Das hierzu ermächtigende Gesetz muss Art und Ausmaß der Entschädigung regeln. Rechtsgrundlagen für die Enteignung sind jeweils bundes- oder landesrechtliche Enteignungsgesetze. Enteignende Maßnahmen von hoher Hand, die ohne besondere gesetzliche Ermächtigung erfolgen, sind aus dem Gesichtspunkt des enteignungsgleichen Eingriffs ebenfalls entschädigungspflichtig (*Grüneberg-Herrler* vor § 903 BGB Rn. 14, 48 ff.).

4. Ansprüche des Eigentümers und des Nachbarn

a) Ansprüche des Eigentümers. Der Eigentümer setzt seine Rechte grundsätzlich im Zivilrechtsweg durch. Für eine Klage ist je nach Streitwert das Landgericht oder das Amtsgericht zuständig, §§ 23 Nr. 1, 71 GVG, 3 ff. ZPO. Dabei gilt bei einem Streitwert bis 5000 Euro die Zuständigkeit des Amtsgerichts. Bei einem Wert über 5000 Euro die Zuständigkeit des Landgerichts. Dabei werden die meisten Klagen über Grenzbäume, Überwuchs, Notwegerente, Grenzabmarkung, kleinere Verletzungen der Eigentümerbefugnis vor dem Amtsgericht zu führen sein. Während Überbau und störende Anlagen über dem Streitwert von 5000 Euro liegen und deshalb bei den Landgerichten einzuklagen sein werden. Bei Entziehung des Eigentums kann der Eigentümer mit der Herausgabeklage nach § 985 BGB sein Eigentum wieder zurückfordern; mit einer Klage auf Unterlassung oder Beseitigung der Beeinträchtigung nach § 1004 BGB kann er sonstige Eingriffe auf seine Rechtsposition abwehren. Bei Verschulden des Verletzers kann der Eigentümer Schadensersatz nach §§ 823, 249 BGB verlangen. Hat der Eigentümer die Einwirkungen zu dulden, etwa § 906 BGB, so kann er oft für unzumutbare aber zu duldende Einwirkungen einen angemessenen Geldausgleich verlangen. Als Ausgleich für die Duldungspflicht gewährt das Gesetz häufig Ausgleichsansprüche, § 904 Satz 2, § 906 Abs. 2 Satz 2, 912 Abs. 2, 917 Abs. 2, 962 Satz 2 BGB. Das Abwehrrecht aus § 903 BGB i. V. m. § 1004 BGB wird ergänzt durch die §§ 227, 228, 229 BGB. 16

b) Privatrechtliche Beschränkungen. Beschränkungen des Eigentums durch privatrechtliche Normen werden ebenso im Zivilrechtsweg geltend gemacht. Hier beruft sich der Dritte auf die Beschränkungen des Eigentums, etwa auf § 917 BGB oder auf § 7 NRG. Auch diese Beschränkungen sind selbstverständlich im Zivilrechtsweg einzuklagen. 17

18 c) **Öffentlich-rechtliche Beschränkungen.** Die Durchsetzung der Beschränkungen der öffentlich-rechtlichen Normen unterliegt der Verwaltungsbehörde. Sie setzt ihre Rechte, so eine Klage erforderlich wird, im Verwaltungsgerichtsverfahren, § 40 Abs. 1 VwGO, durch.

19 **d) Drittschützende Normen.** Drittschützenden Normen liegen vor, wenn die Norm den Dritten ausdrücklich schützt oder ausdrückt, dass seine Interessen im Einzelfall zu berücksichtigen sind (BVerwG NVwZ 1999, 829). Der Drittschutz muss nicht der Hauptzweck sein. Die Norm muss aber den Schutz privater Interessen eines individualisierten und von der Allgemeinheit abgrenzbaren Personenkreises sowie die Art ihrer Verletzung hinreichend erkennen lassen (BVerwG NJW 1988, 434). (Einzelheiten hierzu auch zur unübersehbaren Kasuistik *Grüneberg-Herrler* § 903 BGB Rn. 14 ff. m. w. N.).

20 **Bei drittschützenden Normen bestehen Besonderheiten:**
aa) Durchsetzung des öffentlich-rechtlichen Drittschutzes: Sie erfolgt im Verwaltungsrechtsweg. Verletzt etwa eine Baugenehmigung eine drittschützende Norm, kann der Dritte dies mit der Anfechtungsklage im Verwaltungsrechtsweg, § 40 Abs. 1 VwGO, geltend machen. Sind bereits Folgen eingetreten, greift der öffentlich-rechtliche Folgenbeseitigungsanspruch. Umgekehrt kann der Dritte auch, wenn eine drittschützende Norm besteht und verletzt wird, mit der Verpflichtungsklage ein Einschreiten der Behörde erzwingen (BVerwG NVwZ 1998, 395).

21 **bb)** Durchsetzung im Zivilrechtsweg: Öffentlich-rechtliche Nachbarschutzvorschriften mit Drittschutz sind grundsätzlich Schutzgesetze i. S. v. § 823 Abs. 2 BGB. Verstößt der Grundstückseigentümer gegen sie, hat der geschützte Dritte analog § 1004 BGB den Beseitigungs- und Unterlassungsanspruch, bei Verschulden auch Schadensersatz, §§ 823 Abs. 2, 249 BGB (BGH NZM 2013, 244 Tz. 17). Diese Ansprüche sind dann auf dem Zivilrechtsweg geltend zu machen. Verstößt die Verwaltungsbehörde gegen eine solche Norm, kann der geschützte Dritte einen Schadensersatz nach § 839 BGB haben, dieser Anspruch wird auch im Zivilrechtsweg geltend gemacht (BGH NJW 1983, 1795).

22 **cc)** Nebeneinander: Privater und öffentlich-rechtlicher Schutz bestehen nebeneinander und sind auch in ihrer Geltendmachung unabhängig voneinander. Die eine Möglichkeit nimmt der anderen nicht das Rechtsschutzinteresse.

5. Besitz

23 Im Gegensatz zum Eigentum begründet der Besitz, §§ 854 ff. BGB, keine rechtliche, sondern eine tatsächliche Sachherrschaft. Unmittelbarer Besitzer ist derjenige, welcher die tatsächliche Gewalt über eine Sache ausübt. Wie der Eigentümer, der sein Grundstück selbst bewohnt und bewirtschaftet, aber auch der Mieter oder Pächter, der die Sachherrschaft aufgrund Vertrages mit dem Eigentümer inne hat. Nennt das Gesetz den „Eigentümer“ ausdrücklich als Anspruchsberechtigten, so muss der besitzende Nichteigentümer – Mieter oder Pächter – sich wegen der Geltendmachung der Rechte an jenen wenden. Wird dagegen der „Besitzer“ genannt, § 23 NRG, so ist sowohl der besitzende Eigentümer als auch der besitzende Nichteigentümer angesprochen.

Störungen des Besitzes können durch Selbsthilfe, § 859 BGB, oder durch Besitzstörungsklage, §§ 862, 864 BGB – Frist ein Jahr – abgewehrt werden; zur Besitzstörung durch Katzen (OLG Celle, VersR 1986, 973; AG Diez, NJW 1985, 2339). Dem Besitzer steht bei unzulässiger Vertiefung des Nachbargrundstücks, § 909 BGB, kein Abwehranspruch wegen Besitzstörung, § 862 BGB, zu (BGH NJW 2001, 1865, zugleich zum nachbarrechtlichen Ausgleichsanspruch analog § 906 Abs. 2 Satz 2). Gerät eine Sache aus der Gewalt des Besitzers auf ein im Besitz eines anderen befindlichen Grundstücks – Hühner laufen auf das Nachbargrundstück – so entsteht ein Verfolgungsrecht; der Nachbar – als Besitzer des Nachbargrundstücks – muss die Wegschaffung gegen Ersatz des etwa entstehenden Schadens gestatten, § 867 BGB. Für den Eigentümer der Sache besteht ein entsprechendes Verfolgungsrecht nach § 1005 BGB, der auf § 867 BGB verweist; hat der Besitzer des Nachbargrundstücks auch die Sache in Besitz genommen, so ist § 985 BGB anwendbar (s. auch MK Erläuterungen zu § 1005).

§ 904 Notstand

Der Eigentümer einer Sache ist nicht berechtigt, die Einwirkung eines anderen auf die Sache zu verbieten, wenn die Einwirkung zur Abwendung einer gegenwärtigen Gefahr notwendig und der drohende Schaden gegenüber dem aus der Einwirkung dem Eigentümer entstehenden Schaden unverhältnismäßig groß ist. Der Eigentümer kann Ersatz des ihm entstehenden Schadens verlangen.

1. Allgemeines

§ 904 BGB ist im Zusammenhang mit § 228 BGB zu sehen. Während § 228 BGB es erlaubt, die Sache, von der eine Gefahr ausgeht, zur Abwehr einer durch sie drohenden Gefahr zu beschädigen oder zu zerstören – Notstandsverteidigung –, erlaubt § 904 BGB die Einwirkung auf eine nicht selbst Gefahr bringende Sache – Notstandsangriff. Beiden Normen liegt eine Güterabwägung zugrunde, bei der das weniger schutzwürdige Rechtsgut dem höheren weichen muss. 1

§ 904 Satz 2 BGB gewährt dem betroffenen Eigentümer unabhängig von Verschulden des Einwirkenden Ersatz des ihm entstehenden Schadens. Ausnahme: Er hat die Notstandssituation selbst verschuldet (LG Freiburg NJW-RR 1989, 683 Sprung aus brennendem Haus auf parkenden PKW). Demgegenüber gibt § 228 BGB i. d. R. keinen Ersatzanspruch, außer der Handelnde hat die Gefahr selbst verschuldet.

Wegen der Selbstverteidigung des Eigentums im Falle der Notwehr § 227 BGB.

2. Voraussetzungen

a) Notstandslage. Für das Rechtsgut – eigenes oder ein fremdes – muss eine gegenwärtige Gefahr bestehen, d. h. sofortige Abhilfe erfordern, ohne dass andere taugliche Gegenmittel als die Einwirkung zur Verfügung stehen. Gleichgültig ist, ob die Gefahr verschuldet ist oder nicht (OLG Hamm VRS 2016, 142). Sie kann auch schon länger andauern, wenn mit dem Schaden jederzeit zu rechnen ist. 2

3 b) **Notstandshandlung.** – **aa**) Eingriff: Ein Eingriff ist jede – mittelbare oder unmittelbare – Handlung, die auf eine Sache einwirkt und die den Status Quo verändert: Zerstörung, Beschädigung, Veränderung, Gebrauch.

4 **bb**) Notwendig: Die Handlung muss objektiv notwendig sein, die Gefahrabwehr bezwecken (BGHZ 92, 357), um eine gegenwärtige Gefahr für eigene oder/und fremde Rechtsgüter, Personen oder Sachen abzuwenden.

5 **cc**) Unverhältnismäßiger Schaden: Der drohende Schaden muss größer sein als der durch die Einwirkung entstehende, unbeschadet des Erfolgs. Dies ist immer der Fall bei Gefahr für Leib und Leben gegenüber Sachschäden; bei Sachschaden muss die Wertigkeit geschätzt und bewertet werden.

6 c) **Beweislast.** Sie trägt derjenige, der sich auch die Rechtfertigung beruft.

7 d) **Beispiele.** Ein Notstand i. S. d. § 904 BGB ist gegeben, wenn ein an der Nachbargrenze stehendes Gebäude einzustürzen droht und der Einsturz nur dadurch verhindert werden kann, dass der Eigentümer des gefährdeten Gebäudes auf dem Grundstück seines Nachbarn unter Beschädigung dessen Gartenanlagen Stützbalken anbringen lässt. In diesem Fall kann der Eigentümer des Nachbargrundstücks das Betreten der Gartenanlagen und die Anbringung der Stützbalken durch den Eigentümer des gefährdeten Gebäudes oder dessen Beauftragten nicht verbieten, wohl aber kann er Ersatz des entstandenen Schadens verlangen. Dasselbe gilt bei der Anbringung einer i. S. d. § 909 BGB als Befestigung notwendigen Unterfangungskonstruktion unter die Giebelwand einer Scheune unter Inanspruchnahme des Grundstücks durch den Nachbarn; der Schadensersatzanspruch aus § 904 Satz 2 BGB wird dann ausgelöst, wenn die angebrachte Unterfangung vom Eigentümer anlässlich späterer eigener Baumaßnahmen – hier zur Schaffung einer Baugrube – entfernt werden muss (OLG Karlsruhe Die Justiz 1991, 12).
Auch kann zur Vermeidung der Ausbreitung eines Brandes eine Waldschneise auf fremden Grundstücken geschlagen oder benachbarte Gebäude abgebrochen werden. Die Inanspruchnahme eines fremden Fahrzeugs zum Abtransport eines Verunglückten fällt ebenfalls unter § 904 BGB.

3. Rechtsfolgen

8 a) **Duldung.** Der Eigentümer muss die Einwirkung dulden, sie ist rechtmäßig. Es besteht kein Abwehranspruch. Auch der Besitzer muss die Einwirkung dulden, er hat keine Abwehrrechte nach §§ 227, 859 BGB.

9 b) **Schadensersatz.** – **aa**) Schadensersatz: Als Gegenstück zur Duldungspflicht erhält der Eigentümer einen verschuldensunabhängigen Schadensersatzanspruch, §§ 904 Satz 2, 249 ff. BGB. (*Grüneberg-Herrler* § 904 BGB Rn. 5; *Bamberger/Roth* § 904 BGB Rn. 20 f.; BayObLGZ 2002 S. 44).

10 **bb**) Irrtum: Der Anspruch besteht auch bei Irrtum des Einwirkenden über die Voraussetzungen des Anspruchs. Bei schuldhaftem Irrtum, § 823 ff. BGB; bei schuldlosem Irrtum § 904 Satz 2 BGB.

cc) Schuldhafte Verursachung: Der Anspruch entfällt, wenn der Eigentümer die Lage schuldhaft verursacht hat (BGHZ 6, 102). **11**

dd) Hoheitliches Handeln: § 904 BGB ist nicht anwendbar, wenn die Einwirkung in Ausübung hoheitlicher Tätigkeit – Polizei, Feuerwehr – erfolgt (BGH NJW 1992, 3229: Abwehr einer Wassergefahr – Hochwasser mittels Absperrung eines Entwässerungsgrabens durch Gemeinde; zugleich kommt jedoch Entschädigungspflicht aus dem Gesichtspunkt des enteignungsgleichen oder enteignenden Eingriffs in Betracht). Bei Brandbekämpfung durch gemeindliche Feuerwehr können neben dem öffentlichen Recht (Pflicht zur Brandbekämpfung) zugleich auch zivil- und strafrechtliche Bestimmungen über den Notstand wie § 904 BGB, §§ 34, 35 StGB oder §§ 9 und 55 ff. PolG zur Anwendung kommen (BayObLGZ 2002, 35). **12**

c) **Rückgriff.** Der in Nothilfe Handelnde kann sich im Innenverhältnis an den Begünstigten halten, §§ 670, 677 ff., 812 ff. BGB. **13**

4. Berechtigter des Schadensersatzanspruchs

Der Schadensersatzanspruch nach Satz 2 steht nicht nur dem Eigentümer, sondern auch dem Besitzer sowie jedem dinglichen Berechtigten zu, soweit ihn der Schaden betrifft (MK § 904 BGB Rn. 14). Der Anspruch scheidet jedoch aus, wenn aus anderen Gründen bei dem von der Einwirkung betroffenen Gegenstand derselbe Schaden entstanden wäre. Das zur Brandabwehr abgebrochene Haus (obiges Beispiel) wäre nur etwas später durch den sich ausbreitenden Brand zerstört worden (*Soergel* § 904 BGB Rn. 20). **14**

5. Schuldner

Der Anspruch besteht gegen den Einwirkenden nicht gegen den Begünstigten, denn der Einwirkende ist für den Eigentümer leichter zu ermitteln. Dieser kann allerdings Rückgriff nehmen beim Begünstigten, §§ 677 ff., 812 BGB. **15**

6. Verjährung

Die Verjährungsfrist beträgt drei Jahre, §§ 195, 199 Abs. 1, Abs. 3 BGB. **16**

§ 905 Begrenzung des Eigentums

Das Recht des Eigentümers eines Grundstücks erstreckt sich auf den Raum über der Oberfläche und auf den Erdkörper unter der Oberfläche. Der Eigentümer kann jedoch Einwirkungen nicht verbieten, die in solcher Höhe oder Tiefe vorgenommen werden, dass er an der Ausschließung kein Interesse hat.

1. Allgemeines, Herrschaftsrecht des Eigentümers, § 905 Satz 1 BGB

§ 905 BGB stellt klar, auf welche Rechte sich das Eigentum am Grundstück erstreckt: Auch auf den Luftraum über und den Erdkörper unter der Erdoberfläche. Die Rechte des Eigentümers enden hier jedoch, wenn er wegen der Höhe im Luftraum oder der Tiefe im Erdkörper kein Interesse an einer Abwehr hat. **1**

2. Voraussetzungen

2 Das Eigentum muss betroffen sein. § 905 BGB stellt dabei klar, dass die Einwirkung nicht unmittelbar die Erdoberfläche betreffen muss; das Recht des Eigentümers an seinem Grundstück erstreckt sich auf das Erdreich senkrecht unter der Oberfläche und den Luftraum senkrecht über dem Grundstück. Das Verbietungsrecht gilt nicht nur für gegenwärtige, konkrete Verhältnisse des Grundstücks, sondern auch für seine künftigen nicht völlig auszuschließenden Nutzungen (BGH NJW 1994, 999 betr. im Boden verlegte Fernmeldeleitungen in einer Tiefe von 2 m).

3. Ausschluss des Verbietungsrechts

3 § 905 Satz 2 BGB und eine Reihe weiterer Vorschriften schränken die Herrschaftsmacht des Eigentümers am Luftraum und im Erdreich ein:
a) **Kein Ausschlussinteresse**, § 905 Satz 2 BGB: Der Eigentümer hat zunächst die Einwirkungen Dritter nach § 905 Satz 2 BGB zu dulden, die in solcher Höhe oder Tiefe vorgenommen werden, dass er kein Interesse an der Ausschließung hat. Gemeint ist damit jedes schutzwürdige Interesse an der ungestörten Nutzung des Grundstücks. Anders als bei §§ 903, 906 BGB fallen darunter sämtliche vermögensrechtlichen, immateriellen und auch ästhetischen Interessen. Die Besorgnis künftiger Beeinträchtigungen ist ausreichend (BGHZ 125, 56, 64).

4 **Beispiele:** Reklametafel (OLG Hamburg MDR 1969, 576); Führung von Leitungen unter der Straße (OLG Bremen OLGZ 1971, 147); Untertunnelung (BGH NJW 1982, 2179); überschwenkender Baukran in 25 m Höhe mit nicht lasttragendem Arm (LOG Düsseldorf NZM 582, vgl. aber 1004); Versorgungsleitungen in 2 oder 3 m Tiefe (BGH NJW 1994, 999; OLG Düsseldorf NJW-RR 91, 403).
Bei der Pflicht zur Duldung der Einwirkung, die zu Eigentumsverletzungen führt, hat der Eigentümer nach h. M. einen Entschädigungsanspruch analog § 906 Abs. 2 Satz 2 BGB.
Die **Beweislast**, dass die vom Eigentümer behaupteten Umstände für sein Ausschließungsinteresse nicht bestehen, trägt der Einwirkende.

5 b) Auch die Regeln über den **Schatzfund**, § 984 BGB, § 23 DSchG ändern § 905 Satz 1 BGB ab.

6 c) Das **Überfliegen** von Grundstücken ist durch § 11 LuftVG, geregelt – für Luftschiffe, Flugzeuge, Ballone, Drachen und ähnliche für eine Bewegung im Luftraum bestimmte Geräte.

7 d) Das **Grundwasser** ist nicht eigentumsfähig, § 4 Abs. 2 WHG. Es unterliegt nicht der Verfügung des Eigentümers (BVerfGE 58, 300). Weitere Einschränkungen §§ 8 Abs. 3, 15, 26 WHG. An den oberirdischen Gewässern besteht, auch wenn sie in Privateigentum stehen, Gemeingebrauch zum Baden, Waschen, Schöpfen, Tränken, Schwemmen, Befahren mit kleinen Fahrzeugen ohne Motor und zum Eislauf.

8 e) **Telekommunikation**. Der Bund ist befugt, Verkehrswege für die öffentlichen Zwecken dienenden Telekommunikationslinien unentgeltlich zu benutzen, §§ 68 ff. Telekommunikationsgesetz.

f) **Weitere Gesetze.** Weitere Einschränkungen ergeben sich aus dem Bundesberggesetz, ferner aus dem Bundes-Bodenschutzgesetz, auch aus dem Fischereigesetz etwa Uferbetretungsrecht, § 16 FischereiG. 9

g) Der **Gemeingebrauch** an Straßen und Wegen im Rahmen der Widmung und der Gemeinverträglichkeit ist jedermann gestattet, §§ 7 FStrG, 13 StrG; Feld- und Waldwege gehören zu den „beschränkt öffentlichen" Wegen im Naturschutzgesetz. 10

h) Das **NRG** regelt in den § 7b ff. die Duldungspflicht für überragende Bauteile und Wärmedämmung sowie das Hammerschlags- und Leiterrecht. 11

i) Auch eine Duldungspflicht aufgrund **Vertrages**, etwa die Verlegung einer Fernwasserleitung oder Zu- und Ableitung von Strom, ist möglich. 12

4. Rechtsfolgen/Ansprüche

a) **Unterlassungsansprüche.** Einwirkungen, die der Eigentümer nach diesen Normen nicht zu dulden hat, können von ihm nach § 1004 BGB, vom Besitzer nach § 862 BGB, verboten werden. Hat der Eigentümer zu dulden, sind Ansprüche nach §§ 1004, 862 BGB nicht gegeben. 13

b) **Schadensersatzansprüche.** Ist die Einwirkung nicht zu dulden und führt sie zu einer Eigentumsverletzung, besteht ein Schadensersatzanspruch nach § 823 Abs. 1 und 2 BGB; dabei ist jedoch Verschulden erforderlich. Ohne Verschulden gibt es Entschädigung, analog §§ 867 Satz 2, § 904 Satz 2 und § 906 Abs. 2 Satz 2 BGB (*Bamberger/Roth* § 905 Rn. 11, MK § 905 Rn. 18 f.). 14

c) **Gesetzliche Duldungspflicht.** Bei gesetzlicher Duldungspflicht besteht in einigen Fällen ein Entschädigungsanspruch; so gibt § 76 Abs. 2 Telekommunikationsgesetz bei unzumutbarer Beeinträchtigung ein Anspruch auf angemessenen Geldausgleich; § 19 LuftVG u. a. für Vermögensnachteile infolge Baubeschränkungen innerhalb und außerhalb festgelegter Bauschutzbereiche sowie für die Beseitigung anderer Luftfahrthindernisse wie Bäume, Freileitungen. 15

§ 906 Zuführung unwägbarer Stoffe

(1) Der Eigentümer eines Grundstücks kann die Zuführung von Gasen, Dämpfen, Gerüchen, Rauch, Ruß, Wärme, Geräusch, Erschütterungen und ähnliche von einem anderen Grundstück ausgehende Einwirkungen insoweit nicht verbieten, als die Einwirkung die Benutzung seines Grundstücks nicht oder nur unwesentlich beeinträchtigt. Eine unwesentliche Beeinträchtigung liegt in der Regel vor, wenn die in Gesetzen oder Rechtsverordnungen festgelegten Grenz- oder Richtwerte von den nach diesen Vorschriften ermittelten und bewerteten Einwirkungen nicht überschritten werden. Gleiches gilt für Werte in allgemeinen Verwaltungsvorschriften, die nach § 48 des Bundes-Immissionsschutzgesetzes erlassen worden sind und den Stand der Technik wiedergeben.

(2) Das Gleiche gilt insoweit, als eine wesentliche Beeinträchtigung durch eine ortsübliche Benutzung des anderen Grundstücks herbeigeführt wird und nicht durch Maßnahmen verhindert werden kann, die Benutzern dieser Art wirtschaftlich zumutbar sind. Hat der Eigentümer hiernach eine Einwirkung zu dul-

den, so kann er von dem Benutzer des anderen Grundstücks einen angemessenen Ausgleich in Geld verlangen, wenn die Einwirkung eine ortsübliche Benutzung seines Grundstücks oder dessen Ertrag über das zumutbare Maß hinaus beeinträchtigt.

(3) Die Zuführung durch eine besondere Leitung ist unzulässig.

1. Allgemeines

1 § 906 BGB begrenzt die Herrschaftsbefugnis des Eigentümers eines Grundstücks. Er will zwischen zwei Grundstücken, die nicht notwendig unmittelbar aneinander angrenzen müssen, einen Interessenausgleich herbeiführen. Grundgedanke der Regelung ist, dass eine sinnvolle Nutzung eines Grundstücks oft nur möglich ist, wenn damit auch gewisse Störungen für die Nachbargrundstücke verbunden sind. Ein Flugplatz oder ein Sportplatz bringen Lärm für die Nachbargrundstücke mit sich; eine Produktionsfabrik kann häufig nur betrieben werden, wenn der Nachbar nicht jede Beeinträchtigung von Lärm oder Gerüchen dem Betreiber untersagen kann. Dabei ist auch zu bedenken, dass für die Nutzung des Grundstücks des Nachbarn ja dasselbe gilt. Da auch niemand einen Anspruch darauf haben kann, keinerlei Beeinträchtigung ausgesetzt zu sein, trifft § 906 BGB die Grundentscheidung, was der einzelne Nachbar zu dulden hat, wann es darüber hinausgeht und er die Beeinträchtigung untersagen kann: Bestimmte Störungen muss der Nachbar hinnehmen; soweit er sie dulden muss, kann er Abwehransprüche, § 1004 BGB, nicht geltend machen. Sind diese Einwirkungen aber nicht mehr zumutbar und nicht ortsüblich, so kann Beseitigung, Unterlassung oder unter bestimmten Umständen Geldausgleich verlangt werden.

2. Privat- und öffentlich-rechtlicher Immissionsschutz

2 a) **Privatrechtlicher Immissionsschutz.** § 906 BGB ist die Grundnorm des Immissionsschutzes im BGB. Der Eigentümer – auch die sonst dinglich Berechtigten – erhält über § 1004 BGB einen Abwehranspruch gegen Einwirkungen, die er nicht nach § 906 BGB zu dulden hat; sollte der Anspruch ausgeschlossen sein, obwohl eine wesentliche Beeinträchtigung vorliegt, so erhält er hierfür einen Ersatzanspruch.

3 b) **Öffentlich-rechtlicher Immissionsschutz.** Öffentlich-rechtlicher Immissionsschutz wird vor allem durch das BImSchG, das AtomG, das FluglärmG und die zahlreichen hierzu erlassenen Verordnungen gewährt.

4 c) **Verhältnis öffentlicher und privater Immissionsschutz.** – aa) **Auswirkungen des öffentlich-rechtlichen Immissionsschutzes auf das private Nachbarrecht:** Die öffentlich-rechtlichen Immissionsschutzvorschriften wirken auch auf das privatrechtliche Nachbarrecht. Die Einhaltung dieser Vorschriften hat „Indiz Wirkung“ für den privatrechtlichen Immissionsschutz (BGH NJW 2004, 1317). Bei Verstoß gegen die Vorschriften des öffentlichen Immissionsschutzrechts ist die Berufung auf Wesentlichkeit oder Ortsüblichkeit der Beeinträchtigungen, § 906 Abs. 1 und 2 BGB, zur Rechtfertigung in aller Regel ausgeschlossen (allgemein zum Verhältnis des öffentlichen zum privaten Nachbarrecht, *Dolderer* DVBl 1998, 19.b). In diesem Sinne wurde die von der Rechtsprechung (Feuerwehrsirenen-

Urteil BVerwG NJW 1988, 2396; Volksfestlärm-Urteil BGHZ 111, 63, 68 f; = NJW 1990, 2465) verfolgte Harmonisierung des öffentlichen und privaten Immissionsschutzrechts durch Erweiterung des § 906 Abs. 1 BGB um die Sätze 2 und 3 rechtlich festgeschrieben. Danach ist eine Beeinträchtigung in der Regel unwesentlich, wenn die in den dort genannten öffentlich-rechtlichen Vorschriften festgelegten Werte (z. B. nach § 2 der 18. BImSchV – Sportanlagenlärmschutz-Verordnung oder nach §§ 2 und 3 der 26. BImSchV – Verordnung über elektromagnetische Felder) von den nach diesen Vorschriften ermittelten und bewerteten Einwirkungen eingehalten werden.

Nicht unmittelbar gelten Werte in Regelwerken privater Normsetzungsgremien, **5**
wie DIN, VDE, VDI. Bei Einhaltung privater Umweltstandards muss im Einzelfall geprüft werden; auch bei Nichtüberschreitung der Werte nach Abs. 1 Sätze 2 und 3 kann je nach den Umständen des Einzelfalles die Beeinträchtigung wesentlich sein; so kommt es etwa bei Geräuscheinwirkungen auch auf die Art und Lästigkeit an (BGH, NJW 1990, 2465; 1992, 2019). Besondere Häufigkeit oder Dauer sind nicht notwendig, können aber entscheidend dazu beitragen (*Soergel* § 906 BGB Rn. 76); etwa Lästigkeit von Geräuschen durch Lautstärke, hohe oder niedrige Frequenzen, Tages- oder Nachtzeit, An- und Abschwellen, Plötzlichkeit, Impulscharakter. Auch kann eine Beeinträchtigung wesentlich sein, insbes., wenn immissionsbedingte Schäden eintreten (BGH NJW 1999, 1029; s. auch *Bitzer*, DZWir 1995, 367 m.w. Hinweisen, auch zu § 1004 BGB; OLG München ZMR 1998, 553 betr. Schießlärm); für Sportanlagen sind die in § 2 der 18. BImSchV festgelegten Immissionsrichtwerte maßgebend (BVerwG NVwZ 1995, 993). Auch begründet ein Überschreiten dieser Werte nicht in jedem Falle das Vorliegen einer wesentlichen Beeinträchtigung (BGH DVBl 1995, 111).
Im Übrigen, etwa soweit Grenz- und Richtwerte nicht festgelegt sind, gilt: Die Schwelle der Zumutbarkeit nach öffentlich-rechtlichem Immissionsschutz ist identisch mit dem Maßstab für die Wesentlichkeit bei der Beeinträchtigung i. S. d. § 906 Abs. 1 BGB, d. h. grundsätzlich sind die Maßstäbe für die Grenze der Duldungspflicht gegenüber Immissionen nach privatem und öffentlichem Immissionsschutzrecht gleich (s. auch BGH NJW 1975, 1406; VG Gießen NVwZ-RR 2005, 103). Für eine wertende Betrachtung über die Wesentlichkeit von Grundstücksbeeinträchtigungen können bestrittene und noch nicht gesicherte Erkenntnisse nicht herangezogen werden (BVerfG UPR 97, 186 betr. Beeinträchtigungen durch elektromagnetische Felder, s. auch Anhang zu § 906 Rn. 9; entsprechend zu Beeinträchtigungen durch Windenergieanlagen Anhang zu § 906 BGB Rn. 10). Nicht bindende Verwaltungsvorschriften und sonstige Regelwerke (z. B. VDI-Richtlinien) sind keine normativen Regelungen, sondern können von den Gerichten nur als Entscheidungshilfe herangezogen werden (VGH München NJW 1997, 1181), so die VDI-Richtlinie 3471 als Anhalt zur Beurteilung von Geruchsbelästigungen aus einer Schweinemästerei (BGH NJW 1999, 356); zur Bindungswirkung der Geruchsimmissionsrichtlinie (GIRL) und deren generelle Eignung als Kriterium zur Beurteilung von Geruchsimmissionen (OVG NRW NVwZ 2004, 1259) sowie zur Bindungswirkung der Freizeitlärm-Richtlinie (HessVGH GewA 2005, 437).

bb) Aus der Rechtsprechung zum öffentlichen Immissionsschutzrecht **6**
(s. auch die Fundstellen bei *Fritzsche* NJW 1995, 1121; *Feldhaus*, NVwZ 1995, 963

und Anhang zu § 906 BGB Rn. 7 ff.): Bei der Bestimmung von Art und Umfang der Lichtimmissionen durch **Straßenleuchten** können Vorschriften des BImSchG einen wichtigen Anhalt bieten (VGH München UPR 1991, 137; s. auch OVG Lüneburg NVwZ 1994, 713 und OVG Münster NuR 2005, 728); Benutzung eines**Sportplatzes** (BVerwG NJW 1989, 1291); Aufstellen von **Altglas- und Altpapier-Container** (VG Köln NVwZ 1993, 401; VG Schleswig GewA 2004, 499); **Biergarten** (VGH München NVwZ 1995, 1021); **Bolzplatz** (VGH München NVwZ 1993, 1006; OVG Berlin NVwZ-RR 1994,141 und OVG Schleswig NVwZ 1995, 1019); **Jahrmarkt,** nächtliche Ruhestörung (OVG Bremen NVwZ – RR 1997, 165); **Pausenhof einer Schule** (VG Frankfurt a. M. NVwZ-RR 1993, 447); **Grillplatz** (VGH Mannheim NVwZ 1994, 920); **Musikdarbietungen im Zelt** (VGH München NVwZ 2005, 719); **Open-Air-Konzert** (OVG Lüneburg NJW 1995, 900); von Behindertenheim verursachte Lärmimmissionen (VG Gießen GewA 1998, 350; s. auch OLG Köln NJW 1998, 764); **Musikveranstaltung** im Zusammenhang mit gaststättenrechtlicher Gestattung (OVG Koblenz NJW 2005, 772). Geräuschimmissionen durch liturgisches **Glockengeläute** der Kirchen im herkömmlichen Rahmen sind regelmäßig keine erheblichen Belästigungen, sondern eine zumutbare, sozialadäquate Einwirkung (BVerwG NJW 1984, 989 und VBlBW 1996, 275 betr. dreimal tägliches Angelusläuten, s. auch VGH München NVwZ-RR 2005, 315), anders das nichtliturgische Mittag- und Abendläuten (BayVGH BayVBI. 1994, 721) oder das nächtliche Zeitschlagen (BVerwG NJW 1992, 2779; VGH München NVwZ-RR 2004, 829).

3. Voraussetzungen des § 906 BGB

7 **a) Einwirkungen i. S. v. § 906 Abs. 1 BGB. – aa)** Es müssen **Einwirkungen** auf ein Grundstück vorliegen, die von einem anderen Grundstück ausgehen und damit grenzüberschreitend wirken. Deshalb gilt § 906 BGB nicht zwischen Mietwohnungen (BGH NJW 2004, 775) und zwischen Bruchteilseigentümern (BGH NJW 2012, 3745). Er gilt aber zwischen Räumen, die eigentumsrechtlich dem Nachbargrundstück zugewiesen sind (Überbau, BGH NJW 2008, 1810).

8 **bb)** Diese Einwirkungen müssen durch die **Zuführung unwägbarer Stoffe** geschehen, wie Gase, Gerüche, Geräusche, Erschütterungen. Also nicht Einwirkungen von festen Körpern wie Steinen oder Schrotblei (BGH NJW 1990, 1910), von großen Tieren (LG Bonn NJW-RR10, 310) oder Überwuchs (OLG Schleswig NJOZ 2011, 344) oder von Flüssigkeiten (BGH NJW-RR 2016, 24 Tz. 9). Unter § 906 BGB fallen auch grenzüberschreitende Einwirkungen deren Ausbreitung weitgehend unkontrollierbar und unbeherrschbar sind (BGH NJW 1992 1389). Wie wild fließendes Regenwasser (zum Eindringen von Wasser, § 81 WG – Ablauf wild abfließenden Wassers – und § 1 NRG – Ableitung des Regenwassers und des Abwassers). Zu den Einwirkungen i. S. v. § 906 BGB gehört auch der Bienen- und Taubenflug (nur gelegentlicher Einflug ist hinzunehmen, BGH NJW 1955, 747; OLG Düsseldorf MDR 1968, 841).

9 **cc) Nicht unter § 906 BGB fallen** dagegen die sog. **negativen Einwirkungen**, wie der Entzug von Licht (Abschatten durch Bäume, OLG Hamm MDR 1999, 930; LG Nürnberg-Fürth v. 23. Mai 2000 – 13 S 10117/99), der Ausblick (BGH NJW-RR 2003, 1313) sowie Luft, der unschöne Anblick (BGHZ 51, 396), die

Störung des Fernsehempfangs (BGH NJW 1984, 729) oder der sog. Abschattungseffekt durch eine benachbarte Windenergieanlage (OLG Frankfurt a. M. NJW-RR 2000, 1542).
Gleiches gilt für die **ideellen oder immateriellen Einwirkungen**. Einwirkungen auf das Gefühlsleben, i. d. R. optischer Art, die durch Handlungen auf dem eigenen Grundstück hervorgerufen werden, welche das ästhetische Empfinden des Nachbarn verletzen und/oder den Verkehrswert des Nachbargrundstücks mindern (BGH NJW-RR 2003, 1313), wie der Betrieb eines Bordells (BGH NJW 1985, 2823) oder das Nacktbaden; Baumaterialienlager in Wohngegend (BGHZ 70, 782).
Nicht unter § 906 BGB fällt auch das Eindringen von Geflügel, Hunden oder Katzen (LG Bonn NJW-RR 2010, 310). Der Eigentümer darf die Tiere verjagen, aber nicht vergiften oder abschießen. Der Eigentümer kann deshalb Unterlassung oder Beseitigung nach § 1004 BGB verlangen (OLG Köln NJW 1985, 2338, OLG Celle NuR 1986, 973).
Zu Katzen auf dem Nachbargrundstück (*Franz* AgrarR 1999, 892; *Stollwerk* DWW 2002, 22; AG Neu-Ulm NJW-RR 1999, 892: eine Katze ja, mehrere nein; Wollläuse BGH NJW 1995, 2633).

dd) Beispiele aus der Rechtsprechung: (w. Nachw. bei *Grüneberg-Herrler* § 906 BGB Rn. 4 ff.; *Bamberger/Roth* § 906 BGB Rn. 20 ff.; *Dehner* B § 16 S. 6 ff.; Anwaltskommentar § 906 BGB Rn. 117 ff.; *Staudinger* § 906 BGB Rn. 115 ff.; *Soergel* § 906 BGB Rn. 40 ff. (12. Aufl.), Rn. 69 ff. (13. Aufl.); *Grziwotz/Lüke/Saller* Teil 3 Rn. 112 ff.; *Koch/Maaß* NuR 2000, 69; *Pfeifer* Lärmstörungen 9. Aufl.). 10

Geräusche: 11

Baulärm (BGHZ 46, 35; ZMR 1977, 19; NJW 1986, 1980); **behinderte Nachbarn** (OLG Köln NJW 1998, 763; OLG Karlsruhe DWW 2000, 199); **Biergarten** (VGH München NVwZ 1995, 1021); **Bolzplatz** (VGH München NVwZ 1987, 986; 1993, 1006; 2004, 20); OVG Schleswig NVwZ 1995, 1019); **Bushaltestelle** (BGH NJW 1984, 1242; **Diskothek** (BGH NJW 1959, 2013; MDR 1971, 119; OLG Frankfurt DWW 1985, 208); **Fabriklärm** (BGHZ 69, 334); **Fluglärm** (BGH NJW 1977, 1917, 1920); **Fontäne** (BGH LM § 906 Nr. 25); **Frösche** (OLG Schleswig VersR 1986, 978; BGH NJW 1993, 925; *Vieweg* NJW 1993, 2570); **Garagentor** (OLG Düsseldorf NVwZ 1991, 1120); **Gaststätte** (BGH MDR 1971, 119); **gewerbliche Maschinen** (BGH MDR 1971, 37); **Hähnekrähen** (LG München NJW 1988, 205); **Hausmusik** (OLG Frankfurt NJW 1985, 2138; OLG Karlsruhe NJW-RR 1989, 1179); **Hundegebell** (OLG Hamm DWW 1989, 257; OLG Köln MDR 1993, 1083); **Hundehaltung** (BVerwG RdL 1995, 181); **Hundezucht** (OLG Stuttgart Die Justiz 1986, 357); **Jugendhaus** (VG Stuttgart DWW 1999, 392); **Kegelbahnen** (BGH ZMR 1969, 261); **Kindergarten** (OLG Celle MDR 1997, 1023); **Kinderlärm** (BGH NJW 1993, 1656: zumutbar; OLG Celle MDR 1997, 1023; in Spielstraße OLG Düsseldorf DWW 1996, 20); **Kirche** (OLG Celle NJW-RR 2011, 1585); **Kraftfahrzeug-Lärm** (BGH NJW 1982, 440); **Kuhglocken** (LG Freiburg AgrarR 1977, 41) **Minigolf** (OVG Münster DWW 76, 137); **Musikveranstaltungen** (OVG Koblenz NJW 2005, 722); **Papageien** (LG Nürnberg-Fürth DWW 1996, 50); **Radio** (OLG Düsseldorf ZMR 1992, 62; AG Oberhausen DWW 1987, 131); **Rockkonzert** (BGH NJW 2003, 3699); **Schießanlage** (LG

Hanau GewA 1989, 66); **Schützenhalle** (LG Siegen NJOZ 2013, 266); **Schullärm** (BGH NJW 1962, 2341); **Spielplatz** (VGH Mannheim NVwZ 1990, 988); **Sportlärm**, vor allem Fußball und Tennis (BGH NJW 1983, 751; BVerwG NJW 1989, 1291; NVwZ 1990, 858; Dury NJW 1994, 302); **Standheizung Auto** (AG München NJW 2005, 760); **Straßenlärm** (BGH NJW 1988, 900); **Tennisplatz** (BGH NJW 1983, 751); **Tischtennisplatte im Freien** (OLG Köln VersR 1991, 827); **Vögel** (OLG Hamburg MDR 1977, 492; OLG Düsseldorf NuR 1991, 40); **Volksfestlärm** (BGH NJW 1990, 2465); **Wärmepumpe** (VGH Mannheim VBlBW 1989, 104). **Discolärm** in Valencia (Urteil des Europäischen Gerichtshofs für Menschenrechte NJW 2005, 3767).

12 **Gase, Dämpfe, Gerüche, Rauch, Ruß, Wärme:**
Abgase und **Staub** (BGH MDR 1959, 833; NJW 85, 2340); **Bäckerei** (OLG Karlsruhe NJW-RR 2001, 1236); **Dungstätte** (VGH Kassel AgrarR 1984, 191); **Dunstabzugshaube** im Wohngebiet (AG Meldorf NJW-RR 1999, 601); **Grillen** (AG Westerstede NZM 2010, 336); BayObLG NJW-RR 1999, 957); **Grillplatz** (VGH Mannheim NVwZ 1994, 920); **Kaminöfen** (OLG OldenburgOLGR 1997, 219); **Kläranlage** (BGH NJW 1984, 1876); **Komposthaufen** (LG München I NJW-RR 1988, 205); **Müllbehälter** (OLG Koblenz MDR 1980, 64); **Nachbarküche** (OLG Köln NJW-RR 1999, 83); **Offener Kamin** (KG NJW 2013, 742); **Ölfeuerungsanlage** (OLG Düsseldorf VersR 1978, 63); **Rauch** und **Ruß** (OLG Köln VersR 1955, 334); **Schweinehaltung**, Schweinemästerei (BGH NJW 1999, 356; BGHZ 48, 31; 140, 1); **Tabakrauch** (BGH NJW 2015, 2023).

13 **Erschütterungen:**
Baurammen (BGH WPM 1966, 33, 712); **Bergbau** (BeckRS 2010, 20019); **Presslufthämmer** (BGH VersR 1962, 784); **Sägewerk**(BGH MDR 1969, 648); **Straßenbau** (BGHZ 72, 289); **Verpuffungen** und **Explosionen** (LG Aachen NVWZ 1988, 188); **Schwerlastverkehr** (BVerwG NJW 2003, 601); **Sprengungen** (BGH NJW 1999, 1029).

14 **„Ähnliche" Einwirkungen:**
Blütenbefall (BGH NJW 2004, 1037; OLG Brandenburg NJW-RR 2015, 1427). **Zementstaub** (BGH BB 57, 1123), **Splittwerk** (BGH ZMR 1972, 380), **Bienenhaltung** (LG Ellwangen NJW 1985, 2389; OLG Hamm RdL 1990, 11; OLG Celle AgarR 1990, 198; LG Amberg AgarR 1990, 200; LG Hanau AgarR 1990, 201; BGH NJW 1992, 1390; Gercke NuR 1991, 59; krit. *Schwendner* AgarR 1990, 193), **Fliegenplage** (RGZ 160, 382), Füttern von **Tauben** (RGZ 160, 381; AG Hamburg-Altona MDR 1970, 329); **Lichtreklame** (OLG Hamburg MDR 1972, 1034), Lichtimmissionen durch **Straßenbeleuchtung** (VGH München UPR 1991, 237; OVG Lüneburg NVwZ 1994, 713), durch dauerhaften Betrieb von **Gebäudeaußenleuchten** (LG Wiesbaden NZM 2002, 89), und durch sog. **Skybeamer** (OLG Zweibrücken Immissionsschutz 2001, 150), blendende **Lichteinwirkungendurch Glasdächer und Glasfassaden** (*Soergel* § 906 BGB Rn. 113), **pflanzliche Immissionen**, die durch Wind herübergeweht werden, z. B. **Samen**, **Blüten- und Laubfall**, **Zweige** (*Schmied* NJW 1988, 29, *Müller* NJW 1988, 2587; *Horst* DWW 1991, 322; OLG Stuttgart NJW-RR 1988, 204; OLG Karlsruhe AgrarR 1990, 209; OLG Frankfurt NJW 1988, 2619, BGH NJW 2004, 1037); Rückstände von Pflanzenschutzmitteln in wildabfließendem Wasser (BGHZ 90, 255); **Fein-**

staubpartikel (VGH München NVwZ 2005, 1094, 1096; eingehend *Willard/Buchholz* NJW 2005, 2641 unter dem Gesichtspunkt der Einhaltung der Grenzwerte nach dem Straßenverkehrs-Immissionsschutz und des EU-Rechts; *Calliess*, Feinstaub im Rechtsschutz deutscher Verwaltungsgerichte NVwZ 2006, 1).

b) Wesentliche Einwirkungen. – aa) Die Einwirkung muss **wesentlich** sein: Ob eine Einwirkung wesentlich oder unwesentlich ist, beurteilt sich nicht nach dem Empfinden des Gestörten, sondern nach dem des verständigen Durchschnittsmenschen, nach der Zweckbestimmung und der Umgebung des Grundstücks sowie danach, in welchem Ausmaß die Benutzung des betroffenen Grundstücks gestört wird (Grünbewuchs; Rockkonzert; BGH NJW 2004, 1037; BGH NJW 2003, 3699; OLG Celle NJW-RR 2011, 1585). **15**
Der Begriff der „Wesentlichkeit" ist „entsprechend der Änderung der allgemeinen Umweltverhältnisse und der Einstellung der Bevölkerung einem ständigen Wandel unterworfen. Im Ergebnis maßgebend für die Bestimmung der Grenze der Wesentlichkeit ist unter Einbeziehung wertender Aspekte das Empfinden eines „verständigen Durchschnittsmenschen" (BGH NJW 1993, 925, 1656; Hagen NVwZ 1991, 818; *Fritzsche* NJW 1995, 112; OLG München ZMR 1998, 553). Keine wesentliche Beeinträchtigung bei Blüten- und Laubfall (OLG Stuttgart NJW-RR 1988, 204; OLG Düsseldorf RdL 1990, 322); jedoch wesentlich, wenn Regenrinnen und Abflussrohre verstopft werden (BGH NJW 2004, 1037; OLG Frankfurt NJW 1988, 2618).

bb) Grenz- und Richtwerte, § 906 Abs. 1 Satz 2 und 3 BGB: Diese Normen regeln, wann keine wesentliche Beeinträchtigung i. S. v. § 906 BGB vorliegt, wenn die dort genannten Richtwerte eingehalten sind. Erfasst sind nach § 906 Absatz 1 Satz 2 BGB nur ordentliche Gesetze und förmliche Rechtsverordnungen des Bundes und des Landes, nicht dagegen Gemeindesatzungen. Nach § 906 Abs. 1 Satz 3 BGB Verwaltungsvorschrift nach BImSchG, wenn das dort genannte Verfahren eingehalten ist. Hauptfälle sind die TA-Luft und die TA-Lärm. Sie müssen allerdings den Stand der Technik wiedergeben. Die **Beweislast**, dass sie nicht mehr den Stand der Technik wiedergeben, hat der Betroffene, der sich darauf beruft. DIN, VDI, VDE-Normen fallen nicht unter Abs. 1, sie sind private Umwelt-Standards. Selbstverständlich können sie als Entscheidungshilfe bei der Entscheidung berücksichtigt werden (BGH NJW 2005, 660). Die Einhaltung der Werte hat Indizwirkung (BGH NJW 2004, 1317). Sie verändern damit die Beweislast nicht. Der Gegner kann jeweils die Indizwirkung widerlegen (ausführlicher hierzu auch oben 2 c). **16**

cc) Beispiele für wesentliche Einwirkungen: **Volksfestlärm** (BGHZ 11, 63, 68 f. = NJW 1990, 2465), **Gewerbelärm/Schredderanlage** (BGH NJW 1992, 2019), **Bolzplatz** (VGH München NVwZ 1993, 1006 und NVwZ 2004, 20), **Sportplatz** (OVG Schleswig NVwZ-RR 2004, 19), **Baulärm** (BGH UPR 1995, 28), Kot von **Mehlschwalben** (LG Hechingen NJW 1995, 971), **Kegelbahn** (OLG Hamm DWW 1989, 353); dauerhafter Betrieb einer Außenleuchte (LG Wiesbaden NJW 2002, 615); Lärmimmissionen durch **Rockkonzert** (BGH NJW 2003, 3699); Zumutbarkeit von Lärm bei **Festveranstaltung** (VG Gießen NVwZ-RR 2005, 1103); **Standheizung** im Wohngebiet (AG München NJW 2005, 760; weitere Bsp. m. w. N. bei *Grüneberg-Herrler* § 906 Rn. 4 und 21 ff.). **17**

18 c) **Ausschluss des Anspruchs trotz wesentlicher Beeinträchtigung, § 906 Abs. 2 Satz 2 BGB.** Der Eigentümer hat eine wesentliche Beeinträchtigung zu dulden, wenn sie durch eine ortsübliche Benutzung des Nachbargrundstücks hervorgerufen wird. Die Ortsüblichkeit wird sich nach Art und Stärke der Einwirkungen richten und danach, ob die Mehrheit der umliegenden Vergleichsgrundstücke ähnlich wie das störende Grundstück genutzt wird. Entscheidend ist das Gepräge, das sich aus der Betrachtung des aktuellen tatsächlichen Zustands der Mehrheit der Vergleichsgrundstücke ergibt. Die Erteilung einer notwendigen öffentlich-rechtlichen Genehmigung ist nur ein Indiz für die Üblichkeit (BGH NJW 1999, 356, 358).

19 **Ortsüblich** können sein: **Hundegebell** am Tage, **Glockenläuten**, **Kinderspielplätze**, Lichteinwirkungen von *Straßenbeleuchtung und Reklame*, die Steigerung des **Straßenverkehrs**, **Tierhaltung** und **Tiergeräusche** im Dorf, **vorübergehende Bauarbeiten**, **Laubfall** bei Gartengrundstücken entsprechend dem Charakter der Gegend (OLG Karlsruhe AgrarR 1990, 209), **Bienenhaltung** je nach sozialem und natürlichem Charakter des gesamten Umfelds (OLG Celle AgrarR 1990, 178).

Nicht ortsüblich dagegen: **Schweinestall in der Wohngegend** (zu Geruchsbelästigungen aus Schweinemästerei BGH NJW 1999, 356); nächtliches **Warmlaufenlassen des Motors**, längeres **Volksfest in Wohnlage**, auch **Rußimmissionen** von **einer Brauerei** (BGH NJW 1995, 714) und nächtlicher **Froschlärm** (BGH NJW 1993, 925); **Grillen** im Freien mehr als 3 mal je 2 Stunden im Jahr (LG Stuttgart 10 T 359/96).

20 Eine Duldungspflicht kann auch bestehen bei wesentlicher und nicht ortsüblicher Beeinträchtigung, wenn **öffentliches Recht** entgegensteht, so z. B. Verbot der Entfernung von Schwalbennestern nach Bundesnaturschutzrecht (LG Hechingen NJW 1995, 971); auch BGH NJW 1993, 925 bezüglich eines Froschteiches.

21 d) **Keine zumutbare Verhinderungsmaßnahme.** Der Eigentümer muss bei ortsüblicher Benutzung eine wesentliche Beeinträchtigung nur dulden, wenn sie nicht durch zumutbare Verhinderungsmaßnahmen verhindert werden können. Ob eine Verhinderungsmaßnahme zumutbar ist, beurteilt sich nach den technischen Möglichkeiten und der Leistungsfähigkeit des Störers. Verbesserungen müssen in einem vertretbaren Verhältnis zu dem Aufwand, aber auch zu dem zu erreichenden Erfolg (die Beeinträchtigung unter die Schwelle der Wesentlichkeit herabzusetzen) stehen (OLG Schleswig NJW-RR 1999, 399).

4. Rechtsfolge, Duldungspflicht

22 a) **Keine Anspruchsgrundlage.** § 906 BGB ist keine Anspruchsgrundlage, er regelt nur, wann ein Abwehranspruch ausgeschlossen ist, wann der Eigentümer eine Beeinträchtigung zu dulden hat. Die Abwehransprüche folgen aus den §§ 823, 862, 907, 1004 BGB.

23 b) **Duldungspflicht.** Unwesentlich beeinträchtigende Einwirkungen hat der Nachbar zu dulden, § 906 Abs. 1 BGB. Diese Einwirkungen sind nicht rechtswidrig i. S. v. §§ 823 ff. BGB (BGH NJW-RR 2000, 537). In diesem Fall hat er keinen

Anspruch auf Abwehr oder Geldausgleich. Ausnahme bei Zuführung durch Leitungen, § 906 Abs. 3 BGB.

Beweislast: Der Einwirkende hat zu beweisen, dass keine oder nur eine unwesentliche Beeinträchtigung vorliegt. **24**

c) **Beseitigung und Unterlassung, Schadensersatz.** Muss der Nachbar Einwirkungen nicht dulden, weil eine wesentliche Beeinträchtigung vorliegt oder weil sie nicht ortsüblich ist, so kann er nach § 1004 BGB Beseitigung oder Unterlassung verlangen; bei Verschulden unter den Voraussetzungen der §§ 823, 249 BGB, Schadensersatz. **25**

d) **Ausgleichsanspruch, § 906 Abs. 2 Satz 2 BGB.** – aa) **Unwesentliche Einwirkungen:** Sie hat der Eigentümer zu dulden, § 906 Abs. 1 BGB, dafür erhält er keine Entschädigung. **26**

bb) **Wesentliche Einwirkungen.** Bei wesentlichen, übermäßigen, aber ortsüblichen Einwirkungen, die durch Vorkehrungen nicht abgewehrt werden können, § 906 Abs. 2 Satz 1 BGB, entsteht ein Ausgleichsanspruch in Geld, § 906 Abs. 2 Satz 2 BGB, sofern das Nachbargrundstück in seiner ortsüblichen Nutzung über das zumutbare Maß hinaus beeinträchtigt wird. Es handelt sich um einen aus dem Grundstückseigentum abgeleiteten Anspruch, d. h. er muss durch den Bezug zu dem von der Immission betroffenen Grundstück bestimmt sein (BGH NJW 1985, 47). Der Ausgleichsanspruch tritt an die Stelle des Abwehranspruchs. **27**

Die **Beweislast** hat der Betroffene für die Einwirkungen und die Beeinträchtigung sowie der Kausalität zwischen den beiden. Der Einwirkende ist für die Unwesentlichkeit beweisbelastet (BGH NJW 2004, 1317), wenn er sie nicht beweisen kann, muss er die Ortsüblichkeit und die Unvermeidbarkeit beweisen. **28**

Bei Samenflug von einem brachliegenden Grundstück besteht der vorgenannte Anspruch nicht (OLG Düsseldorf NJW-RR 1995, 1231), da es hier an einem „Benutzen" und damit an der rechtserheblichen Eigenschaft des „Benutzers des anderen Grundstücks" i. S. d. § 906 Abs. 2 Satz 2 fehlt, die unbestrittenen Schäden auf das „Wirken von Naturkräften" zurückgehen; zum Ausgleichsanspruch des Grundstücksbesitzers im Falle nicht nach §§ 862, 858 BGB **abwendbarer verbotener Eigenmacht**, BGH NJW 2001, 1865. **29**

cc) Der **Ausgleich** wird nach den für die Enteignungsentschädigung geltenden Grundsätzen bemessen (BGHZ 49, 148; NJW-RR 1988, 1291). Entscheidend ist die Differenz zwischen dem durch die Einwirkung geminderten Wert und demjenigen, den das Grundstück bei nur unwesentlichen Beeinträchtigungen hätte. Bei Beeinträchtigungen eines Ladens ist der Ausgleichsberechnung der Ertrag zugrunde zu legen (BGH MDR 1974, 1008). **30**
Wird der Störer jedoch durch öffentliches Recht an der Beseitigung der Störung gehindert (Baumschutzsatzung verhindert fällen des störenden Baumes, OLG Düsseldorf NJW 1989, 1807 und OVG Berlin NVwZ 2005, 721), entspricht es nicht mehr der Billigkeit, wenn er dadurch einer Ausgleichspflicht ausgesetzt sein soll (OLG Karlsruhe AgrarR 1990, 209).

31 **dd)** In folgenden Fällen tritt der Anspruch auf **Schutzvorkehrungen oder Geldausgleich** an die Stelle des Abwehranspruchs:

Genehmigte Anlagen, § 14 BImSchG
Diese Norm schließt privatrechtliche Abwehransprüche, §§ 862, 907, 1004 i. V. m. 906 BGB aus und beschränkt die Ansprüche auf Schutzmaßnahmen und, soweit diese nicht dem Stand der Technik entsprechen oder unmöglich oder unzumutbar sind, auf Schadensersatz. Diese Norm findet entsprechende Anwendung bei § 7 AtomG auf Atomanlagen, § 11 LuftVG für Flugplätze und § 30 NRG für Eisenbahn-, Schifffahrts- und ähnliche Verkehrsunternehmen.
Ein zivilrechtlicher Entschädigungsanspruch nach § 906 Abs. 2 Satz 2 BGB wegen Lärmbelästigungen kommt ebenfalls grundsätzlich nicht in Betracht, wenn „ein Planfeststellungsverfahren" nach §§ 8 bis 10 LuftVG durchgeführt worden ist (BGH NJW 2005, 660). Die Bestimmungen des WHG, § 22 Abs. 2 und der Landeswassergesetze enthalten eine nachbarrechtliche Sonderregelung und gehen dem § 906 Abs. 2 Satz 2 BGB vor (BGH NJW 1999, 3633).

Umwelteinwirkungen
Bei Umwelteinwirkungen durch besondere Anlagen, §§ 1 ff. UmweltHG, kann es einen Ersatzanspruch nach §§ 2 ff. UmweltHG geben.

Gentechnik
Bei Einwirkung durch gentechnisch veränderte Organismen, § 36a GenTG.

Öffentlich-rechtliche Einrichtungen
Bei Einrichtungen, die gemeinwichtig sind und dem öffentlichen Interesse dienen, wird der Abwehranspruch ebenfalls ausgeschlossen und auf Schutzvorkehrungen oder Geldausgleich gerichtet sein. Unabhängig, ob die Einrichtung hoheitlich oder nicht hoheitlich betrieben wird. Dies ergibt sich aus dem nachbarrechtlichen Gemeinschaftsverhältnis. Z.B. Schulen, Bundeswehr, Versorgungsbetriebe oder Straßen, aber auch im Rahmen des Beförderungsvorbehalts die Deutsche Post AG und des Netzmonopols die Deutsche Telekom AG.
Zu den Voraussetzungen eines öffentlich-rechtlichen Anspruchs auf Unterlassung von Lärmimmissionen aus kommunalen Einrichtungen, Jugendhaus, Stadthalle, Sporthalle (VGH Mannheim VBlBW 2002, 483). Bei Lärm von Kinderspielplätzen oder Kindertagesstätten greift bereits § 22 Abs. 1a BImSchG ein, es wird schon keine wesentliche Beeinträchtigung vorliegen (vgl. auch BGH NJW2015, 2177; NJW-RR 2012, 1292 Tz. 11).

Beispiele aus der Rechtsprechung
Truppenübungsplatz (OVG Lüneburg NVwZ 1998, 537), **Kanalisation** (BGH NJW 1978, 1051), **Lichteinwirkungen** (OVG Koblenz NJW 1986, 953, OVG Lüneburg NVwZ 1994, 713), **Kläranlage** (BGH NuR 1987, 43; BGH NJW 1984, 1876), **Autobahnbau** (BGHZ 48, 98), **Autobusbetrieb** (BGH NJW 1960, 2335), **Mülldeponie** (BGH NJW 1980, 770), Betrieb einer **Omnibushaltestelle** (BGH NJW 1984, 1242), **Telefonhäuschen** (VGH Mannheim DVBl 1984, 881), Duldung von **Verkehrsimmissionen** (BGH NJW 1988, 900), **gemeindlicher Bolzplatz** (VGH München NVwZ 1987, 986; VGH München NVwZ 1993, 1006; OVG Schleswig NVwZ 1995, 1019), Lärm- und Waldbrandgefahr durch **Grill-**

stellen (VGH Mannheim BWVPr. 1985, 253; NVwZ 1994, 920), Belästigung durch **Sportplatz** (BVerwG NJW 1989, 1291; NVwZ 1990, 858), Lärm von **Pausenhof einer Schule** (VG Frankfurt a. M. NVwZ-RR 1993, 477), **Open-Air-Konzert** (OVG Lüneburg NJW 1995, 900), **Schulsportplatz** (BVerwG NVwZ 1995, 993), **Schattenwurf von Bäumen** auf einem städtischen Grundstück (VGH Mannheim NVwZ-RR 1996, 381: das bloße Wachsen lassen vorhandener Bäume stellt keinen hoheitlichen Eingriff dar, der einen öffentlich-rechtlichen Folgenbeseitigungsanspruch begründen könnte). Zum Problem insgesamt *Steinberg* S. 40 ff. Hiernach hat der duldungspflichtige Nachbar einen öffentlich-rechtlichen Entschädigungsanspruch (enteignungsgleicher Eingriff) bei hoheitlicher Tätigkeit (z. B. Urteile BGH NJW 1988, 900 oder BGH NuR 1987, 43; zur Entschädigung bei Fluglärm/Militärflugplatz BGH ZfL 1996, 52), bei nicht hoheitlicher (privatrechtlicher) Tätigkeit einen Ausgleichsanspruch entsprechend §§ 904 Satz 2, 906 Abs. 2 Satz 2 BGB und § 14 Satz 2 BImSchG; BVerwG (NJW 1988, 2396) zum Abwehranspruch gegen den Lärm einer **Feuerwehrsirene.**

e) **Ausgleichsanspruch außerhalb § 906 Abs. 2 Satz 2 BGB.** Hat der Eigentü- 32
mer dem Grunde nach einen Abwehranspruch, §§ 862, 907, 1004 BGB, ist der Betroffene aber aus besonderen Gründen gehindert, ihn geltend zu machen, hat er einen verschuldensunabhängigen nachbarrechtlichen Ausgleichsanspruch, auch **bürgerlich-rechtlicher Aufopferungsanspruch** genannt (BGH NJW-RR 2016, 588 Tz. 20), entsprechend §§ 904 Satz 2, 906 Abs. 2 Satz 2 BGB.
Die fehlende Möglichkeit zur Abwehr kann sich daraus ergeben, dass der Anspruch nicht rechtzeitig geltend gemacht werden konnte (BGH NJW-RR 2016, 588 Tz. 21) oder Auswirkungen nicht erkennbar waren (BGH NJW 1999, 1029) oder weil eine Duldung aus dem nachbarrechtlichen Gemeinschaftsverhältnis besteht (BGH NJW 1987, 280) oder wenn durch Zeitablauf der landesrechtlich vorgeschriebene Grenzabstand nicht mehr verlangt werden kann, für den erhöhten Reinigungsaufwand infolge des Abfallens von Blätter, Samen, Nadeln und Zapfen; wenn der Grundstückseigentümer eine Gefahrenlage geschaffen hat, an deren Beseitigung er durch Rechtsvorschriften (hier: Naturschutz) gehindert ist, sich die Gefahr in einem Schaden des Nachbarn verwirklicht (BGH NJW 2004, 3701; verneint bei Froschlärm BGH NJW 1993, 925); (zu den Einzelheiten des Anspruchs und deren Anwendbarkeit *Grüneberg-Herrler* § 906 BGB Rn. 37 ff.).

Kein Ausgleichsanspruch analog § 906 Abs. 2 Satz 2 BGB besteht im Verhältnis 33
zwischen Mietern von je einer Mietwohnung „innerhalb desselben Grundstückseigentums", hier auch nicht unter dem Gesichtspunkt des nachbarlichen Gemeinschaftsverhältnisses (BGH NJW 2004, 775).

f) **Rechtsweg.** Macht der verletzte Eigentümer Abwehransprüche geltend, die 34
durch nicht hoheitlich verursachte Einwirkungen entstanden sind, muss er den Zivilrechtsweg beschreiten. Dies gilt auch, wenn er Ausgleichsansprüche nach § 906 Abs. 2 Satz 2 BGB geltend macht. Gleiches gilt, wenn er Ausgleichsansprüche außerhalb § 906 Abs. 2 Satz 2 BGB, aus dem nachbarrechtlichen Gemeinschaftsverhältnis geltend macht.
Bei Einwirkungen durch hoheitliches Handeln, kann der Abwehranspruch – in der Regel begrenzt auf Schutzmaßnahmen – nur im Verwaltungsrechtsweg gel-

tend gemacht werden. Soweit jedoch Entschädigung verlangt werden kann, geschieht dies im Zivilrechtsweg.
Beachte: Bauliche Maßnahmen an Betriebsanlagen der Deutschen Bahn AG sind privatrechtlicher Natur mit der Folge, dass Klagen von Grundstückseigentümern auf Schutzvorkehrungen und Geldausgleich, wegen Erschütterungen und Lärmbelästigung, vor den Zivilgerichten geltend zu machen sind (BGH NJW 1997, 744). Rechtsgrundlage dafür ist § 906 BGB (VGH München NVwZ-RR 1998, 639).

5. Anspruchsberechtigter

35 Anspruchsberechtigt ist grundsätzlich der Eigentümer, aber auch der von den hinzunehmenden Immissionen betroffene Besitzer oder sonst Berechtigte (LG Kempten NJW 1995, 970; BGH NJW 2001, 1865; *Soergel* § 906 BGB Rn. 142; *Bamberger/Roth* § 906 BGB Rn. 87); nicht jedoch im Verhältnis unter mehreren Mietern.

6. Anspruchsgegner

36 Der Ausgleichsanspruch richtet sich gegen den Benutzer des störenden Grundstücks. Dabei sind Eigentümer oder Mieter dafür verantwortlich, dass von ihrer Wohnung kein Lärm durch Mitbewohner und Gäste ausgeht, der stört (OLG Düsseldorf VersR 1991, 794).

7. Verjährung

37 Die Verjährungsfrist für den Ausgleichsanspruch nach § 906 Abs. 2 Satz 2 BGB sowie für den nachbarrechtlichen Ausgleichsanspruch beträgt drei Jahre, § 195 BGB, sofern nicht Sondervorschriften kürzere Verjährungs- oder Ausschlussfristen vorsehen.

8. Beweislast

38 Den Beweis für das Eigentum und die Störung muss der Anspruchsberechtigte führen; den für die Unwesentlichkeit und Ortsüblichkeit der Einwirkung der Eigentümer oder Besitzer des störenden Grundstücks.

§ 907 Gefahr drohende Anlagen

(1) Der Eigentümer eines Grundstücks kann verlangen, dass auf den Nachbargrundstücken nicht Anlagen hergestellt oder gehalten werden, von denen mit Sicherheit vorauszusehen ist, dass ihr Bestand oder ihre Benutzung eine unzulässige Einwirkung auf sein Grundstück zur Folge hat. Genügt eine Anlage den landesgesetzlichen Vorschriften, die einen bestimmten Abstand von der Grenze oder sonstige Schutzmaßregeln vorschreiben, so kann die Beseitigung der Anlage erst verlangt werden, wenn die unzulässige Einwirkung tatsächlich hervortritt.

(2) Bäume und Sträucher gehören nicht zu den Anlagen im Sinne dieser Vorschriften.

1. Allgemeines

1 Während § 1004 BGB grundsätzlich verlangt, dass das Eigentum durch die Einwirkungen auf das Grundstück bereits beeinträchtigt ist, gewährt § 907 BGB

einen vorbeugenden Unterlassungsanspruch, bevor die unzulässigen Einwirkungen auf die Nachbargrundstücke begonnen haben. Sind die Anlagen schon hergestellt, besteht ein Anspruch auf Beseitigung der Anlagen, von denen die Einwirkungen ausgehen. Der Anspruch besteht neben dem Anspruch aus § 1004 BGB. Die Entfernung von Bäumen und Sträuchern kann nach dieser Norm nicht verlangt werden, § 907 Abs. 2 BGB, hier greift § 1004 BGB, der durch § 907 Abs. 2 BGB nicht ausgeschlossen wird (BGB NJW 2004, 1035).

2. Voraussetzungen

a) Anlagen. Das sind von Menschenhand künstlich geschaffene Werke von gewisser Selbstständigkeit und Beständigkeit (OLG Hamm BeckRS 2016, 11350 Tz. 74), also regelmäßig Bauten. Dazu gehören auch Ställe, Dünger- und Jauchegruben, Komposthaufen, Futtersilos, Brunnen, Teiche, Gräben, Wasserleitungen, verstopfte Regenwasserrinnen, Klosettanlagen, Erd- und Sandaufschüttungen, die in Bewegung geraten können, dauerhafte zur Lagerung aufgeschichtete bewegliche Sachen, wie Brennholzstoß und Baumaterial, die auf das Nachbargrundstück umfallen können, auch Schwalbenkunstnester (LG Hechingen NJW 1995, 971), Taubenschläge und standfeste Anlagen von Bienenstöcke (§ 6 NRG und § 2 LBO). Im Grundsatz gehören hierher auch öffentlich-rechtlich genehmigte gefährliche Anlagen, wobei jedoch gesetzliche oder auf Planfeststellungsrecht beruhende Einschränkungen bestehen können, z. B. § 14 BImSchG. **2**
Gemeint sind also solche Anlagen, die in sinnlich wahrnehmbarer Weise auf das Nachbargrundstück unmittelbar einwirken können. Negative und ideelle Einwirkungen dagegen fallen nicht darunter: wie das Entziehen von Licht, Luft und Aussicht, Abschattung von Funkwellen durch Radio und Fernsehen (BGHZ 88, 344). Keine Anlagen sind auch eine bloße Bodenerhöhung durch Anschüttung (BGH NJW 1980, 2580), Zäune, einzelne bewegliche Sachen; (*Staudinger* § 907 BGB Rn. 23: Ausnahmsweise jedoch aus nachbarlichem Gemeinschaftsverhältnis hergeleitete Rücksichtnahme BGHZ 113, 384).

Durch § 907 Abs. 2 BGB ausdrücklich ausgenommen sind Bäume und Sträucher, auch Weinstöcke (BGH NJW-RR 2001, 1208), aber auch bewegliche Sachen, die keine Anlagen sind, sowie die natürliche Geländebeschaffenheit, etwa drohender Absturz eines Felshangs. **3**

b) Benachbart. Sind nicht nur die unmittelbar angrenzenden Grundstücke, sondern alle Grundstücke im möglichen Einwirkungsbereich (RG JW 1923, 288). **4**

c) Unzulässige Einwirkung. Durch grenzüberschreitende wahrnehmbare Stoffe, deren Beseitigung der Nachbar verlangen kann (BGH NJW-RR 2003, 1313). **5**
Die zu erwartende Einwirkung muss nur unzulässig im Sinne der §§ 903, 905, 906 BGB sein und der Nachbar muss zur Geltendmachung des Anspruchs Anlass gegeben haben, etwa durch Einreichung von Bauplänen. Eine Konkretisierung des § 907 BGB enthält § 6 NRG.

d) Sichere Voraussicht. Ist der höchste Grad der Wahrscheinlichkeit (RGZ 134, 355). Gewissheit ist nicht erforderlich, die bloße Möglichkeit ist nicht ausreichend. **6**

7 e) **Beweislast.** Die Beweislast hat der Berechtigte, auch insoweit der Störer nach § 906 BGB beweispflichtig wäre.

3. Rechtsfolge

8 a) **Unterlassung und Beseitigung.** Der Anspruch ist auf Unterlassung der Herstellung oder Benutzung oder auf Beseitigung der Anlage gerichtet. Er besteht dann nicht, wenn die Anlage nach landesgesetzlichen Bestimmungen (Baurecht, NRG) zulässig und die unzulässige Einwirkung noch nicht hervorgetreten ist, § 907 Abs. 1 Satz 2 BGB; dann bleibt es bei dem allgemeinen Abwehranspruch nach § 1004 BGB, sobald die unzulässige Einwirkung sich auswirkt. Der Anspruch nach § 907 BGB dringt nur durch, wenn von der Anlage mit einer der Gewissheit gleichkommenden hohen Wahrscheinlichkeit unzulässige Einwirkungen ausgehen (BGH NJW 1969, 1208; *Soergel* § 907 BGB Rn. 8; *Staudinger* § 907 BGB Rn. 28). Die Ansprüche nach § 907 Abs. 1 BGB stehen in Konkurrenz zu den Ansprüchen des § 1004 BGB (*Grüneberg-Herrler* § 917 BGB Rn. 1; *Staudinger* § 907 BGB Rn. 3), wobei § 907 Abs. 2 BGB diese nicht ausschließt (BGH NJW 2004, 1035), er nimmt nur Bäume und Sträucher aus dem Anwendungsbereich des § 907 BGB aus, lässt aber den Anspruch aus § 1004 BGB bestehen.

9 b) **Schadensersatz und Entschädigung.** Der Nachbar hat einen Schadensersatzanspruch, § 823 Abs. 2 BGB i. V. m. § 907 BGB (BGH NJW 1980, 2380) und einen verschuldensunabhängigen Ausgleichs-/Entschädigungsanspruch, wenn die Anlage aus besonderem Grunde zu dulden ist (BGH NJW 1980, 2380).

4. Berechtigter

10 Berechtigt sind der Eigentümer, Miteigentümer allein, § 1011 BGB, Nießbraucher, § 1065 BGB, Erbbauberechtigte und der Dienstbarkeitsberechtigte, §§ 1027, 1090 BGB. Nicht dagegen der Besitzer, also Mieter oder Pächter, sie können aber zur Geltendmachung ermächtigt werden (*Staudinger* § 907 BGB Rn. 6; *Soergel* § 907 BGB Rn. 13; str. *Grüneberg-Herrler* § 907 BGB Rn. 2).

5. Anspruchsgegner

11 Der Anspruch richtet sich gegen den Störer, d. h. gegen denjenigen, der die Anlage plant, errichtet oder unterhält.

6. Landesgesetzliche Bestimmungen

12 Landesgesetzliche Bestimmungen i. S. v. § 907 Abs. 1 Satz 2 BGB finden sich etwa in den §§ 5 ff. LBO – Abstände, Abstandsflächen –, § 37 LBO – Stellplätze und Garagen –, § 38 LBO – Bauliche Anlagen und Räume besonderer Art oder Nutzung – und in § 33 LBO – Anlagen für Abfall- und Reststoffe – sowie im NRG.

7. Verjährung

13 Der Anspruch nach § 907 BGB verjährt nicht, § 924 BGB.

§ 908 Drohender Gebäudeeinsturz

Droht einem Grundstück die Gefahr, dass es durch den Einsturz eines Gebäudes oder eines anderen Werkes, das mit einem Nachbargrundstück verbunden ist, oder durch die Ablösung von Teilen des Gebäudes oder des Werkes be-

schädigt wird, so kann der Eigentümer von demjenigen, welcher nach dem § 836 Abs. 1 oder den §§ 837, 838 für den eintretenden Schaden verantwortlich sein würde, verlangen, dass er die zur Abwendung der Gefahr erforderliche Vorkehrung trifft.

1. Allgemeines

§ 908 BGB gibt wie § 907 BGB einen vorbeugenden Abwehranspruch, die Einwirkung auf das Nachbargrundstück muss also nicht schon eingetreten sein. Nach §§ 836 ff. BGB hat derjenige, der durch den Einsturz eines Gebäudes oder Ablösung von Gebäudeteilen oder eines anderen Werkes – z. B. Mauern, Tore, Rohrleitungen –, die mit einem Grundstück zu einem bestimmten Zweck, auch nur vorübergehend verbunden sind, einen Schaden erleidet, einen Schadensersatzanspruch. Außerdem kann er nach § 1004 BGB die Beseitigung der eingetretenen Störung verlangen. Demgegenüber gewährt § 908 BGB, unabhängig von § 1004 BGB, einen Anspruch auf sofortige Abwendung der Einsturz- oder Ablösungsgefahr bei einem Gebäude oder einem anderen mit dem Nachbargrundstück verbundenen Werk, und zwar unabhängig, ob die Gefahr durch menschliche Tätigkeit/Unterlassen oder Naturereignisse eingetreten ist. 1

2. Voraussetzungen

a) **Gebäude oder anderes Werk.** Ein Gebäude ist ein Bauwerk, das durch Umfriedung Menschen und Sachen Schutz bietet. Ein anderes Werk ist für einen bestimmten Zweck unter Verbindung mit dem Erdkörper nach technischen Regeln hergestellter Gegenstand (BGH NJW 1961, 1670). 2

b) **Einsturz- oder Ablösungsgefahr.** Sie muss infolge der Beschaffenheit oder des Erhaltungszustands des Gebäudes oder des Werkes eintreten; auch dann, wenn sie durch menschliche Tätigkeit oder Naturereignisse ausgelöst wird (BGHZ 58, 149). 3

c) **Beschädigungsgefahr.** Es reicht die nicht ganz entfernte Möglichkeit des Schadenseintritts aus. Verschulden des Verpflichteten ist nicht erforderlich. 4

d) **Beweislast.** Sie hat der Berechtigte, keine Entlastung nach § 836 Abs. 1 Satz 2 BGB, da das Verschulden unerheblich ist. 5

3. Rechtsfolge

a) **Gefahrabwendung.** Der Anspruch geht darauf, dass der Verantwortliche die zur Abwendung der Gefahr erforderlichen Vorkehrungen trifft. So kann die Entfernung eines baufälligen Gebäudes oder einer Bauruine verlangt werden, wenn ihr Einsturz droht und dadurch das Nachbargrundstück geschädigt würde. 6
Die erforderlichen Vorkehrungen braucht der Berechtigte nicht näher zu bezeichnen. Allerdings sind nur solche Maßnahmen zu treffen, die bei Berücksichtigung der gesamten Verhältnisse das zumutbare Maß nicht übersteigen (BGH NJW 1972, 724).

b) **Schadensersatz und Entschädigung.** Führt die Gefahr zu Schäden, besteht ein Schadensersatzanspruch nach §§ 823 Abs. 2, 836 ff. BGB. Außerdem besteht 7 ein verschuldensunabhängiger Ausgleichs-/Entschädigungsanspruch, § 906 Abs. 2 Satz 2 BGB, wenn aus besonderem Grund zu dulden ist.

8 c) **Vorgehen der Baurechtsbehörde.** Da nach § 3 LBO bauliche Anlagen so angeordnet und errichtet werden müssen, dass die öffentliche Sicherheit oder Ordnung nicht verletzt wird, kann der Berechtigte auch die Baurechtsbehörden zum Einschreiten auffordern. Ein Rechtsanspruch auf deren Einschreiten besteht allerdings nur in Ausnahmefällen, wenn z. B. **Leben oder Gesundheit durch die Einsturzgefahr bedroht ist.**

4. Berechtigter

9 Den Anspruch hat der Eigentümer, Miteigentümer allein, § 1011 BGB, Nießbraucher, § 1065 BGB, Dienstbarkeitsberechtigter, §§ 1027, 1090 BGB, Erbbauberechtigte oder ein anderer dinglich Nutzungsberechtigter, aber auch der Besitzer, wenn er dazu ermächtigt wird (*Soergel* § 908 BGB Rn. 8; *Staudinger* § 908 Rn. 11; str.).

5. Anspruchsgegner

10 Der von § 1004 BGB unabhängige vorbeugende Abwehranspruch aus § 908 BGB richtet sich gegen den **Besitzer**, § 854 BGB, also nicht nur gegen den Eigentümer, sondern auch gegen den Mieter oder Pächter des baufälligen Gebäudes oder sonstigen Werkes und gegen denjenigen, der die Unterhaltung der gefahrdrohenden Anlage für den Besitzer übernommen hat, §§ 836, 837, 838 BGB. Ein Verschulden des Besitzers ist nicht erforderlich. Ein Anspruch gegen den früheren Besitzer, § 836 Abs. 2 BGB, besteht jedoch nicht.

6. Verjährung

11 Der Anspruch verjährt nicht, § 924 BGB.

§ 909 Vertiefung

Ein Grundstück darf nicht in der Weise vertieft werden, dass der Boden des Nachbargrundstücks die erforderliche Stütze verliert, es sei denn, dass für eine genügende anderweitige Befestigung gesorgt ist.

1. Allgemeines

1 Der Grundstückseigentümer darf nach §§ 903 und 905 BGB grundsätzlich in den ihm gehörigen Erdkörper eingreifen, er darf sein Grundstück auch vertiefen, die Grenze ist jedoch erreicht, wenn er die Standfestigkeit anderer Grundstücke beeinträchtigt. Auch behördliche Genehmigungen beseitigen die privatrechtliche Unzulässigkeit nicht (BGH NJW 1983, 872). § 909 BGB richtet sich an Jedermann und gilt nur für Vertiefungen, keine entsprechende Anwendung auf Erhöhungen (BGH NJW 1976, 1840 f.), hier gelten §§ 9 und 10 NRG. Auch keine entsprechende Anwendung auf den Abbruch eines Gebäudes (BGH VersR 1962, 972) oder auf eine Stützmauer (BGH NJW-RR 2012, 1161 Tz. 14).

2. Voraussetzungen

a) **Vertiefungen.** Vertiefung ist jede Senkung der Oberfläche, auch wenn sie nur vorübergehend ist. Bodenaushub ist nicht erforderlich. So reicht das Abgraben eines Hangfußes (BGH NJW 1980, 1679; 1972, 629). 2

b) **Stützverlust.** Eine Vertiefung ist unzulässig, wenn sie einen Stützverlust bewirkt. Dabei genügt Einsturzgefahr; die Vertiefung muss adäquat kausal für den Stützverlust sein. Unzulässig ist jede menschliche Maßnahme, die bewirkt, dass der Boden eines Nachbargrundstücks die notwendige Stütze horizontal oder vertikal dauernd oder auch nur vorübergehend verliert (BGHZ 101, 106). Nachbargrundstück ist dabei nicht nur das unmittelbar angrenzende Grundstück, sondern jedes, das durch den Verlust seines Halts betroffen sein kann. Ein schlechter Zustand des Nachbargrundstücks beseitigt das Vertiefungsverbot nicht (BGH NJW 1987, 2808, 2810). 3

Beispiele: Abgraben/Wegnahme von Erdreich, Errichtung eines Brunnens, Unterkellerung eines Gebäudes und Abbruch eines Kellers (BGH NJW 1980, 224), Anlage von Kabelgräben und Gruben, aber auch die Senkung des Niveaus durch den Druck eines Neubaus (BGHZ 44, 130), Auflagerung gewichtiger Stoffe wie etwa Bauschutt oder Bauaushub (BGH NJW 71, 935), oder wenn bei Bauarbeiten der Grundwasserstrom so beeinflusst wird, dass der Boden des Nachbargrundstücks nachgibt (BGH VersR 1964, 1070), Bau einer Tiefgarage in der Nachbarschaft, wobei Schäden durch Bodenerschütterungen, auch wenn diese anlässlich einer Grundstücksvertiefung auftreten, nicht unter § 909 BGB fallen; hier kann ein Schadensersatzanspruch bzw. ein Ausgleichsanspruch nach § 906 Abs. 2 Satz 2 BGB (BGH NJW 1983, 872) bestehen. 4
Keine Vertiefung ist der Abbruch des oberirdischen Teils eines Gebäudes, auch wenn dadurch der Halt eines Gebäudes auf dem Nachbargrundstück verloren geht oder eine Aufschüttung mit Grundwasserstau, die zur Verminderung der Standfestigkeit des Nachbargrundstücks führt (*Soergel* § 909 BGB Rn. 5).

c) **Keine anderweitige Befestigung.** Eine Vertiefung ist zulässig, wenn der Nachbar für eine nach den örtlichen Verhältnissen notwendige Befestigung sorgt (BGH NJW 1997, 2595). Maßgebend ist die tatsächliche Beschaffenheit des Nachbargrundstücks. Die Belastung durch weitere Anlagen ist unter Berücksichtigung aller Verhältnisse, insbesondere der örtlichen Lage, zu berücksichtigen. Ein ungünstiger Baugrund oder die Schadensanfälligkeit des Nachbargrundstücks berührt das Vertiefungsverbot nicht. Wie der zur Befestigung Verpflichtete die Befestigung im Einzelnen bewirkt, etwa eine ausreichende Böschung stehen lässt, eine Stützmauer errichtet oder das Nachbarhaus abstützt, bleibt ihm überlassen. Die Sicherung des Abgrabens eines Hanges durch Verankerung einer ausreichend standfesten Bohrpfahlwand kann eine genügende anderweitige Befestigung i. S. d. § 909 BGB sein. Unter Umständen kann der Bauherr verpflichtet sein, auf einer Bodenuntersuchung zu bestehen (BGH NJW 1969, 2140). Entscheidend ist letztlich, dass die zu erhaltende Festigkeit des Bodens des Nachbargrundstücks erreicht wird. 5
Die Schutzvorkehrungen, zu denen der jeweilige Grundstückseigentümer, also auch ein Sonderrechtsnachfolger, auf Dauer verpflichtet ist, sind grundsätzlich

auf dem eigenen Grundstück vorzunehmen und dürfen nicht in das Eigentum des Nachbarn eingreifen (BGH NJW 1997, 2595). Eine vorübergehende Rückverankerung einer Bohrpfahlwand im Nachbargrundstück ist jedoch nach § 905 Satz 2 BGB und nach den Grundsätzen des nachbarlichen Gemeinschaftsverhältnisses gegen Leistung eines angemessenen Ausgleichs zu dulden, wenn dadurch eine wesentliche Gefährdung des Nachbargrundstücks ausgeschlossen werden kann (OLG Stuttgart NJW 1994, 739). Auch eingebrachte Anker müssen hingenommen werden, wenn sie zur Absicherung des Nachbargrundstücks dienen und dort absehbar nicht stören können.
Die Kosten für die Befestigung hat derjenige zu tragen, der diese durch die Vertiefung eines Grundstücks erforderlich macht. Der Nachbar hat sich jedoch an den Kosten zu beteiligen, wenn sie sich durch die Sicherung eines baufälligen Gebäudes wesentlich erhöhen (BGH NJW 1981, 50; 1987, 2808; *Staudinger* § 909 BGB Rn. 27/28).

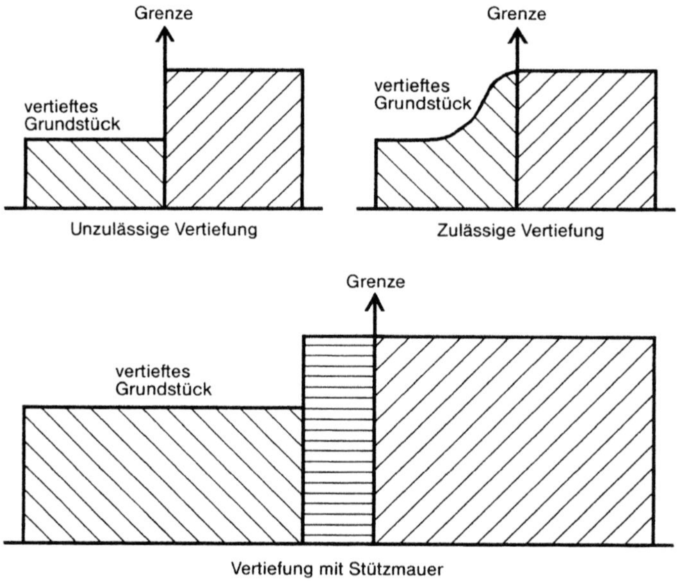

Abb. 13

3. Rechtsfolge

6 **a) Verbot.** § 909 BGB gibt keinen eigenen Anspruch, er spricht nur ein Verbot der Vertiefung aus (BGH NJW-RR 2012, 1160 Tz. 11). Bei einem Verstoß besteht deshalb ein Anspruch nach § 1004 BGB, für den Besitzer § 862 BGB (BGH NJW 2001, 1865).

7 **b) Unterlassung und Beseitigung.** Bei drohendem Verstoß besteht ein Unterlassungsanspruch; ist bereits vertieft, besteht ein Anspruch auf Beseitigung, § 1004

BGB. Es kann auch Abstützung und Unterlassung weiterer Vertiefungen verlangt werden.

c) **Schadensersatz und Entschädigung.** Ein Schadensersatzanspruch besteht bei Verschulden, das sich auf den Stützverlust beziehen muss (BGH LM Nr. 16). § 909 BGB ist Schutzgesetz i. S. v. § 823 Abs. 2 BGB (BGH NZM 2005, 239). I.d.R. wird den Eigentümer kein Verschulden treffen, wenn er Fachleute beauftragt, sorgfältig ausgesucht und beaufsichtigt hat, wobei jedoch ein strenger Maßstab anzulegen ist (BGH NJW 2001, 1865). 8
Zum Schadensersatz können auch andere an der Vertiefung Beteiligte verpflichtet sein (BGH NZM 2005, 239; BGH NJW 1996, 3205): Bauunternehmer, Architekten, Statiker. Jeder von ihnen hat eine eigene Prüfungspflicht.
Im Übrigen kann entsprechend § 906 Abs. 2 Satz 2 BGB ein nachbarlicher Ausgleichsanspruch bestehen (BGH NJW 1983, 872; OLG Koblenz NJW-RR 2003, 1457; OLG Düsseldorf NJW-RR 2015, 211 Tz. 23).

d) **Käufer.** Hat der Voreigentümer das Grundstück vertieft, kann der Käufer eines nicht vertieften Grundstücksteils keinen Anspruch aus § 909 BGB geltend machen (BGH NJW 1988, 1202). Auch besteht aufgrund der Sonderregeln des Kaufgewährleistungsrechts kein Anspruch in entsprechender Anwendung des § 906 Abs. 2 Satz 2 BGB. 9

e) **Beweislast.** Der Nachbar hat zu beweisen, dass durch die Vertiefung der Stützverlust eingetreten ist. 10

4. Berechtigte

Berechtigt sind der Grundstückseigentümer, Miteigentümer, auch der Anwartschaftsberechtigte (BGHZ 114, 161), der Erbbauberechtigte, der Dienstbarkeitsberechtigte und Nießbraucher, §§ 1027, 1065, 1090 BGB, aber auch der Besitzer (BGH NJW 2001, 1865: Abwehranspruch nach § 862 BGB). 11

5. Anspruchsverpflichteter

Der Anspruch richtet sich gegen den Eigentümer des vertieften Grundstücks und auch gegen dritte Personen, die auf diesem Grundstück Arbeiten ausführen: Bauunternehmer, Architekt, Statiker (BGH NJW 1996, 3205), jeden von ihnen trifft eine eigenverantwortliche Prüfungspflicht (BGH NZM, 2005, 239). 12

6. Verjährung

Der Anspruch nach § 909 BGB verjährt nicht, § 924 BGB. 13

7. Sonstiges

Vertiefungen, die schadendrohende oder störende Anlagen sind, dürfen nicht im Grenzabstand des § 6 NRG errichtet werden. Für Erhöhungen schreiben die §§ 9 und 10 NRG ebenfalls Vorkehrungen oder Abstände vor. Für Gründungsmaßnahmen bei Grenzbauten § 7a NRG. 14

An öffentlichen Straßen und an anderen Orten, an denen Menschen verkehren, sind Öffnungen oder Vertiefungen zu verdecken oder zu verwahren, wenn sonst eine Gefahr für Menschen oder erhebliche Sachwerte entstehen kann. Zuwider- 15 handlungen können mit einer Geldbuße geahndet werden, § 9 Abs. 1 LOWiG. Werden Personen- oder Sachschäden verursacht, finden die allgemeinen Vorschriften des Straf- und Schadensersatzrechts Anwendung.

16 Ein Betreten des Nachbargrundstücks zum Zwecke der Vornahme von Befestigungsarbeiten ist nur mit Zustimmung des Eigentümers oder unter den Voraussetzungen des § 904 BGB – Notstandsrecht – gegen Ersatz des entstandenen Schadens zulässig. Doch kann sich der Nachbar dem Einwand des Mitverschuldens aussetzen, wenn er das Betreten grundlos verbietet. Ein Recht zum Betreten gibt auch § 7c NRG, das Hammerschlags- und Leiterrecht.

17 Für Vertiefungen und Erhöhungen gelten zahlreiche öffentlich-rechtliche Vorschriften, so etwa für Stützmauern über 2 m Höhe im Anh. 1 zu § 50 Abs. 1 LBO Nr. 7c.

§ 910 Überhang

(1) Der Eigentümer eines Grundstücks kann Wurzeln eines Baumes oder eines Strauches, die von einem Nachbargrundstück eingedrungen sind, abschneiden und behalten. Das Gleiche gilt von herüberragenden Zweigen, wenn der Eigentümer dem Besitzer des Nachbargrundstücks eine angemessene Frist zur Beseitigung bestimmt hat und die Beseitigung nicht innerhalb der Frist erfolgt.

(2) Dem Eigentümer steht dieses Recht nicht zu, wenn die Wurzeln oder die Zweige die Benutzung des Grundstücks nicht beeinträchtigen.

1. Allgemeines

1 § 910 BGB gibt dem Eigentümer ein Selbsthilferecht, das diesen zum Abschneiden von aus dem Nachbargrundstück eingedrungenen Wurzeln und herüberragenden Zweigen ermächtigt und damit die ihm nach §§ 903, 905 BGB zustehende Ausschließungsbefugnis konkretisiert. Dabei müssen jedoch die Belange des Eigentümers, von dessen Grundstück aus die Störung erfolgt, angemessen berücksichtigt werden. Nur bei einer objektiven Beeinträchtigung des Grundstücks darf in Ausübung des Selbsthilferechts gehandelt werden, sodass zwecklose, schikanöse Zerstörungen oder Beschädigungen nicht gerechtfertigt sind. Darüber hinaus sind weitere landesrechtliche Einschränkungen zu beachten.
Sinn: Durch das Selbsthilferecht sollen nachbarliche Bagatellstreitigkeiten, die sich aus dem Überschreiten der Grundstücksgrenze durch Wurzeln und Zweige eines Baumes oder Strauches ergeben, schnell, unkompliziert und möglichst ohne gerichtliche Inanspruchnahme erledigt werden.
§ 910 BGB stellt kein Schutzgesetz i. S. v. § 823 Abs. 2 BGB bezüglich des Überwuchses dar. Er schließt § 1004 BGB nicht aus (BGH NZM 2005, 318).

2. Voraussetzungen

2 a) **Überwuchs. § 910 Abs. 1 Satz 1 BGB** erfasst zunächst die Wurzeln eines Baumes oder Strauches – die in der Regel im Boden wachsenden blattlosen Teile einer Pflanze – die in das Nachbargrundstück eingedrungen sind. **§ 910 Abs. 1 Satz 2 BGB** erweitert dies auf über die Grundstücksgrenze herüberhängende Zweige – als Verzweigung dünnere Stammfortsetzung von Bäumen und Sträuchern.

3 Auf andere Pflanzen ist § 910 BGB entsprechend anwendbar: Hecken, Stauden, Ranken, Schlinggewächse, Rhizome (Wurzelstöcke), Unkraut (OLG Schleswig NJOZ 2011, 344, *Grüneberg-Herrler* § 910 BGB Rn. 2; MK § 910 BGB Rn. 5; *Staudinger-Roth* § 910 BGB Rn. 17; verneinend: *Soergel* § 910 BGB Rn. 5). § 910 BGB gibt jedoch nicht das Recht, auf dem Nachbargrundstück zu hoch gewachsene Pflanzen wie Hecken ohne herüberragen in der Höhe zurückzuschneiden (KG NJW-RR 2000, 160).

4 Auch Äste fallen unter das Selbsthilferecht des § 910 BGB. Zwar wird in der deutschen Sprache und in der Botanik zwischen Ästen – d. h. „Seitenverzweigung 1. Ordnung des Stammes" [Lexikon der Forstbotanik, 1992 S. 56]; „stärkerer Zweig eines Baumes" [Duden, Bedeutungswörterbuch S. 72]) und Zweigen – „Seitenverzweigung 2. und höherer Ordnung" [Lexikon a. a. O. S. 578], „von einer Gabelung ausgehendes, einzelnes Laub oder Nadeln, Blüten und Früchte tragendes Teilstück eines Astes, „sinnverwandt mit Ast" [Duden a. a. O. S. 791]) unterschieden –, in der Praxis spielt jedoch diese Unterscheidung, die zudem beim einzelnen Baum aufgrund der unterschiedlichsten Wuchsformen nicht einfach vollzogen werden könnte, keine Rolle. Auch der Normzweck spricht für die Einbeziehung der Äste in die Regelung des § 910 BGB, zumal diese, wie die Zweige im engeren Sinn, die Benutzung des Grundstücks beeinträchtigen können. Wenn nur die herüberragenden Zweige, nicht jedoch auch der herüberragende beeinträchtigende Ast entfernt werden dürfte, würde in vielen Fällen die Beeinträchtigung durch die Zweige alsbald wiederaufleben, da aus dem Ast neue Zweige austreiben. Auf jeden Fall steht dem Eigentümer wegen eines beeinträchtigenden Astes ein Anspruch nach § 1004 BGB zu.

5 Nicht erfasst von § 910 BGB werden jedoch über die Grenze herüberragende Stämme – verdickte und verholzte Sprossachsen eines Baumes oder Strauches zwischen den Wurzeln und den Zweigen. Ihre Beseitigung kann nur über § 1004 BGB erreicht werden.

6 b) **Fristsetzung.** Der Berechtigte darf die überhängenden Zweige nur abschneiden und behalten, wenn er dem Nachbarn zuvor eine angemessene Frist zur Beseitigung gesetzt hat und die Frist ergebnislos verstrichen ist. Selbst handeln darf er erst nach Ablauf der Frist.

7 Eine Fristsetzung ist nur bei Zweigen erforderlich und entfällt bei Wurzeln. Allerdings kann sich aus § 242 BGB oder dem nachbarrechtlichen Gemeinschaftsverhältnis die Notwendigkeit ergeben, auch bei Wurzeln eine Frist zu setzen, wenn durch das Abschneiden die Zerstörung des Baumes droht und der Verpflichtete durch die Frist Maßnahmen zur Erhaltung des Baumes treffen kann.

8 Die Frist soll nicht nur nach dem für die Beseitigung erforderlichen Zeitaufwand bemessen werden, vielmehr sind auch Jahres- und Wachstumszeit – insbes. die bevorstehende Reifung von Früchten – zu berücksichtigen. Wird eine nicht angemessene Frist gesetzt, wird jedenfalls eine angemessene Frist in Lauf gesetzt, mit der Folge, dass der betroffene Grundstückseigentümer nach Fristablauf den herüber ragenden Zweig abschneiden darf, ohne eine neue Frist gesetzt zu haben. Erklärt der Nachbar, er werde auf keinen Fall seine Zweige zurückschnei-

den, ist keine Fristsetzung erforderlich. Der Eigentümer kann dann die herüber ragenden Zweige in dem Zeitpunkt zurückschneiden, in dem er dies bei angemessener Fristsetzung hätte tun dürfen.

9 c) **Ausschluss § 910 Abs. 2 BGB.** Der Eigentümer darf weder eingedrungene Wurzeln noch herüber ragende Zweige beseitigen, wenn sie die Benutzung seines Grundstücks nicht beeinträchtigen. Die Beeinträchtigung muss objektiv (BGH RdL 2004, 76) und gegenwärtig gegeben sein, sie darf nicht erst in ungewisser Zukunft eintreten können (OLG Nürnberg, Urt. v. 18. Oktober 2000 – 12 U 2174/00; LG Hannover AgrarR 1989, 52). Eine Beeinträchtigung kann dadurch entstehen, dass die Benutzung des betroffenen Grundstücks geändert wird, etwa durch den baurechtlich zulässigen Anbau eines Wintergartens, Anlegung eines Gartenteichs oder einer eigenen Pflanzung.
Es kommt auch nicht darauf an, ob die Beeinträchtigung erheblich oder nicht erheblich ist; es genügt vielmehr, dass das Nachbargrundstück durch den Überhang „irgendwie" beeinträchtigt wird (AG Königstein, Urt. v. 19. April 2000 – 21 C 113/00; einschränkend *Grüneberg-Herrler* § 910 BGB Rn. 3: Ausschluss des Selbsthilferechts, wenn Grundstücksbenutzung im Vergleich zum Zustand ohne Überwuchs nicht oder nur ganz unerheblich beeinträchtigt ist; *Bamberger/Roth* § 910 BGB Rn. 8: Struktur des fraglichen Gebiets [städtisch/ländlich] und [angeblich] Erkennbarkeit beim Eigentumserwerb können bedeutsam sein; OLG Köln NJW-RR 1997, 656: Kann nach Nachbarrecht gegen eine Grenzbepflanzung nicht mehr vorgegangen werden, hat der Nachbar bei der Nutzung seines Grundstücks [z. B. Anlegung eines Ziergartens] auf diese nicht mehr veränderbare Situation Rücksicht zu nehmen). Es kommt auch nicht darauf an, ob die herüber ragenden Zweige oder die eingedrungenen Wurzeln auf der ortsüblichen Benutzung des Nachbargrundstücks beruhen. Das bloße Vorhandensein von Wurzeln in einer Wiese ist noch keine Beeinträchtigung; erst wenn die Wurzeln die Erdoberfläche anheben, beeinträchtigen sie. Ebenso bei einem Acker. Nicht dagegen bei Wald, Hutung, Heide, Ödland, bei landwirtschaftlich oder gartenbaulich nicht genutzten oder nicht bebauten Grundstücken. Auch bei bebauten Grundstücken stellen eingedrungene Wurzeln noch keine Beeinträchtigung dar, wenn und solange sie die Benutzung des Grundstücks nicht beinträchtigen, etwa durch Anhebung von Gehwegplatten, Verstopfung von Drainagen, Eindringen in Leitungen (zum Eindringen in Kanalanschlüsse BGH NJW 1986, 2640; OLG Düsseldorf NJW 1986, 2648, dies gilt auch für die außerhalb des Grundstücks gelegenen, aber im Eigentum des Grundstückeigentümers stehenden Teile) und Mauerwerk, durch Beeinträchtigung des Wuchses eigener Pflanzen (Wasserentzug). Keine Beeinträchtigung sind in der Regel auch der Laub- und Samenfall von herüberragenden Zweigen einzelner Bäume. Die Beeinträchtigung von Licht und Luft durch herüberragende Zweige rechtfertigt kein Abschneiden, wenn dadurch die Situation nicht geändert wird (weitergehend LG Nürnberg-Fürth, Urt. v. 23. Mai 2000 – 13 S 10117/99: generell).

10 Die herüber ragenden Zweige beeinträchtigen jedoch, wenn häufige Reinigungsarbeiten durch größere Mengen von Laub und Samen oder durch Tropfen klebriger Baumsäfte erforderlich werden, Gartenbauarbeiten nur noch in gebückter Haltung möglich sind. Dies gilt auch wenn eine erst nach dem Überwuchs vorgenommene Grundstücksnutzung beeinträchtigt wird (BGH NJW 1997, 2234).

d) Beweislast. Die Beweislast dafür, dass eine Beeinträchtigung nicht stattfindet, trägt der Besitzer des Nachbargrundstücks, der diesen Einwand geltend macht. Er kann z. B. vortragen, dass beim Nachbargrundstück weder Feuchtigkeit oder Licht entzogen, noch Pflege oder Bestellung erschwert werden. 11

3. Rechtsfolgen

a) Selbsthilferecht. Der Berechtigte kann die Wurzeln und Zweige – und die daran hängenden Früchte – nach Ablauf der gesetzten Frist selbst abschneiden, aber nicht jenseits der Grenze. Er darf zum Abschneiden auch nicht das Nachbargrundstück betreten, vgl. aber §§ 23, 24 NRG. Die eingedrungenen Wurzeln und herüber ragenden Zweige dürfen nur dort abgeschnitten werden, wo sie über die Grundstücksgrenze ragen oder in das Nachbargrundstück eingedrungen sind. Das Abschneiden weiter innen am Stamm ist unzulässig. Angesichts der Bedeutung, die der Erhaltung des Grüns beizumessen ist, ist die Grenze für das Selbsthilferecht auch nicht automatisch an der Grundstücksgrenze zu ziehen. Beeinträchtigt nur ein bestimmter Zweig/Ast/Wurzel das Nachbargrundstück oder nur mit einem bestimmten Teil, so darf er/sie nur insoweit, als die Beeinträchtigung reicht, entfernt werden; der nicht beeinträchtigende Zweig/Ast/Wurzel oder dessen Teil darf weiterhin in das Nachbargrundstück herüber ragen oder in dessen Boden verbleiben. Ein darüber hinausgehendes Abschneiden der Zweige ist unzulässig. 12

b) Eigentumserwerb. Die abgeschnittenen Wurzeln, Zweige, Früchte gehen in das Eigentum desjenigen über, der sie in zulässiger Ausübung des Selbsthilferechts nach § 910 BGB abgeschnitten hat. Soweit jedoch der Baumeigentümer (derjenige, auf dessen Grundstück der Stamm aus dem Boden heraustritt) die eingedrungenen Wurzeln oder herüber ragenden Zweige mit Zustimmung des Nachbarn selbst beseitigt, bleiben diese Teile in seinem Eigentum, denn das Eigentum am Baum erstreckt sich auch auf dessen Teile in oder über dem Nachbargrundstück. 13

c) Beseitigungsanspruch. Der Berechtigte muss nicht selbst abschneiden, er kann auch Beseitigung nach § 1004 BGB von demjenigen verlangen, von dessen Grundstück der Überwuchs eingetreten ist. Das Selbsthilferecht nach § 910 BGB steht einem Beseitigungsanspruch nach § 1004 Abs. 1 BGB nicht entgegen. Das Selbsthilferecht und der Beseitigungsanspruch mit anschließender Wiederherstellung der bei der Wurzelentfernung beschädigten Grundstücksteile (BGB NJW 1997, 2234) bestehen vielmehr nebeneinander und zwar ohne Vorrang des einen vor dem anderen (BGH NJW 1986, 2640). Der BGH begründet dies (NJW 2004, 603) damit, dass mit dem bloßen Abschneiden der eingedrungenen Baumwurzeln die Eigentumsstörung noch nicht abgeschlossen sei, vielmehr die Wurzeln weiterhin die Sachherrschaft des Grundstückseigentümers, zu der es gehöre, fremde Gegenstände von seinem Grundstück fernzuhalten, beeinträchtigten. Dazu sei ein mehr als bloßes Abschneiden erforderlich, was nicht nach § 910 Abs. 1 BGB, sondern nur nach § 1004 Abs. 1 verlangt werden könnte. Allerdings habe der Nachbar auch im Bereich des § 1004 BGB die vom Nachbargrundstück eingedrungenen Wurzeln zu dulden, wenn sie die Benutzung seines Grundstücks, Maßstab § 910 Abs. 2 BGB, nicht beeinträchtigen (BGH RdL 2004, 76). 14

Dennoch könne ein nachbarrechtlicher Ausgleichsanspruch für den erhöhten Reinigungsaufwand infolge des Abfallens von Laub, Blüten, Samen, Nadeln und Zapfen entsprechend § 906 Abs. 2 Satz 2 BGB gegeben sein, insbes. wenn die Pflanzen die gesetzlichen Bestimmungen des Nachbarrechts nicht einhalten und ein Zurückschneiden nicht (mehr) verlangt werden könne. Schutzmaßnahmen gegen künftigen Überwuchs können nach § 1004 BGB verlangt werden (OLG Schleswig NJOZ 2011, 344).

15 d) **Kosten.** Beseitigt der Berechtigte selbst oder lässt er beseitigen, kann er von dem Verpflichteten, der aus § 1004 BGB verpflichtet wäre, nach §§ 812 Abs. 1, 818 BGB Ersatz der ersparten Aufwendungen verlangen (BGH NJW 2004, 603). Beseitigt der beeinträchtigte Grundstückseigentümer oder dessen Nutzungsberechtigter die eingedrungenen Wurzeln und herüberragenden Zweige, so hat er sowohl beim Selbsthilferecht nach § 910 BGB oder nach § 1004 BGB als auch bei einer verweigerten Beseitigung einen Anspruch auf Kostenersatz nach §§ 812, 818 BGB (BGH NJW 1973, 703; 1986, 2640; NJW 2004, 603; OLG Düsseldorf NJW 1986, 2648; *Soergel* § 910 BGB Rn. 8; *Staudinger* § 910 Rn. 27), wobei auch die Kosten eines mit dem Rückschnitt beauftragten Gartenbaufachbetriebs in voller Höhe zu ersetzen sind. Zum Mitverschulden des betroffenen Nachbarn nach § 254 BGB vgl. BGH NJW 1997, 2234.

16 e) **Schadensersatz. – aa) Hinweispflicht.** Da das Abschneiden im Rahmen des § 910 BGB rechtmäßig ist, hat der Selbsthilfe Übende dem Nachbarn keinen eventuellen durch das Abschneiden entstehenden Schaden zu ersetzen. Das Risiko, dass die vom Abschneiden betroffene Pflanze einen Schaden erleidet, trägt grundsätzlich der Eigentümer der Pflanze selbst. Aus der nach Treu und Glauben gebotenen nachbarlichen Rücksichtnahme kann sich jedoch die Pflicht zu einem vorherigen Hinweis, um dem Baumeigentümer die notwendigen Schutzmaßnahmen zu ermöglichen, ergeben, bei deren schuldhafter Verletzung Schadensersatz nach §§ 823, 826 BGB zu leisten ist (LG Stuttgart AgrarR 1987, 171): Bei Verlegung einer Fernwärmeleitung besteht die Pflicht, den Baumeigentümer auf die sich durch die Verlegung für den Baum ergebenden Risiken hinzuweisen, ggf. muss dem Baumeigentümer angeboten werden, die Verlegungsarbeiten auf dessen Kosten unter Schonung der Baumwurzeln durchzuführen; (OLG Köln AgrarR 1994, 343).

17 **bb) Überwuchsschäden.** Bei Schäden, die durch den Überwuchs verursacht werden, besteht ein Schadensersatzanspruch nach §§ 823 Abs. 1 BGB, 1004 BGB, nicht nach § 823 Abs. 2 BGB, da § 910 kein Schutzgesetz i. S. dieser Norm ist. Ansonsten hat der Eigentümer des Baumes oder Strauches einen Schadensersatzanspruch nur bei nicht rechtmäßigem oder unsachgemäßem Abschneiden. Auch hat er dann einen Anspruch auf Herausgabe der abgeschnittenen Gegenstände nach §§ 861, 985 BGB oder §§ 867, 1005 BGB, da der gestörte Grundstückseigentümer insoweit kein Eigentum erworben hat.

18 **cc) Beseitigungsschäden.** Sie können nicht verlangt werden, wenn die Voraussetzungen des § 910 BGB vorliegen, da das Abschneiden ja durch § 910 BGB legitimiert ist.

f) Herausgabe. Die Herausgabe der Wurzeln, Zweige und Früchte kann verlangt werden, §§ 861, 867, 985, 1005 BGB, wenn der Abschneidende kein Eigentum erworben hat, weil das Abschneiden nicht durch § 910 BGB gedeckt war. **19**

4. Berechtigter

Zur Selbsthilfe berechtigt ist der Grundstückseigentümer, der Miteigentümer allein, § 1011 BGB, der Erbbauberechtigte (*Soergel* § 910 BGB Rn. 10), der Dienstbarkeitsberechtigte und der Nießbraucher §§ 1027, 1065 Abs. 2 1090 BGB (BGH NJW 1992, 1101). Dem Pächter/Mieter steht zwar dieses Recht nicht zu, der Grundstückseigentümer kann ihn jedoch hierzu ermächtigen. **20**

5. Verpflichteter

Verpflichtet ist derjenige, von dessen Grundstück aus der Überwuchs eintritt. **21**

6. Verjährung

Das Selbsthilferecht nach § 910 BGB verjährt nicht, da es kein Anspruch i. S. d. § 194 BGB ist (MK § 910 BGB Rn. 14, *Soergel* § 910 BGB Rn. 11). Ist der Anspruch nach § 1004 BGB wegen Verjährung – § 195 BGB, drei Jahre – ausgeschlossen, bleibt dem Grundstückseigentümer der unverjährbare Anspruch des § 910 BGB. **22**

7. Sonstiges

a) Eigentümer öffentlicher Anlagen wie Straßen können die Beseitigung von Ästen und Wurzeln sowohl nach öffentlich-rechtlichen, § 11 Abs. 2 FStrG, § 28 Abs. 2 StrG, wie nach privatrechtlichen Vorschriften verlangen. Auch privaten Grundstückeigentümern kann gegenüber Beeinträchtigungen von öffentlichen Grundstücken ein Selbsthilferecht zustehen (BGH NJW 1990, 3195), bei dessen Ausschluss ein nachbarrechtlicher Ausgleichanspruch entsprechend § 906 Abs. 1 Satz 2 BGB zustehen kann. **23**

b) Werden durch eine auf Naturschutzrecht (§ 33 Abs. 3, §§ 73 ff. NatSchG) gestützte **Baumschutzsatzung** Handlungen untersagt, welche die geschützten Bäume in ihrem Bestand oder wesentlich ihr charakteristisches Aussehen beeinträchtigen, so werden dadurch auch die Befugnisse des Nachbarn aus §§ 910 und 1004 BGB eingeschränkt (OLG Karlsruhe, VBlBW 1988, 193; OLG Düsseldorf NJW 1988, 1271; 1989, 1807; OLG Köln NuR 2004, 627; *Otto* NJW 1989, 1783), der Nachbar muss also die Störung durch eingedrungene Wurzeln und herüberragende Zweige dulden. Diese Beschränkung des Nachbarn wirkt aber nur gegenüber der öffentlichen Gewalt, nicht im Privatrechtsverhältnis zum Eigentümer des Baumes; die Baumschutzverordnung ist kein Schutzgesetz i. S. d. § 823 Abs. 2 BGB (OLG Karlsruhe, a. a. O.; *Otto* NuR 2004, 628). Soweit die Baumschutzverordnung eine Ausnahme oder Befreiung zulässt, kann der beeinträchtigte Nachbar diese beantragen, um dann aufgrund seines Selbsthilferechts nach § 910 BGB entsprechend handeln zu können (OVG Bremen RdL 1985, 183); wird die Ausnahme oder Befreiung versagt, hat der betroffene Eigentümer keinen Ausgleichs- oder Ersatzanspruch in entsprechender Anwendung des § 906 Abs. 2 BGB gegen den Eigentümer des Baums, denn dieser ist aufgrund öffentlich-rechtlicher Vorschriften an der Beseitigung bzw. dem Zurückschneiden ge- **24**

hindert (OLG Karlsruhe AgrarR 1990, 209; *Staudinger* § 910 BGB Rn. 32; *Schink* DÖV 1991, 7).

25 c) Sind Wurzeln und Zweige deshalb über die Grenze des Nachbargrundstücks gewachsen, weil für den Baum oder Strauch der vorgeschriebene Grenzabstand nicht eingehalten ist, kann die Beseitigung des ganzen Baumes oder Strauches durchgesetzt werden, es sei denn, dass die Einrede der Verjährung erhoben wird oder dass der Nachbar ausdrücklich oder stillschweigend auf die Beseitigung verzichtet hatte.

26 d) Für **Obstbäume**, für Bäume gegenüber Grundstücken in Innerortslage sowie Bäume an öffentlichen Wegen und auf Waldgrundstücken enthalten die §§ 23 bis 25 sowie §§ 34 und 35 NRG als Sondervorschriften abweichende Regelungen (vgl. oben B III §§ 23, 24 und 34, 35 NRG).

§ 911 Überfall

Früchte, die von einem Baume oder einem Strauche auf ein Nachbargrundstück hinüberfallen, gelten als Früchte dieses Grundstücks. Diese Vorschrift findet keine Anwendung, wenn das Nachbargrundstück dem öffentlichen Gebrauch dient.

1. Allgemeines

1 Nach §§ 953 ff. BGB gehören Früchte, das sind die Erzeugnisse, die sonstige Ausbeute und die Erträge einer Sache, § 99 BGB, auch nach der Trennung dem Eigentümer der Sache. Abweichend hiervon regelt § 911 BGB, dass die auf das Nachbargrundstück fallenden Früchte als Früchte dieses Grundstücks gelten.

2. Voraussetzung

2 Voraussetzung ist jedoch stets, dass die Früchte auf das Nachbargrundstück heruntergefallen sind, wobei es auf die Ursache (Reife, Sturm, menschliche Einwirkung) nicht ankommt. Nur der Nachbar selbst darf sie nicht schütteln.

3. Rechtsfolgen

3 a) **Eigentumserwerb.** Die auf das Nachbargrundstück heruntergefallen Früchte gehören dem Eigentümer dieses Grundstücks oder dem hier zum Bezug der Früchte Berechtigten. Der Baumeigentümer (-besitzer) darf sie dort auch nicht mehr holen; sie sind fremdes Eigentum und der Baumeigentümer würde Diebstahl begehen.

Solange die Früchte jedoch am Baum hängen, gehören sie dem Eigentümer des Baumes. Er kann sie etwa mit einem Apfelbrecher ernten; berechtigt dazu ist nur der Eigentümer des Baumes. Daher handelt der Eigentümer des vom Überhang betroffenen Grundstücks bei einem Pflücken rechtswidrig; er erwirbt an den gepflückten Früchten kein Eigentum und muss sie herausgeben, ggf. besteht auch ein Schadensersatzanspruch, § 823 ff. BGB.

Ohne Erlaubnis darf der Baumbesitzer das vom Überhang betroffene Nachbargrundstück zur Ernte, aber auch zur Baumerhaltung nicht betreten, auch dürfen von ihm dort keine Geräte wie Leitern aufgestellt werden.

b) Beseitigung. Der Nachbar muss die Früchte jedoch nicht ernten, er kann auch verlangen, § 1004 BGB, dass die Früchte vom Baumeigentümer entfernt werden (AG Backnang NJW-RR 1989, 785). 4

Beachte: Der Eigentumserwerb findet aber nur statt, wenn die Früchte auf das Nachbargrundstück gefallen sind.

4. Ausschluss, § 911 Satz 2 BGB

Dient das Nachbargrundstück dem öffentlichen Gebrauch – öffentliche Wege, Straßen, Plätze, Gewässer –, so verbleiben die herabgefallenen Früchte nach §§ 953 ff. BGB dem Eigentümer des Baumes bzw. dem Fruchtziehungsberechtigten. Sie dürfen von den Benutzern des öffentlichen Weges nicht aufgelesen werden, sonst setzen sie sich der Gefahr der Bestrafung wegen Diebstahls aus. Die Verkehrsanschauung hält aber die auf öffentliche Wege herabgefallenen Früchte – wie Kastanien, Äpfel, Kirschen, Nüsse, Tannenzapfen – jedenfalls dann für herrenlos, §§ 958 f. BGB, wenn der Berechtigte sie nicht alsbald aufliest oder das Auflesen nicht mit einem Hinweis verbietet. 5

§ 912 Überbau, Duldungspflicht

(1) Hat der Eigentümer eines Grundstücks bei der Errichtung eines Gebäudes über die Grenze gebaut, ohne dass ihm Vorsatz oder grobe Fahrlässigkeit zur Last fällt, so hat der Nachbar den Überbau zu dulden, es sei denn, dass er vor oder sofort nach der Grenzüberschreitung Widerspruch erhoben hat.

(2) Der Nachbar ist durch eine Geldrente zu entschädigen. Für die Höhe der Rente ist die Zeit der Grenzüberschreitung maßgebend.

1. Allgemeines

§ 912 BGB regelt die schwierige Frage, was zu geschehen hat, wenn ein Eigentümer eines Grundstücks über die Grenze auf das Nachbargrundstück baut. Hier kommt es zum Widerstreit der §§ 93, 94 Abs. 2 BGB und § 94 Abs. 1 BGB. Während nach § 94 Abs. 1 BGB das Gebäude wesentlicher Bestandteil des Grundstücks ist – der Überbau also ins Eigentum des Nachbarn fallen müsste – ist nach §§ 93, 94 Abs. 2 BGB der Überbau wesentlicher Bestandteil des Gebäudes – müsste also ins Eigentum des Überbauenden, des Stammgrundstücks, fallen. § 912 BGB regelt diese Frage aber nur teilweise, für den in dieser Norm angesprochenen Anwendungsbereich (vgl. unten Rn. 2). § 912 BGB will die wertvernichtende Zerstörung der Substanz vermeiden. An diese Stelle tritt die Duldungspflicht für den Eigentümer mit dem Anspruch auf Entschädigung. Diese Belastung, die Duldungspflicht, für den Eigentümer ist nur bei schuldlosem oder leicht fahrlässigem Handeln gerechtfertigt, nicht dagegen bei „höheren“ Verschuldensformen wie grober Fahrlässigkeit oder gar Vorsatz. 1

2. Anwendungsbereich

2 **Wichtig:** Es sind drei Grundformen des Überbaus zu unterscheiden:
- Der **rechtmäßige Überbau** – die Parteien sind sich darüber einig, dass der Nachbar überbauen darf.
- Der **rechtswidrig aber schuldlos oder nur leicht fahrlässige Überbau** – nur diesen Fall regelt § 912 BGB.
- Der **rechtswidrig grob fahrlässige oder gar vorsätzliche Überbau.**

§ 912 BGB regelt also nur den rechtswidrigen aber schuldlosen oder leicht fahrlässigen Überbau. Nicht unter § 912 BGB fallen demgegenüber der rechtmäßige Überbau (unten Rn. 20 ff.) und der rechtswidrige, grob fahrlässige oder gar vorsätzliche Überbau (unten Rn. 15 ff.).
§§ 912 ff. BGB sind entsprechend anwendbar auf die Überbauung von Dienstbarkeiten (BGH NJW 2008, 3123), die unrechtmäßige Verletzung von Grenzabständen, die nach nachbarschützendem Baurecht, NRG, dinglichen Rechten oder schuldrechtlichen Verpflichtungen auf eigenem Grundstück einzuhalten sind (OLG Karlsruhe NJW-RR 1993, 665; OLG Köln NJW-RR 2003, 376).

3. Voraussetzungen des Überbaus nach § 912 BGB

3 a) **Errichtung eines Gebäudes.** Grundvoraussetzung eines jeden Überbaus ist, dass ein Gebäude errichtet wird, d. h. eine überdachte bauliche Anlage, die von Menschen betreten werden kann und dem Schutz von Menschen, Tieren oder Sachen dient (BGH NJW 2015, 2489 Tz. 29; vgl. auch § 2 Abs. 2 LBO); darunter fallen auch befristet errichtete Gebäude, § 95 BGB. Der Normzweck erfordert auch die Einbeziehung weiterer großer Bauten (BGH NJW 1974, 1532), wie Brücken oder eine Ufermauer (BGH NJW 2015, 2489 Tz. 30).
Nicht unter § 912 BGB fallen dagegen leicht versetzbare Gebäude wie versetzbare Schuppen oder Wohnwagen. Auch nicht Zäune, nicht zur Errichtung des Gebäudes gehörige Mauern, Gruben, ein an seinen Seiten offener Carport, Jalousien, Pergolen, Läden und Fenster beim Öffnen (aber § 7b NRG).

4 b) **Eigentümer.** Der Eigentümer des Nachbargrundstücks muss das Gebäude errichtet haben; es muss in seinem Namen und wirtschaftlichen Interesse errichtet worden sein (BGH WM 90, 718). Für den Erbbauberechtigten gelten die §§ 912 ff. entsprechend. Errichtung durch Dritte – Bucheigentümer, Dienstbarkeitsberechtigte, Mieter oder Pächter – genügt nur, wenn der Eigentümer zugestimmt hat, §§ 183–185 BGB (OLG Schleswig BeckRS 2016, 16043 Tz. 35 ff.).

5 c) **Grenzüberschreitung.** Es muss von einem (Stamm-)Grundstück aus über die Grenze gebaut worden sein, wobei der Umfang und das Ausmaß unerheblich sind. So kann das Gebäude auch zum großen Teil auf dem Nachbargrundstück stehen (BGH WM 1990, 718). Unerheblich ist auch, auf welchem Grundstück der Bau begonnen wurde (BGH NJW 2015, 2489 Tz. 31, umgekehrter Grenzüberbau, der auf dem Nachbargrundstück begonnen wurde).

6 Erstellt und überbaut werden muss ein einheitliches Gebäude, d. h. dass der überbaute Teil nicht abgerissen werden kann, ohne dass das Stammgebäude zu-

mindest in Teilen zerstört oder in seinem Wesen verändert wird (BGH NJW-RR 1989, 1039). Es reicht auch, wenn ein Teil eines Gebäudes – Gebäudemauern, Balkon, Keller, Dachvorsprung – in das Erdreich oder den Luftraum des Nachbargrundstücks ragen. Kein Überbau i. S. d. §§ 912 ff. BGB liegt jedoch vor, wenn das Gebäude vollständig auf einem fremden Grundstück errichtet wird. Eine Ausnahme gilt, wenn der Abriss nicht ohne Nachteil für das Hauptgebäude auf dem Nachbargrundstück erfolgen kann (BGH BeckRS 2016, 15525 Tz. 25 ff.). Maßgeblich für die **Frage der Einheitlichkeit des Gebäudes** beim Überbau ist die Verkehrsanschauung; die körperliche bautechnische Beschaffenheit stellt nicht das allein entscheidende Kriterium dar, sondern erlangt nur im Rahmen der festzustellenden Verkehrsanschauung Bedeutung (BGH NJW, 30990 Tz. 15). Erstreckt sich eine Tiefgarage als rechtmäßiger Überbau auf andere Grundstücke, führt allein die bautechnische und statische Verbindung der Tiefgarage mit auf dem überbauten Grundstück aufstehenden Gebäude nicht dazu, dass die Tiefgarage kein einheitliches Gebäude ist (BGH NJW 2023, 3090 Tz. 16). Auch Verbindungen mit dem Tiefgargenkörper durch Treppenhäuser, Aufzugsschächte, Fluchtwege und Versorgungseinrichtungen oder Zufahrten stehen der Einordnung der Tiefgarage als einheitliches Gebäude nicht entgegen (BGH NJW 2023, 3090 Tz. 16). Erstreckt sich ein Tiefgaragenkörper, der durch eine Zufahrt von dem Stammgrundstück aus als Ganzes erreichbar ist, als rechtmäßiger Überbau auf andere Grundstücke, ist nach der allgemeinen Lebenserfahrung davon auszugehen, dass sich die eigentumsrechtliche Zuordnung dieses Überbaues nicht allein dadurch ändert, dass auf den überbauten Tiefgaragenteilen Gebäude aufgestellt werden können. Vielmehr ist aufgrund der eigenständigen funktionalen Bedeutung einer grundstücksübergreifenden Tiefgarage davon auszugehen, dass diese nach der Verkehrsauffassung im Regelfall unabhängig von einer aufstehenden Bebauung als eigenständiges Gebäude anzusehen ist (BGH NJW 2023, 3090 Tz. 22). Ist in grundbuchmäßiger Form nachgewiesen, dass die im Wege des rechtmäßigen Überbaus grenzüberschreitend errichtete Tiefgarage durch eine Zufahrt von dem Stammgrundstück aus als Ganzes erreichbar ist, ist vom Grundbuchamt aufgrund der allgemeinen Lebenserfahrung der Schluss zu ziehen, dass der Tiefgaragenkörper unabhängig von der aufstehenden Bebauung auf dem überbauten Grundstück eigentumsrechtlich dem Stammgrundstück zuzuordnen ist, wenn sich ein Gebäudeteil der Tiefgarage auf dem Stammgrundstück befindet (BGH NJW 2023, 3090 Tz. 22).

Keine Grenzüberschreitung liegt vor bei einer Windkraftanlage deren Rotorblät- **7**
ter bei bestimmter Windrichtung in den Luftraum des Nachbargrundstücks hineinragen (LG Flensburg NJW-RR 2005, 1610). Es liegt kein Überbau vor, sondern ein durch eine persönlich beschränkte Dienstbarkeit abzusicherndes Nutzungsrecht (LG Flensburg NJW-RR 2005, 1610).
Bei den nach landesbaurechtlichen Bestimmungen zulässigen Grenzbauten, § 7 LBO, muss ebenfalls das Hineinragen untergeordneter Bauteile in den Luftraum hingenommen werden, § 7b NRG. § 7b Abs. 1 Satz 1 NRG, der dem Eigentümer eine über § 912 BGB hinausgehende Duldungspflicht auferlegt, ist verfassungsrechtlich nicht zu beanstanden, BVerfG NJW-RR 2008, 26 (zur Wärmedämmung, § 7c NRG, BGH BeckRS 2017, 115841).

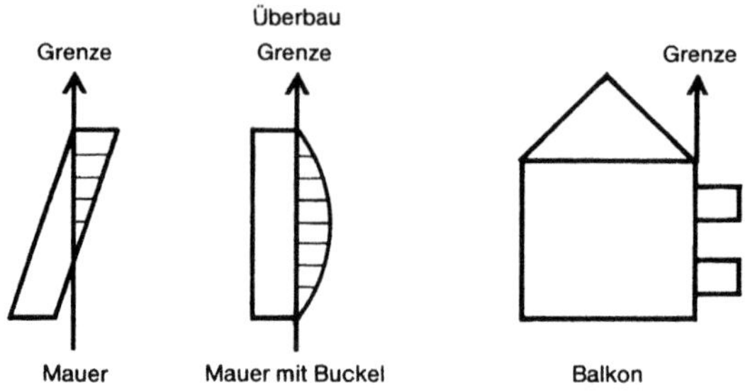

Abb. 14

8 d) **Schuldlos oder leicht fahrlässig.** Der Bauherr darf hinsichtlich des Überbaus einerseits nicht erlaubt, andererseits nicht vorsätzlich oder grob fahrlässig, gehandelt haben – er muss also schuldlos oder nur leicht fahrlässig überbaut haben. So wenn er trotz gewissenhafter Prüfung keine Klarheit über die Grenzverhältnisse erlangen konnte.
Grob fahrlässig handelt dagegen, wer im Bereich der Grenze baut und nicht ggf. durch eine Vermessung klärt, ob das Baugrundstück ihm ganz gehört und die Grundstücksgrenzen mit dem Gebäude nicht überschritten werden (BGH NJW RR 2016, 1489 Tz. 30). Ein Verschulden des Architekten wird dabei dem Überbauenden zugerechnet (BGH NJW 1977, 375). Nicht zugerechnet wird dem Überbauenden dagegen ein Verschulden des Bauunternehmers (BGHZ 42, 69). Den Überbauenden trifft die Beweislast, dass er oder sein Architekt nicht vorsätzlich oder grob fahrlässig gehandelt hat.

9 e) **Kein sofortiger Widerspruch.** Der Nachbar – Eigentümer oder sein Vertreter – darf vor oder sofort nach der Grenzüberschreitung nicht gegenüber dem Grundstückseigentümer – oder seinem Vertreter, Architekten oder Bauleiter – widersprochen haben. Der Widerspruch ist formfrei und bedarf keiner Begründung. Bei mehreren Widerspruchsberechtigten wirkt eine Erklärung für alle Berechtigten, bei mehreren Erklärungsempfängern genügt die Erklärung gegenüber einem. Der Widerspruch muss nach erkennbarer Grenzüberschreitung so rechtzeitig erhoben werden, dass die Beseitigung des Überbaus ohne erhebliche Zerstörungen möglich ist (BGHZ 59, 191).

9a f) **Beeinträchtigung der Nutzung nicht erforderlich.** Nicht erforderlich für den Anspruch ist, dass der Nachbar durch den Überbau in der Nutzung des Grundstücks im Zeitpunkt des Überbaus beeinträchtigt ist oder die Beeinträchtigung nicht nur geringfügig ist (BGH NJW-RR 2019, 463 Tz. 6 ff., 15). Aus dem Wortlaut des § 912 Abs. 2 Satz 1 BGB lässt sich eine solche Einschränkung nicht herleiten. Der Anspruch ist ein Wertersatzanspruch – kein Schadensersatzanspruch – als Ausgleich für den mit der Duldungspflicht verbundenen Eigentumseingriff (BGH a. a. O.).

4. Rechtsfolge des Überbaus nach § 912 BGB

a) Duldung. § 912 BGB beseitigt nicht die Rechtswidrigkeit des Überbaus. Der Überbau bleibt rechtswidrig, der Nachbar hat ihn dennoch zu dulden. Aufgrund § 912 Abs. 1 BGB ist der Überbau so lange zu dulden, bis er beseitigt wird und der Rest keine wirtschaftliche Bedeutung mehr hat (BGH NJW-RR 2014, 973 Tz. 18 ff.). Ist ein Anbau zerstört, ist der Wiederaufbau zu dulden, wenn noch Baureste mit wirtschaftlicher Bedeutung stehen geblieben sind. Spätere Erweiterungen oder Aufstockungen sind dagegen nicht mehr hinzunehmen, es sei denn, es handelt sich wieder um einen nach § 912 Abs. 1 BGB zu duldenden weiteren Überbau (*Soergel* § 912 BGB Rn. 4). § 912 Abs. 1 BGB sieht keine besonderen Betretungs- und Nutzungsrechte am fremden Grundstück zugunsten des Überbaus vor. Vielmehr gilt hier das Hammerschlags- und Leiterrecht, § 7c NRG. 10

Die Duldungspflicht entfällt jedoch, wenn das Gebäude auf dem Stammgrundstück völlig abgebrochen wird, denn dann entfällt der Zweck der Regelung. Die Duldungspflicht des Nachbarn beim entschuldigten Überbau soll den in dem Gebäude verkörperten wirtschaftlichen Wert vor der Zerschlagung sichern. Mit dem **Abbruch des Gebäudes** auf dem Stammgrundstück wird aber der in dem Gebäude verkörperte wirtschaftliche Wert beseitigt (BGH NJW-RR 2020, 1278 Tz. 22 ff.). Durch den Abbruch nicht berührt wird die Eigentumsfrage des Gebäudeteils auf dem Nachbargrundstück (siehe unten Rn. 11).

Die Duldungspflicht kann nicht in das Grundbuch eingetragen werden; sie trifft jedoch auch einen Rechtsnachfolger. Zweifel können durch eine klarstellende Grunddienstbarkeit beseitigt werden (BGH NJW 2014, 311 Tz. 9). Der Ausschluss oder die Beschränkung der Duldungspflicht kann ins Grundbuch des überbauenden Grundstücks als Grunddienstbarkeit eingetragen werden (BGH LM Nr. 9).

b) Eigentum und Besitz. Der Überbauende wird Eigentümer des gesamten Gebäudes, auch des Überbaues (BGH NJW-RR 2014, 973 Tz. 23); §§ 93, 94 Abs. 2 BGB setzen sich gegen § 94 Abs. 1 BGB durch. Dem Überbauenden steht auch das Besitz- und Nutzungsrecht am Überbau zu. Das Recht erstreckt sich jedoch nicht auf die umgebenden Funktionsflächen (BGH NJW 2014, 311 Tz. 18 ff.). Deshalb folgt aus der Pflicht des Nachbarn, einen Grenzüberbau zu dulden, nicht zugleich das Recht zur Nutzung der teilweise auf dem Grundstück des Nachbarn gelegenen Garagenzufahrt (BGH a. a. O.). Die überbaute Grundstücksfläche bleibt jedoch im Eigentum des Nachbarn, § 95 Abs. 1 Satz 2 BGB (BGHZ 27, 199), für den Überbau hat er keine Sicherungspflicht (BGH VersR 1964, 975), jedoch das Recht, die auf seinem Grundstück stehende „Grenzwand" des Überbaus nach § 7d NRG zu benutzen. 11

Auch wenn das Gebäude auf dem Stammgrundstück abgebrochen wird, bleibt die eigentumsrechtliche Zuordnung des auf dem Nachbargrundstück befindlichen Gebäudeteils zum Stammgrundstück unverändert. Der Abbruch lässt nur die Duldungspflicht des Nachbarn nach § 912 Abs. 1 Satz 1 BGB entfallen, nicht jedoch die Zuordnung des Eigentums zum Stammgrundstück (BGH NJW-RR 2020, 1278 Tz. 24).

c) Entschädigung. Der Nachbar hat den Überbau zu dulden, als Entschädigung hierfür und als Ausgleich für den Nutzungsverlust steht dem Nachbarn eine Überbaurente zu, §§ 912 Abs. 2, 913 f. BGB. Die Überbaurente ist nicht nach Art 12 und Ausmaß der Einbuße der tatsächlichen Nutzung des überbauten Grundstücks, sondern allein auf der Grundlage von dessen Verkehrswert zu berechnen (BGH NJW-RR 2019, 463 Tz. 9 ff.). Der Gesetzgeber stellt also nicht auf die konkreten Nutzungseinbußen ab, die der Eigentümer des überbauten Grundstücks erleidet; das für die Berechnung maßgebliche Kriterium ergibt sich aus § 915 Abs. 1 Satz 1 BGB; der Wert des Grundstücks. Zeitpunkt der Wertberechnung ist die Zeit des Überbaus, §§ 912 Abs. 2 Satz 2, 915 Abs. 1 Satz 1 BGB.

13 d) **Schadensersatz.** Schadensersatz nach § 823 BGB und Ausgleich nach § 906 BGB wegen Nutzungsverlust sind – im Rahmen des Überbaus nach § 912 BGB – ausgeschlossen (BGH NJW 1986, 2639). Ansprüche wegen Verletzung weiterer Rechte oder gegen den Bauunternehmer bleiben dagegen bestehen (zum Überbau bei geschlossener Bauweise s. § 7b NRG; zur Benutzung von Grenzanlagen und zur halbscheidigen Giebelwand, § 921 BGB).

14 e) **Vertrag.** Die Rechtsfolgen des Überbaus können durch Vertrag abweichend von § 912 BGB geregelt werden (BGHZ 15, 216).

5. Rechtsfolgen des rechtswidrigen Überbaus, wenn § 912 BGB nicht erfüllt ist

15 a) **Anwendbarkeit.** Diese Regeln gelten, wenn der Überbau rechtswidrig und grob fahrlässig oder gar vorsätzlich erfolgte. § 912 BGB ist dann nicht anwendbar!

16 b) **Eigentum und Besitz.** Der überbaute Gebäudeteil wird Eigentum des Nachbarn (BGH NJW-RR 2014, 973 Tz. 25); §§ 93, 94 Abs. 2 BGB müssen bei rechtswidriger Eigentumsverletzung zurückweichen. (BGH NJW-RR 1989, 1039). Der Überbauer hat (wohl) einen Anspruch gegen den Nachbarn nach § 951 BGB, da der Überbau (wohl) eine Verwendung auf das Grundstück ist oder nach Bereicherungsrecht (so BGHZ 41, 157; aufgedrängte Bereicherung). Das Eigentum am Gebäude wird durch die Grenzlinie real geteilt.

17 c) **Beseitigung, Herausgabe.** Da der Überbauer i. d. R. Besitzer ist, gelten die §§ 985 ff. BGB (BGH NJW 2003, 3621), der Nachbar kann deshalb Herausgabe des überbauten Teils, § 985 BGB, oder die Beseitigung des Überbaues auf Kosten des Überbauenden, § 1004 BGB, verlangen.

18 d) **Schadensersatz.** Auch kann Schadensersatz nach § 823 Abs. 1 und 2 i. V. m. § 1004 BGB, bei Verhinderung einer Bebauung durch verzögerte Räumung, Schadensersatz nach § 990 Abs. 2 BGB i. V. m. § 280 BGB (BGH NJW 2003, 3621) gefordert werden. Die Ansprüche können jedoch ausnahmsweise verwirkt sein, wobei eine langjährige Duldung nicht ausreicht. In diesem Fall besteht dann ein Anspruch auf eine Überbaurente.

19 e) **Nutzungsrecht.** Der Grundstückseigentümer kann auch den überbauten Gebäudeteil behalten und nutzen. Insbesondere kann er dafür erzielte Mieterträge herausverlangen (zum Eigentumserwerb nach Mietende des mietvertraglich gestatteten Überbaus BGH NJW 2004, 1237).

6. Rechtmäßiger Überbau

a) **Rechtmäßig.** Der Überbau ist rechtmäßig, wenn der betroffene Grundstückseigentümer diesem zugestimmt hat, dann liegt kein Überbau i. S. v. § 912 BGB vor (OLG Jena NJOZ 2013, 197). Die Zustimmung ist formfrei möglich; unterlassen des Widerspruchs ist aber keine Zustimmung. Ist nur für einen bestimmten Bereich zugestimmt, gilt für den Rest §§ 912 ff. BGB. Die Duldungspflicht erlischt auch nach zeitlichem Ablauf (BGH NJW 2004, 1237), da eine Zustimmung auch befristet erfolgen kann. Die Zustimmung kann auch den Wiederaufbau oder die Erneuerung erfassen (BGH NJW-RR 2016, 1489 Tz. 33). 20
Die Zustimmung des Rechtsvorgängers bindet zwar den Rechtsnachfolger nicht, es sei denn, dass der Überbau durch eine Grunddienstbarkeit dinglich abgesichert wurde. Dennoch muss er den Überbau ohne Anspruch auf eine Überbaurente hinnehmen, da sein Widerspruchsrecht durch die Bauausführung erloschen ist; anders nur, wenn der Überbau noch nicht ausgeführt ist.

b) **Beseitigung.** Beseitigung kann nicht verlangt werden, die Duldungspflicht folgt aus der Zustimmung (BGH BeckRS 17, 115841 Tz. 18). 21

c) **Entschädigung.** Für die Entschädigung ist die Vereinbarung zwischen den Parteien maßgebend (BGH NJW 1983, 1112). Fehlt eine Regelung, ist durch Auslegung zu ermitteln, was die Parteien gewollt haben, eine Entschädigung oder § 912 Abs. 2 BGB. Bloße schuldrechtliche Regelungen binden den Rechtsnachfolger nicht (BGH NJW 1983, 1112). 22

d) **Eigentum.** Dies richtet sich nach dem Willen des Erbauers zum Zeitpunkt der Errichtung. In der Regel wird dies das Stammgrundstück sein, von dem aus überbaut wurde (BGH NJW 2004, 1237). Für das Erbbaurecht gelten die §§ 912 ff. entsprechend. 23

e) **Eigengrenzüberbau.** – **aa**) Auf den **Eigengrenzüberbau** – ein Gebäude wird auf mehreren Grundstücken desselben Eigentümers errichtet – sind §§ 912, 913 BGB entsprechend anzuwenden (OLG Karlsruhe Die Justiz 1994, 480). Bei welchem Grundstück das Gebäude wesentlicher Bestandteil sein soll (Stammgrundstück), richtet sich nach der Absicht und dem Interesse des Erbauers. Objektive Umstände sind dann maßgebend, wenn ein Interesse nicht feststellbar ist (BGH NJW 1990, 1791). Der Erwerber des anderen Grundstücks hat den Überbau zu dulden, §§ 912 Abs. 2, 915 BGB gelten entsprechend ab Erwerb des Grundstücks (BGH NJW 2014, 311 Tz. 14). Ein Widerspruch scheidet aus. Solange jedoch die Veräußerung eines der Grundstücke nicht erfolgt ist, ruhen die Rechte aus einem zu duldenden Überbau. 24

bb) Wird ein Gebäude nach Grundstücksteilung von der Grenze durchschnitten, so gilt das gerade gesagte entsprechend. Das Stammgrundstück ist nach objektiven Gesichtspunkten zu bestimmen (*Grüneberg-Herrler* § 912 BGB Rn. 15). 25

cc) Baut ein Nutzungsberechtigter des Stammgrundstücks auf ein eigenes Grundstück über und stimmt der Eigentümer des Stammgrundstücks zu, gelten die §§ 912 ff. entsprechend. 26

7. Sonstiges

27 Für einen Überbau vor dem 1. Januar 1900 gelten gemäß Art. 181 Abs. 1 EGBGB die §§ 912 ff. BGB (BGHZ 97, 292).

§ 913 Zahlung der Überbaurente

(1) Die Rente für den Überbau ist dem jeweiligen Eigentümer des Nachbargrundstücks von dem jeweiligen Eigentümer des anderen Grundstücks zu entrichten.

(2) Die Rente ist jährlich im Voraus zu entrichten.

§ 914 Rang, Eintragung und Erlöschen der Rente

(1) Das Recht auf die Rente geht allen Rechten an dem belasteten Grundstück, auch den älteren, vor. Es erlischt mit der Beseitigung des Überbaus.

(2) Das Recht wird nicht in das Grundbuch eingetragen. Zum Verzicht auf das Recht sowie zur Feststellung der Höhe der Rente durch Vertrag ist die Eintragung erforderlich.

(3) Im Übrigen finden die Vorschriften Anwendung, die für eine zugunsten des jeweiligen Eigentümers eines Grundstücks bestehende Reallast gelten.

1. Überbaurente

1 a) **Rentenpflicht.** Die Pflicht zur Zahlung der Überbaurente beginnt am Tage der Grenzüberschreitung, unabhängig davon, wann sie entdeckt wurde. Das Jahr ist vom Zeitpunkt der Grenzüberschreitung des Überbaus an zu rechnen.

2 b) **Höhe.** Grundlage der Rentenberechnung ist der Verkehrswert der überbauten Fläche und die durch den Überbau bewirkte Beeinträchtigung bei der Nutzung des überbauten Grundstücks (BGH NZM 2010, 215).

3 c) **Feststellung.** Die Rentenhöhe stellen die Parteien durch Vertrag fest; können sich die Parteien nicht einigen, muss die Höhe durch Urteil festgestellt werden. Ein Verzicht oder eine Feststellung der Höhe der Entschädigung durch Vertrag wirkt nur unter den am Vertrag Beteiligten. Der Verzicht des Rentenberechtigten auf die Überbaurente kann nicht ins Grundbuch eingetragen werden (BGH NJW 2014, 1179 Tz. 12 ff.).

4 d) **Erlöschen.** Das Rentenrecht erlischt mit der Beseitigung des Überbaus, § 914 Abs. 1 Satz 2 BGB.

2. Sicherung der Rente

5 a) **Vorrang, § 914 Abs. 1 BGB.** Das Rentenrecht des § 914 BGB geht allen andern Rechten am Grundstück, auch älteren, vor. Es kann aber nicht ins Grundbuch eingetragen werden; dies bedeutet für den Berechtigten keine erhebliche Gefahr, da es sich – gemessen am Wert des Grundstücks – immer um kleinere Beträge handelt.

b) **Persönliche und dingliche Haftung.** Der Schuldner haftet mit seinem Grundstück, §§ 914 Abs. 3, 1105, 1107 BGB und persönlich, §§ 914 Abs. 3 BGB, 1108 Abs. 1 BGB, der Rechtsnachfolger für Rückstände nur dinglich, §§ 914 Abs. 3, 1107, 1113 ff. BGB. 6

c) **Bestandteil.** Das Recht auf die Überbaurente und die Pflicht zur Duldung des Überbaus sind Bestandteil, § 96 BGB, des berechtigten Grundstücks und können – im Gegensatz zu den einzelnen Jahresrenten – nicht abgetreten oder gepfändet werden. Ein rentenfreier Erwerb des verpflichteten Grundstücks scheidet aus. 7

3. Berechtigter/Gläubiger

Gläubiger der Rente ist der Eigentümer oder der Erbbauberechtigte, § 916 BGB, des überbauten Grundstücks. 8

4. Verpflichteter/Schuldner

Schuldner der Rente ist der Eigentümer oder der Erbbauberechtigte, § 916 BGB, des überbauenden Grundstücks. 9

5. Verjährung

Das Stammrecht der Überbaurente verjährt nicht; jedoch die einzelnen fälligen Raten nach drei Jahren, §§ 195, 199 Abs. 1 BGB. 10

§ 915 Abkauf

(1) Der Rentenberechtigte kann jederzeit verlangen, dass der Rentenpflichtige ihm gegen Übertragung des Eigentums an dem überbauten Teil des Grundstücks den Wert ersetzt, den dieser Teil zur Zeit der Grenzüberschreitung gehabt hat. Macht er von dieser Befugnis Gebrauch, so bestimmen sich die Rechte und Verpflichtungen beider Teile nach den Vorschriften über den Kauf.

(2) Für die Zeit bis zur Übertragung des Eigentums ist die Rente fortzuentrichten.

1. Abkaufverlangen

Der Eigentümer des überbauten Grundstücks kann verlangen, dass ihm der Überbauende den überbauten Teil seines Grundstücks „abkauft". Im Gegensatz dazu steht dem Überbauenden kein Recht zu, von dem Eigentümer des überbauten Grundstücks zu verlangen, dass er ihm den überbauten Teil verkauft. Für das Verlangen als einseitiges Gestaltungsrecht in der Form einer empfangsbedürftigen Willenserklärung braucht die Form des § 311b BGB nicht eingehalten zu werden. Ein Vorkaufsrecht kann nicht ausgeübt werden. 1

2. Rechtsfolge

Der Eigentümer der überbauten Fläche ist verpflichtet, die Baufläche frei von Rechten zu verschaffen, die von Dritten gegen den Übernehmenden geltend gemacht werden können. Gerichtliche oder notarielle Beurkundung des Kaufvertrags ist nicht erforderlich, RGZ 74, 90; das Rechtsverhältnis des Kaufs entsteht kraft Gesetzes durch das einseitige formlose Verlangen des Rentenberech- 2 tigten. Die Übertragung des Eigentums an dem überbauten Teil des Grundstücks erfordert Auflassung und Eintragung in das Grundbuch, §§ 873, 925 BGB.

3. Verjährung

3 Der Anspruch unterliegt nicht der Verjährung, § 924 BGB.

§ 916 Beeinträchtigung von Erbbaurecht oder Dienstbarkeit

Wird durch den Überbau ein Erbbaurecht oder eine Dienstbarkeit an dem Nachbargrundstück beeinträchtigt, so finden zugunsten des Berechtigten die Vorschriften der §§ 912 bis 914 entsprechende Anwendung.

1 Wegen des Erbbaurechts s. die Verordnung über das Erbbaurecht (ErbbauRVO). Die Dienstbarkeiten an Grundstücken (Grunddienstbarkeiten, Nießbrauch und beschränkte persönliche Dienstbarkeiten) sind in den §§ 1018 bis 1083 BGB geregelt.

§ 917 Notweg

(1) Fehlt einem Grundstück die zur ordnungsmäßigen Benutzung notwendige Verbindung mit einem öffentlichen Wege, so kann der Eigentümer von den Nachbarn verlangen, dass sie bis zur Hebung des Mangels die Benutzung ihrer Grundstücke zur Herstellung der erforderlichen Verbindung dulden. Die Richtung des Notwegs und der Umfang des Benutzungsrechts werden erforderlichenfalls durch Urteil bestimmt.

(2) Die Nachbarn, über deren Grundstücke der Notweg führt, sind durch eine Geldrente zu entschädigen. Die Vorschriften des § 912 Abs. 2 Satz 2 und der §§ 913, 914, 916 finden entsprechende Anwendung.

1. Allgemeines

1 Wie § 912 BGB durchbricht § 917 BGB den Grundsatz der §§ 903, 1004 BGB, dass der Eigentümer jeden anderen von jeder Einwirkung auf sein Grundstück ausschließen kann. Er verpflichtet den Eigentümer, i. S. einer wirtschaftlich vernünftigen Nutzung des Nachbargrundstücks, den Notweg zu dulden. Er beschränkt damit das Eigentum des Verbindungsgrundstücks und erweitert es für das verbindungslose Grundstück. Auf ein – formloses – Verlangen des Eigentümers müssen die anderen Grundstückseigentümer der Benutzung des Notwegs zustimmen, wenn die Voraussetzungen des § 917 BGB gegeben sind.

2. Voraussetzungen

2 a) **Fehlende Verbindung zu einem öffentlichen Weg.** Eine Verbindung fehlt, wenn gar keine Verbindung besteht oder aus rechtlichen oder tatsächlichen Gründen unbenutzbar ist; so, wenn eine Widmungsbeschränkung vorliegt. Nicht aber, wenn die Verbindung nur unbequemer, länger oder mit höheren Kosten verbunden ist. Ein Notwegrecht besteht auch, wenn die Verbindung nur vorübergehend oder befristet fehlt, wie bei Straßenbauarbeiten oder bei einer Überschwemmung. Es besteht auch, wenn nur ein Teil des Grundstücks keine

Verbindung hat, wenn etwa der Hofraum höher gelegen ist, oder wenn eine vorhandene Verbindung nicht ausreicht. Die Ursachen, warum die Verbindung fehlt, sind grundsätzlich unerheblich und (i. d. R.) nur für § 918 BGB von Bedeutung (BGH NJW-RR 2015, 1234).

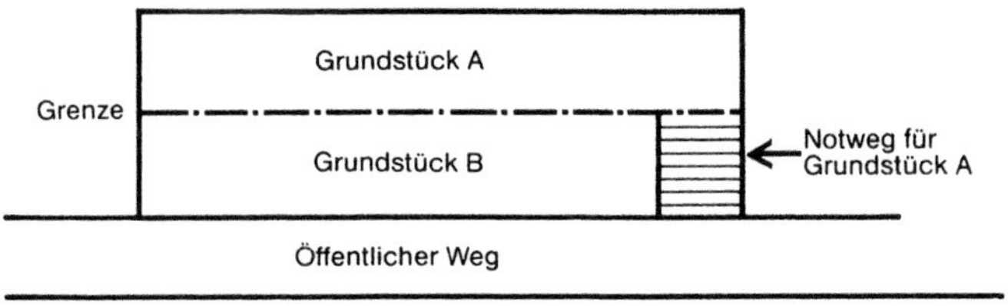

Abb. 15

b) Öffentlicher Weg. Öffentlich ist der durch ausdrückliche oder stillschweigende Widmung oder durch unvordenkliche Verjährung dem öffentlichen Verkehr offenstehende Weg (z. B. die §§ 2, 5 StrG). 3

c) Eine zur ordnungsgemäßen Benutzung notwendige Verbindung. Sie ist gegeben, wenn sie der Lage, Größe und Art der Bewirtschaftung des Grundstücks entspricht (BGH NJW-RR 2014, 398). Dabei kommt es aber nicht auf die Person des Nutzenden und dessen persönliche Bedürfnisse oder vorübergehende außergewöhnliche Bedürfnisse an. Es gilt ein **objektiver Maßstab** (BGH a. a. O. Tz. 11). Dies gilt auch bei der Beurteilung, ob eine ordnungsgemäße Änderung der Nutzungsart vorliegt. 4
Bei bestandkräftiger Baugenehmigung kann die Ordnungsmäßigkeit nicht mit der Baurechtswidrigkeit verneint werden (BGH NJW-RR 2015, 1234 Tz. 16).

Benutzungsänderungen oder -steigerungen sind ordnungsgemäß, wenn sie infolge baulicher, technischer oder wirtschaftlicher Entwicklung notwendig sind und den örtlichen Verhältnissen Rechnung tragen. So wenn die Zahl der von den Besitzern des begünstigten Grundstücks gehaltenen PKW zunimmt oder wenn jetzt anstelle mit Tieren mit dem Traktor die Lasten gezogen werden. Auch, wenn eine Garage errichtet wird, die über öffentliche Wege nicht erreichbar ist (LG Stuttgart MDR 1966, 736). 5

Keine entwicklungsbedingte und damit hinzunehmende Änderung der ordnungsgemäßen Benutzung des Notwegs ist es jedoch, wenn die Zufahrt zu einem Acker nunmehr von einer Großgärtnerei mit Gewächs- und Betriebshäusern benutzt werden soll (BGH MDR 2003, 985 für Grunddienstbarkeit). Nicht ordnungsgemäß ist auch eine Benutzung, wenn sie nach öffentlich-rechtlichen Vorschriften (insbes. Bau- oder Immissionsschutzrecht) unzulässig ist (BVerwG NJW-RR 1999, 165; *Staudinger* § 917 BGB Rn. 20: „Schwarzbauten"). Nach § 4 Abs. 1 LBO darf allerdings ein Gebäude nur errichtet werden, wenn es einen befahrbaren, öffentlich-rechtlich gesicherten Zugang zu einer öffentlichen Straße hat. 6

7 d) **Notwendigkeit der Benutzung. – aa) Die Benutzung.** Die Benutzung muss nach einem **strengen Maßstab** (BGH NJW 1964, 1321) notwendig sein. Dies ist auch der Fall, wenn die vorhandene Verbindung nicht ausreicht oder ungeeignet ist (BGH NJW-RR 2014, 398 Tz. 10 ff.). Nicht dagegen, wenn ein wirksamer Zugang – z. B. auf einem eigenen Grundstück – möglich ist; auch wenn dieser wesentlich unbequemer oder teurer ist (BGH NJW-RR 2015, 1234 Tz. 21, BGH NJW 2006, 3426). Der Notweg muss noch nicht notwendig bestehen, ausreichend ist, dass ein Anspruch auf ihn besteht. Die Grenze bildet die Unzumutbarkeit (vgl. auch BGH NJW-RR 2015, 1234 Tz. 27).
Ein Notweg bedeutet für das Eigentum einen schweren Eingriff, dass er nur in Betracht kommt, wenn die Zugangslosigkeit des Grundstücks anderweitig nicht behoben werden kann. Dazu reicht nicht schon aus, dass eine Behörde keine Befreiung von den Festsetzungen des Bebauungsplanes erteilt. Es ist ggf. zumutbar, einen öffentlich-rechtlichen Anspruch gerichtlich durchzusetzen (BGH MDR 2021, 1000 Tz. 15 ff.).
Ein durch eine Grunddienstbarkeit gesichertes Wegerecht gewährt dem Eigentümer des herrschenden Grundstücks nur einen Vorteil für dieses Grundstück (§ 1019 BGB), nicht aber für weiter in seinem Eigentum stehende und von ihm genutzte Grundstücke. Dieses Wegerecht gewährt ihm deshalb keine Nutzung für andere Grundstücke, sodass insoweit ein Notwegrecht möglich ist (BGH MDR 2021, 1000 Tz. 25 ff.).

8 **bb) Art und Ausmaß.** Art und Ausmaß der Benutzung müssen **notwendig** sein. Der Umfang des Notwegrechts richtet sich nach den Bedürfnissen des begünstigten Grundstücks. Bei mehreren möglichen Verbindungen ist diejenige zu wählen, durch welche die vom Notweg betroffenen Grundstücke am wenigsten beeinträchtigt werden, wobei nicht stets der kürzeste Weg maßgebend ist.
So ist die Zufahrt durch Kfz zu einem Wohngrundstück heute notwendig, (BGH NJW-RR 2009, 515); demgegenüber ist die Zufahrt auf ein Grundstück, um dort zu parken, weil dort etwa eine Praxis ist, nicht notwendig, wenn in der Nähe Parkmöglichkeiten bestehen (BGH NJW-RR 2014, 398).
Welche **Art der Benutzung** eines Grundstücks nach § 917 Abs. 1 BGB ordnungsgemäß ist, richtet sich nicht nach den persönlichen Bedürfnissen des Eigentümers des verbindungslosen Grundstücks, sondern danach, was nach objektiven Gesichtspunkten diesem Grundstück angemessen ist und den wirtschaftlichen Verhältnissen entspricht (BGH NJW-RR 2022, 1381 Tz. 14). Zu berücksichtigen sind dabei Benutzungsart und Größe des Grundstücks, seine Umgebung und die sonstigen Umstände des Einzelfalles (BGH NJW-RR 2020, 1360 Tz. 22).
Bei einem Wohngrundstück setzt die ordnungsgemäße Grundstücksnutzung in der Regel die Erreichbarkeit des Grundstücks mit einem Kraftfahrzeug voraus. Ob eine Zuwegung genügt, beurteilt sich nach den aktuellen technischen und rechtlichen Voraussetzungen und nicht nach den Gegebenheiten bei der Erteilung der Baugenehmigung (BGH NJW-RR 2022, 1100 Tz. 20 ff.). Eine ordnungsgemäße Benutzung setzt nur voraus, dass das Wohngrundstück mit einem Personenkraftwagen angefahren werden kann; hingegen nicht, dass der Kraftwagen dort abgestellt werden kann (BGH NJW-RR 2022, 522 Tz. 9, 13).
Handelt es sich dagegen nach objektiven Kriterien um ein Gewerbegrundstück, so kann dessen ordnungsgemäße Benutzung erfordern, dass auch Kraftfahrzeuge

be- und entladen sowie auch abgestellt werden (BGH NJW-RR 2020, 1360 Tz. 22; BGH MDR 2021, 1000 Tz. 11).

Der Berechtigte darf den Notweg als Verbindung benutzen, nicht aber um auf dem Nachbargrundstück zu verweilen und einen Lkw zu be- und entladen (BGHZ 31, 159). Da der konkrete, sich aus dem Gesetz ergebende Rechtsinhalt des Notwegrechts für die Beteiligten oft schwer erkennbar ist, empfiehlt es sich, die Ausgestaltung des Notwegrechts im Einzelnen durch eine Vereinbarung – gilt nur für Vertragsparteien, nicht jedoch für Käufer eines Grundstück – oder durch eine Grunddienstbarkeit – gilt auch für die jeweiligen Grundstückseigentümer –, ggf. auch durch Urteil – Bindung des Einzelnachfolgers gemäß § 325 ZPO – festzulegen. **9**

cc) **Mehrere mögliche Verbindungen.** Bei mehreren möglichen Verbindungen muss die Benutzung der **konkreten** Verbindung notwendig sein. Erforderlich ist ggf. eine Abwägung der Interessen an der geringsten Belastung und der größten Effektivität des Notwegs. Dies muss nicht stets der kürzeste Weg sein. Auch bei völliger Gleichwertigkeit der Verbindungen besteht kein Wahlrecht für den Berechtigten. Das Notwegrecht muss – notfalls durch Urteil – konstitutiv konkretisiert und festgestellt werden. **10**

e) **Verlangen.** Das ist Tatbestandmerkmal (BGHZ 94, 160; BGH BeckRS 2014, 09239 Tz. 14) und auch formlos möglich. Es ist eine empfangsbedürftige Willenserklärung, die bei mehreren Duldungspflichtigen allen gegenüber abzugeben ist. **11**

f) **Andere Anspruchsgrundlagen für ein Notwegrecht.** Sind die geschilderten Voraussetzungen des § 917 BGB nicht erfüllt, kann sich der Anspruch auf einen Notweg nicht aus dem nachbarlichen Gemeinschaftsverhältnis, aus jahrzehntelanger Übung oder aus dem Schikaneverbot des § 226 BGB ergeben. § 917 BGB enthält im Hinblick auf die nicht durch dingliche Rechte oder schuldrechtliche Verträge begründeten Wegerechte eine **abschließende Regelung** (BGH NJW-RR 2020, 1360 Tz. 18, 19; NJW-RR 2022, 1381 Tz. 16 ff.; NJW-RR 2022, 522 Tz. 16). Ansonsten könnte sich etwa eine Grunddienstbarkeit begründen, ohne im Grundbuch eingetragen zu werden. Der Gesetzgeber hat sich jedoch in § 873 Abs. 1 BGB bewusst für das Eintragungsprinzip entschieden (BGH NJW-RR 2020, 1360 Tz. 11 ff.). **11a**

3. Rechtsfolge – Duldung, Unterhaltung, Entstehen, Notwegerente

a) **Duldung und Nutzung.** Die notwendige Benutzung ist zu dulden. Ist etwa der Zugang durch ein Tor verschlossen, und ist dies den Berechtigten zumutbar, ist diesen ein Schlüssel auszuhändigen. Der zur Duldung des Notwegs verpflichtete Grundstückseigentümer kann die Verlegung des Notwegs entsprechend § 1023 BGB verlangen, wenn die Ausübung für ihn besonders beschwerlich ist; er muss dann aber die Kosten der Verlegung tragen (BGH NJW 1981, 1036). Zur Herstellung und Unterhaltung des Notwegs ist der Duldungsverpflichtete nicht verpflichtet (BGH NJW-RR 2009, 515). Dies muss der Berechtigte machen. Benutzt der Duldungspflichtige den Weg mit, sind die Kosten entsprechend der Benutzung zu teilen (BGH a. a. O. Tz. 5). **12**

13 b) **Abwehranspruch.** Der Berechtigte muss den Notweg unterhalten (BGH NJW-RR 1995, 911, 913 f.). Er hat aber einen Abwehranspruch: Er kann Beeinträchtigungen seines Notwegrechts nach § 1004 BGB abwehren, denn das Notwegrecht zählt zum Inhalt des Eigentums an dem zugangslosen Grundstück (BGH NJW-RR 2022, 1381 Tz. 6). So kann etwa verlangt werden, dass eine Barriere, die den Notweg beeinträchtigt, beseitigt wird. Besitzschutz besteht entsprechend § 1029 BGB.
Gerichtlich wird das Notwegrecht mit der Klage auf Duldung der Benutzung geltend gemacht. Miteigentümer sind gemeinsam als notwendige Streitgenossen, §§ 62 ff. ZPO, zu verklagen (BGH NJW 1984, 2210).

14 c) **Entstehen.** Das Notwegrecht entsteht kraft Gesetzes und zwar mit dem Verlangen des Berechtigten, wenn die gesetzlichen Vorrausetzungen vorliegen (BGH NJW 1985, 1952). Es kann nicht ins Grundbuch eingetragen werden. Bei Streit oder einer Erweiterung der Duldungspflicht kann eine Grunddienstbarkeit im Grundbuch des Notwegepflichtigen eingetragen werden; bei Verzicht oder Einschränkungen der Duldungspflicht (BGH BeckRS 2014, 09239) im Grundbuch des notwegeberechtigten Grundstücks (*Grüneberg-Herrler* § 917 BGB Rn. 11).
Die Ausübung des so entstandenen Rechts hängt jedoch davon ab, dass Eigentümer und Besitzer des belasteten Grundstücks dies gestatten oder aufgrund einer Klage durch Urteil zur Duldung verpflichtet wurden. Ohne Gestattung oder Duldungsurteil handelt der Notwegberechtigte in verbotener Eigenmacht (*Grüneberg-Herrler* § 917 BGB Rn. 12 f.).

15 d) **Notwegrente.** Der Anspruch auf Notwegerente entsteht mit dem Notwegrecht (BGH NJW 1985, 1952), er schließt einen Schadensersatzanspruch wegen der Nutzung des Weges nach § 823 Abs. 1 BGB aus. Für die Höhe der Entschädigung ist die Zeit maßgebend, zu der mit der Benutzung des Notwegs begonnen wurde. Die Notwegrente soll die Beeinträchtigungen ausgleichen, die der Duldungspflichtige Grundstücksnachbar durch die Nutzung des Notwegs hinnehmen muss. Maßgebend ist die Minderung des Verkehrswerts seines gesamten Grundstücks (BGHZ 113, 32; BGH NJW 1991, 564).
Die Rente ist dem jeweiligen Eigentümer des Nachbargrundstücks, über die der Notweg führt, von dem jeweiligen Eigentümer des Grundstücks, für das der Notweg in Anspruch genommen wird, zu entrichten. Die Rente ist jährlich im Voraus – gerechnet vom Beginn der Inanspruchnahme des Notwegs – zu zahlen, § 913 BGB. Der Nachbar kann die Duldung des Notwegs bis zur Zahlung der Notwegrente verweigern (BGH MDR 1976, 917).
Das Recht auf die Rente geht allen Rechten an dem belasteten Grundstück, auch den älteren, vor. Es erlischt mit der Beseitigung des Notwegs. Das Recht wird im Grundbuch nicht eingetragen, da es eine gesetzliche Last des betroffenen Grundstücks ist.
Zum Verzicht auf die Rente sowie zur Feststellung der Höhe der Rente durch Vertrag ist jedoch die Eintragung im Grundbuch erforderlich (§ 914 BGB).

4. Anspruchsberechtigt

16 Berechtigt sind der Eigentümer, Miteigentümer und der Inhaber eines grundstücksgleichen Rechts, wie etwa der Erbbauberechtigte des verbindunglosen

Grundstücks. Die Mieter oder Pächter des Grundstücks haben kein eigenes Notwegrecht, dürfen den Notweg aber benutzen (BGH NZM 2014, 267; BGH NJW-RR 2006, 1160 Tz. 6 u. 7). Sie dürfen das Recht aber nicht selbstständig geltend machen.

5. Verpflichtet

Zur Duldung verpflichtet sind die Eigentümer, Miteigentümer, Erbbauberechtigten, Dienstbarkeitsberechtigten oder Inhaber eines vergleichbaren Rechts des für den Notweg benötigten Grundstückes. Auch alle Nutzungsberechtigten aller Grundstücke zum Weg (BGH BeckRS 2016, 11735 Tz. 23). Das Verlangen ist an sie zu richten. Die notwendige Benutzung ist von ihnen zu dulden. Das entstandene Notwegrecht wirkt auch gegenüber den Nutzungsberechtigten des benötigten Grundstücks (BGH BeckRS 2016, 11735 Tz. 32; BGH NJW 2017, 210 Tz. 32). **17**
Duldungspflichtig ist der Nachbar – gemeint ist damit der **Eigentümer** über dessen Grundstück der Notweg führt. Die Einräumung eines Notweges kann nicht nur von dem Eigentümer des Grundstücks, das unmittelbar an der öffentlichen Straße liegt, verlangt werden, sondern von den Eigentümern aller Grundstücke, die zwischen seinem Grundstück und der Straße liegen (BGH NJW-RR 2022, 100 Tz. 13). Dinglich Berechtigte sind dagegen – mit Ausnahme des § 917 Abs. 2 Satz 2 BGB – wie auch obligatorisch Berechtigte nicht duldungspflichtig; sie haben aber ein vom dem duldungspflichtigen Eigentümer eingeräumtes Notwegrecht als Beschränkung des Eigentums zu beachten (BGH a. a. O.).
Für den Berechtigten einer **Dienstbarkeit** auf dem Nachbargrundstück ist dies anders, wie sich aus der Verweisung in § 917 Abs. 2 Satz 2 BGB auf § 916 BGB ergibt. Der Berechtigte der Dienstbarkeit kann neben dem Eigentümer duldungspflichtig nach § 917 BGB sein. (BGH a. a. O. Tz. 14). Der Anspruch muss nicht gegen beide gleichzeitig geltend gemacht werden; der Notwegberechtigte kann seine Rechte getrennt gegen den Eigentümer und den Dienstbarkeitsberechtigten geltend machen (BGH a. a. O. Tz. 16).

6. Verjährung

Das Notwegrecht verjährt nicht, § 924 BGB. **18**

7. Sonstiges

Siehe: **19**
- wegen des Notwegs für **Leitungen** § 7 f NRG, der § 917 BGB im Rahmen seines Geltungsbereichs ausschließt (BGB NJW 1991, 176),
- wegen des Notwegrechts bei **Waldgrundstücken** § 28 NRG und
- wegen der **württ.Überfahrts- und Trepprechte** Art. 224 f. Württ. AGBGB.

§ 918 Ausschluss des Notwegrechts

(1) Die Verpflichtung zur Duldung des Notwegs tritt nicht ein, wenn die bisherige Verbindung des Grundstücks mit dem öffentlichen Wege durch eine willkürliche Handlung des Eigentümers aufgehoben wird.

(2) Wird infolge der Veräußerung eines Teils des Grundstücks der veräußerte oder der zurückbehaltene Teil von der Verbindung mit dem öffentlichen Wege abgeschnitten, so hat der Eigentümer desjenigen Teils, über welchen die Ver-

bindung bisher stattgefunden hat, den Notweg zu dulden. Der Veräußerung eines Teils steht die Veräußerung eines von mehreren demselben Eigentümer gehörenden Grundstücken gleich.

1. Allgemeines

1 Das Notwegerecht rechtfertigt sich durch die Notwendigkeit, eine vernünftige wirtschaftliche Nutzung des Nachbargrundstücks zu ermöglichen. Deshalb legt es dem Eigentümer, gegen §§ 903, 1004 BGB, die Duldungspflicht auf. Diese Belastung ist jedoch dann nicht mehr zumutbar, wenn die bestehende Verbindung durch den Eigentümer willkürlich aufgehoben wird. Das gilt auch für Handlungen des früheren Eigentümers (BGH NJW 2006, 3426 Tz. 15).
Die Vorschrift setzt ihrem Wortlaut nach eine Veränderung der Zugangsverhältnisse in tatsächlicher Hinsicht durch die Aufhebung einer zuvor bestehenden Verbindung voraus. Auf eine von Anfang an fehlende Verbindung ist die Norm nicht – auch nicht entsprechend – anwendbar. Fehlt deshalb einem bebauten Grundstück die notwendige Verbindung zu einem öffentlichen Weg deshalb, weil die in der bestandskräftigen Baugenehmigung vorgesehene Zuwegung schon bei der Bebauung technisch nicht herstellbar war – oder nicht mehr hergestellt werden kann – ist das Notwegrecht nicht nach § 918 Abs. 1 BGB ausgeschlossen (BGH NJW-RR 2022, 1100 Tz. 10).

2. Voraussetzung

2 **Willkürliche Handlung.** Kein Notwegrecht entsteht, wenn durch eine willkürliche Handlung des Eigentümers – auch des früheren Eigentümers – die Verbindung aufgehoben wird.
Willkür ist gegeben, wenn die Verbindung zum Grundstück ohne verständige Berücksichtigung der ordnungsgemäßen Grundstücksnutzung aufgehoben wird (BGH NJW 2006, 3426 Tz. 14 ff.). Dies kann geschehen durch Bebauen oder Verschütten des Zugangs oder durch Aufgabe des Notwegrechts über ein anderes Grundstück (BGHZ 53, 166; Betr. 1974, 2469). Aber auch, wenn eine erst bevorstehende Verbindung mit einem öffentlichen Weg durch eigene Handlungen vereitelt wird (OLG Karlsruhe Die Justiz 1995, 375) oder durch Zustimmung oder Nichteinlegung von Rechtsmitteln gegen die Entwidmung oder eine den Notweg verhindernde Veränderung eines öffentlichen Weges. Keine Willkür liegt bei ordnungsgemäßer Benutzungsänderung oder -steigerung vor (BGH NJW-RR 2015, 1234 Tz. 24). Der Erwerb eines bisher verbindungslosen Grundstücks ist selbst bei Kenntnis keine Willkür. Auch schließt grobe Fahrlässigkeit den Anspruch auf die Duldung eines Notwegs nicht aus.

3. Rechtsfolge

3 Die Verpflichtung zur Duldung des Notwegs tritt nicht ein.
Die **Beweislast** für die Willkür hat der Duldungspflichtige.

4. Teilveräußerung, § 918 Abs. 2 BGB

4 Für den Fall, dass ein (Rest-)Grundstück durch die Veräußerung – gleich zu behandeln ist der Verlust in der Zwangsversteigerung (OLG Stuttgart NJOZ 2013, 1407) – eines Teils seinen Zugang zum öffentlichen Weg verliert, trifft

Abs. 2 eine von Abs. 1 abweichende Regelung, indem ein Notwegrecht aufrechterhalten und dessen Verlauf festgelegt wird. Der (bisherige oder neue) Eigentümer des hinterliegenden Grundstücks (A 1) besitzt nur ein Notwegrecht über das nach der Teilung näher zum öffentlichen Weg liegende Grundstück (A 2), der Eigentümer dieses Grundstücks ist zur Duldung verpflichtet; für diese Recht gilt § 917 BGB. Damit wird ein Notwegrecht über ein anderes Grundstück (B) ausgeschlossen.

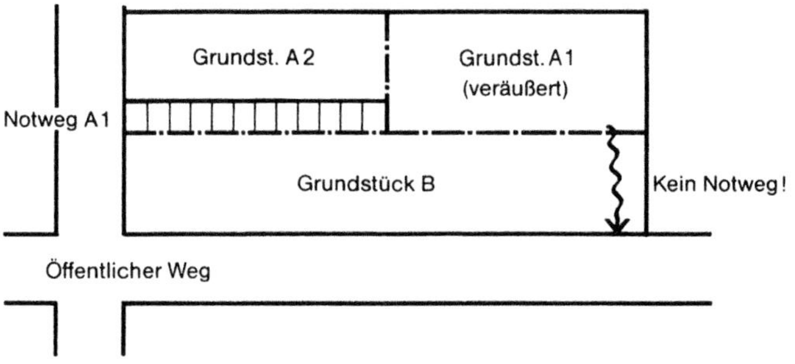

Abb. 16

5. Verjährung

Der Anspruch nach § 918 Abs. 2 BGB unterliegt nicht der Verjährung, § 924 BGB. 5

§ 919 Grenzabmarkung

(1) Der Eigentümer eines Grundstücks kann von dem Eigentümer eines Nachbargrundstücks verlangen, dass dieser zur Errichtung fester Grenzzeichen und, wenn ein Grenzzeichen verrückt oder unkenntlich geworden ist, zur Wiederherstellung mitwirkt.

(2) Die Art der Abmarkung und das Verfahren bestimmen sich nach den Landesgesetzen; enthalten diese keine Vorschriften, so entscheidet die Ortsüblichkeit.

(3) Die Kosten der Abmarkung sind von den Beteiligten zu gleichen Teilen zu tragen, sofern nicht aus einem zwischen ihnen bestehenden Rechtsverhältnis sich ein anderes ergibt.

1. Allgemeines

Die §§ 919 bis 923 BGB gehören zusammen. Sie regeln die Rechtsverhältnisse 1 zwischen zwei unmittelbar angrenzenden Nachbargrundstücken und zwar die Grenzen, die Grenzzeichen und die Grenzeinrichtungen und deren Benutzung. § 919 BGB dient der Sicherung einer unstreitigen Grenze durch Grenzzeichen zwischen zwei unmittelbar angrenzenden Nachbargrundstücken. Er begründet einen dinglichen Mitwirkungsanspruch an der Errichtung von Grenzzeichen.

2. Voraussetzungen

2 a) **Grenzverlauf ist nicht bestritten.** Voraussetzung des Anspruchs über eine Abmarkung ist, dass die Grenze zwischen den Nachbarn nicht bestritten ist. § 919 BGB gibt deshalb keine Mitwirkungspflicht zur Feststellung des Grenzverlaufs. Die Abmarkung setzt voraus, dass der Grenzverlauf festgestellt ist (BGH NJW-RR 2022, 1178 Tz. 6).
Bei Streitigkeiten über den Verlauf der Grenze kann dies u. U. nach § 920 BGB geklärt werden. Aus dem nachbarlichen Gemeinschaftsverhältnis kann sich u. U. die Duldung ergeben, den Nachbarn oder dessen Hilfspersonen zur Vermessung auf das Grundstück zu lassen (BGH NJW-RR 2022, 1178 Tz. 8 ff.).

3 b) **Verrückt oder unkenntlich.** Das Grenzzeichen muss verrückt – also von seinem ursprünglichen und richtigen Platz entfernt – oder unkenntlich sein. Für Unkenntlichkeit i. S. d. § 919 Abs. 1 BGB genügt, dass die Kenntlichkeit nur mit unverhältnismäßigem Aufwand wiederherstellbar ist (LG Saarbrücken NJOZ 2014, 168).

3. Rechtsfolgen und Wirkungen

4 a) **Rechtsfolgen.** Der Nachbar hat eine Mitwirkungspflicht, die auf Mitwirkung bei der Abmarkung geht. Maßgebend für das Abmarkungsverfahren sind das Vermessungsgesetz von Baden-Württemberg. Nach § 6 VermGBW ist erforderlich, dass ein Grundstücksnachbar oder ein Erbbauberechtigter den Antrag stellt. Die notwendige Mitwirkung des Grundstücksnachbars kann notfalls eingeklagt werden. Das Urteil ersetzt die Zustimmung, § 894 ZPO.

5 b) **Wirkungen.** Die Abmarkung lässt die Eigentumsrechte unverändert. Der Gegenbeweis der Unrichtigkeit der Grenze kann daher noch geführt werden. Allerdings schafft die Abmarkung insbes. bei erheblichem Zeitablauf ein nur schwer widerlegbares Beweismittel, vor allem wenn die Grenze von den Beteiligten im amtlichen Vermessungsprotokoll anerkannt oder sogar von den Beteiligten in einem notariell zu beurkundenden Vertrag festgelegt wurde, sog. Grenzfeststellungsvertrag. Auch widerlegt sie die Vermutung des § 891 BGB bei Abweichung von abgemarkter und eingetragener Grenze und kann bei Kenntnis der abgemarkten richtigen Grenze den guten Glauben, § 892 BGB, ausschließen.

6 c) **Kosten.** Die Kosten für die Abmarkung werden grundsätzlich von den Eigentümern je zur Hälfte getragen.

7 d) **Schadensersatz.** Entfernt einer der Nachbarn das Grenzzeichen in schuldhafter Weise, so hat er die Kosten der Wiederherstellung allein zu tragen, § 823 Abs. 2 BGB i. V. m. § 274 Abs. 1 Nr. 3 StGB.

4. Berechtigte

8 Berechtigt, die Abmarkung zu verlangen, sind die Grundstückseigentümer. Den Antrag kann jeder Miteigentümer allein stellen, § 1011 BGB; ebenso berechtigt ist der Erbbauberechtigte.

5. Verpflichtete

9 Verpflichtet ist der Eigentümer des jeweiligen unmittelbar angrenzenden Nachbargrundstücks. Anders als beim Aktivprozess, wenn also ein Miteigentümer

den Antrag stellt und dann klagt, sind auf der Beklagtenseite alle Miteigentümer gemeinsam zu verklagen, sie sind notwendige Streitgenossen, §§ 62 ff. ZPO.

6. Verjährung

Der Anspruch unterliegt nicht der Verjährung, § 924 BGB. **10**

§ 920 Grenzverwirrung

(1) Lässt sich im Falle einer Grenzverwirrung die richtige Grenze nicht ermitteln, so ist für die Abgrenzung der Besitzstand maßgebend. Kann der Besitzstand nicht festgestellt werden, so ist jedem der Grundstücke ein gleich großes Stück der streitigen Fläche zuzuteilen.

(2) Soweit eine diesen Vorschriften entsprechende Bestimmung der Grenze zu einem Ergebnis führt, das mit den ermittelten Umständen, insbesondere mit der feststehenden Größe der Grundstücke, nicht übereinstimmt, ist die Grenze so zu ziehen, wie es unter Berücksichtigung dieser Umstände der Billigkeit entspricht.

1. Allgemeines

§ 920 BGB regelt, wie die Grenze zwischen zwei unmittelbar angrenzenden Grundstücken zu bestimmen ist, wenn der Grenzverlauf zwischen den Nachbarn streitig ist. **1**

Die sog. „Grenzscheidungsklage" ist nicht der einzige Weg, wie Streit über die Grundstücksgrenze geklärt werden kann. Die Parteien können sich vertraglich einigen oder durch Klage auf Herausgabe, § 985 BGB, oder Unterlassung, § 1004 BGB, die Grenze klären lassen (dazu unten Rn. 4 ff.).

2. Voraussetzung

Voraussetzung der Grenzscheidungsklage ist, dass der Grenzverlauf unklar, nicht ermittelbar und nicht feststellbar ist. Diese Norm gibt also keinen Anspruch zur Duldung der Vermessung oder Mitwirkung, wenn der Grenzverlauf festgestellt ist, es nur an einer Vermessung fehlt. Aus dem nachbarlichen Gemeinschaftsverhältnis kann sich aber u. U. die Duldung ergeben, den Nachbarn oder dessen Hilfspersonen zur Vermessung auf das Grundstück zu lassen (BGH NJW-RR 2022, 1178 Tz. 8 ff.). **2**

3. Rechtsfolgen, Wirkung und Verfahren

a) Rechtsfolge und Wirkung. Ein ergehendes Urteil stellt die „richtige" Grundstücksgrenze fest, hat konstitutive Wirkung und wirkt auch gegenüber Sonderrechtsnachfolgern. Das Grundbuch kann nach § 22 GBO berichtigt werden. Aufgrund des Urteils kann Abmarkung nach § 919 BGB verlangt werden. **3**

b) Verfahren. – aa) Grenzscheidungsklage. Durch das Urteil über die Grenzscheidungsklage soll möglichst die wahre Grenze festgestellt werden, wobei das Gericht im Rahmen von § 286 ZPO alle von den Parteien beigebrachten Beweismittel – Grenzzeichen, Kataster, Privaturkunden, Sachverständige, Zeugen – berücksichtigt. **4**

Lässt sich der Grenzverlauf nicht feststellen, ist zunächst der Besitzstand maßgebend, § 920 Abs. 1 Satz 1 BGB. Ist dieser nicht eindeutig feststellbar, ist jedem Grundstück ein gleich großes Stück der streitigen Fläche zuzuteilen, § 920 Abs. 1 Satz 2 BGB und zwar unabhängig von der Größe oder dem Wert der beteiligten Grundstücke. Nach § 920 Abs. 2 BGB ist jedoch eine abweichende Grenzziehung zulässig, etwa wenn die unstrittigen Größen der beteiligten Grundstücke wesentlich voneinander abweichen, so wenn feststeht, dass das eine Grundstück 100 m^2, das andere 200 m^2 groß ist. Dann kann es gerechtfertigt sein, dem größeren Grundstück einen größeren Teil der umstrittenen Fläche zuzuteilen. Erst zuletzt greift die Teilung in gleich große Stücke. Auch können natürliche „Grenzen" wie Gräben, Bäche, Hecken zur Grenzziehung herangezogen werden. Wird im Falle der Grenzverwirrung die richtige Grenze nicht erwiesen, so kann trotzdem genau feststehen, ein wie großer Teil des streitigen Flächenabschnitts dem einen oder dem andern Nachbarn gehört. Hier darf die Grenze weder nach dem Besitzstande, noch durch Halbierung des streitigen Stückes bestimmt werden. Die Bestimmung muss so erfolgen, dass jeder Nachbar ein Grundstück von dem ihm unzweifelhaft zustehenden Flächeninhalt erhält.

5 bb) **Grenzfeststellungsvertrag.** Die Eigentümer der benachbarten Grundstücke können sich über den unbekannten Grenzverlauf auch außergerichtlich durch einen Grenzfeststellungsvertrag einigen. Der Vertrag ist formfrei möglich, soweit er keine Verpflichtung zur Eigentumsübertragung enthält; sonst muss die notarielle Form des § 311b Abs. 1 Satz 1 BGB eingehalten werden. Der Vertrag wirkt konstitutiv, sodass grundsätzlich keine Berufung auf einen abweichenden Grenzverlauf mehr möglich ist. Ein solcher Vertrag kann auch in der Anerkennung eines Abmarkungsprotokolls liegen.

6 cc) **Herausgabe, Unterlassung.** Daneben kann jeder Nachbar den anderen auf Herausgabe der von ihm angeblich genutzten Grundstücksfläche verklagen, § 985 BGB, oder gegen ihn aus § 1004 BGB auf Unterlassen vorgehen, wenn er seinen angeblichen Grundstücksteil nutzt. Jeder Eigentümer kann auch auf Feststellung seiner Grundstücksfläche klagen. In jedem dieser Prozesse muss der Kläger sein Grundstück und die Grenze genau bezeichnen und beweisen. Da dies häufig nicht möglich ist, muss dann doch die Grenzscheidungsklage gewählt werden.

7 c) **Antrag.** Der Antrag der Grenzscheidungsklage geht auf richterliche Abgrenzung der Grundstücke; es kann auch auf Festlegung einer genau bezeichneten Grenzlinie geklagt werden.

4. Berechtigte und Verpflichtete

8 Berechtigte und Verpflichtete sind immer die unmittelbaren Grundstücksnachbarn, auch Miteigentümer, § 1011 BGB.

5. Verjährung

9 Der Anspruch unterliegt nicht der Verjährung, § 924 BGB.

§ 921 Gemeinschaftliche Benutzung von Grenzanlagen

Werden zwei Grundstücke durch einen Zwischenraum, Rain, Winkel, einen Graben, eine Mauer, Hecke, Planke oder eine andere Einrichtung, die zum Vorteil beider Grundstücke dient, voneinander geschieden, so wird vermutet, dass die Eigentümer der Grundstücke zur Benutzung der Einrichtung gemeinschaftlich berechtigt seien, sofern nicht äußere Merkmale darauf hinweisen, dass die Einrichtung einem der Nachbarn allein gehört.

1. Allgemeines

Haben Grundstücke eine gemeinsame Grenzanlage, so wird vermutet, dass die jeweiligen Nachbarn daran gemeinschaftlich berechtigt sind. Diese Vermutung wird widerlegt, wenn es äußere Anzeichen gibt, dass die Einrichtung einem Nachbarn allein gehört. Diese Norm ist insbes. deshalb von Bedeutung, weil es ältere Wohngebiete gibt, in denen viele Häuser eine gemeinsame Wand haben. 1

Wichtig: Grenzeinrichtungen i. S. v. § 921 BGB sind dabei nur solche, die sich zumindest teilweise über die Grenze von zwei Grundstücken erstecken und funktionell beiden Grundstücken dienen. Die Grenze muss dabei nicht notwendigerweise in der Mitte oder auf dem gesamten Grundstück verlaufen. Die Einrichtung muss aber von der Grenzlinie geschnitten werden (BGH NJW-RR 2012, 346 Tz. 33; 2014, 973 Tz. 35), eine grenzscheidende Wirkung ist nicht erforderlich (BGH NJW 2003, 1731). So genügt bei einer Hecke, dass nur einige Stämme einer Heckenpflanze beim Bodenaustritt von der Grenze durchschnitten werden (BGH NJW 2000, 512). Ob dieser Zustand schon bei der Anpflanzung bestanden hat, ist unerheblich. Steht die Grenzeinrichtung dagegen vollständig nur auf einem der beiden Grundstücke, so ist keine Grenzeinrichtung gegeben (BGHZ 112, 1). Die Einrichtung gehört dann allein dem betreffenden Grundstückseigentümer – ihm steht, soweit nichts anderes vereinbart ist, auch die alleinige Nutzung zu.

Für die Beurteilung, ob eine Mauer eine Nachbarwand ist, kommt es grundsätzlich auf die Verhältnisse zum Zeitpunkt der Errichtung der Mauer an (BGH NJW-RR 2021, 401 Tz. 21). Wird aber ein Grundstück später so geteilt, dass eine Giebelmauer, an die von beiden Seiten angebaut ist, auf der neuen Grundstücksgrenze steht, wird die Mauer hierdurch im Zweifel eine gemeinschaftliche Grenzeinrichtung i. S. v. § 921 BGB (BGH NJW-RR 2021, 401 Tz. 22).

2. Voraussetzungen

a) **Einrichtungen.** Einrichtungen sind die im Gesetz benannten Anlagen, die aber nur beispielshaft aufgezählt sind. Als weitere Einrichtungen können auch Wassergräben, Dachrinnen, Wege, Baumreihen, Steinwälle als Grenzeinrichtungen infrage kommen; nicht jedoch i. d. R. Gebäude. Dabei ist nicht erforderlich, dass es sich um eine bauliche oder sonst von Menschenhand geschaffene Anlage handelt. Sie muss jedoch äußerlich erkennbar dem Vorteil beider Grundstücke dienen, sodass z. B. der Wasserabfluss nur zu einem Grundstück, Anbauten an oder Nutzung der Mauer nur auf der einen Seite, gegen eine Grenzeinrichtung 2 sprechen können. Es genügen sonstige objektive Vorteile für die aneinandergrenzenden Grundstücke wie Sicht- oder Lärmschutz, Raumersparnis durch gemeinsames Grün einer Hecke bei kleinen Grundstücken, einverständlich genutzte Zufahrtwege. Keine Grenzeinrichtung ist ein einzelner auf der Grenze stehender Baum oder Strauch, § 923 BGB.

3 b) **Von der Grenzlinie geschnitten.** Die Einrichtung muss von der Grenzlinie geschnitten werden, nicht notwendig mittig (BGH NJW-RR 2012, 346 Tz. 33; 2014, 973 Tz. 35).

4 c) **Vorteil beider Grundstücke.** Die Grenzeinrichtung muss dem Vorteil beider Grundstücke dienen, braucht aber keine Grenzscheidefunktion zu haben (BGH NJW 2003, 1731). Etwa eine gemeinsame Zufahrt auf der Grenze (BGH NJW 2003, 1731) oder ein gemeinsamer Sichtschutz (BGH NZM 2000, 106).

5 d) **Einverständnis des Nachbarn.** Sie muss mit Einverständnis des Nachbarn geschaffen sein (BGH NJW-RR 2012, 346 Tz. 33; 2014, 973 Tz. 35). Für die Errichtung einer Grenzeinrichtung ist das Einverständnis der betroffenen Grundstückseigentümer, die sowohl die Gesamt- als auch die Einzelrechtsnachfolger bindet, erforderlich; das Einverständnis kann auch stillschweigend – durch Mitarbeit bei der Errichtung, durch Mitbenutzung oder Unterlassung eines Widerspruchs – erteilt werden (BGH NJW 2000, 512). Zur Errichtung sind die Nachbarn nicht verpflichtet, sodass bei Errichtung durch einen Eigentümer, ohne Zustimmung des anderen, diesem ein Beseitigungsanspruch nach § 1004 BGB zusteht.

3. Rechtsfolge

6 a) **Gemeinsame Nutzung.** Liegt eine Grenzeinrichtung i. S. v. § 921 BGB vor, wird das Recht auf gemeinsame Nutzung vermutet. Insbes. bei älteren Einrichtungen, deren Entstehen oft nicht mehr nachvollzogen werden kann, ist diese Regel von Bedeutung. Der Umfang der Nutzung folgt aus § 922 BGB. Das Recht kann nicht im Grundbuch eingetragen werden.

7 b) **Vermutung.** Die Vermutung, dass die Angrenzer gemeinsam berechtigt sind, ist widerlegbar, wenn äußere Merkmale auf die Alleinberechtigung eines Nachbarn hinweisen. Ein Nachbar kann auch nachweisen, dass die Einrichtung ganz auf seinem Grundstück steht und dass schon deshalb § 921 BGB nicht eingreift.

8 c) **Keine Verpflichtung.** Die Nachbarn sind nicht zur Errichtung einer gemeinsamen Grenzeinrichtung verpflichtet. Errichtet sie ein Nachbar ohne Zustimmung, hat der andere Nachbar das Recht auf Beseitigung aus § 1004 BGB (BGH NJW-RR 1997, 16). Wird die Errichtung einverständlich geschaffen, wirkt dies auch gegenüber den Rechtsnachfolgern. Die Kosten trägt der Erbauer, bei Eigentumsverlust besteht ein Anspruch aus §§ 951, 812 ff. BGB.

9 d) **Eigentum.** Über das Eigentum an der Grenzeinrichtung enthält § 921 BGB keine Bestimmung. Vielmehr richtet sich dieses nach den allgemeinen Grundsätzen, es folgt daher dem Grundstückseigentum, §§ 93, 946 BGB. Jeder Nachbar ist Eigentümer des auf seinem Grundstück stehenden Teils, aber kein hälftiges Miteigentum, sondern Eigentum entlang der Grundstücksgrenze, lotrecht gemessenen (Allein-)Eigentum (BGH NJW 2015, 2489 Tz. 8). Für sog. Grenzhe-

cken ist danach zu unterscheiden, ob die einzelne Heckenpflanze vollständig nur auf einem oder mit ihrem Stamm auf der Grenze steht. Im ersten Fall besteht Alleineigentum des jeweiligen Grundstückseigentümers, im zweiten Fall wird die Pflanze eigentumsmäßig real geteilt. Dennoch ist diese Aufteilung des Eigentums an einer einheitlichen Grenzeinrichtung nicht schädlich, da aufgrund § 922 Satz 3 BGB eine Bindung der betreffenden Eigentümer besteht, die den Fortbestand der gemeinsamen Einrichtung so lange sichert, bis sie einvernehmlich beseitigt wird. Wird eine Mauer ohne Zustimmung des Nachbarn auf die Grenze gebaut, ist der Bauherr allein verantwortlich; er trägt auch die Unterhaltungslast für den auf dem Nachbargrundstück stehenden Teil.

4. Nachbarwand/Kommunmauer/halbscheidige Giebelwand

a) **Nachbarrecht.** Im Gegensatz zum Nachbarrecht vieler Bundesländer finden **10**
sich im baden-württembergischen Nachbarrecht keine Bestimmungen über die sog. **Nachbarwand** – Kommunmauer, halbscheidige Giebelwand –. Das Nachbarrecht unterscheidet dabei zwischen Nachbarwand und Grenzwand.

aa) **Grenzwand.** Eine Grenzwand ist vollständig auf dem Grundstück eines Ei- **11**
gentümers errichtet, steht also im Gegensatz zur Nachbarwand nicht auf der Grundstücksgrenze (unten Rn. 17).

bb) **Nachbarwand.** Die Nachbarwand oder Kommunmauer ist demgegenüber **12**
auf der Grundstücksgrenze erbaut; meist, dass sie vom Nachbarn ebenfalls als Außenmauer benutzt werden kann. Sie muss nicht notwendig mittig und in voller Länge auf der Grundstücksgrenze stehen (BGH NJW-RR 2014, 973 Tz. 35).

b) **Entschuldigter Überbau.** Wurde die Kommunwand und damit der Überbau **13**
mit Zustimmung des Grundstücksnachbarn oder unter den Voraussetzungen des § 912 BGB erbaut, so wird der Erstbauende Eigentümer der Mauer, auch soweit sie auf dem Nachbargrundstück steht, weil sie wesentlicher Bestandteil des Gebäudes ist. Die Folge ist, dass dann auch Überbaurente zu zahlen ist, wenn nichts anderes vereinbart ist (vgl. zum Überbau oben § 912 BGB).
Baut jetzt der Nachbar an die halbscheidige Giebelmauer wie vorgesehen an, so wird diese auch Bestandteil seines Hauses, die Nachbarn haben an der Mauer dann Miteigentum und Mitbesitz je zur Hälfte (BGH NJW-RR 2014, 973 Tz. 26), oder wenn nur ein Teil bebaut wird, eben eines Teils. Wird also nur die halbe Wand bebaut, werden die Nachbarn Miteigentümer an der gesamten Wand, der Anbauende eben nur zu ¼ – Hälfte der halben Wand = ¼ – der Duldende zu ¾ (BGHZ 36, 46). Der Erstbauende verliert sein zunächst entstandenes Alleineigentum, der Zweitbauende ist um den Wert des erworbenen Miteigentums bereichert und muss dem Erstbauenden Vergütung in Höhe des Wertes des erworbenen Miteigentumsanteils nach §§ 951, 812 ff. BGB bezahlen, wenn nichts anderes vereinbart ist.

c) **Unentschuldigter Überbau.** Wurde die Giebelmauer ohne Willen des Nach- **14**
barn unter vorsätzlicher oder grob fahrlässiger Grenzverletzung errichtet oder hat der Nachbar sofort widersprochen – sog. unentschuldigter Überbau –, gehört jedem Grundstückseigentümer der auf seinem Grundstück stehende Gebäudeteil entsprechend der Grenzlinie – vertikale Teilung. Der Belastete kann auch Beseitigung nach § 1004 BGB verlangen.

15 d) **Anbaurecht.** Das Anbaurecht folgt aus dem Gesetz, Gewohnheitsrecht oder aus Vertrag. Geregelt ist dies oft in den Landesnachbarrechtsgesetzen. Baden-Württemberg hat hierzu jedoch keine Regelung getroffen, sodass hier auf das Gewohnheitsrecht und die vertragliche Regelung zurückgegriffen werden muss. Bei der vertraglichen Regelung ergibt sich keine Bindung für den Sonderrechtsnachfolger. Allerdings kann das Recht – auf beiden Seiten – durch eine Grunddienstbarkeit gesichert werden. Ohne Sicherung wird die Vereinbarung mit Baubeginn unter Umständen verdinglicht (sehr fraglich) und wirkt dann auch gegen Sonderrechtsnachfolger (*Staudinger-Roth* § 921 Rn. 23).

16 e) **Grenzeinrichtung.** Nach dem Anbau ist die Wand „Grenzeinrichtung" (BGH NJW 2008, 2032). Für die Unterhaltungskosten gilt § 922 Abs. 2 BGB. Wird ein angebautes Bauwerk zerstört oder abgerissen, behalten die Miteigentümer das Miteigentum an der Wand (BGHZ 78, 397). Der Eigentümer des abgerissenen Bauwerks muss auf seine Kosten, wenn nötig, die Außenwand isolieren (BGH NJW 2010, 1808; OLG Dresden NJW-RR 2008, 613). Auch wenn beide angebauten Gebäude abgerissen werden, bleibt die Wand im Miteigentum der Nachbarn.

5. Grenzwand

17 Im Gegensatz zur Kommunmauer/Nachbarwand ist die Grenzwand ganz auf einem Grundstück an der Grenze errichtet. Die Wand steht im Alleineigentum des Grundstückseigentümers. Sie ist nicht – und wird auch durch den Anbau nicht – Grenzeinrichtung. Der Nachbar kann an diese Wand anbauen, aber nur mit Zustimmung des Eigentümers der Wand. Wird ohne Zustimmung angebaut, kann der Eigentümer Beseitigung nach § 1004 BGB verlangen, wenn § 242 BGB – insbes. das nachbarrechtliche Gemeinschaftsverhältnis – nicht entgegensteht (BGH NJW 1977, 1447).
Auch nach einem Anbau des Nachbarn wird die Wand nicht Miteigentum oder Grenzeinrichtung; sie bleibt im Alleineigentum des Grundstückseigentümers. Er kann sie, trotz Anbau, auch abreisen, auch wenn dadurch eine Wand des Nachbarn freigelegt wird, sofern nicht § 242 BGB entgegen steht (BGH a. a. O.). Da die Wand Alleineigentum des Grundstückseigentümers bleibt, obliegt ihm die Verwaltung und auch die Nutzung eventuell freier Außenflächen; er hat deshalb auch keinen Ausgleichsanspruch nach §§ 951, 812 BGB; für den Anbau erhält er eine Entschädigung entsprechend § 912 Abs. 2 BGB (BGH a. a. O.).
In Teilbereichen ist das Recht an der Grenzwand im NRG geregelt: § 7d NRG für die Benutzung der Grenzwand zur Befestigung von Schornsteinen und Lüftungsleitungen.

§ 922 Art der Benutzung und Unterhaltung

Sind die Nachbarn zur Benutzung einer der in § 921 bezeichneten Einrichtungen gemeinschaftlich berechtigt, so kann jeder sie zu dem Zwecke, der sich aus ihrer Beschaffenheit ergibt, insoweit benutzen, als nicht die Mitbenutzung des anderen beeinträchtigt wird. Die Unterhaltungskosten sind von den Nachbarn zu gleichen Teilen zu tragen. Solange einer der Nachbarn an dem Fortbestand der Einrichtung ein Interesse hat, darf sie nicht ohne seine Zustimmung beseitigt oder geändert werden. Im Übrigen bestimmt sich das Rechtsverhältnis zwischen den Nachbarn nach den Vorschriften über die Gemeinschaft.

1. Allgemeines

§ 922 BGB greift nur ein, soweit die Vermutung des § 921 BGB besteht. Er konkretisiert das nach § 921 BGB bestehende gemeinsame Nutzungsrecht an der Grenzeinrichtung, wobei es nicht darauf ankommt, ob die Einrichtung einverständlich geschaffen wurde oder ob das Nutzungsrecht auf der Vermutung des § 921 BGB beruht. Nach § 922 Satz 4 BGB finden, soweit sich aus § 922 BGB nichts anderes ergibt, die Vorschriften über die Gemeinschaft, §§ 741 ff. BGB, Anwendung, ohne dass dadurch ein wirkliches Gemeinschaftsverhältnis geschaffen wird. Die Nachbarn können Benutzung und Verwaltung der Grenzeinrichtung abweichend durch Vertrag regeln. 1

2. Voraussetzung

Es muss sich um eine Grenzeinrichtung i. S. v. § 921 BGB handeln. 2

3. Rechtsfolge

a) Nutzung. Jeder Nachbar darf im Rahmen der Zweckbindung und der Beschaffenheit (BGH NJW 2008, 2032) die ganze Einrichtung benutzen und zwar auch insoweit, als sie ihm nicht gehört, aber eben nur die Einrichtung, nicht das Nachbargrundstück. Das Benutzen erlaubt auch keine Umgestaltung; so kann eine Mauer nicht erhöht oder sonst verändert werden, auch Fenster dürfen nicht eingebaut werden (RGZ 162, 209; BGHZ 29, 372). Unerheblich ist auch, ob die Einrichtung genau zur Hälfte durch die Grenze durchschnitten wird oder mit dem größeren Teil nur eines der Grundstücke beansprucht. 3
Das Recht zur Benutzung der ganzen Einrichtung wird durch das Benutzungsrecht des anderen Grundstückseigentümers eingeschränkt; dieses Recht darf durch die eigene Benutzung nicht beeinträchtigt werden. Können sich die Parteien über die Benutzung nicht einigen, muss dies durch Urteil geklärt werden, §§ 922 Satz 4, 745 Abs. 2 BGB, nach billigem Ermessen.

b) Abwehranspruch und Schadensersatz. Bei einer Beeinträchtigung des Mitbenutzungsrechts durch Dritte oder den Nachbarn besteht ein Abwehranspruch nach § 1004 BGB (BGH NJW 2003, 1731). Auch gegen Eigenmächtigkeiten des anderen ist der Nachbar durch § 1004 BGB geschützt. Hat der Nachbar eigenmächtig in die Substanz der Einrichtung eingegriffen oder sonst verändert, besteht ein Anspruch auf Wiederherstellung nach § 1004 BGB und bei schuldhaftem Handeln auf Schadensersatz nach § 823 Abs. 2 BGB i. V. m. §§ 1004, 922 Satz 3, 249 Satz 1 BGB (BGH NJW 2000, 512). Der Wiederherstellungsanspruch 4 entfällt, wenn die Herstellung des ursprünglichen Zustands nur mit einem unverhältnismäßig hohen Aufwand möglich ist.

5 c) **Verwaltung und Kosten.** Die Verwaltung, für die die §§ 744, 745 BGB Anwendung finden, obliegt beiden Nachbarn gemeinschaftlich. Die zur **Erhaltung der Grenzeinrichtung** notwendigen Maßnahmen – Reparaturen an einer Grenzmauer, Baumpflegemaßnahmen – kann jedoch jeder Nachbar auch ohne Zustimmung des anderen treffen. Nach Satz 2 sind alle Unterhaltungskosten, einschließlich der bei notwendigen Maßnahmen einseitig veranlassten Kosten, von den Nachbarn zu gleichen Teilen zu tragen. Dazu gehören auch die Kosten, die durch die sachgerechte Benutzung nur eines Anliegers entstanden sind. Auch bei unterschiedlichem Nutzen der Einrichtung für die Nachbarn bleibt es bei der hälftigen Aufteilung. Werden die Unterhaltungskosten jedoch durch eine unzulässige Nutzung verursacht, hat diese der Verursacher u. U. als Schadensersatz nach § 823 BGB voll zu tragen.
Die Kosten der **erstmaligen Errichtung** trägt, soweit nichts anderes vereinbart ist, derjenige, der die Grenzeinrichtung errichtet, die **Abbruchkosten** dagegen beide zu gleichen Teilen.

6 d) **Bestandsschutz.** Die bestehende Einrichtung genießt nach Satz 3 Bestandsschutz. Die Nachbarn können die Einrichtung zwar jederzeit im gegenseitigen Einvernehmen ändern oder aufheben. Solange jedoch ein Teil am Fortbestand Interesse geltend macht, darf ohne seine Zustimmung nicht in die Einrichtung eingegriffen werden. Notfalls muss die Zustimmung gerichtlich – mit der Behauptung, es bestehe in Wirklichkeit für beide Nachbarn kein Interesse mehr – erstritten werden. Die **Beweislast** trifft den, der sich auf Interessenfortfall beruft. Der Bestandsschutz nach § 922 Satz 3 BGB erfasst aber nicht nur Eingriffe in die Substanz einer Grenzeinrichtung (an deren Fortbestand einer der Nachbarn ein Interesse hat), sondern auch Handlungen, die den Bestimmungszweck der Einrichtung und ihre bisherige Brauchbarkeit für diesen Zweck zum Nachteil des Miteigentümers aufheben oder mindern. Dies folgt aus dem Schutzzweck des § 922 BGB, wonach jeder Nachbar verlangen kann, dass sein **Recht auf ungehinderte Benutzung der Grenzeinrichtung** unangetastet bleibt (BGH NJW-RR 2021, 401 Tz. 25). So widerspricht es dem Zweck, wenn ein Nachbar ohne Zustimmung des anderen sein an die gemeinsame Giebelwand angebautes Haus abreißt mit der Folge, dass die Mauer der Gefahr witterungsbedingter Feuchtigkeitsschäden ausgesetzt ist und dadurch die Funktionsfähigkeit als Hausabschlusswand beeinträchtigt wird. Der Nachbar hat dann einen Anspruch darauf, dass der Abreißende auf seine Kosten die Nutzungsmöglichkeit wiederherstellt (BGH NJW-RR 2021, 401 Tz. 26). Gleiches gilt, wenn das an die Nachbarwand angebaute Gebäude nicht abgerissen wird, sondern durch einen Brand ganz oder teilweise zerstört wird (BGH NJW-RR 2021, 401 Tz. 27). Brennt ein an eine gemeinsame Giebelmauer angebautes Gebäude ab, sodass die Mauer freigelegt und in ihrer Funktionstüchtigkeit als Abschlusswand des Nachbargebäudes beeinträchtigt wird, hat der Nachbar einen Anspruch nach §§ 1004 Abs. 1 Satz 1 analog i. V.m § 922 Satz 3 BGB auf Wiederherstellung der Funktionstätigkeit gegen den Eigentümer des vom Brand betroffenen Grundstücks (BGH NJW-RR 2021, 401 Tz. 24).

Dieser Ersatzanspruch geht nicht nach § 86 Abs. 1 VVG auf die Gebäudeversicherung über (BGH NJW-RR 2021. 401 Tz. 31 ff.).

e) **Früchte.** An etwaigen Früchten der Einrichtung hat jeder Nachbar den gleichen Anteil. Die aus der ihm zugekehrten Seite der Einrichtung gezogenen Früchte kann jedoch jeder für sich behalten (BGHZ 43, 127). 7

4. Sonstiges

Bei Umgestaltung oder Beseitigung von Grenzeinrichtungen, insbes. im Außenbereich oder wenn sie aus Bäumen bestehen, sind die einschlägigen Bestimmungen des Natur- und Landschaftsschutzes (z. B. NatSchG, Schutzgebietsverordnungen, Baumschutzsatzungen) zu beachten. 8

§ 923 Grenzbaum

(1) Steht auf der Grenze ein Baum, so gebühren die Früchte und, wenn der Baum gefällt wird, auch der Baum den Nachbarn zu gleichen Teilen.

(2) Jeder der Nachbarn kann die Beseitigung des Baumes verlangen. Die Kosten der Beseitigung fallen den Nachbarn zu gleichen Teilen zur Last. Der Nachbar, der die Beseitigung verlangt, hat jedoch die Kosten allein zu tragen, wenn der andere auf sein Recht an dem Baume verzichtet; er erwirbt in diesem Falle mit der Trennung das Alleineigentum. Der Anspruch auf die Beseitigung ist ausgeschlossen, wenn der Baum als Grenzzeichen dient und den Umständen nach nicht durch ein anderes zweckmäßiges Grenzzeichen ersetzt werden kann.

(3) Diese Vorschriften gelten auch für einen auf der Grenze stehenden Strauch.

1. Allgemeines

§ 923 BGB regelt die Nutzungsverhältnisse und das Eigentum am Grenzbaum und den Früchten. 1

2. Voraussetzungen

a) **Grenzbaum.** Ein Grenzbaum ist nur dann gegeben, wenn die Grundstücksgrenze den Baum dort durchschneidet, wo er aus der Erde tritt. Dabei kommt es nicht auf die Wurzelung oder die sog. normale Hiebstelle an. Entscheidend ist, wo bei natürlicher Betrachtungsweise der Baum ggf. mit Stammfuss und Wurzelauslauf aus der Erde tritt (BGH NJW 2004, 3328). Ohne Bedeutung ist es dabei, ob die Baummitte genau auf der Grenze oder mehr auf einem der beiden aneinandergrenzenden Grundstücke steht. 2

Für Bäume, die zwar an, jedoch nicht auf der Grenze stehen, gilt § 923 BGB dagegen nicht; auch wenn sie sich über die Grenze neigen. Dies gilt auch für die oberirdischen Wurzelausläufer, auch wenn sie in einer Länge von mehreren Metern Tellerwurzeln ausbilden können; auf sie finden § 910 BGB und §§ 24, 25 NRG Anwendung. 3

b) **Entsprechende Anwendung.** Abs. 3 stellt die Sträucher den Bäumen gleich, sodass wie bei § 16 NRG die Unterscheidung zwischen Baum und Strauch keine 4 wesentliche Rolle spielt. Bei einer Hecke als Grenzeinrichtung i. S. des § 921 BGB findet § 923 BGB keine Anwendung; ihre Beseitigung kann daher nicht einseitig – jedenfalls nicht nach § 923 BGB – verlangt werden.

3. Rechtsfolge

5 a) **Fruchtziehung und Eigentum.** Den Eigentümern gebühren mit Fällung des Baumes der Baum und die Früchte als Miteigentümer zu gleichen Teilen, §§ 752 ff. BGB.
Über die Eigentumsverhältnisse des Baumes bis zu seiner Fällung trifft § 923 BGB keine Regelung, sodass das Eigentum entsprechend der Grundstücksgrenze aufgeteilt ist – vertikale Teilung (BGH NJW 2004, 3328).

6 b) **Beseitigung.** Jeder Nachbar kann die Beseitigung des Grenzbaums ohne weitere Voraussetzungen verlangen. Handelt es sich jedoch um eine Grenzeinrichtung, geht § 922 Abs. 2 Satz 3 BGB vor. Ein Recht zur Verweigerung kann sich jedoch u. U. aus §§ 226, 242 BGB sowie aus Abs. 2 Satz 4 – Baum als Grenzzeichen – ergeben.

7 c) **Schadensersatz.** Wird die Beseitigung des Grenzbaums verweigert, ist die Beseitigung nur zulässig, wenn der Nachbar rechtskräftig zur Zustimmung verurteilt ist. Fällt der Nachbar den Baum ohne diese Zustimmung, besteht – bei Verschulden – ein Schadensersatzanspruch nach § 823 BGB, aber nur, wenn kein Zustimmungsanspruch bestand (LG München NJW 1976, 973). Für den Eigentümer eines Teils des Grenzbaums besteht die Verkehrssicherungspflicht in demselben Umfang wie für einen vollständig auf dem eigenen Grundstück stehenden Baum. Bei Verletzung dieser Pflicht, die zu Schäden beim anderen Eigentümer des Baumes führt, kommt eine Haftungsverteilung nach § 254 BGB in Frage (BGH NJW 2004, 3328).

8 d) **Kosten.** Nach Abs. 2 Satz 3 hat der den Baum fällende Nachbar die Kosten der Beseitigung allein zu tragen, wenn der andere auf sein Recht (Miteigentum) am Baum verzichtet; ansonsten tragen die Nachbarn diese Kosten zu gleichen Teilen (Abs. 2 Satz 2).

4. Verjährung

9 Das Recht jedes Nachbarn, die Beseitigung des Grenzbaums zu verlangen, ist nicht der Verjährung unterworfen, § 924 BGB.

5. Sonstiges

10 Bei der Beseitigung des Grenzbaums sind die Bestimmungen des Natur- und Landschaftsschutzes, insbes. das NatSchG und die dazu ergangenen Schutz(gebiets)verordnungen sowie Baumschutzsatzungen zu beachten. Allerdings kann sich der Nachbar bei einer Verweigerung der Zustimmung darauf nicht berufen. Bevor er jedoch dann die zuständige Behörde von der Beseitigungsabsicht des anderen Nachbarn unterrichtet, sollte er um des „Friedens mit den Nachbarn willen“ versuchen, diesen unter Berufung auf die entgegenstehenden öffentlich-rechtlichen Vorschriften von der Notwendigkeit zu überzeugen, die Beseitigung des Baumes zu unterlassen.

§ 924 Unverjährbarkeit nachbarrechtlicher Ansprüche

Die Ansprüche, die sich aus den §§ 907 bis 909, 915, dem § 917 Abs. 1, dem § 918 Abs. 2, den §§ 919, 920 und dem § 923 Abs. 2 ergeben, unterliegen nicht der Verjährung.

Die Ansprüche verjähren nicht, da sie fortwährend neu entstehen. Laut §§ 919, 1
920 steht dies auch im öffentlichen Interesse. § 924 BGB gilt aber nicht für den Kostenerstattungsanspruch nach § 919 Abs. 3 BGB (*Grüneberg-Herrler* § 924 BGB).

§ 1004 Beseitigungs- und Unterlassungsanspruch

(1) Wird das Eigentum in anderer Weise als durch Entziehung oder Vorenthaltung des Besitzes beeinträchtigt, so kann der Eigentümer von dem Störer die Beseitigung der Beeinträchtigung verlangen. Sind weitere Beeinträchtigungen zu besorgen, so kann der Eigentümer auf Unterlassung klagen.

(2) Der Anspruch ist ausgeschlossen, wenn der Eigentümer zur Duldung verpflichtet ist.

1. Allgemeines

Der Herausgabeanspruch des § 985 BGB schützt den Eigentümer vor rechtswid- 1
riger Entziehung seines Eigentums; der Abwehranspruch des § 1004 BGB ergänzt den Schutz des Eigentums vor sonstiger rechtswidriger Beeinträchtigung. § 1004 BGB ist ein Schutzgesetz i. S. v. § 823 Abs. 2 BGB (BGH NJW 1993, 923). Der Abwehranspruch hat im Nachbarrecht große Bedeutung. Er schützt den Eigentümer vor unerlaubtem Betreten seines Grundstücks, vor Einwirkungen durch Tiere wie Katzen oder Hunde, vor Beeinträchtigungen durch herüber ragende Äste oder durch vom Nachbargrundstück hinüberwachsendes Wurzelwerk, ebenso wie die Verunreinigung eines Grundstücks durch Gase oder Lärm. § 1004 BGB schützt aber auch vor sonstigen erheblichen Einschränkungen des Eigentums, so vor Abschneiden von lebenswichtigen Versorgungsquellen.

Wird die Beeinträchtigung erst durch das Zusammenwirken mehrerer Nachbarn ausgelöst, gibt es Abwehransprüche gegen jeden Störer. Ein Verschulden ist für den Abwehranspruch nicht erforderlich, er besteht auch bei schuldloser rechtswidriger Beeinträchtigung seines Eigentums.

2. Voraussetzung

Der Abwehranspruch setzt eine rechtswidrige Eigentumsbeeinträchtigung voraus. 2

a) **Regelungsbereich.** § 1004 BGB erfasst alle Eigentumsbeeinträchtigungen, die nicht durch § 985 BGB erfasst und geregelt sind. Besteht die Beeinträchtigung in der bloßen Besitzentziehung, greift allein der § 985 BGB. Bei Nutzungsentziehung oder Teilbesitzentziehung können §§ 985 und 1004 BGB eingreifen.

Dabei schützt § 1004 BGB unmittelbar nur das Eigentum. Über gesetzliche Verweisungen ist er jedoch auch auf andere Rechte anwendbar. Für das Nachbarrecht von Bedeutung sind: § 1027 BGB für die Grunddienstbarkeit, § 1065 BGB für den Nießbrauch, § 1090 Abs. 2 BGB für die persönlich beschränkte Dienstbarkeit, § 11 Abs. 1 Satz 1 ErbbauRG für das Erbbaurecht, § 34 Abs. 2 WEG für das Wohnungseigentum, § 8 PachtKrG für die Pacht.

3 b) **Beeinträchtigung.** Das Eigentum muss beeinträchtigt sein. Eine Beeinträchtigung ist jeder dem Inhalt des Eigentums widersprechende Eingriff in die rechtliche oder tatsächliche Herrschaftsmacht des Eigentümers (BGH NJW 2013, 1809 Tz. 14). Sie ist unabhängig von der Kenntnis des Eigentümers und von einem Verschulden des Störers. Eine Einwirkung auf die Sachsubstanz ist nicht erforderlich.

Hauptfälle des Abwehranspruchs im Nachbarrecht:

4 aa) **Tatsächliche Benutzung des Grundstücks. Beispielsfälle:** Betreten von Menschen oder Haustieren (BayObLG 2004. 138, 143); Bebauung (BGH NJW-RR 2003, 953 – Fernwärmeleitung); überschwenkender Baukran (OLG Frankfurt NJOZ 2011, 1015); Ablagerung von Sachen (BGHZ 110, 313), Nutzung als Projektionsfläche (OLG Dresden NJW 2005, 1871).

5 bb) **Immissionen durch Zuführung unwägbarer Stoffe. Beispielsfälle:** Einsickern von Chemikalien/Heizöl (BGH NJW 2005, 1366 – Verunreinigung durch Kohlenwasserstoff), die auf dem Nachbargrundstück ausgelaufen sind; Tabakrauch zieht in die Wohnung (BGH NJW 2015, 2023 Tz. 5 ff.); Zufluss von Niederschlagswasser (BGH NJW-RR 2016, 24 Tz. 6 ff.).

6 cc) **Be- oder Verhinderung der Nutzung. Beispielsfälle:** Zugangs- und Abgangsbehinderung (BGH NJW-RR 2011, 1476 Tz. 9 ff.); Verletzung der Grenzvorschriften (BayObLG 200, 359; BGH NZM 2013, 244 Tz. 18); Videoüberwachung; Blendung durch Photovoltaikanlage (OLG Düsseldorf BeckRS 2017, 119227); Durchwurzelung (OLG Hamm ZMR 2017, 529); auch Beeinträchtigungen durch herüber ragende Äste oder durch vom Nachbargrundstück hinüberwachsendes Wurzelwerk (OLG Düsseldorf NJW 1986, 2648). § 1004 BGB schützt aber auch vor sonstigen erheblichen Einschränkung der Nutzung des Eigentums, so vor Abschneiden von lebenswichtigen Versorgungsquellen wie z. B. Wasser- oder Stromzufuhr (OLG Köln NVwZ 1989, 605).

7 dd) **Werbung. Beispielsfälle:** Unaufgeforderte Zusendung von E-Mails oder SMS (BGH NJW 2009, 2958); Einwurf von Werbematerial in den Briefkasten (BVerfG NJW 2002, 2938); Werbewand (OLG Brandenburg NJW-RR 1996, 1514).

8 c) **Rechtswidrigkeit.** Die Beeinträchtigung muss objektiv rechtswidrig sein – und zwar der Zustand, nicht die dazu führende Handlung (BGH NJW-RR 2003, 953 – Entfernung einer funktionslos gewordenen Fernwärmeleitung). Die Rechtswidrigkeit wird durch die Eigentumsbeeinträchtigung indiziert (BGH WM 1971, 278). Die Rechtswidrigkeit entfällt, wenn der Eigentümer die Beeinträchtigung zu dulden hat, § 1004 Abs. 2 BGB.

Eine Duldungspflicht ergibt sich, wenn folgende Normen oder Regeln dies gebieten:

aa) **Rechtfertigungsgründe.** Notwehr oder Notstand §§ 227, 229, 904 BGB: zur Duldungspflicht bei Unterfangung der Giebelmauer einer Scheune (OLG Karlsruhe Die Justiz 1991, 12); Art. 5 GG, „Klagemauer" (OLG Köln OLGR 1995, 170). 9

bb) **rechtsgeschäftliche Abmachungen.** Vertrag, Dienstbarkeit in Form eines Wegerechts (BGH AgraR 2003, 257); Grunddienstbarkeit bei entschädigungsloser Duldung aller Einwirkungen aus dem Betrieb der auf dem herrschenden Grundstück errichteten und betrieblichen Anlagen (BayOLG UPR 2005, 72); Einwilligung des Beeinträchtigten; sie kann auch mit Benutzungsregeln verbunden sein (BGH NJW 1994, 188). Die Einwilligung ist – auch nach längerer Zeit – widerrufbar (BGH NJW 2014, 1043). 10

cc) **Vorschriften des Nachbarrechts.** §§ 904 ff. BGB und §§ des NRG (BGH NJW-RR 2000, 537) oder des öffentlichen Rechts, § 14 BImSchG, auch Abwasserrecht, Bauordnungsrecht, Denkmalschutz, Vermessungsrecht, Naturschutzrecht, Kommunikationsanlagen nach TKG oder Energieanlagen (etwa BGH NJW 2010, 2802 Tz. 7 ff.). 11

Die behördliche Genehmigung allein ist aber grundsätzlich kein Rechtfertigungsgrund, (LG Aachen NVwZ 1988, 188).

Wichtig: § 14 BImSchG schließt privatrechtliche Abwehransprüche nicht gänzlich aus, sondern beschränkt diese nur auf Schutzvorkehrungen; es sei denn, die Bestimmungen der Genehmigung stehen konkret entgegen; s. ferner zur Einschränkung des Anspruchs auf Entfernung von Schwalbenkunstnestern nach Vorschriften des Naturschutzrechts (LG Hechingen NJW 1995, 971), ebenso zur Entfernung eines durch gemeindliche Satzung geschützten Baumes (OLG Köln UPR 1998, 194), wohl aber Anspruch auf Beschneidung der Äste und Reinigung der durch Blätter des geschützten Baumes verstopften Dachrinne.

dd) **Allgemeine Vorschriften.** Allgemeine Vorschriften wie Treu und Glauben oder das Schikaneverbot, §§ 242, 226 BGB, insbes. nach den Grundsätzen des nachbarlichen Gemeinschaftsverhältnisses (BGH NJW 2000, 1719; BVerwG NJW 1998, 329: materielle Abwehrrechte des Nachbarn können auch gegenüber ungenehmigten Bauvorhaben verwirkt werden als Folge des besonderen nachbarlichen Gemeinschaftsverhältnisses, das von den Nachbarn nach Treu und Glauben gesteigerte Rücksichten gegeneinander fordert), jedoch keine Duldungspflicht bei Eindringen von Wurzeln aus öffentlichem Straßengelände in die Abwasserleitung eines Grundstückseigentümers (BGH NJW 1991, 2826; ebenso BGH NJW 1986, 2640; VersR 1989, 257; RdL 1990, 265). 12

3. Rechtsfolge

a) **Anspruchsinhalt.** Der Anspruch geht auf Beseitigung oder auf Unterlassen. Verschulden ist nicht erforderlich. § 1004 BGB ist ein Schutzgesetz i. S. v. § 823 13

Abs. 2 BGB (BGH NJW 1999, 923). Der Anspruch besteht neben §§ 823 Abs. 1 u. 2, 862, 985 BGB.

14 b) **Beseitigungsanspruch, § 1004 Abs. 1 Satz 1 BGB.** – **aa**) Der Anspruch aus § 1004 Abs. 1 Satz 1 BGB ist auf Beseitigung gegenwärtiger Beeinträchtigungen gerichtet. Beseitigung bedeutet, die Beeinträchtigung muss für die Zukunft abgestellt werden. Wobei die Beseitigungspflicht des für eine Bodenkontamination auf dem Nachbargrundstück Verantwortlichen nicht nur das Abtragen und Entsorgen des verunreinigten Erdreichs erfasst, sondern auch die anschließende Wiederherstellung des ursprünglichen Zustands des beeinträchtigten Grundstücks (BGH NJW 2005, 1366 insbes. 1367 f.).

15 **bb**) Für den Anspruch kommt es auf ein Verschulden des Störers nicht an. Liegt Verschulden vor, kommen Schadensersatzansprüche nach § 823 Abs. 1 BGB, etwa Verletzung der Verkehrssicherungspflicht oder nach § 823 Abs. 2 BGB, Verletzung eines Schutzgesetzes, in Betracht.

16 cc) Die **Kosten** der Beseitigung trägt der Störer; beseitigt der Eigentümer selbst, hat er einen Ersatzanspruch gegen den Störer, §§ 683, 684, 812 ff. BGB (BGH NJW 2005, 1366). Mitverschulden muss sich der Eigentümer anrechnen lassen (BGHZ 135, 235); auch ein Abzug „neu für alt“ (BGH NJW 2012, 1080) ist anzusetzen.

17 c) **Unterlassungsanspruch, § 1004 Abs. 1 Satz 2 BGB.** Es kann auch das Unterlassen künftiger Beeinträchtigungen verlangt werden. Geschuldet wird dabei nicht nur künftige Untätigkeit, sondern ein Verhalten, das den Nichteintritt der drohenden Beeinträchtigung bewirkt (BGH NJW 2004, 1035).
Voraussetzung ist aber stets, dass eine Wiederholungsgefahr besteht. Sie ist materiell-rechtliche Anspruchsvoraussetzung (BGH NJW 2005, 594). Fällt sie weg, erlischt der Anspruch. Sie liegt vor bei objektiv ernstlicher Besorgnis weiterer Störungen. I.d.R. begründet die vorangegangene rechtswidrige Verletzung die Wiederholungsgefahr (BGH NJW 2012, 3781). An die Widerlegung der Wiederholungsgefahr sind strenge Anforderungen zu stellen (BGH NJW 1999, 356), die einfache Behauptung, man werde es künftig unterlassen, ist nicht ausreichend (BGH NJW 2012, 3781). Es muss (wohl) ein Vertragsstrafe-Versprechen abgegeben werden (BGH a. a. O.). Entscheidender Zeitpunkt ist der der (letzten) mündlichen Verhandlung.

18 d) **Vorbeugender Unterlassungsanspruch.** Die Verletzung eines Rechtsguts muss nicht erst abgewartet werden, Unterlassung kann auch bereits vorbeugend verlangt werden. Erforderlich ist eine erstmals ernsthafte drohende Beeinträchtigung (BGH NJW 2004, 3701; BGH NJW 2016, 3701). Es braucht also bei begründeten Hinweisen für eine bevorstehende Störung nicht bis zur Vollendung des Eingriffs zugewartet werden. Geschuldet ist auch hier die „Unterlassung“. Dies erfasst auch ein Verhalten, das den Nichteintritt der drohenden Beeinträchtigung bewirkt (BGH NJW 2004, 1035).
Da noch keine Verletzung stattgefunden hat, spricht aber keine Vermutung für die Gefahr. Die **Erstbegehungsgefahr** ist deshalb konkret zu belegen. Etwa durch Nachweis, dass schon ernsthafte Vorbereitungshandlungen getroffen wor-

den sind, wie etwa das Heranführen eines Gerüstes zur Aufstellung von Werbematerial auf dem Nachbargrundstück.

Beispiele: Auflage für Betreiben eines Kamins kann vorbeugend durchgesetzt werden (BGH DVBl 1997, 424, §§ 823 Abs. 2 BGB i. V. m. 22 Abs. 1 Nr. 2 BImSchG, § 1004 Abs. 1 Satz 1 analog); Mauerrisse infolge windbedingten Wurzeldrucks aus Nachbargarten (BGH NJW 2004, 1035).

4. Berechtigter

Gläubiger des Anspruchs ist der Eigentümer; der Miteigentümer allein, § 1011 BGB; die dinglich Berechtigten, §§ 1027, 1065, 1090 Abs. 2 BGB sowie der Teileigentümer nach dem WEG (BVerwG GewA 1998, 77 und BayOblG GewA 2005, 300); der Besitzer mit dinglichem Anwartschaftsrecht (bei Grundstücken Auflassung mit eingetragener Auflassungsvormerkung oder eigenem Eintragungsantrag; *Bamberger/Roth* § 1004 BGB Rn. 11, MK § 1004 BGB Rn. 17). Nicht dagegen der Mieter oder Pächter, für sie greift §§ 862, 906 BGB (BGH ZFL 1996, 23). **19**

5. Verpflichteter

Schuldner des Anspruchs ist der Störer. Die Beeinträchtigung kann von Handlungen Dritter oder von einer Sache ausgehen. **20**

Danach ist zu unterscheiden:

a) **Handlungsstörer.** Handlungsstörer ist, wer die Beeinträchtigung durch seine Handlung oder Unterlassung adäquat kausal verursacht (BGH NJW 2007; zur Störerhaftung ausführlich m. w. N. und vielen Beispielen *Grüneberg-Herrler* § 1004 BGB Rn. 18). **21**

aa) **Unmittelbarer Handlungsstörer.** Unmittelbarer Handlungsstörer ist, wer durch seine Handlung oder Unterlassung selbst die Beeinträchtigung bewirkt (BGH NJW-RR 2014, 973 Tz. 14 ff.), etwa durch Betreten des fremden Grundstücks oder durch Erzeugung von Emissionen oder durch Errichtung einer störenden Anlage. **22**

bb) **Mittelbarer Handlungsstörer.** Mittelbarer Handlungsstörer ist demgegenüber, wer die Beeinträchtigung durch einen Dritten verursacht hat und die Beeinträchtigung hätte verhindern können (BGH NJW 2012, 3781). **23**
Wer also (1) die Dritthandlung verursacht hat – etwa durch Beauftragung von Bauarbeiten (OLG Karlsruhe NJW 2012, 1520) – oder (2) wer die Dritthandlung gestattet – Vermietung zu Lärm erzeugendem Gebrauch (BGH NJW 2006, 992) – oder wer es (3) unterlässt, eine Dritthandlung zu verhindern, die er ermöglicht hat oder zu deren Verhinderung er verpflichtet ist (BGH NJW 2006, 992). Mittelbarer Handlungsstörer ist aber auch, wer (4) mit seiner Handlung beeinträchtigende Natureinwirkungen auslöst oder verstärkt – Füttern von Katzen oder Tauben (OLG Köln NJW-RR 1989, 205, AG Karlsruhe NJW-RR 1992, 463).

Beispiele: Flughafenlärm (BGH NJW 1987, 1142), umweltgefährdender Abfall (OLG Dresden NVwZ 1995, 934), Freisetzungsversuch mit gentechnisch veränderten Zuckerrüben (OLG Stuttgart ZUR 2000, 29), unbefugtes Abstellen eines Pkw auf Privatparkplatz/Privatgrundstück (*Dehner* § 38 S. 2 f.), Videoüberwa- **24**

chung des Nachbargrundstücks (LG Zweibrücken MDR 1990, 549), Vermieter bei Störung von Mietern (BGH NJW 2000, 2901), Kfz-Halter bei Störung durch Entleiher, Diskothekenbetreiber bei Überlassung der Disko (OLG Koblenz NJW-RR 2002, 1031).

25 b) **Zustandsstörer.** Zustandsstörer ist, wer Eigentümer oder Besitzer einer Sache ist, von der die Beeinträchtigung ausgeht, wenn sie wenigstens mittelbar auf seinem Willen beruht (BGH NJW-RR 2011, 1208; 2011, 739). Das setzt voraus, dass der Störer die Beeinträchtigung durch eine eigene Handlung adäquat kausal mit verursacht hat oder trotz einer Einwirkungsmöglichkeit die Beseitigung entgegen einer Handlungspflicht nicht vornimmt oder die Beseitigung einer Störung nicht duldet (BGH NJW 2007, 432; ausführlich zu Störerhaftung *Grüneberg-Herrler* m.w.N. und w. Bsp. § 1004 BGB Rn. 19 ff.). Kein Abwehranspruch besteht deshalb grundsätzlich für Beeinträchtigungen, die ausschließlich durch Naturkräfte verursacht wurden (abgeschwemmtes Erdreich, BGH NJW 195, 1773).

Aber Vorsicht: Der Eigentümer eines Grundstücks ist für die Erhaltung und Pflege seines Grundstücks verantwortlich und hat dafür eine Verkehrssicherungspflicht. Verletzt er diese, und ist die Verletzung für die Beeinträchtigung kausal, haftet er als Zustandsstörer – etwa bei einem Baum, der aufgrund seines Alters oder nicht ordnungsgemäßer Pflege umzustürzen droht (BGH NJW 2003, 1732).

Der Zustandsstörer bleibt so lange Störer, als er über die störende Sache noch tatsächlich verfügen kann (BGH NJW-RR2014, 973 Tz. 16). Nach Veräußerung und Übergabe erlischt die Haftung des „alten" Eigentümers, allerdings wird der „neue" Eigentümer dann Zustandsstörer, wenn er die Beeinträchtigung bestehen lässt (BGH NJW-RR 1996, 659). Der Zustandsstörer kann sich aber nicht einfach seiner Haftung entledigen, indem er das Eigentum oder den Besitz aufgibt; er bleibt Störer (BGH NJW-RR 2013, 652 Tz. 14).

26 c) **Mehrere Störer.** Oft treffen mehrere Störer – auch Handlungsstörer und Zustandsstörer – zusammen. Dann gilt § 840 BGB entsprechend – die Störer haften als Gesamtschuldner. Der Anspruch besteht gegen jeden Störer, unabhängig von seinem Tatbeitrag, so der Bauherr und der Bauunternehmer für Ablagerung von Erdaushub auf dem Nachbargrundstück im Zuge eines Bauvorhabens (OLG Karlsruhe Die Justiz 1994, 240). Zur entsprechenden Anwendung von § 830 Abs. 1 Satz 2 BGB s. LG Köln NJW-RR 1990, 866.

27 d) **Beispiele. Erdrutsch** nach Starkregen (BGH NZM 2014 367), **Oberflächenwasser** (OLG Koblenz NJOZ 2014, 1571), **Sonnenlichtreflex** von Glasdach (OLG Stuttgart WuM 2009, 299), **Umstürzen von Bäumen** bei Sturm (BGHZ 122, 283), **Parken** auf fremdem Grundstück dem Halter zurechenbar (BGH NJW 2016, 863 Tz. 22). Zur Zustellung unerwünschten **Werbematerials** (BGH NJW 1989, 902). Aber keine Abwehr von **Gebäudefotos** von öffentlicher Straße aus (BGH NJW 1989, 2251), anders unter Überwindung bestehender Hindernisse mit geeigneten Hilfsmitteln wie Teleobjektiv, Leiter oder Flugzeug zur Aus-

spähung des persönlichen Lebensbereichs (BGH NJW 2004, 762; KG NJW 2005, 2320; s. auch *Dehner* § 38 S. 11 f.).
Störende Anlagen, die nach § 906 BGB nicht geduldet werden brauchen, hier Baum, der infolge seines Alters auf das Nachbargrundstück stürzen kann (BGH NJW 2003, 1732 = NuR 2003, 643). Auch der **Überbau** muss nach § 912 Abs. 1 BGB u. U. nicht hingenommen werden. Die Verletzung des **ästhetischen Empfindens** begründet regelmäßig keinen Abwehranspruch (BGH ZMR 1976, 187). Genauso besteht kein Abwehranspruch für Beeinträchtigungen ausschließlich durch **Naturkräfte** (BGH NJW 1985, 1773), z. B. abgeschwemmtes Erdreich, abbröckelndes Gestein, Samen-, Blüten oder Laubflug, **Ungeziefer** (Wollläuse BGH NJW 1995, 2633), abfließendes Niederschlagswasser (BGH RdL 1991, 181), sonstige natürliche Immissionen bei ordnungsgemäßer landwirtschaftlicher Nutzung (BGH NJW 1984, 2207; NJW-RR 2001, 1208: brachliegender Weinberg mit Mehltaubefall des Nachbargrundstücks, keine Pflicht zur Schädlingsbekämpfung), auch nicht das bloße Anpflanzen und Aufziehen von gegenüber normalen Einwirkungen der Naturkräfte widerstandsfähigen Bäumen (BGH NJW 1993, 1855). Ebenso kein Abwehranspruch bei **Spritzwasser** von Fahrbahn (VGH München NVwZ 1998, 536) oder Bildung eines sog. **Kaltluftsees** auf dem Nachbargrundstück plus Errichtung einer Zwischendeponie für **Erdaushub** – Weinberg (BGHZ 113, 384); hier aber ausnahmsweise Ausgleichsanspruch nach § 906 Abs. 2 Satz 2 BGB analog nach den Grundsätzen über das nachbarliche Gemeinschaftsverhältnis. **Ergänzend:** Die bloße Kenntnis einer **Bienenhaltung** auf dem Nachbargrundstück verpflichtet einen Eigentümer noch nicht zur Erteilung eigener Warnhinweise oder zur Sperrung bestimmter Grundstücksteile (LG Aachen v. 8. Juli 2005 – 5 S 24/05). Zur Beseitigung des eigentumsbeeinträchtigenden **Zustands eines Grundstücks** ist der Eigentümer des Nachbargrundstücks, der ihn weder durch positives Tun noch durch pflichtwidriges Unterlassen geschaffen hat, nur verpflichtet, wenn die Beeinträchtigung auf einen gefahrenträchtigen Zustand seines Grundstücks zurückzuführen ist (BGH NJW-RR 2001, 232). § 1004 BGB findet jedoch Anwendung, wenn der Grundstückseigentümer oder -besitzer diese Beeinträchtigungen durch eigene Handlung oder pflichtwidrige Unterlassung mitverursacht hat, z. B. bei mangelnder Widerstandskraft von Bäumen gegen Sturm aufgrund von Krankheit oder Überalterung (OLG Düsseldorf NuR 2003, 316) oder Erdabschwemmungen durch Veränderung der Erdoberfläche, Füttern von Tauben oder Katzen, die das Nachbargrundstück verunreinigen. Der Eigentümer eines Baumes ist für die von diesen ausgehenden natürlichen Immissionen (Laub, Nadeln, Blüten, Zapfen) auf benachbarte Grundstücke jedenfalls dann verantwortlich und damit „Störer" i. S. d. § 1004 Abs. 1 BGB, wenn er sie durch Verletzung der einschlägigen landesrechtlichen Bestimmungen über den Grenzabstand unterhält (BGH NJW 2004, 1037); dasselbe gilt für den Eigentümer eines Baumes, wenn dessen Wurzeln in das Nachbargrundstück hinüberwachsen (BGH NJW 2004, 603). Zum Anspruch auf Beseitigung s. o. 3. b).

6. Sonstiges

a) Zivilrechtsweg. – aa) Beseitigungs- oder Unterlassungsklagen. Bei Beseitigungs- oder Unterlassungsklagen ist grundsätzlich der Zivilrechtsweg zu beschreiten. Dies gilt auch, wenn die Beeinträchtigung durch nicht hoheitliches 28

Handeln von Behörden geschieht (BGH NJW 1993, 1656). Der Verwaltungsrechtsweg ist dagegen zu wählen bei Beeinträchtigung durch hoheitliches Handeln von Behörden. Im Zivilrechtsstreit ist sachlich das Amtsgericht zuständig bis zu einem Streitwert bis 5000 Euro; ist der Streitwert höher, ist das Landgericht zuständig, §§ 23 Abs. 1, 71 Abs. 1 GVG. Örtlich zuständig ist das Gericht, in dessen Bezirk das beeinträchtigte Grundstück liegt, § 24 ZPO.

29 bb) **Einstweilige Verfügung.** Ist Eile geboten, etwa beim Überbau oder bei Zuführung von Immissionen, kann eine einstweilige Verfügung erwirkt werden, §§ 916 ff., 935 ZPO. Damit kann etwa die Einstellung des gefährdenden Baues vom Nachbargrundstück oder auch die Einstellung des Betriebs, von dem die Immission ausgeht, erreicht werden.

Dabei ist jedoch Vorsicht geboten. Macht der Eigentümer von der Verbotsverfügung Gebrauch und lässt den Bau oder den Betrieb einstellen, wird er nach § 945 ZPO schadensersatzpflichtig, wenn die Verfügung zu Unrecht ergangen ist. Er haftet dann etwa für die Verteuerung des Baues oder den Ausfall des Erwerbs.

30 b) **Verwaltungsrechtsweg.** Bei hoheitlichem Handeln von Behörden oder von öffentlichen Einrichtungen, die hoheitliche Aufgaben wahrnehmen – Bundeswehr, Landkreis, Gemeinde –, ist, wenn sie das Eigentum verletzen, nicht der Zivilrechtsweg, sondern der Verwaltungsrechtsweg, § 40 VwGO, gegeben.

Beispiele aus der verwaltungsgerichtlichen Rechtsprechung: Sportplatz (BVerwG NVwZ 1990, 858), Bolzplatz (OVG Schleswig NVwZ 1995, 1019), Grillplatz (VGH Mannheim NVwZ 1994, 920), Truppenübungsplatz (OVG Lüneburg NVwZ 1998, 537), Lärm von kirchlichem Spielplatz (BayVGH DVBl 2004, 839), Nachbarklage gegen Schulhoflärm (OVG Münster NVwZ-RR 2005, 100). Lärm durch Ballspiele auf dem Nachbargrundstück (VGH München NJW 2005, 1882). Allgemein zum öffentlich-rechtlichen Nachbarschutz, insbes. betr. Bauordnungsrecht *Seidel* NVwZ 2004, 139.

31 c) **Verjährung.** Der Anspruch aus § 1004 BGB verjährt in drei Jahren, §§ 195, 199 Abs. 1, 4, 5 BGB. Die Frist beginnt am Ende des Kalenderjahres zu laufen, wenn der Anspruch entstanden ist und der Gläubiger von den, den Anspruch begründenden, Umständen und der Person des Schuldners Kenntnis erlangt oder ohne grobe Fahrlässigkeit erlangen müsste. Ohne Rücksicht auf die Kenntnis verjährt der Anspruch in zehn Jahren ab der Zuwiderhandlung.
Die Verjährung läuft mit Beginn der Beeinträchtigung, etwa mit der Bebauung eines fremden Grundstücks (BGH NJW 1994, 999). Bei wiederholten gleichartigen Handlungen entsteht der Anspruch mit jeder Beeinträchtigung neu und eine neue Frist beginnt zu laufen. So bei jedem verbotenen Betreten oder Befahren des fremden Grundstücks (BGH NJW 1990, 2555).
Liegt der Schwerpunkt der Störung im Unterlassen, verjährt der Anspruch nicht, da eine einheitliche Dauerhandlung vorliegt (BGH NJW-RR 2016, 24 Tz. 31).
Auch wenn die Beseitigung wegen Verjährung nicht mehr verlangt werden kann, bleibt der Zustand rechtswidrig und kann vom Eigentümer – dann allerdings auf seine Kosten – beseitigt werden (BGH NJW 2011, 1068).

d) Verwirkung. Der Anspruch kann auch verwirkt werden (BGH NJW-RR 2014, 1043), wenn der Eigentümer längere Zeit die Beeinträchtigung duldet, die Vertrauen in die Einwilligung begründet (OLG Köln NJW 1995, 3319), wobei jeder Verstoß getrennt zu prüfen ist (BGH NJW 2015, 781 Tz. 12). 32

e) Rechtsmissbrauch. Auch Rechtsmissbrauch ist möglich. So liegt eine rechtsmissbräuchliche Ausübung entspr. § 275 Abs. 2 BGB vor, wenn die Beseitigung mit unverhältnismäßigem, bei Berücksichtigung aller Interessen, unbilligem Aufwand verbunden wäre (BGH NZM 2010, 174). Die Beweislast trägt der Schuldner (BGH NJW 2010, 2341). Dann ist statt der Beseitigung Schadensersatz zu leisten. Rechtsmissbrauch ist auch gegeben, wenn der Schuldner einen Anspruch auf Einräumung einer Position hat, die einen Anspruchsausschluss nach § 1004 Abs. 2 BGB bewirkt (BGH NJW 2015, 1750 Tz. 13). 33

f) Einwendungen. Der Schuldner kann auch einwenden, er sei zur Beseitigung oder Unterlassung aus rechtlichen oder tatsächlichen Gründen unvermögend (BGH NJW 2014, 2640 Tz. 12). Diese Einwendungen hat er zu beweisen. Auch der Mitverschuldenseinwand, § 254 BGB, ist möglich, wie auch Gläubiger- und Schuldnerverzug. 34

D Anhang

1. Ausführungsgesetze zum Bürgerlichen Gesetzbuch in Baden und in Württemberg

Vorbemerkung

Obwohl die Ausführungsgesetze der früheren Länder Baden und Württemberg letztlich durch das Baden-Württembergische Ausführungsgesetz zum BGB (BaWü AGBGB) vom 26. November 1974 (GBl. S. 498) aufgehoben wurden, sind einige Bestimmungen dieser Gesetze auch heute noch von Bedeutung:
Für Überfahrts- und Trepprechte, die aufgrund von Art. 234 wü. AGBGB vor dem 1. Januar 1975 bestellt worden sind, bleiben die bisherigen Vorschriften mit Ausnahme der Art. 235 Abs. 2, Art. 239 Abs. 3 und Art. 242 Abs. 1 weiterhin anwendbar (§ 50 BaWü AGBGB). Zur Geschichte des württ.-hohenz. Anwende- und Rädlesrecht s. Bogenschatz RdL 2003, 113. Auch für die Abstände von Einfriedigungen, Spaliervorrichtungen und Pflanzungen, die am 1.1.1960 bereits bestanden haben, sind noch die bisherigen Vorschriften maßgebend, soweit sie in der Beschränkung des Eigentümers weniger weit gehen als die Vorschriften des NRG, also wegen der Verpflichtung zu geringeren Abständen günstiger sind (§ 33 Abs. 1 NRG). Ferner ist auf die im früheren Land Baden durch Zeitablauf entstandenen Fensterschutzrechte (§ 31 NRG), auf die alten Mauerrechte in Baden (§ 32 NRG) sowie auf die von § 15 NRG abweichende, nur für Württemberg geltende Regelung über herüberragende Zweige und Wurzeln von Waldbäumen (§ 34 NRG) hinzuweisen.

a) Badisches Ausführungsgesetz zum Bürgerlichen Gesetzbuch

in der Fassung vom 13. Oktober 1925 (GVBl. S. 281)

– Auszug –

Artikel 8

(1) Werden zwei Grundstücke durch eine Mauer geschieden, zu deren Benutzung die Nachbarn gemeinschaftlich berechtigt sind, so kann der Eigentümer des einen Grundstücks dem Eigentümer des andern Grundstücks nicht verbieten, die Mauer ihrer ganzen Dicke nach zu erhöhen, wenn ihm nachgewiesen wird, dass durch die Erhöhung die Mauer nicht gefährdet wird. Wird eine Verstärkung der Mauer erforderlich, so ist sie auf dem Grundstück anzubringen, dessen Eigentümer die Erhöhung unternimmt.

(2) Der Eigentümer des Grundstücks, von dem aus die Erhöhung erfolgt ist, kann dem Eigentümer des anderen Grundstücks die Benutzung des Aufbaues verbieten, bis ihm für die Hälfte, oder wenn nur ein Teil des Aufbaues benutzt werden soll, für den entsprechenden Teil der Baukosten und im Falle einer Verstärkung der Mauer auch für die Hälfte oder den entsprechenden Teil des hierzu benutzten Bodens Ersatz geleistet ist.

(3) Solange das in Absatz 2 bestimmte Verbietungsrecht besteht, hat der Berechtigte den Mehraufwand zu tragen, den die Unterhaltung der Mauer infolge der Erhöhung verursacht.

(4) Der Anspruch, welcher sich aus Absatz 1 ergibt, unterliegt nicht der Verjährung. Das in Absatz 2 bezeichnete Verbietungsrecht erlischt durch Verzicht des Berechtigten. Der Verzicht erfolgt durch Erklärung gegenüber dem Eigentümer des Nachbargrundstücks.

Artikel 9

Hat der Eigentümer eines Grundstücks vor dem In-Kraft-Treten des Bürgerlichen Gesetzbuchs auf Grund des Landrechtssatzes 663 von seinem Nachbar verlangt, dass er zur Erbauung einer Scheidewand beitrage, so bleiben für das Recht und die Pflicht zur Errichtung derselben die bisherigen Vorschriften maßgebend.

Artikel 10

(1) Der Eigentümer eines Grundstücks kann verlangen, dass hochstämmige Bäume 1,80 m, andere Bäume und Sträucher 45 cm von der Grenze seines Grundstücks entfernt gehalten werden.

(2) Diese Vorschrift gilt nicht für Bäume und Sträucher, die an Spalieren oder Gegenspalieren befestigt sind, sofern sie sich hinter einer Mauer befinden und die Mauer nicht überragen.

Artikel 11

(1) Neuanlagen von Wald sind nur in einer Entfernung von 3 m vom Nachbargrundstück zulässig.

(2) Diese Bestimmung sowie die Vorschrift des Artikels 10 Abs. 1 findet auf Wald, der an Wald oder an Ödfeld grenzt, keine Anwendung.

(3) Sofern ein neuangelegter Wald an ein Grundstück grenzt, welchem nach Lage und Beschaffenheit durch die Aufforstung kein erheblicher Schaden erwächst, genügt eine Entfernung von 1,80 m.

(4) Die in diesem Artikel und in Artikel 10 bezeichneten Entfernungen werden von der Mittelachse des Baumes oder Strauches bis zur Grenze gemessen.

Artikel 14

(1) Der Eigentümer eines Grundstücks kann verlangen, dass in der Mauer eines Nachbargrundstücks angebrachte Öffnungen, welche eine Aussicht auf sein Grundstück gewähren (Aussichtsfenster), sowie an einer solchen Mauer angebrachte Balkone, Erker, Galerien, ferner sonstige eine Aussicht auf sein Grundstück gewährende Anlagen im Falle einer geraden Aussicht mindestens 1,80 m, im Falle einer schrägen Aussicht mindestens 60 cm von der Grenze entfernt sind.

(2) Die Entfernung wird bei gerader Aussicht von der Außenseite der Mauer, worin das Fenster sich befindet, oder von der äußersten Linie des Vorsprungs, bei schräger Aussicht von der nach der Aussichtsseite gelegenen äußersten Kante des Fensters oder Vorsprungs gemessen.

Artikel 15

(1) Der Eigentümer eines Grundstücks kann verlangen, dass in der Mauer eines Nachbargrundstücks angebrachte Lichtöffnungen, wenn sie die in Artikel 14 bestimmten Abstände nicht haben, derart eingerichtet werden, dass sie im Erdgeschoss mindestens 2,40 m, in den Stockwerken mindestens 1,80 m über dem Fußboden des zu erhellenden Raumes angebracht und verschlossen sind, und nicht geöffnet werden können.

(2) Unter dieser Höhe dürfen Anlagen, welche das Licht durchlassen, angebracht werden, wenn das Öffnen und Durchblicken nicht möglich und die das Licht durchlassende Substanz mindestens 2 cm dick ist.

Artikel 16

(1) Lichtöffnungen, Aussichtsfenster und andere eine Aussicht gewährende Anlagen, welche auf einen öffentlichen Weg oder auf einen öffentlichen Platz gehen, sind den Beschränkungen der Artikel 14, 15 dieses Gesetzes nicht unterworfen.

(2) Wenn ein Weg oder Platz die Eigenschaft der Öffentlichkeit verliert, so behalten die Eigentümer der angrenzenden Grundstücke das Recht auf Fortbestand von vorhandenen Anlagen der in Artikel 14 bezeichneten Art, und der Eigentümer des Weges oder Platzes muss bei seinen Anlagen die in Artikel 14 vorgeschriebene Entfernung beobachten.

Artikel 17

Hat der Eigentümer eines Gebäudes vor dem In-Kraft-Treten des Bürgerlichen Gesetzbuchs durch Zeitablauf das Recht erlangt, dass zum Schutze seiner Fenster

Anlagen auf einem Nachbargrundstück einen bestimmten Abstand einhalten müssen, so gilt dieses Recht als Grunddienstbarkeit.

Artikel 18

Die Ansprüche, die sich aus den Artikeln 14 und 15 ergeben, unterliegen nicht der Verjährung.

b) Württembergisches Ausführungsgesetz zum Bürgerlichen Gesetzbuch und zu den anderen Reichsjustizgesetzen

vom 29. Dezember 1931 (Reg.Bl. S. 545)
– Auszug –

Artikel 194 Verwahrung der Lichtöffnungen

(1) Steht die Umfassungswand eines Gebäudes nicht wenigstens 0,60 m von der Grenze zurück, so sind die darin angebrachten Lichtöffnungen mit fest eingelassenen eisernen Gitterstäben oder mit starkem, unbeweglich angebrachtem Metallgeflecht zu verwahren. Die Gitter dürfen nicht über 100 qcm, das Geflecht nicht über 10 qcm weite Öffnungen haben.

(2) Dieselben Bestimmungen sind auch für bedeckte Altane, Erker oder Galerien maßgebend, wenn deren äußerster Vorsprung nicht wenigstens 0,60 m von der Grenze zurücksteht. Sind derartige Gebäudeteile unbedeckt, so muss das Gitter vom Boden des Gebäudeteils aus gemessen eine Höhe von mindestens 2 m erhalten.

(3) Das Recht auf Luft und Licht befreit von dieser Verpflichtung und gibt die Befugnis, einen auf dem dienenden Grundstücke beabsichtigten Bau zu untersagen, wenn dieser nicht 1 m von der Eigentumsgrenze entfernt bleibt.

Artikel 196 Abstände und Einfriedigung außerhalb des Wohnbezirks

(1) Bei der Errichtung neuer Gebäude außerhalb des geschlossenen Wohnbezirks oder des Ortsbauplans (Art. 65 Abs. 2 der Bauordnung) ist der Bauende verpflichtet, zugunsten landwirtschaftlich benutzter Nachbargrundstücke eine angemessene Entfernung von der Eigentumsgrenze einzuhalten

(2) Das Maß dieser Entfernung wird durch die Ortsbausatzung bestimmt. Beim Fehlen einer solchen Bestimmung muss die Entfernung zwischen den einander zunächst gelegenen Punkten des Gebäudes und des nachbarlichen Grundstücks waagrecht gemessen der Wandhöhe der dem nachbarlichen Grundstück gegenüberstehenden Traut- oder Giebelseite gleichkommen.

(3) Dieselben Grundsätze gelten für die Erhöhung bereits bestehender außerhalb des geschlossenen Wohnbezirks oder des Ortsbauplans liegender Gebäude.

(4) Unter den Voraussetzungen des Abs. 1 ist der Bauende verpflichtet, sein Grundstück insoweit und in der Art einzufriedigen, als es zum Schutze des nachbarlichen Eigentums erforderlich ist.

Artikel 199 Befestigung von Erhöhungen

(1) Bei Erhöhungen muss die erhöhte Fläche für die Regel entweder durch Errichtung einer Mauer von genügender Stärke oder durch eine andere gleich sichere Befestigung oder eine Böschung von nicht mehr als 45° Steigung befestigt werden, wenn die Kante der erhöhten Fläche nicht den Abstand von der Grenze waagrecht gemessen einhält, der dem doppelten Höhenunterschied zwischen der Grenze und der Kante der Erhöhung gleichkommt.

(2) Die Außenseite der Mauer oder sonstigen Befestigung oder der Fuß der Böschung muss, wenn das Nachbargrundstück außerhalb des geschlossenen Wohnbezirks oder angelegter Ortsstraßen liegt, einen Abstand von 0,30 m von der Grenze einhalten; doch sind Stützmauern für Weinberge von Einhaltung dieses Abstandes befreit.

3. Einfriedigungen und Pflanzenanlagen

a) Abstände außerhalb des geschlossenen Wohnbezirks und angelegter Ortsstraßen

Artikel 200 Einleitende Vorschriften

Für die Abstände von Einfriedigungen und Pflanzenanlagen gegenüber der Grenze von Nachbargrundstücken, die außerhalb des geschlossenen Wohnbezirks und angelegter Ortsstraßen liegen, gelten die Bestimmungen der Art. 201 bis 209.

Artikel 201 Tote Einfriedigungen

(1) Mit Drahtzäunen und Schranken ist gegenüber Grundstücken der in Abs. 2 bezeichneten Art ein Abstand von 0,50 m, gegenüber Weinbergen von 0,30 m, im Übrigen kein Abstand einzuhalten.

(2) Mit sonstigen toten Einfriedigungen muss gegenüber Grundstücken, die regelmäßig mit Gespann bearbeitet werden, ein Abstand von 0,50 m und, wenn die Einfriedigungen höher als 1,50 m sind, ein um das Maß der Mehrhöhe größerer Abstand eingehalten werden.

(3) Von Weinbergen müssen sonstige tote Einfriedigungen, wenn sie auf die südliche, östliche oder westliche Seite der Weinberge zu stehen kommen, so weit entfernt bleiben, als sie hoch sind. Stehen sie auf der nördlichen Seite der Weinberge, so ist ein Abstand von 0,30 m einzuhalten.

(4) Gegenüber andern Grundstücken dürfen freistehende Mauern und andere geschlossene Einfriedigungen bis zur Höhe von 1 m, nicht geschlossene Einfriedigungen, bei denen die Breite der Zwischenräume der der Zaunteile mindestens gleichkommt, bis zur Höhe von 1,50 m ohne Einhaltung eines Abstands an die Grenze gesetzt werden.

(5) Gegenüber Wechselfeldern, die zeitweilig zur Weide benützt werden, dürfen nicht geschlossene Einfriedigungen bis zu 1,50 m Höhe ohne Einhaltung eines Abstands an die Grenze gesetzt werden.

(6) Übersteigt in den Fällen des Abs. 4 und 5 die Höhe der Einfriedigungen die dort bezeichneten Maße, so müssen sie um das Maß der Mehrhöhe von der Grenze abgerückt werden

(7) Bei Zäunen, die von der Grenze nicht wenigstens 0,50 m abstehen, müssen die Zaunstücke auf der Seite des Eigentümers des Zauns befestigt werden.

(8) Freistehende Mauern mit einem geringeren Abstand von der Grenze als 0,50 m dürfen nicht gegen das Nachbargrundstück abgedacht werden.

Artikel 202 Hecken

(1) Hecken müssen von der Grenze 1 m abstehen und dürfen bei diesem Abstand nicht höher als 1,50 m werden. Bei größerem Abstand darf ihre Höhe das Maß von 1,50 m um so viel überschreiten, als der Abstand mehr als 1 m beträgt.

(2) Von Weinbergen müssen Hecken 4 m entfernt bleiben.

(3) Die Seitenzweige sind stets bis zur Hälfte des vorgeschriebenen Abstands zurückzuschneiden.

(4) Hecken hinter geschlossenen Einfriedigungen sind von der Einhaltung eines Abstands befreit, wenn sie die Einfriedigung nicht überragen.

Artikel 203 Spalieranlagen

(1) Abgesehen von Obstbaumspalieren müssen Vorrichtungen, die eine flächenartige Ausdehnung des Wachstums der Pflanzen bezwecken, von benachbarten Grundstücken um so viel, als ihre Höhe 1 m übersteigt, von Weinbergen um das Maß ihrer Höhe abgerückt werden, wenn sie auf die südliche, östliche oder westliche Seite der Weinberge zu stehen kommen.

(2) Vorrichtungen, die sich hinter geschlossenen Einfriedigungen befinden, ohne deren Höhe zu übersteigen, sind von der Einhaltung eines Abstands befreit

Artikel 204 Anpflanzung von Bäumen und Sträuchern

(1) Bei der Anpflanzung von Obstbäumen in Form von Hoch- und Halbhochstämmen, sowie von Zierbäumen und Wildbäumen, bei denen die Hoch- und Halbhochstammbildung nicht ausgeschlossen ist, sind folgende Abstände von der Grenze einzuhalten:

mit Nussbäumen, echten und Rosskastanien, Pappeln, Weidenbäumen, Linden, Ahorn, Ulmen, Birken, Platanen, Eichen, Buchen, Eschen, Nadelholzbäumen und sonstigen großen, nachstehend nicht genannten Bäumen	8 m,
mit kleinen Wald- und Zierbäumen, sowie Maulbeerbäumen	5 m,
mit Kernobst- und Süßkirschenbäumen	4 m,
mit Steinobstbäumen außer Süßkirschenbäumen	3 m.

(2) Obstniederstämme wie Buschbaume, Pyramiden, Spaliere, Spindeln, senkrechte Schnurbäume müssen 2,50 m von der Grenze entfernt bleiben. Die Höhe von 5 m dürfen sie nur überschreiten, wenn die Abstände des Abs. 1 eingehalten sind. Wenn sie sich hinter geschlossenen Einfriedigungen befinden, ohne deren Höhe zu überschreiten, sind sie von der Einhaltung eines Abstandes befreit.

(3) Sonstige Holzgewächse insbesondere Nadelhölzer, die nicht unter Abs. 1 fallen, und Sträucher müssen 1,50 m von der Grenze wegbleiben. Sie dürfen die Hohe von 2,50 m nur dann überschreiten, wenn sie nicht weniger als 3 m von der Grenze entfernt stehen. Wenn sie sich hinter geschlossenen Einfriedigungen befinden, ohne deren Höhe zu überschreiten, sind sie von der Einhaltung eines Abstandes befreit.

(4) Beerenobststräucher und Beerenobsthochstämme sowie waagrechte Schnurbäume müssen, wenn sie sich nicht hinter geschlossenen Einfriedigungen von mindestens 1,50 m befinden, 1 m von der Grenze wegbleiben.

(5) Baumschulen müssen

mit Allee-, Zier- und Nadelholzbäumen	1,50 m,
mit Ziersträuchern und Nadelhölzern	1,00 m,

mit Ziersträuchern, die 1 m Höhe nicht überschreiten, sowie mit Obstbäumen und Rosen 0,75 m
von der Grenze entfernt bleiben. Baumschulen mit Allee-, Zier- und Nadelholzbäumen dürfen 3 m Höhe nur dann überschreiten, wenn sie 3 m von der Grenze entfernt stehen.

(6) Gegenüber Weinbergen ist in den Fällen des Abs. 1 das Doppelte, in den Fällen der Abs. 2 bis 5 mit Ausnahme der Pfirsichniederstämme das Eineinhalbfache der dort vorgeschriebenen Abstände einzuhalten, wenn die Bäume oder Hölzer auf deren südlicher, östlicher oder westlicher Seite gepflanzt werden.

Artikel 205 Weiden- und ähnliche Pflanzungen

(1) Weidenpflanzungen ohne Hochstammbetrieb, die in Zeiträumen von nicht mehr als zwei Jahren genützt werden, sind von der Grenze 1 m entfernt zu halten.

(2) Weiden-, Erlen-, Eschen-, Maulbeer- und andere Pflanzungen ohne Hochstammbetrieb, die in Zeiträumen von mehr als zwei Jahren geschlagen werden, dürfen nicht näher als 2 m an die Grenze gerückt werden.

(3) Gegenüber Weinbergen sind die Abstände zu verdoppeln, wenn die Pflanzungen auf deren südlicher, östlicher oder westlicher Seite liegen.

Artikel 206 Rebstöcke

Rebstöcke, die sich nicht hinter geschlossenen Einfriedigungen befinden, müssen 0,60 m von der Grenze entfernt bleiben.

Artikel 207 Hopfenpflanzungen

(1) Hopfenpflanzungen müssen von dem Nachbargrundstück 1,25 m und, wenn dieses gleichfalls mit Hopfen bepflanzt ist, 0,75 m entfernt bleiben.

(2) Gegenüber Weinbergen muss ein Abstand von 4 m eingehalten werden, wenn die Hopfenpflanzung auf deren südlicher, östlicher oder westlicher Seite liegt. Bei Hopfenanlagen von weniger als 4 m Höhe genügt ein der Höhe der Anlage gleichkommender Abstand.

Artikel 208 Geltungsbereich

(1) Die Bestimmungen der Art. 201 bis 207 gelten auch gegenüber Gebäuden und Hofräumen.

(2) Sie gelten nicht gegenüber Grundstücken, die Wald, ständige Weide, Heide, Ödung oder sonst landwirtschaftlich nicht benutzt sind. Der Abstand vermindert sich um die Entfernung, auf die von der Grenze an gerechnet eine landwirtschaftliche Benutzung des Nachbargrundstücks nicht stattfindet.

b) Abstände innerhalb des geschlossenen Wohnbezirks oder angelegter Ortsstraßen

Artikel 210 Gesetzliche Abstände

(1) Mit toten Einfriedigungen ist gegenüber Grundstücken einschließlich der Gebäude und Hofräume, die innerhalb des geschlossenen Wohnbezirks oder angelegter Ortsstraßen liegen, ein Abstand von der Nachbargrenze nicht einzuhalten. Dies gilt auch für geschlossene Einfriedigungen gegenüber Gärten oder landwirtschaftlich benützten Grundstücken, wenn die Einfriedigung nicht höher als 1,50 m ist. Für Zäune und Mauern verbleibt es bei den Vorschriften des Art. 201 Abs. 7 und 8.

(2) Für geschlossene Einfriedigungen von mehr als 1,50 m Höhe gegenüber Gärten oder landwirtschaftlich benutzten Grundstücken, für Hecken sowie für sonstige Pflanzenanlagen und Vorrichtungen gelten die Bestimmungen der Art. 201 bis 207 mit der Maßgabe, dass die dort vorgeschriebenen Abstände auf die Hälfte ermäßigt werden.

c) Abstände von Waldungen

Artikel 212

(1) Waldanlagen im Sinne des Forstpolizeigesetzes, die auf bisher zum Waldgrund nicht gehörendem Boden gemacht werden, müssen von den Nachbargrundstücken folgende Abstände einhalten:
bei dem Niederwaldbetrieb sowie mit dem Unterholz bei dem Mittelwaldbetrieb 5 m,
bei dem Hochwaldbetrieb sowie mit dem Oberholz bei dem Mittelwaldbetrieb 8 m.

(2) Wenn Waldanlagen, die am 1. Januar 1894 bereits bestanden haben, durch Saat oder Pflanzung verjüngt werden, so ist von den Nachbargrundstücken ein Abstand von 3 m einzuhalten. Bei Verjüngung der vom 1. Januar 1894 bis zum In-Kraft-Treten dieses Gesetzes[11] entstandenen Waldungen ermäßigen sich die Abstände des Abs. 1 je um 2 m.

(3) Gegenüber Weinbergen sind die Abstände des Abs. 1 und 2 zu verdoppeln, soweit der Wald auf deren südlicher, östlicher oder westlicher Seite liegt. Gegenüber Grundstücken, die seit mindestens fünf Jahren als Gärten oder Äcker benützt worden sind, können die Abstände des Abs. 1 durch Gemeindesatzung bis auf das doppelte Maß erhöht werden, soweit der Wald auf der südlichen, östlichen oder westlichen Seite dieser Grundstücke liegt.

(4) Die Bestimmungen des Abs. 1 und 2 gelten auch gegenüber Gebäuden und Hofräumen, greifen aber nicht Platz gegenüber Nachbargrundstücken, die Wald, ständige Weide, Heide, Ödung oder sonst landwirtschaftlich nicht benützt sind und außerhalb des geschlossenen Wohnbezirks und angelegter Ortsstraßen liegen.

Artikel 219 Verhältnis zu Wegen, Gewässern, Eisenbahnen

(1) Die Bestimmungen der Art. 197 bis 207, 210 bis 212 haben für das nachbarliche Verhältnis der öffentlichen Wege und öffentlichen Gewässer einerseits und der an

---

11 1. April 1932.

sie stoßenden Grundstücke andererseits keine Geltung. Im Verhältnis der durch öffentliche Wege oder Gewässer getrennten Grundstücke zu einander werden die Abstände der Artikel 201 bis 207, 209 bis 212 von der Mitte des Wegs oder Gewässers an gemessen.

(2) Bäume, die polizeilicher Vorschrift zufolge in regelmäßiger Anordnung längs der Straßen auf den angrenzenden Grundstücken gepflanzt werden, sind von der Einhaltung eines Abstandes gegenüber den Nachbargrundstücken befreit.

(3) Die Bestimmungen der Art. 201, 202 und 210 über tote Einfriedigungen und Hecken finden für das nachbarliche Verhältnis zwischen Grundstücken an dem Schienenweg einer Eisenbahn einschließlich der zugehörigen Böschungen, Dämme und Gräben einerseits und der Eisenbahn andererseits keine Anwendung.

(4) Auf Einfriedigungen und Pflanzungen, die zum Uferschutze dienen oder die zum Schutze von Böschungen oder steilen Abhängen erforderlich sind, finden die Art. 201, 202, 204, 205 und 210 keine Anwendung.

Artikel 220 Verzicht und Verjährung

(1) Auf die Einhaltung der Abstände der Artikel 201 bis 210, 212 kann verzichtet werden. Der Verzicht wirkt für und gegen die späteren Grundstückseigentümer, wenn er schriftlich niedergelegt ist.

Artikel 222 Bestehende Anlagen und Pflanzungen

(1) Für den Abstand von Anlagen und Pflanzungen im Sinne der Art. 201 bis 211, die bei In-Kraft-Treten dieses Gesetzes bereits bestanden haben, bleiben die früheren Gesetze maßgebend, soweit diese in der Beschränkung des Eigentümers weniger weit gehen als die Vorschriften dieses Gesetzes. Gegenüber Änderungen der in Art. 220 Abs. 3 bezeichneten Art, die bei den unter die Art. 201 bis 210 fallenden Anlagen und Pflanzungen eintreten, greifen die Bestimmungen dieses Gesetzes Platz.

(2) Diese Vorschriften finden bei der Erlassung von Gemeindesatzungen auf die zu dieser Zeit bestehenden Anlagen und Pflanzungen entsprechende Anwendung.

Artikel 234 Bestellung von Überfahrts- und Trepprechten

Die Bestellung von Grunddienstbarkeiten auf landwirtschaftlichen Grundstücken, die ein unständiges Überfahrtsrecht oder das Recht, beim Pflügen und Eggen mit dem Spannvieh auf dem Grundstück des Nachbarn umzuwenden (Trepprecht), zum Gegenstand haben, bedarf zu ihrer Wirksamkeit der Genehmigung des Oberamts. Das Oberamt soll die Genehmigung nur nach Anhörung des Kulturbauamts und nach Zustimmung des Gemeinderats und nur bei Vorliegen besonders dringender Gründe erteilen.

Artikel 235 Ausübung von Überfahrts- und Trepprechten

(1) Bei der Ausübung von unständigen Überfahrtsrechten und von Trepprechten auf landwirtschaftlichen Grundstücken sind die belasteten Grundstücke tunlichst zu schonen.

Artikel 237 Wegfall von Überfahrtsrechten

Wenn ein Grundstück durch eine Weganlage eine ständige Zufahrt erhält, so fallen die bis dahin zu Gunsten des Grundstücks bestehenden unständigen Überfahrtsrechte auf landwirtschaftlichen Grundstücken weg.

Artikel 238 Ausübung gegenseitiger Trepprechte

Steht den Eigentümern von Äckern ein gegenseitiges Trepprecht zu, so kann jeder von ihnen die entschädigungslose Aufhebung dieses Rechts verlangen.

Artikel 239 Ablösung einseitiger Trepprechte

(1) Der Eigentümer eines zugunsten eines benachbarten Ackers einseitig mit einem Trepprecht belasteten Grundstücks kann diese Belastung jederzeit gegen Entschädigung im fünfzehnfachen Betrag des Jahreswerts ablösen.

(2) Der Jahreswert besteht in den Mehrkosten der für die Feldbestellung an Stelle des Pflügens notwendig werdenden Handarbeit. Dabei ist nur die zum Pflügen notwendige Zahl von Spannvieh zugrunde zu legen.

Artikel 240 Umfang des Trepprechts

In dem Trepprecht ist die Befugnis zum Ansetzen des Pflugs auf dem belasteten Grundstück nicht enthalten. Eine abweichende Übung ist aufgehoben.

Artikel 241 Aufhebung des Rädlesrechts

Wer einen Acker längs einer Wiese oder eines anderen angebauten Grundstücks besitzt, darf beim Pflügen weder selbst dieses Grundstück betreten noch durch sein Spannvieh betreten oder seinen Pflug darauf gehen lassen. Eine abweichende Übung (Rädlesrecht) ist aufgehoben.

Artikel 242 Zuständigkeit für Streitigkeiten

(2) Die ordentlichen Gerichte sind zuständig, sofern diese Rechte auf einem besonderen privatrechtlichen Titel beruhen.

2. Landesbauordnung für Baden-Württemberg (LBO)

in der Fassung vom 16. März 2026 (GBl. 2026 Nr. 44)
– Auszug –

§ 3 Allgemeine Anforderungen

(1) Bauliche Anlagen sowie Grundstücke, andere Anlagen und Einrichtungen im Sinne von § 1 Absatz 1 Satz 2 sind so anzuordnen und zu errichten, dass die öffentliche Sicherheit oder Ordnung, insbesondere Leben, Gesundheit oder die natürlichen Lebensgrundlagen, nicht bedroht werden und dass sie ihrem Zweck entsprechend ohne Missstände benutzbar sind; dabei sind die Grundanforderungen an Bauwerke gemäß Anhang I der Verordnung (EU) Nr. 305/2011 zu berücksichtigen. Für den Abbruch baulicher Anlagen gilt dies entsprechend.

(2) Bei der Planung, Errichtung und Änderung von Gebäuden und sonstigen baulichen Anlagen ist der besonderen Bedeutung von Energieeinsparung, -effizienz und erneuerbaren Energien sowie des Verteilnetzausbaus nach dem Klimaschutz- und Klimawandelanpassungsgesetz Baden-Württemberg Rechnung zu tragen.

(3) In die Planung von Gebäuden sind die Belange von Personen mit kleinen Kindern, Menschen mit Behinderung und alten Menschen nach Möglichkeit einzubeziehen.

§ 4 Bebauung der Grundstücke

(1) Gebäude dürfen nur errichtet werden, wenn das Grundstück in angemessener Breite an einer befahrbaren öffentlichen Verkehrsfläche liegt oder eine befahrbare, öffentlich-rechtlich gesicherte Zufahrt zu einer befahrbaren öffentlichen Verkehrsfläche hat; bei Wohnwegen kann auf die Befahrbarkeit verzichtet werden, wenn keine Bedenken wegen des Brandschutzes bestehen.

(2) Die Errichtung eines Gebäudes auf mehreren Grundstücken ist zulässig, wenn durch Baulast gesichert ist, dass keine Verhältnisse eintreten können, die den Vorschriften dieses Gesetzes oder den auf Grund dieses Gesetzes erlassenen Vorschriften zuwiderlaufen.

(3) Bauliche Anlagen mit Feuerstätten müssen von Wäldern, Mooren und Heiden mindestens 30 m entfernt sein; die gleiche Entfernung ist mit Gebäuden von Wäldern sowie mit Wäldern von Gebäuden einzuhalten. Dies gilt nicht für Gebäude, die nach den Festsetzungen des Bebauungsplans mit einem geringeren Abstand als nach Satz 1 zulässig sind, sowie für bauliche Änderungen und Nutzungsänderungen rechtmäßig bestehender baulicher Anlagen. Ausnahmen können zugelassen werden. Größere Abstände können verlangt werden, soweit dies wegen des Brandschutzes oder zur Sicherheit der Gebäude erforderlich ist.

§ 5 Abstandsflächen

(1) Vor den Außenwänden von baulichen Anlagen müssen Abstandsflächen liegen, die von oberirdischen baulichen Anlagen freizuhalten sind. Eine Abstandsfläche ist nicht erforderlich vor Außenwänden an Grundstücksgrenzen, wenn nach planungsrechtlichen Vorschriften

1. an die Grenze gebaut werden muss, es sei denn, die vorhandene Bebauung erfordert eine Abstandsfläche, oder
2. an die Grenze gebaut werden darf und öffentlich-rechtlich gesichert ist, dass auf dem Nachbargrundstück ebenfalls an die Grenze gebaut wird.

Die öffentlich-rechtliche Sicherung ist nicht erforderlich, wenn nach einer festgesetzten oder in der näheren Umgebung im Sinne von § 34 Absatz 1 Satz 1 des Baugesetzbuchs (BauGB) vorhandenen Bauweise unabhängig von der Bebauung auf dem Nachbargrundstück an die Grenze gebaut werden darf.

(2) Die Abstandsflächen müssen auf dem Grundstück selbst liegen. Sie dürfen auch auf öffentlichen Verkehrsflächen, öffentlichen Grünflächen und öffentlichen Wasserflächen liegen, bei beidseitig anbaubaren Flächen jedoch nur bis zu deren Mitte.

(3) Die Abstandsflächen dürfen sich nicht überdecken. Dies gilt nicht für Abstandsflächen von Außenwänden, die in einem Winkel von mehr als 75° zueinander stehen.

(4) Die Tiefe der Abstandsfläche bemisst sich nach der Wandhöhe; sie wird senkrecht zur jeweiligen Wand gemessen. Als Wandhöhe gilt das Maß vom Schnittpunkt der Wand mit der Geländeoberfläche bis zum Schnittpunkt der Wand mit der Dachhaut oder bis zum oberen Abschluss der Wand. Ergeben sich bei einer Wand durch die Geländeoberfläche unterschiedliche Höhen, ist die im Mittel gemessene Wandhöhe maßgebend. Sie ergibt sich aus dem arithmetischen Mittel der Höhenlage an den Eckpunkten der baulichen Anlage; liegen bei einer Wand die Schnittpunkte mit der Dachhaut oder die oberen Abschlüsse verschieden hoch, gilt dies für den jeweiligen Wandabschnitt. Maßgebend ist die tatsächliche Geländeoberfläche nach Ausführung des Bauvorhabens, soweit sie nicht zur Verringerung der Abstandsflächen angelegt wird oder wurde.

(5) Auf die Wandhöhe werden angerechnet
1. die Höhe von Dächern oder Dachaufbauten mit einer Neigung von mehr als 70° voll und von mehr als 45° zu einem Viertel,
2. die Höhe einer Giebelfläche zu einem Viertel; die Giebelfläche beginnt an der Horizontalen durch den untersten Schnittpunkt der Wand mit der Dachhaut,
3. bei Windenergieanlagen nur die Höhe bis zur Rotorachse, wobei die Tiefe der Abstandsfläche mindestens der Länge des Rotorradius entsprechen muss.

Auf die Wandhöhe werden nicht angerechnet
1. die Aufstockung rechtmäßig bestehender Gebäude um bis zu zwei Geschosse sowie die Errichtung von Dachgauben und Zwerchgiebeln, wenn sie der Schaffung oder Erweiterung von Wohnraum dienen, in den durch die Außenwände vorgegebenen Grenzen erfolgen und die Baugenehmigung oder die Kenntnisgabe für die Errichtung des Gebäudes mindestens fünf Jahre zurückliegt,
2. das Anbringen oder Aufstellen von Anlagen zur photovoltaischen oder thermischen Solarnutzung auf Dächern bis zu einer Anlagenhöhe von 1,5 m,
3. die nachträgliche Dämmung des Daches bis zu einer Dicke von 0,3 m.

(6) Bei der Bemessung der Abstandsfläche bleiben außer Betracht
1. untergeordnete Bauteile wie Gesimse, Dachvorsprünge, Eingangs- und Terrassenüberdachungen, wenn sie nicht mehr als 1,5 m vor die Außenwand vortreten,
2. Vorbauten wie Wände, Erker, Balkone, Tür- und Fenstervorbauten, wenn sie nicht breiter als 5 m sind, nicht mehr als 1,5 m vortreten

und von Nachbargrenzen mindestens 2 m entfernt bleiben. Außerdem bleibt die nachträgliche Wärmedämmung eines bestehenden Gebäudes außer Betracht, wenn sie einschließlich der Bekleidung nicht mehr als 0,30 m vor die Außenwand tritt. Satz 2 gilt für die nachträgliche Anbringung von Anlagen zur photovoltaischen oder thermischen Solarnutzung entsprechend.

(7) Die Tiefe der Abstandsflächen beträgt
1. allgemein 0,4 der Wandhöhe,
2. in Kerngebieten, Dorfgebieten, dörflichen Wohngebieten, urbanen Gebieten, besonderen Wohngebieten und bei Antennenanlagen im Außenbereich 0,2 der Wandhöhe,
3. in Gewerbegebieten und in Industriegebieten, sowie in Sondergebieten, die nicht der Erholung dienen, 0,125 der Wandhöhe.

Sie darf jedoch 2,5 m, bei Wänden bis 5 m Breite 2 m nicht unterschreiten.

§ 6 Abstandsflächen in Sonderfällen

(1) In den Abstandsflächen baulicher Anlagen sowie ohne eigene Abstandsflächen sind zulässig:
1. Gebäude oder Gebäudeteile, die eine Wandhöhe von nicht mehr als 1 m haben,
2. Garagen, Gewächshäuser und Gebäude ohne Aufenthaltsräume mit einer Wandhöhe bis 3 m und einer Wandfläche bis 25 m^2,
3. bauliche Anlagen, die keine Gebäude sind, soweit sie nicht höher als 2,5 m sind oder ihre Wandfläche nicht mehr als 25 m^2 beträgt,
4. landwirtschaftliche Gewächshäuser, die nicht unter Nummer 2 fallen, soweit sie mindestens 1 m Abstand zu Nachbargrenzen einhalten.

Für die Ermittlung der Wandhöhe nach Satz 1 Nummer 2 ist der höchste Punkt der Geländeoberfläche zugrunde zu legen; hinsichtlich der Anrechnung auf die Wandhöhe gilt § 5 Absatz 5 Satz 1 und 2 Nummer 2 und 3 entsprechend. Die Grenzbebauung im Falle des Satzes 1 Nummer 2 darf entlang den einzelnen Nachbargrenzen 9 m und insgesamt 15 m nicht überschreiten. Der Anwendung des Satzes 1 Nummer 2 steht eine Nutzung der Dachfläche der baulichen Anlagen zu anderen Zwecken nicht entgegen.

(2) Werden mit Gebäuden oder Gebäudeteilen nach Absatz 1 dennoch Abstandsflächen eingehalten, so müssen sie gegenüber Nachbargrenzen eine Tiefe von mindestens 0,5 m haben.

(3) Geringere Tiefen der Abstandsflächen sind zuzulassen, wenn
1. in überwiegend bebauten Gebieten die Gestaltung des Straßenbildes oder besondere örtliche Verhältnisse dies erfordern oder
2. Beleuchtung mit Tageslicht sowie Belüftung in ausreichendem Maße gewährleistet bleiben, Gründe des Brandschutzes nicht entgegenstehen und nachbarliche Belange nicht erheblich beeinträchtigt werden.

In den Fällen der Nummer 1 können geringere Tiefen der Abstandsflächen auch verlangt werden.

§ 7 Übernahme von Abständen und Abstandsflächen auf Nachbargrundstücke

Soweit nach diesem Gesetz oder nach Vorschriften auf Grund dieses Gesetzes Abstände und Abstandsflächen auf dem Grundstück selbst liegen müssen, dürfen sie sich ganz oder teilweise auf andere Grundstücke erstrecken, wenn durch Baulast gesichert ist, dass sie nicht überbaut werden und auf die auf diesen Grundstücken erforderlichen Abstandsflächen nicht angerechnet werden. Vorschriften, nach denen in den Abstandsflächen bauliche Anlagen zulässig sind oder ausnahmsweise zugelassen werden können, bleiben unberührt.

§ 9 Nichtüberbaute Flächen der bebauten Grundstücke, Kinderspielplätze

(1) Die nichtüberbauten Flächen der bebauten Grundstücke müssen Grünflächen sein, soweit diese Flächen nicht für eine andere zulässige Verwendung benötigt werden. Ist eine Begrünung oder Bepflanzung der Grundstücke nicht oder nur sehr eingeschränkt möglich, so sind die baulichen Anlagen zu begrünen, soweit ihre Beschaffenheit, Konstruktion und Gestaltung es zulassen und die Maßnahme wirtschaftlich zumutbar ist.

(2) Bei der Errichtung von Gebäuden mit mehr als drei Wohnungen, die jeweils mindestens zwei Aufenthaltsräume haben, ist auf dem Baugrundstück oder in unmittelbarer Nähe auf einem anderen geeigneten Grundstück, dessen dauerhafte Nutzung für diesen Zweck öffentlich-rechtlich gesichert sein muss, ein ausreichend großer Spielplatz für Kleinkinder anzulegen. Kinderspielplätze müssen in geeigneter Lage und von anderen Anlagen, von denen Gefahren oder erhebliche Störungen ausgehen können, ausreichend entfernt oder gegen sie abgeschirmt sein; sie müssen für Kinder gefahrlos zu erreichen sein. Die Art, Größe und Ausstattung der Kinderspielplätze bestimmt sich nach der Zahl und Größe der Wohnungen auf dem Grundstück. Es genügt auch, eine öffentlich-rechtlich gesicherte, ausreichend große Grundstücksfläche von baulichen Anlagen, Bepflanzung und sonstiger Nutzung freizuhalten, die bei Bedarf mit festen oder mobilen Spielgeräten für Kleinkinder belegt werden kann. Die Sätze 1 bis 4 gelten nicht, wenn die Art der Wohnungen einen Kinderspielplatz nicht erfordert.

(3) Die nutzbare Fläche der nach Absatz 2 erforderlichen Kinderspielplätze muss mindestens 30 m^2 betragen. Diese Fläche erhöht sich

1. ab der 11. bis zur 20. Wohnung um 2 m^2,
2. ab der 21. bis zur 30. Wohnung um 1,5 m^2 und
3. ab der 31. Wohnung um 1 m^2

je weiterer Wohnung. Diese Spielplätze müssen für Kinder bis zu sechs Jahren geeignet und entsprechend dem Spielbedürfnis dieser Altersgruppe angelegt und ausgestattet sein.

(4) Der Bauherr kann zur Erfüllung seiner Verpflichtung nach Absatz 2 einen Geldbetrag an die Gemeinde zahlen. Die Baurechtsbehörde legt im Benehmen mit der Gemeinde die Höhe des Geldbetrages fest. Dieser Geldbetrag soll vorrangig für die Errichtung und den Ausbau kommunaler Kinderspielplätze verwendet werden. Ausnahmsweise kann der Geldbetrag auch für die Instandhaltung kommunaler Kinderspielplätze verwendet werden.

§ 46 Aufbau und Besetzung der Baurechtsbehörden

(1) Baurechtsbehörden sind

1. das Ministerium für Landesentwicklung und Wohnen als oberste Baurechtsbehörde,
2. die Regierungspräsidien als höhere Baurechtsbehörden,
3. die unteren Verwaltungsbehörden und die in den Absatz 2 genannten Gemeinden und Verwaltungsgemeinschaften als untere Baurechtsbehörden.

(2) Untere Baurechtsbehörden können

1. Gemeinden und
2. Verwaltungsgemeinschaften

werden, wenn sie die Voraussetzungen des Absatzes 4 erfüllen und die oberste Baurechtsbehörde auf Antrag die Erfüllung dieser Voraussetzungen feststellt. Die

Zuständigkeit und der Zeitpunkt des Aufgabenübergangs sind im Gesetzblatt bekanntzumachen.

(3) Die Zuständigkeit erlischt im Falle des Absatzes 2 durch Erklärung der Gemeinde oder der Verwaltungsgemeinschaft gegenüber der obersten Baurechtsbehörde. Sie erlischt ferner, wenn die in Absatz 2 Satz 1 genannten Voraussetzungen nicht mehr erfüllt sind und die oberste Baurechtsbehörde dies feststellt. Das Erlöschen und sein Zeitpunkt sind im Gesetzblatt bekanntzumachen.

(4) Die Baurechtsbehörden sind für ihre Aufgaben ausreichend mit geeigneten Fachkräften zu besetzen. Jeder unteren Baurechtsbehörde muss mindestens ein Bauverständiger angehören, der das Studium der Fachrichtung Architektur oder Bauingenieurwesen an einer deutschen Universität oder Fachhochschule oder eine gleichwertige Ausbildung an einer ausländischen Hochschule oder gleichrangigen Lehreinrichtung erfolgreich abgeschlossen hat; die höhere Baurechtsbehörde kann von der Anforderung an die Ausbildung Ausnahmen zulassen. Die Fachkräfte zur Beratung und Unterstützung der Landratsämter als Baurechtsbehörden sind vom Landkreis zu stellen.

§ 47 Aufgaben und Befugnisse der Baurechtsbehörden

(1) Die Baurechtsbehörden haben darauf zu achten, dass die baurechtlichen Vorschriften sowie die anderen öffentlich-rechtlichen Vorschriften über die Errichtung und den Abbruch von Anlagen und Einrichtungen im Sinne des § 1 eingehalten und die auf Grund dieser Vorschriften erlassenen Anordnungen befolgt werden. Sie haben zur Wahrnehmung dieser Aufgaben diejenigen Maßnahmen zu treffen, die nach pflichtgemäßem Ermessen erforderlich sind.

(2) Die Baurechtsbehörden können zur Erfüllung ihrer Aufgaben Sachverständige heranziehen.

(3) Die mit dem Vollzug dieses Gesetzes beauftragten Personen sind berechtigt, in Ausübung ihres Amtes Grundstücke und bauliche Anlagen einschließlich der Wohnungen zu betreten. Das Grundrecht der Unverletzlichkeit der Wohnung (Artikel 13 des Grundgesetzes) wird insoweit eingeschränkt.

(4) Die den Gemeinden und den Verwaltungsgemeinschaften nach § 46 Absatz 2 übertragenen Aufgaben der unteren Baurechtsbehörden sind Pflichtaufgaben nach Weisung. Für die Erhebung von Gebühren und Auslagen gilt das Kommunalabgabengesetz. Abweichend hiervon gelten für die Erhebung von Gebühren und Auslagen für bautechnische Prüfungen die für die staatlichen Behörden maßgebenden Vorschriften.

(5) Die für die Fachaufsicht zuständigen Behörden können den nachgeordneten Baurechtsbehörden unbeschränkt Weisungen erteilen. Leistet eine Baurechtsbehörde einer ihr erteilten Weisung innerhalb der gesetzten Frist keine Folge, so kann an ihrer Stelle jede Fachaufsichtsbehörde die erforderlichen Maßnahmen auf Kosten des Kostenträgers der Baurechtsbehörde treffen. § 129 Absatz 5 der Gemeindeordnung gilt entsprechend.

§ 48 Sachliche Zuständigkeit

(1) Sachlich zuständig ist die untere Baurechtsbehörde, soweit nichts anderes bestimmt ist.

(2) Anstelle einer Gemeinde als Baurechtsbehörde ist die nächsthöhere Baurechtsbehörde, bei den in § 46 Absatz 2 genannten Gemeinden die untere Verwaltungsbe-

hörde zuständig, wenn es sich um ein Vorhaben der Gemeinde selbst handelt, gegen das Einwendungen erhoben werden, sowie bei einem Vorhaben, gegen das die Gemeinde als Beteiligte Einwendungen erhoben hat; an Stelle einer Verwaltungsgemeinschaft als Baurechtsbehörde ist in diesen Fällen bei Vorhaben sowie bei Einwendungen der Verwaltungsgemeinschaft oder einer Gemeinde, die der Verwaltungsgemeinschaft angehört, die in § 28 Absatz 2 Nummer 1 oder 2 des Gesetzes über kommunale Zusammenarbeit genannte Behörde zuständig. Für die Behandlung des Bauantrags, die Bauüberwachung und die Bauabnahme gilt Absatz 1.

(3) Die Erlaubnis nach den auf Grund des § 31 des Gesetzes über überwachungsbedürftige Anlagen vom 27. Juli 2021 (BGBl. I S. 3146, 3162), in der jeweils geltenden Fassung, erlassenen Vorschriften schließt eine Genehmigung oder Zustimmung nach diesem Gesetz ein. Die für die Erlaubnis zuständige Behörde entscheidet im Benehmen mit der Baurechtsbehörde der gleichen Verwaltungsstufe; die Bauüberwachung nach § 66 und die Bauabnahmen nach § 67 obliegen der Baurechtsbehörde.

(4) Bei Anlagen nach § 7 des Atomgesetzes schließt die atomrechtliche Genehmigung eine Genehmigung oder Zustimmung nach diesem Gesetz ein. Im Übrigen ist die oberste Baurechtsbehörde sachlich zuständig für alle baulichen Anlagen auf dem Betriebsgelände, soweit sie nicht im Einzelfall die Zuständigkeit einer nachgeordneten Baurechtsbehörde überträgt.

§ 55 Benachrichtigung der Nachbarn und Beteiligung der Öffentlichkeit

(1) Soll eine Abweichung, Ausnahme oder Befreiung von Vorschriften des öffentlichen Baurechts, die auch dem Schutz des Nachbarn dienen, erteilt werden, benachrichtigt die Gemeinde auf Veranlassung und nach Maßgabe der Baurechtsbehörde die Eigentümer angrenzender Grundstücke (Angrenzer) innerhalb von fünf Arbeitstagen ab dem Eingang der vollständigen Bauvorlagen über das Bauvorhaben. Die Benachrichtigung ist nicht erforderlich bei Angrenzern, die

1. eine Zustimmungserklärung in Textform abgegeben oder die Bauvorlagen unterschrieben haben oder
2. durch das Vorhaben offensichtlich nicht berührt werden.

Bei Eigentümergemeinschaften nach dem Wohnungseigentumsgesetz genügt die Benachrichtigung des Verwalters.

(2) Einwendungen sind innerhalb von zwei Wochen nach Zustellung oder sonstiger Bekanntgabe der Benachrichtigung bei der Gemeinde elektronisch in Textform oder zur Niederschrift vorzubringen; für die Benachrichtigung gilt § 9 Absatz 1 des Onlinezugangsgesetzes vom 14. August 2017 (BGBl. I S. 3122, 3138), das zuletzt durch Artikel 16 des Gesetzes vom 28. Juni 2021 (BGBl. I S. 2250, 2261) geändert worden ist, in der jeweils geltenden Fassung, entsprechend. Die vom Bauantrag benachrichtigten Angrenzer werden mit allen Einwendungen ausgeschlossen, die im Rahmen der Beteiligung nicht fristgemäß geltend gemacht worden sind und sich auf von der Baurechtsbehörde zu prüfende öffentlich-rechtliche Vorschriften beziehen (materielle Präklusion). Auf diese Rechtsfolge ist in der Benachrichtigung hinzuweisen. Die Gemeinde leitet die bei ihr eingegangenen Einwendungen zusammen mit ihrer Stellungnahme innerhalb der Frist des § 54 Absatz 3 an die Baurechtsbehörde weiter.

(3) Bei der Errichtung von

1. einem oder mehreren Gebäuden, wenn die Größe der dem Wohnen dienenden Nutzungseinheiten insgesamt mehr als 5.000 m^2 Brutto-Grundfläche beträgt,

2. baulichen Anlagen, die öffentlich zugänglich sind, wenn dadurch erstmals oder zusätzlich die gleichzeitige Nutzung durch mehr als 100 Personen zu erwarten ist, und
3. Sonderbauten nach § 38 Absatz 2 Nummer 5, 6, 8, 12, 14 und 17

ist eine Öffentlichkeitsbeteiligung nach § 23b Absatz 2 BImSchG durchzuführen, wenn die Bauvorhaben innerhalb des angemessenen Sicherheitsabstands gemäß § 3 Absatz 5c BImSchG eines Betriebsbereichs im Sinne von § 3 Absatz 5a BImSchG liegen und dem Gebot, einen angemessenen Sicherheitsabstand zu wahren, nicht bereits auf der Ebene der Bauleitplanung in einem öffentlichen Verfahren Rechnung getragen wurde.

3. Gesetz zur Ordnung des Wasserhaushalts (Wasserhaushaltsgesetz – WHG)

in der Fassung vom 31. Juli 2009 (BGBl. I S. 2585), zuletzt geändert durch Gesetz vom 29. März 2026 (BGBl. 2026 I Nr. 84)

– Auszug –

§ 1 Zweck

Zweck dieses Gesetzes ist es, durch eine nachhaltige Gewässerbewirtschaftung die Gewässer als Bestandteil des Naturhaushalts, als Lebensgrundlage des Menschen, als Lebensraum für Tiere und Pflanzen sowie als nutzbares Gut zu schützen.

§ 2 Anwendungsbereich

(1) Dieses Gesetz gilt für folgende Gewässer:

1. oberirdische Gewässer,
2. Küstengewässer,
3. Grundwasser.

   Es gilt auch für Teile dieser Gewässer.

(1a) Für Meeresgewässer gelten die Vorschriften des § 23, des Kapitels 2 Abschnitt 3a und des § 90. Die für die Bewirtschaftung der Küstengewässer geltenden Vorschriften bleiben unberührt.

(2) Die Länder können kleine Gewässer von wasserwirtschaftlich untergeordneter Bedeutung, insbesondere Straßenseitengräben als Bestandteil von Straßen, Be- und Entwässerungsgräben, sowie Heilquellen von den Bestimmungen dieses Gesetzes ausnehmen. Dies gilt nicht für die Haftung für Gewässerveränderungen nach den §§ 89 und 90.

§ 8 Erlaubnis, Bewilligung

(1) Die Benutzung eines Gewässers bedarf der Erlaubnis oder der Bewilligung, soweit nicht durch dieses Gesetz oder auf Grund dieses Gesetzes erlassener Vorschriften etwas anderes bestimmt ist.

(2) Keiner Erlaubnis oder Bewilligung bedürfen Gewässerbenutzungen, die der Abwehr einer gegenwärtigen Gefahr für die öffentliche Sicherheit dienen, sofern der drohende Schaden schwerer wiegt als die mit der Benutzung verbundenen nachteiligen Veränderungen von Gewässereigenschaften. Die zuständige Behörde ist unverzüglich über die Benutzung zu unterrichten.

(3) Keiner Erlaubnis oder Bewilligung bedürfen ferner bei Übungen und Erprobungen für Zwecke der Verteidigung oder der Abwehr von Gefahren für die öffentliche Sicherheit

1. das vorübergehende Entnehmen von Wasser aus einem Gewässer,
2. das Wiedereinleiten des Wassers in ein Gewässer mittels beweglicher Anlagen und
3. das vorübergehende Einbringen von Stoffen in ein Gewässer,

wenn durch diese Benutzungen andere nicht oder nur geringfügig beeinträchtigt werden und keine nachteilige Veränderung der Gewässereigenschaften zu erwarten ist. Die Gewässerbenutzung ist der zuständigen Behörde rechtzeitig vor Beginn der Übung oder der Erprobung anzuzeigen.

(4) Ist bei der Erteilung der Erlaubnis oder der Bewilligung nichts anderes bestimmt worden, geht die Erlaubnis oder die Bewilligung mit der Wasserbenutzungsanlage oder, wenn sie für ein Grundstück erteilt worden ist, mit diesem auf den Rechtsnachfolger über.

§ 9 Benutzungen

(1) Benutzungen im Sinne dieses Gesetzes sind
1. das Entnehmen und Ableiten von Wasser aus oberirdischen Gewässern,
2. das Aufstauen und Absenken von oberirdischen Gewässern,
3. das Entnehmen fester Stoffe aus oberirdischen Gewässern, soweit sich dies auf die Gewässereigenschaften auswirkt,
4. das Einbringen und Einleiten von Stoffen in Gewässer,
5. das Entnehmen, Zutagefördern, Zutageleiten und Ableiten von Grundwasser.

(2) Soweit nicht bereits eine Benutzung nach Absatz 1 vorliegt, gelten als Benutzungen auch
1. das Aufstauen, Absenken und Umleiten von Grundwasser durch Anlagen, die hierfür bestimmt oder geeignet sind,
2. Maßnahmen, die geeignet sind, dauernd oder in einem nicht nur unerheblichen Ausmaß nachteilige Veränderungen der Wasserbeschaffenheit herbeizuführen,
3. das Aufbrechen von Gesteinen unter hydraulischem Druck zur Aufsuchung oder Gewinnung von Erdgas, Erdöl oder Erdwärme, einschließlich der zugehörigen Tiefbohrungen,
4. die untertägige Ablagerung von Lagerstättenwasser, das bei Maßnahmen nach Nummer 3 oder anderen Maßnahmen zur Aufsuchung oder Gewinnung von Erdgas oder Erdöl anfällt.

(3) Keine Benutzungen sind Maßnahmen, die dem Ausbau eines Gewässers im Sinne des § 67 Absatz 2 dienen. Das Gleiche gilt für Maßnahmen der Unterhaltung eines Gewässers, soweit hierbei keine chemischen Mittel verwendet werden.

§ 10 Inhalt der Erlaubnis und der Bewilligung

(1) Die Erlaubnis gewährt die Befugnis, die Bewilligung das Recht, ein Gewässer zu einem bestimmten Zweck in einer nach Art und Maß bestimmten Weise zu benutzen.

(2) Erlaubnis und Bewilligung geben keinen Anspruch auf Zufluss von Wasser in einer bestimmten Menge und Beschaffenheit.

§ 25 Gemeingebrauch

Jede Person darf oberirdische Gewässer in einer Weise und in einem Umfang benutzen, wie dies nach Landesrecht als Gemeingebrauch zulässig ist, soweit nicht Rechte anderer dem entgegenstehen und soweit Befugnisse oder der Eigentümer- oder Anliegergebrauch anderer nicht beeinträchtigt werden. Der Gemeingebrauch umfasst nicht das Einbringen und Einleiten von Stoffen in oberirdische Gewässer. Die Länder können den Gemeingebrauch erstrecken auf

1. das schadlose Einleiten von Niederschlagswasser,
2. das Einbringen von Stoffen in oberirdische Gewässer für Zwecke der Fischerei, wenn dadurch keine signifikanten nachteiligen Auswirkungen auf den Gewässerzustand zu erwarten sind.

§ 26 Eigentümer- und Anliegergebrauch

(1) Eine Erlaubnis oder eine Bewilligung ist, soweit durch Landesrecht nicht etwas anderes bestimmt ist, nicht erforderlich für die Benutzung eines oberirdischen Gewässers durch den Eigentümer oder die durch ihn berechtigte Person für den eigenen Bedarf, wenn dadurch andere nicht beeinträchtigt werden und keine nachteilige Veränderung der Wasserbeschaffenheit, keine wesentliche Verminderung der Wasserführung sowie keine andere Beeinträchtigung des Wasserhaushalts zu erwarten sind. Der Eigentümergebrauch umfasst nicht das Einbringen und Einleiten von Stoffen in oberirdische Gewässer. § 25 Satz 3 gilt entsprechend.

(2) Die Eigentümer der an oberirdische Gewässer grenzenden Grundstücke und die zur Nutzung dieser Grundstücke Berechtigten (Anlieger) dürfen oberirdische Gewässer ohne Erlaubnis oder Bewilligung nach Maßgabe des Absatzes 1 benutzen.

(3) An Bundeswasserstraßen und an sonstigen Gewässern, die der Schifffahrt dienen oder künstlich errichtet sind, findet ein Gebrauch nach Absatz 2 nicht statt.

4. Wassergesetz für Baden-Württemberg (WG)

in der Fassung vom 3. Dezember 2013 (GBl. S. 389), zuletzt geändert durch Gesetz vom 10. Februar 2026 (GBl. 2026 Nr. 20)

– Auszug –

§ 1 Allgemeine Grundsätze

(1) Zweck dieses Gesetzes ist es, die Regelungen des Wasserhaushaltsgesetzes (WHG), in der jeweils geltenden Fassung, auszuführen und zu ergänzen, soweit das Wasserhaushaltsgesetz keine oder keine abschließende Regelung getroffen hat oder bestimmte Regelungsbereiche ausdrücklich dem Landesrecht eröffnet sind. Das Gesetz enthält auch vom Wasserhaushaltsgesetz abweichende Regelungen.

(2) Neben dem Zweck und den Zielen des Wasserhaushaltsgesetzes sind zusätzlich folgende Grundsätze zu beachten:

1. mit dem Allgemeingut Wasser ist sparsam und effizient umzugehen,
2. die Gewässer sind wirksam vor stofflichen Belastungen zu schützen,
3. beim Hochwasserschutz sollen ökologisch verträgliche Lösungen angestrebt werden,
4. der Klimaschutz und die Anpassung an die Folgen des Klimawandels sollen berücksichtigt werden und
5. die Gewässer sollen wirksam gegen thermische Belastung geschützt werden; soweit es dem Gewässertyp entspricht, soll das Anlegen eines Gehölzsaums angestrebt werden.

Hierbei ist der besonderen Bedeutung von Energieeinsparung, -effizienz und erneuerbaren Energien sowie des Verteilnetzausbaus nach dem Klimaschutz- und Klimawandelanpassungsgesetz Baden-Württemberg Rechnung zu tragen.

§ 5 Eigentumsverhältnisse am Bett der öffentlichen Gewässer

(1) Das Bett eines Gewässers erster Ordnung, ausgenommen Bundeswasserstraßen, steht im öffentlichen Eigentum des Landes, das eines Gewässers zweiter Ordnung innerhalb des Gemeindegebietes im öffentlichen Eigentum der Gemeinde. Privateigentum anderer am Bett eines öffentlichen Gewässers und Privateigentum des Landes oder einer Gemeinde an künstlich überfluteten Flächen oder am Bett eines Gewässers nach § 3 Absatz 2 Satz 1 Nummer 3 bleibt unberührt.

(2) Trennt ein öffentliches Gewässer benachbarte Gemeindegebiete, so folgt die Gemeindegrenze den natürlichen Veränderungen des Gewässers durch Überflutung und Verlandung. Ist der Verlauf der Gemeindegrenze nicht näher bestimmt, so gilt als Gemeindegrenze,

1. wenn die Gemeindegebiete einander gegenüberliegen, eine durch die Mitte des Gewässers bei Mittelwasserstand zu ziehende Linie,
2. wenn die Gemeindegebiete nebeneinander liegen, eine vom Endpunkt der Landgrenze rechtwinklig zu der in Nummer 1 bezeichneten Mittellinie zu ziehende Linie.

Ist Satz 2 wegen der besonderen Form des Gewässers nicht anwendbar, so wird das Gewässerbett auf die Gemeinden nach dem Verhältnis ihrer Uferstrecken aufgeteilt.

(3) Als Mittelwasserstand gilt das arithmetische Mittel der Wasserstände der letzten 20 Jahre. Stehen für diesen Zeitraum keine vollständigen Pegelbeobachtungen zur

Verfügung, so bezeichnet die Wasserbehörde die Beobachtungen, die zu verwenden sind. Bei künstlicher Veränderung des Wasserstands bleiben die Wasserstände vor der Veränderung außer Betracht. Fehlen Pegelbeobachtungen überhaupt, so bestimmt sich der Mittelwasserstand im Zweifel nach der Grenze des Pflanzenwuchses.

(4) Bauten und andere feste Anlagen im Bett öffentlicher Gewässer sind nur insoweit Bestandteile des Gewässerbettes, als sie der Unterhaltung oder dem Ausbau des Gewässers dienen. Bauten und andere feste Anlagen im Bett öffentlicher Gewässer, die einem für ein Grundstück erteilten Wasserbenutzungsrecht oder einer für ein Grundstück erteilten Wasserbenutzungsbefugnis dienen, gelten als Bestandteile dieses Grundstücks. Bauten und andere feste Anlagen im Bett öffentlicher Gewässer, die einem vom Grundstück unabhängigen Wasserbenutzungsrecht oder einer vom Grundstück unabhängigen Wasserbenutzungsbefugnis dienen, stehen im Eigentum der Benutzungsberechtigten oder -befugten. Beim Inkrafttreten dieses Gesetzes bestehende Rechte Dritter bleiben unberührt.

(5) Privateigentum am Bett eines öffentlichen Gewässers, das nicht in das Grundbuch eingetragen ist, kann durch den der Wasserbehörde gegenüber schriftlich oder zur Niederschrift erklärten Verzicht des Eigentümers aufgegeben werden. Ist das Grundstück nicht mit Rechten Dritter belastet, so wird es öffentliches Eigentum nach Absatz 1 Satz 1; im anderen Falle gilt § 928 Absatz 2 des Bürgerlichen Gesetzbuchs.

(6) Ändern sich die Eigentumsverhältnisse nach Absatz 1 Satz 1, so werden bestehende Fischereiberechtigungen nicht berührt.

§ 6 Öffentliches Eigentum am Bett der öffentlichen Gewässer

Für das öffentliche Eigentum des Landes und der Gemeinden am Bett eines öffentlichen Gewässers gelten die Vorschriften des bürgerlichen Rechts über das Grundeigentum nur, soweit nicht die aus der Zweckbestimmung der öffentlichen Gewässer und die aus dem Wasserrecht folgenden Beschränkungen entgegenstehen. Über öffentliches Eigentum kann durch Privatrechtsgeschäft nicht verfügt werden.

§ 20 Gemeingebrauch (zu § 25 WHG)

(1) Der Gebrauch der oberirdischen Gewässer zum Baden, Schöpfen mit Handgefäßen, Tränken, Schwemmen und zu ähnlichen unschädlichen Verrichtungen, zum Fahren mit kleinen Fahrzeugen ohne eigene Triebkraft und als Eisbahn ist vorbehaltlich einer Regelung auf Grund von § 21 Absatz 2 oder § 39 Absatz 2 als Gemeingebrauch jedermann gestattet. Dasselbe gilt für die Benutzung dieser Gewässer zum Entnehmen von Wasser in geringen Mengen für die Landwirtschaft, die Forstwirtschaft und den Gartenbau.

(2) Der Gemeingebrauch wird erstreckt auf
1. das schadlose Einleiten von Niederschlagswasser, soweit es den Anforderungen einer Rechtsverordnung nach § 46 Absatz 3 in Verbindung mit § 19 Absatz 1 entspricht, und
2. das Einbringen von Stoffen in oberirdische Gewässer für Zwecke der Fischerei, wenn dadurch keine nachteiligen Auswirkungen auf den Gewässerzustand zu erwarten sind.

(3) Der Gemeingebrauch ist ausgeschlossen an Speicherbecken sowie an Gewässern in Hofräumen, Gärten oder Parkanlagen.

§ 75 Allgemeine Gewässeraufsicht

(1) Die §§ 100 und 101 WHG finden auf die Überwachung aller wasserrechtlichen und sonstigen öffentlich-rechtlichen Vorschriften bei der Benutzung von Gewässern sowie anderer wasserwirtschaftlich bedeutsamer Vorgänge und auferlegter Verpflichtungen sowie der Abwehr von Gefahren auf dem Gebiet der Wasserwirtschaft Anwendung. Die Wasserbehörde trifft zur Wahrnehmung dieser Aufgaben diejenigen Anordnungen, die ihr nach pflichtgemäßem Ermessen erforderlich erscheinen. Die Wasserbehörde kann, soweit dies zur Erfüllung ihrer Aufgaben erforderlich ist, Sachverständige heranziehen.

(2) Die Kosten der Gewässeraufsicht tragen der Benutzer eines Gewässers und der Betreiber von Anlagen, soweit sich die Überwachung auf die Einhaltung ihrer Pflichten bezieht; dies gilt auch für die Kosten von Sachverständigen oder sachverständigen Stellen. In den sonstigen Fällen trägt der Überwachte die Kosten, wenn die Überwachung ergibt, dass von ihm wasserrechtliche Vorschriften und Verpflichtungen nicht erfüllt worden sind. Kosten sind vom Gewässerbenutzer und Anlagenbetreiber nicht zu tragen für Besichtigungen gemäß § 32 Absatz 6 oder für von Dritten veranlasste Besichtigungen, die zu keinen Beanstandungen geführt haben. Kosten, die im Zusammenhang mit Maßnahmen nach Absatz 1 entstehen, ruhen als öffentliche Last auf dem Grundstück; im Übrigen gilt § 25 des Bundes-Bodenschutzgesetzes entsprechend.

5. Gesetz zum Schutz vor schädlichen Umwelteinwirkungen durch Luftverunreinigungen, Geräusche, Erschütterungen und ähnliche Vorgänge (Bundes-Immissionsschutzgesetz – BImSchG)

i. d. F. vom 26. September 2002 (BGBl. I S. 3830), zuletzt geändert durch Gesetz vom 29. März 2026 (BGBl. 2026 I Nr. 84)

§ 1 Zweck des Gesetzes

(1) Zweck dieses Gesetzes ist es, Menschen, Wild- und Nutztiere und Pflanzen, den Boden, das Wasser, die Atmosphäre, das Klima sowie Kultur- und sonstige Sachgüter vor schädlichen Umwelteinwirkungen zu schützen und dem Entstehen schädlicher Umwelteinwirkungen vorzubeugen.

(2) Soweit es sich um genehmigungsbedürftige Anlagen handelt, dient dieses Gesetz auch

- der integrierten Vermeidung und Verminderung schädlicher Umwelteinwirkungen durch Emissionen in Luft, Wasser und Boden unter Einbeziehung der Abfallwirtschaft, um ein hohes Schutzniveau für die Umwelt insgesamt zu erreichen, sowie
- dem Schutz und der Vorsorge gegen Gefahren, erhebliche Nachteile und erhebliche Belästigungen, die auf andere Weise herbeigeführt werden.

§ 2 Geltungsbereich

(1) Die Vorschriften dieses Gesetzes gelten für

1. die Errichtung und den Betrieb von Anlagen,
2. das Herstellen, Inverkehrbringen und Einführen von Anlagen, Brennstoffen und Treibstoffen, Stoffen und Erzeugnissen aus Stoffen nach Maßgabe der §§ 32 bis 37,
3. die Beschaffenheit, die Ausrüstung, den Betrieb und die Prüfung von Kraftfahrzeugen und ihren Anhängern und von Schienen-, Luft- und Wasserfahrzeugen sowie von Schwimmkörpern und schwimmenden Anlagen nach Maßgabe der §§ 38 bis 40 und
4. den Bau öffentlicher Straßen sowie von Eisenbahnen, Magnetschwebebahnen und Straßenbahnen nach Maßgabe der §§ 41 bis 43.

(2) (…)

§ 3 Begriffsbestimmungen

(1) Schädliche Umwelteinwirkungen im Sinne dieses Gesetzes sind Immissionen, die nach Art, Ausmaß oder Dauer geeignet sind, Gefahren, erhebliche Nachteile oder erhebliche Belästigungen für die Allgemeinheit oder die Nachbarschaft herbeizuführen.

(2) Immissionen im Sinne dieses Gesetzes sind auf Menschen, Wild- und Nutztiere und Pflanzen, den Boden, das Wasser, die Atmosphäre, das Klima sowie Kultur- und sonstige Sachgüter einwirkende Luftverunreinigungen, Geräusche, Erschütterungen, Licht, Wärme, Strahlen und ähnliche Umwelteinwirkungen.

(3) Emissionen im Sinne dieses Gesetzes sind die von einer Anlage ausgehenden Luftverunreinigungen, Geräusche, Erschütterungen, Licht, Wärme, Strahlen und ähnlichen Erscheinungen.

(4) Luftverunreinigungen im Sinne dieses Gesetzes sind Veränderungen der natürlichen Zusammensetzung der Luft, insbesondere durch Rauch, Ruß, Staub, Gase, Aerosole, Dämpfe oder Geruchsstoffe.

(5) Anlagen im Sinne dieses Gesetzes sind

1. Betriebsstätten und sonstige ortsfeste Einrichtungen,
2. Maschinen, Geräte und sonstige ortsveränderliche technische Einrichtungen sowie Fahrzeuge, soweit sie nicht der Vorschrift des § 38 unterliegen, und
3. Grundstücke, auf denen Stoffe gelagert oder abgelagert oder Arbeiten durchgeführt werden, die Emissionen verursachen können, ausgenommen öffentliche Verkehrswege.

(5a) (…)

(5b) Eine störfallrelevante Errichtung und ein Betrieb oder eine störfallrelevante Änderung einer Anlage oder eines Betriebsbereichs ist eine Errichtung und ein Betrieb einer Anlage, die Betriebsbereich oder Bestandteil eines Betriebsbereichs ist, oder eine Änderung einer Anlage oder eines Betriebsbereichs einschließlich der Änderung eines Lagers, eines Verfahrens oder der Art oder physikalischen Form oder der Mengen der gefährlichen Stoffe im Sinne des Artikels 3 Nummer 10 der Richtlinie 2012/18/EU, aus der sich erhebliche Auswirkungen auf die Gefahren schwerer Unfälle ergeben können. Eine störfallrelevante Änderung einer Anlage oder eines Betriebsbereichs liegt zudem vor, wenn eine Änderung dazu führen könnte, dass ein Betriebsbereich der unteren Klasse zu einem Betriebsbereich der oberen Klasse wird oder umgekehrt.

(5c) Der angemessene Sicherheitsabstand im Sinne dieses Gesetzes ist der Abstand zwischen einem Betriebsbereich oder einer Anlage, die Betriebsbereich oder Bestandteil eines Betriebsbereichs ist, und einem benachbarten Schutzobjekt, der zur gebotenen Begrenzung der Auswirkungen auf das benachbarte Schutzobjekt, welche durch schwere Unfälle im Sinne des Artikels 3 Nummer 13 der Richtlinie 2012/18/EU hervorgerufen werden können, beiträgt. Der angemessene Sicherheitsabstand ist anhand störfallspezifischer Faktoren zu ermitteln.

(5d) Benachbarte Schutzobjekte im Sinne dieses Gesetzes sind ausschließlich oder überwiegend dem Wohnen dienende Gebiete, öffentlich genutzte Gebäude und Gebiete, Freizeitgebiete, wichtige Verkehrswege und unter dem Gesichtspunkt des Naturschutzes besonders wertvolle oder besonders empfindliche Gebiete.

(6) Stand der Technik im Sinne dieses Gesetzes ist der Entwicklungsstand fortschrittlicher Verfahren, Einrichtungen oder Betriebsweisen, der die praktische Eignung einer Maßnahme zur Begrenzung von Emissionen in Luft, Wasser und Boden, zur Gewährleistung der Anlagensicherheit, zur Gewährleistung einer umweltverträglichen Abfallentsorgung oder sonst zur Vermeidung oder Verminderung von Auswirkungen auf die Umwelt zur Erreichung eines allgemein hohen Schutzniveaus für die Umwelt insgesamt gesichert erscheinen lässt. Bei der Bestimmung des Standes der Technik sind insbesondere die in der Anlage aufgeführten Kriterien zu berücksichtigen.

(6a–6e) (…)

(7) Dem Herstellen im Sinne dieses Gesetzes steht das Verarbeiten, Bearbeiten oder sonstige Behandeln, dem Einführen im Sinne dieses Gesetzes das sonstige Verbringen in den Geltungsbereich dieses Gesetzes gleich.

(8) Anlagen nach der Industrieemissions-Richtlinie im Sinne dieses Gesetzes sind die in der Rechtsverordnung nach § 4 Absatz 1 Satz 4 gekennzeichneten Anlagen.

(9) Gefährliche Stoffe im Sinne dieses Gesetzes sind Stoffe oder Gemische gemäß Artikel 3 der Verordnung (EG) Nr. 1272/2008 des Europäischen Parlaments und des Rates vom 16. Dezember 2008 über die Einstufung, Kennzeichnung und Verpackung von Stoffen und Gemischen, zur Änderung und Aufhebung der Richtlinien 67/548/EWG und 1999/45/EG und zur Änderung der Verordnung (EG) Nr. 1907/2006 (ABl. L 353 vom 31.12.2008, S. 1), die zuletzt durch die Verordnung (EG) Nr. 286/2011 (ABl. L 83 vom 30.3.2011, S. 1) geändert worden ist.

(10) Relevante gefährliche Stoffe im Sinne dieses Gesetzes sind gefährliche Stoffe, die in erheblichem Umfang in der Anlage verwendet, erzeugt oder freigesetzt werden und die ihrer Art nach eine Verschmutzung des Bodens oder des Grundwassers auf dem Anlagengrundstück verursachen können.

§ 4 Genehmigung

(1) Die Errichtung und der Betrieb von Anlagen, die auf Grund ihrer Beschaffenheit oder ihres Betriebes in besonderem Maße geeignet sind, schädliche Umwelteinwirkungen hervorzurufen oder in anderer Weise die Allgemeinheit oder die Nachbarschaft zu gefährden, erheblich zu benachteiligen oder erheblich zu belästigen, sowie von ortsfesten Abfallentsorgungsanlagen zur Lagerung oder Behandlung von Abfällen bedürfen einer Genehmigung. Mit Ausnahme von Abfallentsorgungsanlagen bedürfen Anlagen, die nicht gewerblichen Zwecken dienen und nicht im Rahmen wirtschaftlicher Unternehmungen Verwendung finden, der Genehmigung nur, wenn sie in besonderem Maße geeignet sind, schädliche Umwelteinwirkungen durch Luftverunreinigungen oder Geräusche hervorzurufen. Die Bundesregierung bestimmt nach Anhörung der beteiligten Kreise (§ 51) durch Rechtsverordnung mit Zustimmung des Bundesrates die Anlagen, die einer Genehmigung bedürfen (genehmigungsbedürftige Anlagen); in der Rechtsverordnung kann auch vorgesehen werden, dass eine Genehmigung nicht erforderlich ist, wenn eine Anlage insgesamt oder in ihren in der Rechtsverordnung bezeichneten wesentlichen Teilen der Bauart nach zugelassen ist und in Übereinstimmung mit der Bauartzulassung errichtet und betrieben wird. Anlagen nach Artikel 10 in Verbindung mit Anhang I der Richtlinie 2010/75/EU sind in der Rechtsverordnung nach Satz 3 zu kennzeichnen.

(2) (...)

§ 5 Pflichten der Betreiber genehmigungsbedürftiger Anlagen

(1) Genehmigungsbedürftige Anlagen sind so zu errichten und zu betreiben, dass zur Gewährleistung eines hohen Schutzniveaus für die Umwelt insgesamt

1. schädliche Umwelteinwirkungen und sonstige Gefahren, erhebliche Nachteile und erhebliche Belästigungen für die Allgemeinheit und die Nachbarschaft nicht hervorgerufen werden können;
2. Vorsorge gegen schädliche Umwelteinwirkungen und sonstige Gefahren, erhebliche Nachteile und erhebliche Belästigungen getroffen wird, insbesondere durch die dem Stand der Technik entsprechenden Maßnahmen;
3. Abfälle vermieden, nicht zu vermeidende Abfälle verwertet und nicht zu verwertende Abfälle ohne Beeinträchtigung des Wohls der Allgemeinheit beseitigt werden; Abfälle sind nicht zu vermeiden, soweit die Vermeidung technisch nicht möglich oder nicht zumutbar ist; die Vermeidung ist unzulässig, soweit sie zu

nachteiligeren Umweltauswirkungen führt als die Verwertung; die Verwertung und Beseitigung von Abfällen erfolgt nach den Vorschriften des Kreislaufwirtschaftsgesetzes und den sonstigen für die Abfälle geltenden Vorschriften;
4. Energie sparsam und effizient verwendet wird.

(2) Soweit genehmigungsbedürftige Anlagen dem Anwendungsbereich des Treibhausgas-Emissionshandelsgesetzes unterliegen, sind Anforderungen zur Begrenzung von Emissionen von Treibhausgasen nur zulässig, um zur Erfüllung der Pflichten nach Absatz 1 Nummer 1 sicherzustellen, dass im Einwirkungsbereich der Anlage keine schädlichen Umwelteinwirkungen entstehen; dies gilt nur für Treibhausgase, die für die betreffende Tätigkeit nach Anhang 1 des Treibhausgas-Emissionshandelsgesetzes umfasst sind. Bei diesen Anlagen dürfen zur Erfüllung der Pflicht zur effizienten Verwendung von Energie in Bezug auf die Emissionen von Kohlendioxid, die auf Verbrennungs- oder anderen Prozessen der Anlage beruhen, keine Anforderungen gestellt werden, die über die Pflichten hinausgehen, welche das Treibhausgas-Emissionshandelsgesetz begründet. Davon ausgenommen sind Anforderungen an die Abwärmenutzung; Näheres hierzu regelt eine Rechtsverordnung. Der Deutsche Bundestag ist dabei nach § 48b zu beteiligen.

(3) Genehmigungsbedürftige Anlagen sind so zu errichten, zu betreiben und stillzulegen, dass auch nach einer Betriebseinstellung
1. von der Anlage oder dem Anlagengrundstück keine schädlichen Umwelteinwirkungen und sonstige Gefahren, erhebliche Nachteile und erhebliche Belästigungen für die Allgemeinheit und die Nachbarschaft hervorgerufen werden können,
2. vorhandene Abfälle ordnungsgemäß und schadlos verwertet oder ohne Beeinträchtigung des Wohls der Allgemeinheit beseitigt werden und
3. die Wiederherstellung eines ordnungsgemäßen Zustandes des Anlagengrundstücks gewährleistet ist.

(4) Wurden nach dem 7. Januar 2013 auf Grund des Betriebs einer Anlage nach der Industrieemissions-Richtlinie erhebliche Bodenverschmutzungen oder erhebliche Grundwasserverschmutzungen durch relevante gefährliche Stoffe im Vergleich zu dem im Bericht über den Ausgangszustand angegebenen Zustand verursacht, so ist der Betreiber nach Einstellung des Betriebs der Anlage verpflichtet, soweit dies verhältnismäßig ist, Maßnahmen zur Beseitigung dieser Verschmutzung zu ergreifen, um das Anlagengrundstück in jenen Ausgangszustand zurückzuführen. Die zuständige Behörde hat der Öffentlichkeit relevante Informationen zu diesen vom Betreiber getroffenen Maßnahmen zugänglich zu machen, und zwar auch über das Internet. Soweit Informationen Geschäfts- oder Betriebsgeheimnisse enthalten, gilt § 10 Absatz 2 entsprechend.

§ 6 Genehmigungsvoraussetzungen

(1) Die Genehmigung ist zu erteilen, wenn
1. sichergestellt ist, dass die sich aus § 5 und einer auf Grund des § 7 erlassenen Rechtsverordnung ergebenden Pflichten erfüllt werden, und
2. andere öffentlich-rechtliche Vorschriften und Belange des Arbeitsschutzes der Errichtung und dem Betrieb der Anlage nicht entgegenstehen.

(2) (...)

§ 10 Genehmigungsverfahren

(1) Das Genehmigungsverfahren setzt einen schriftlichen oder elektronischen Antrag voraus. Dem Antrag sind die zur Prüfung nach § 6 erforderlichen Zeichnungen, Erläuterungen und sonstigen Unterlagen beizufügen. Reichen die Unterlagen für die Prüfung nicht aus, so hat sie der Antragsteller auf Verlangen der zuständigen Behörde innerhalb einer angemessenen Frist zu ergänzen. Erfolgt die Antragstellung schriftlich, kann die zuständige Behörde einen elektronischen Antrag verlangen und bezüglich des elektronischen Formats Vorgaben machen. Hat die zuständige Behörde einen Zugang für die elektronische Antragstellung eröffnet, so ist ausschließlich dieser für die elektronische Antragstellung zu nutzen. Erfolgt die Antragstellung elektronisch, kann die zuständige Behörde verlangen, dass die dem Antrag beizufügenden Unterlagen in Papierform übermittelt werden, soweit eine Bearbeitung anders nicht möglich ist.

(1a) Der Antragsteller, der beabsichtigt, eine Anlage nach der Industrieemissions-Richtlinie zu betreiben, in der relevante gefährliche Stoffe verwendet, erzeugt oder freigesetzt werden, hat mit den Unterlagen nach Absatz 1 einen Bericht über den Ausgangszustand vorzulegen, wenn und soweit eine Verschmutzung des Bodens oder des Grundwassers auf dem Anlagengrundstück durch die relevanten gefährlichen Stoffe möglich ist. Die Möglichkeit einer Verschmutzung des Bodens oder des Grundwassers besteht nicht, wenn aufgrund der tatsächlichen Umstände ein Eintrag ausgeschlossen werden kann.

(2) Soweit Unterlagen Geschäfts- oder Betriebsgeheimnisse enthalten, sind die Unterlagen zu kennzeichnen und getrennt vorzulegen. Ihr Inhalt muss, soweit es ohne Preisgabe des Geheimnisses geschehen kann, so ausführlich dargestellt sein, dass es Dritten möglich ist, zu beurteilen, ob und in welchem Umfang sie von den Auswirkungen der Anlage betroffen werden können.

(3) Sind die Unterlagen des Antragstellers vollständig, so hat die zuständige Behörde das Vorhaben in ihrem amtlichen Veröffentlichungsblatt und auf ihrer Internetseite öffentlich bekannt zu machen. Der Antrag und die vom Antragsteller vorgelegten Unterlagen, mit Ausnahme der Unterlagen nach Absatz 2 Satz 1, sowie die entscheidungserheblichen Berichte und Empfehlungen, die der Behörde im Zeitpunkt der Bekanntmachung vorliegen, sind nach der Bekanntmachung einen Monat zur Einsicht auszulegen. Die Auslegung ist dadurch zu bewirken, dass die Dokumente auf einer Internetseite der zuständigen Behörde zugänglich gemacht werden. Auf Verlangen eines Beteiligten wird ihm eine leicht zu erreichende Zugangsmöglichkeit zur Verfügung gestellt. Der Antragsteller kann der Veröffentlichung im Internet widersprechen, soweit er die Gefährdung von Betriebs- oder Geschäftsgeheimnissen oder wichtiger Sicherheitsbelange befürchtet; in diesem Fall muss die Behörde eine andere Form der Veröffentlichung wählen. Die Behörde kann verlangen, dass die Dokumente, die für die Auslegung einzureichen sind, in einem verkehrsüblichen elektronischen Format eingereicht werden. Weitere Informationen, die für die Entscheidung über die Zulässigkeit des Vorhabens von Bedeutung sein können und die der zuständigen Behörde erst nach Beginn der Auslegung vorliegen, sind der Öffentlichkeit nach den Bestimmungen über den Zugang zu Umweltinformationen zugänglich zu machen. Bis zwei Wochen nach Ablauf der Auslegungsfrist kann die Öffentlichkeit gegenüber der zuständigen Behörde schriftlich oder elektronisch Einwendungen erheben; bei Anlagen nach der Industrieemissions-Richtlinie gilt eine Frist von einem Monat. Mit Ablauf der Einwendungsfrist sind für das Genehmigungsverfahren alle Einwendungen ausgeschlossen, die nicht auf besonderen privatrechtlichen Titeln beruhen. Einwendungen, die auf besonderen privatrechtlichen Titeln beruhen, sind auf den Rechtsweg vor den ordentlichen Gerichten zu verweisen.

(3a) Nach dem Umwelt-Rechtsbehelfsgesetz anerkannte Vereinigungen sollen die zuständige Behörde in einer dem Umweltschutz dienenden Weise unterstützen.

(4) In der Bekanntmachung nach Absatz 3 Satz 1 ist
1. die Internetseite auf der die Zugänglichmachung erfolgt, anzugeben, und darauf hinzuweisen, dass zusätzlich die Möglichkeit besteht, eine leicht zu erreichende Zugangsmöglichkeit zur Verfügung gestellt zu bekommen;
2. dazu aufzufordern, etwaige Einwendungen bei einer in der Bekanntmachung zu bezeichnenden Stelle innerhalb der Einwendungsfrist vorzubringen; dabei ist auf die Rechtsfolgen nach Absatz 3 Satz 9 hinzuweisen;
3. ein Erörterungstermin zu bestimmen und darauf hinzuweisen, dass er aufgrund einer Ermessensentscheidung der Genehmigungsbehörde nach Absatz 6 durchgeführt wird und dass dann die formgerecht erhobenen Einwendungen auch bei Ausbleiben des Antragstellers oder von Personen, die Einwendungen erhoben haben, erörtert werden;
4. darauf hinzuweisen, dass die Zustellung der Entscheidung über die Einwendungen durch öffentliche Bekanntmachung ersetzt werden kann.

(5) Die für die Erteilung der Genehmigung zuständige Behörde (Genehmigungsbehörde) holt die Stellungnahmen der Behörden ein, deren Aufgabenbereich durch das Vorhaben berührt wird. Eingegangene Stellungnahmen der zu beteiligenden Behörden hat die Genehmigungsbehörde unverzüglich an den Antragsteller weiterzuleiten. Hat eine zu beteiligende Behörde bei einem Verfahren zur Genehmigung einer Anlage innerhalb einer Frist von einem Monat keine Stellungnahme abgegeben, so ist davon auszugehen, dass die zu beteiligende Behörde sich nicht äußern will, soweit die zu beteiligende Behörde nicht in schriftlicher Form um eine einmalige Verlängerung um bis zu einem Monat bittet; die Möglichkeit zur Verlängerung gilt nicht für Verfahren zur Genehmigung einer Anlage zur Nutzung erneuerbarer Energien oder einer Anlage zur Herstellung von Wasserstoff aus erneuerbaren Energien. Die zuständige Behörde hat die Entscheidung im Falle des Satzes 3 bei einem Verfahren zur Genehmigung einer Anlage zur Nutzung erneuerbarer Energien oder einer Anlage zur Herstellung von Wasserstoff aus erneuerbaren Energien auf Antrag auf der Grundlage der geltenden Sach- und Rechtslage zum Zeitpunkt des Fristablaufs der Behördenbeteiligung zu treffen. Anstelle der Stellungnahme der zu beteiligenden Behörde kann die Behörde entweder zu Lasten der zu beteiligenden Behörde zur Prüfung der Genehmigungsvoraussetzungen ein Sachverständigengutachten einholen oder selbst Stellung nehmen. Beides hat auf der Grundlage der geltenden Sach- und Rechtslage zum Zeitpunkt des Fristablaufs der Behördenbeteiligung zu erfolgen; dies gilt nicht für militärische Belange. Ist von vorneherein davon auszugehen, dass eine beteiligte Behörde innerhalb der Frist nach Satz 3 nicht in der Lage ist, zu entscheidungserheblichen Aspekten des Antrags Stellung zu nehmen, kann die Genehmigungsbehörde bereits vor Ablauf der Frist ein Sachverständigengutachten nach Satz 5 einholen. Die zuständige Behörde informiert ihre Aufsichtsbehörde über jede Überschreitung von Fristen. Beabsichtigt eine beteiligte Behörde eine gesetzlich erforderliche Zustimmung nicht zu erteilen, hat die beteiligte Behörde vor Abgabe ihrer Entscheidung dem Antragsteller innerhalb einer von der Behörde festzusetzenden Frist die Möglichkeit zur Stellungnahme zu geben. In diesem Fall findet § 20 Absatz 1 Satz 2 der Neunten Verordnung zur Durchführung des Bundes-Immissionsschutzgesetzes keine Anwendung. Soweit für das Vorhaben selbst oder für weitere damit unmittelbar in einem räumlichen oder betrieblichen Zusammenhang stehende Vorhaben, die Auswirkungen auf die Umwelt haben können und die für die Genehmigung Bedeutung haben, eine Zulassung nach anderen Gesetzen vorgeschrieben ist, hat die Genehmigungsbehörde eine vollständige Koordinierung der Zulassungsverfahren sowie der Inhalts- und Nebenbestimmungen sicherzustellen.

(6) Nach Ablauf der Einwendungsfrist kann die Genehmigungsbehörde die rechtzeitig gegen das Vorhaben erhobenen Einwendungen mit dem Antragsteller und denjenigen, die Einwendungen erhoben haben, erörtern. Der Erörterungstermin kann auch in Form einer Onlinekonsultation oder durch eine Video- oder Telefonkonferenz erfolgen. Bei einer Onlinekonsultation ist dem Antragsteller und denjenigen, die Einwendungen erhoben haben, innerhalb einer vorher bekannt zu machenden Frist Gelegenheit zu geben, sich schriftlich oder elektronisch zu äußern. Die Frist soll mindestens eine Woche betragen. Werden für die Onlinekonsultation Informationen zur Verfügung gestellt, so gilt Absatz 2 entsprechend.

(6a) Über den Genehmigungsantrag ist nach Eingang des Antrags und der nach Absatz 1 Satz 2 einzureichenden Unterlagen innerhalb einer Frist von sieben Monaten, in vereinfachten Verfahren innerhalb einer Frist von drei Monaten, zu entscheiden. Die zuständige Behörde kann die Frist einmalig um bis zu drei Monate verlängern, wenn dies wegen der Schwierigkeit der Prüfung oder aus Gründen, die dem Antragsteller zuzurechnen sind, erforderlich ist. Die Fristverlängerung ist gegenüber dem Antragsteller zu begründen. Eine weitere Verlängerung ist nur auf Antrag oder mit Zustimmung des Antragstellers möglich. Die zuständige Behörde informiert ihre Aufsichtsbehörde über jede Überschreitung von Fristen.

(7) Der Genehmigungsbescheid ist schriftlich zu erlassen, schriftlich zu begründen und dem Antragsteller und den Personen, die Einwendungen erhoben haben, zuzustellen. Er ist, soweit die Zustellung nicht nach Absatz 8 erfolgt, öffentlich bekannt zu machen. Die öffentliche Bekanntmachung erfolgt nach Maßgabe des Absatzes 8.
(8–11) (...)

§ 14 Ausschluss von privatrechtlichen Abwehransprüchen

Auf Grund privatrechtlicher, nicht auf besonderen Titeln beruhender Ansprüche zur Abwehr benachteiligender Einwirkungen von einem Grundstück auf ein benachbartes Grundstück kann nicht die Einstellung des Betriebs einer Anlage verlangt werden, deren Genehmigung unanfechtbar ist; es können nur Vorkehrungen verlangt werden, die die benachteiligenden Wirkungen ausschließen. Soweit solche Vorkehrungen nach dem Stand der Technik nicht durchführbar oder wirtschaftlich nicht vertretbar sind, kann lediglich Schadenersatz verlangt werden.

§ 15 Änderung genehmigungsbedürftiger Anlagen

(1) Die Änderung der Lage, der Beschaffenheit oder des Betriebs einer genehmigungsbedürftigen Anlage ist, sofern eine Genehmigung nicht beantragt wird, der zuständigen Behörde mindestens einen Monat, bevor mit der Änderung begonnen werden soll, schriftlich anzuzeigen, wenn sich die Änderung auf in § 1 genannte Schutzgüter auswirken kann. Der Anzeige sind Unterlagen im Sinne des § 10 Abs. 1 Satz 2 beizufügen, soweit diese für die Prüfung erforderlich sein können, ob das Vorhaben genehmigungsbedürftig ist. (...)
(2–3) (...)

(4) In der Rechtsverordnung nach § 10 Abs. 10 können die näheren Einzelheiten für das Verfahren nach den Absätzen 1 bis 3 geregelt werden.

§ 16 Wesentliche Änderung genehmigungsbedürftiger Anlagen

(1) Die Änderung der Lage, der Beschaffenheit oder des Betriebs einer genehmigungsbedürftigen Anlage bedarf der Genehmigung, wenn durch die Änderung nachteilige Auswirkungen hervorgerufen werden können und diese für die Prüfung nach § 6 Absatz 1 Nummer 1 erheblich sein können (wesentliche Änderung); eine Genehmigung ist stets erforderlich, wenn die Änderung oder Erweiterung des Betriebs einer genehmigungsbedürftigen Anlage für sich genommen die Leistungsgrenzen oder Anlagengrößen des Anhangs zur Verordnung über genehmigungsbedürftige Anlagen erreichen. Eine Genehmigung ist nicht erforderlich, wenn durch die Änderung hervorgerufene nachteilige Auswirkungen offensichtlich gering sind und die Erfüllung der sich aus § 6 Absatz 1 Nummer 1 ergebenden Anforderungen sichergestellt ist.

(2) Die zuständige Behörde soll von der öffentlichen Bekanntmachung des Vorhabens sowie der Auslegung des Antrags und der Unterlagen absehen, wenn der Träger des Vorhabens dies beantragt und erhebliche nachteilige Auswirkungen auf in § 1 genannte Schutzgüter nicht zu besorgen sind. Dies ist insbesondere dann der Fall, wenn erkennbar ist, dass die Auswirkungen durch die getroffenen oder vom Träger des Vorhabens vorgesehenen Maßnahmen ausgeschlossen werden oder die Nachteile im Verhältnis zu den jeweils vergleichbaren Vorteilen gering sind. Betrifft die wesentliche Änderung eine in einem vereinfachten Verfahren zu genehmigende Anlage, ist auch die wesentliche Änderung im vereinfachten Verfahren zu genehmigen. § 19 Absatz 3 gilt entsprechend. Wenn die Änderung oder Erweiterung des Betriebs einer Anlage für sich genommen die Leistungsgrenzen oder die Anlagengrößen einer Anlage im Sinne des Anhangs 1 der Verordnung über genehmigungsbedürftige Anlagen in der Fassung der Bekanntmachung vom 31. Mai 2017 (BGBl. I S. 1440), die durch Artikel 1 der Verordnung vom 12. Oktober 2022 (BGBl. I S. 1799) geändert worden ist, die in Spalte d mit dem Buchstaben E gekennzeichnet sind, erreichen würde, dann sind die öffentliche Bekanntmachung sowie die Auslegung stets erforderlich.

(3) Über den Genehmigungsantrag ist innerhalb einer Frist von sechs Monaten, im Falle des Absatzes 2 in drei Monaten zu entscheiden. Im Übrigen gilt § 10 Absatz 6a Satz 2 und 3 entsprechend.

(4) Für nach § 15 Absatz 1 anzeigebedürftige Änderungen kann der Träger des Vorhabens eine Genehmigung beantragen. Diese ist im vereinfachten Verfahren zu erteilen; Absatz 3 und § 19 Absatz 3 gelten entsprechend.

(5) Einer Genehmigung bedarf es nicht, wenn eine genehmigte Anlage oder Teile einer genehmigten Anlage im Rahmen der erteilten Genehmigung ersetzt oder ausgetauscht werden sollen.

§ 17 Nachträgliche Anordnungen

(1) Zur Erfüllung der sich aus diesem Gesetz und der auf Grund dieses Gesetzes erlassenen Rechtsverordnungen ergebenden Pflichten können nach Erteilung der Genehmigung sowie nach einer nach § 15 Abs. 1 angezeigten Änderung Anordnungen getroffen werden. Wird nach Erteilung der Genehmigung sowie nach einer nach § 15 Abs. 1 angezeigten Änderung festgestellt, dass die Allgemeinheit oder die Nachbarschaft nicht ausreichend vor schädlichen Umwelteinwirkungen oder sonstigen Gefahren, erheblichen Nachteilen oder erheblichen Belästigungen geschützt ist, soll die zuständige Behörde nachträgliche Anordnungen treffen.

(2) Die zuständige Behörde darf eine nachträgliche Anordnung nicht treffen, wenn sie unverhältnismäßig ist, vor allem wenn der mit der Erfüllung der Anordnung ver-

bundene Aufwand außer Verhältnis zu dem mit der Anordnung angestrebten Erfolg steht; dabei sind insbesondere Art, Menge und Gefährlichkeit der von der Anlage ausgehenden Emissionen und der von ihr verursachten Immissionen sowie die Nutzungsdauer und technische Besonderheiten der Anlage zu berücksichtigen. (...)

(3) Soweit durch Rechtsverordnung die Anforderungen nach § 5 Abs. 1 Nr. 2 abschließend festgelegt sind, dürfen durch nachträgliche Anordnungen weitergehende Anforderungen zur Vorsorge gegen schädliche Umwelteinwirkungen nicht gestellt werden.

(3a) (...)

(4) Ist es zur Erfüllung der Anordnung erforderlich, die Lage, die Beschaffenheit oder den Betrieb der Anlage wesentlich zu ändern und ist in der Anordnung nicht abschließend bestimmt, in welcher Weise sie zu erfüllen ist, so bedarf die Änderung der Genehmigung nach § 16.

(4a) Zur Erfüllung der Pflichten nach § 5 Abs. 3 kann bei Abfallentsorgungsanlagen im Sinne des § 4 Abs. 1 Satz 1 auch eine Sicherheitsleistung angeordnet werden.

(4b) (...)

(5) (...)

§ 18 Erlöschen der Genehmigung

(1) Die Genehmigung erlischt, wenn
1. innerhalb einer von der Genehmigungsbehörde gesetzten angemessenen Frist nicht mit der Errichtung oder dem Betrieb der Anlage begonnen oder
2. eine Anlage während eines Zeitraums von mehr als drei Jahren nicht mehr betrieben worden ist.

(2–3) (...)

§ 20 Untersagung, Stilllegung und Beseitigung

(1) Kommt der Betreiber einer genehmigungsbedürftigen Anlage einer Auflage, einer vollziehbaren nachträglichen Anordnung oder einer abschließend bestimmten Pflicht aus einer Rechtsverordnung nach § 7 nicht nach und betreffen die Auflage, die Anordnung oder die Pflicht die Beschaffenheit oder den Betrieb der Anlage, so kann die zuständige Behörde den Betrieb ganz oder teilweise bis zur Erfüllung der Auflage, der Anordnung oder der Pflichten aus der Rechtsverordnung nach § 7 untersagen. Die zuständige Behörde hat den Betrieb ganz oder teilweise nach Satz 1 zu untersagen, wenn ein Verstoß gegen die Auflage, Anordnung oder Pflicht eine unmittelbare Gefährdung der menschlichen Gesundheit verursacht oder eine unmittelbare erhebliche Gefährdung der Umwelt darstellt.

(1a) Die zuständige Behörde hat die Inbetriebnahme oder Weiterführung einer genehmigungsbedürftigen Anlage, die Betriebsbereich oder Bestandteil eines Betriebsbereichs ist und gewerblichen Zwecken dient oder im Rahmen wirtschaftlicher Unternehmungen Verwendung findet, ganz oder teilweise zu untersagen, solange und soweit die von dem Betreiber getroffenen Maßnahmen zur Verhütung schwerer Unfälle im Sinne des Artikels 3 Nummer 13 der Richtlinie 2012/18/EU oder zur Begrenzung der Auswirkungen derartiger Unfälle eindeutig unzureichend sind. Bei der Entscheidung über eine Untersagung berücksichtigt die zuständige Behörde auch schwerwiegende Unterlassungen in Bezug auf erforderliche Folgemaßnahmen, die in einem Überwachungsbericht nach § 16 Absatz 2 Nummer 1 der Störfall-Verordnung festgelegt worden sind. Die zuständige Behörde kann die Inbetriebnahme oder Weiterführung einer Anlage im Sinne des Satzes 1 ganz oder teilweise untersagen, wenn der Betreiber die in einer zur Umsetzung der Richtlinie 2012/18/EU erlassenen Rechtsverordnung vorgeschriebenen Mitteilungen, Berichte oder sonstigen Informationen nicht fristgerecht übermittelt.

(2) Die zuständige Behörde soll anordnen, dass eine Anlage, die ohne die erforderliche Genehmigung errichtet, betrieben oder wesentlich geändert wird, stillzulegen oder zu beseitigen ist. Sie hat die Beseitigung anzuordnen, wenn die Allgemeinheit oder die Nachbarschaft nicht auf andere Weise ausreichend geschützt werden kann.

§ 22 Pflichten der Betreiber nicht genehmigungsbedürftiger Anlagen

(1) Nicht genehmigungsbedürftige Anlagen sind so zu errichten und zu betreiben, dass
1. schädliche Umwelteinwirkungen verhindert werden, die nach dem Stand der Technik vermeidbar sind,
2. nach dem Stand der Technik unvermeidbare schädliche Umwelteinwirkungen auf ein Mindestmaß beschränkt werden und
3. die beim Betrieb der Anlagen entstehenden Abfälle ordnungsgemäß beseitigt werden können.

Die Bundesregierung wird ermächtigt, nach Anhörung der beteiligten Kreise (§ 51) durch Rechtsverordnung mit Zustimmung des Bundesrates auf Grund der Art oder Menge aller oder einzelner anfallender Abfälle die Anlagen zu bestimmen, für die die Anforderungen des § 5 Abs. 1 Nr. 3 entsprechend gelten. Für Anlagen, die nicht gewerblichen Zwecken dienen und nicht im Rahmen wirtschaftlicher Unternehmungen Verwendung finden, gilt die Verpflichtung des Satzes 1 nur, soweit sie auf die Verhinderung oder Beschränkung von schädlichen Umwelteinwirkungen durch Luftverunreinigungen, Geräusche oder von Funkanlagen ausgehende nichtionisierende Strahlen gerichtet ist.

(1a) Geräuscheinwirkungen, die von Kindertageseinrichtungen, Kinderspielplätzen und ähnlichen Einrichtungen wie beispielsweise Ballspielplätzen durch Kinder hervorgerufen werden, sind im Regelfall keine schädliche Umwelteinwirkung. Bei der Beurteilung der Geräuscheinwirkungen dürfen Immissionsgrenz- und -richtwerte nicht herangezogen werden.

(2) Weitergehende öffentlich-rechtliche Vorschriften bleiben unberührt.

§ 23 Anforderungen an die Errichtung, die Beschaffenheit und den Betrieb nicht genehmigungsbedürftiger Anlagen

(1) Die Bundesregierung wird ermächtigt, nach Anhörung der beteiligten Kreise (§ 51) durch Rechtsverordnung mit Zustimmung des Bundesrates vorzuschreiben, dass die Errichtung, die Beschaffenheit und der Betrieb nicht genehmigungsbedürftiger Anlagen bestimmten Anforderungen zum Schutz der Allgemeinheit und der Nachbarschaft vor schädlichen Umwelteinwirkungen und, soweit diese Anlagen gewerblichen Zwecken dienen oder im Rahmen wirtschaftlicher Unternehmungen Verwendung finden und Betriebsbereiche oder Bestandteile von Betriebsbereichen sind, vor sonstigen Gefahren zur Verhütung schwerer Unfälle im Sinne des Artikels 3 Nummer 13 der Richtlinie 2012/18/EU und zur Begrenzung der Auswirkungen derartiger Unfälle für Mensch und Umwelt sowie zur Vorsorge gegen schädliche Umwelteinwirkungen genügen müssen, insbesondere dass

1. die Anlagen bestimmten technischen Anforderungen entsprechen müssen,
2. die von Anlagen ausgehenden Emissionen bestimmte Grenzwerte nicht überschreiten dürfen,
3. die Betreiber von Anlagen Messungen von Emissionen und Immissionen nach in der Rechtsverordnung näher zu bestimmenden Verfahren vorzunehmen haben oder von einer in der Rechtsverordnung zu bestimmenden Stelle vornehmen lassen müssen,
4. einer Anlage, die für die Erfüllung von in der Rechtsverordnung vorgeschriebenen Pflichten von Bedeutung sein kann, anzuzeigen haben,

4a. die Betreiber von Anlagen, die Betriebsbereiche oder Bestandteile von Betriebsbereichen sind, innerhalb einer angemessenen Frist vor Errichtung, vor Inbetriebnahme oder vor einer Änderung dieser Anlagen, die für die Erfüllung von in der Rechtsverordnung vorgeschriebenen Pflichten von Bedeutung sein kann, dies der zuständigen Behörde anzuzeigen haben und

5. bestimmte Anlagen nur betrieben werden dürfen, nachdem die Bescheinigung eines von der nach Landesrecht zuständigen Behörde bekannt gegebenen Sachverständigen vorgelegt worden ist, dass die Anlage den Anforderungen der Rechtsverordnung oder einer Bauartzulassung nach § 33 entspricht.

In der Rechtsverordnung nach Satz 1 können auch die Anforderungen bestimmt werden, denen Sachverständige hinsichtlich ihrer Fachkunde, Zuverlässigkeit und gerätetechnischen Ausstattung genügen müssen. Wegen der Anforderungen nach Satz 1 Nr. 1 bis 3 gilt § 7 Abs. 5 entsprechend.

(1a) Für bestimmte nicht genehmigungsbedürftige Anlagen kann durch Rechtsverordnung nach Absatz 1 vorgeschrieben werden, dass auf Antrag des Trägers des Vorhabens ein Verfahren zur Erteilung einer Genehmigung nach § 4 Abs. 1 Satz 1 in Verbindung mit § 6 durchzuführen ist. Im Falle eines Antrags nach Satz 1 sind für die betroffene Anlage an Stelle der für nicht genehmigungsbedürftige Anlagen geltenden Vorschriften die Vorschriften über genehmigungsbedürftige Anlagen anzuwenden. Für das Verfahren gilt § 19 Abs. 2 und 3 entsprechend.

(2) Soweit die Bundesregierung von der Ermächtigung keinen Gebrauch macht, sind die Landesregierungen ermächtigt, durch Rechtsverordnung Vorschriften im Sinne des Absatzes 1 zu erlassen. Die Landesregierungen können die Ermächtigung auf eine oder mehrere oberste Landesbehörden übertragen.

§ 24 Anordnungen im Einzelfall

Die zuständige Behörde kann im Einzelfall die zur Durchführung des § 22 und der auf dieses Gesetz gestützten Rechtsverordnungen erforderlichen Anordnungen treffen. Kann das Ziel der Anordnung auch durch eine Maßnahme zum Zwecke des Arbeitsschutzes erreicht werden, soll diese angeordnet werden.

§ 25 Untersagung

(1) Kommt der Betreiber einer Anlage einer vollziehbaren behördlichen Anordnung nach § 24 Satz 1 nicht nach, so kann die zuständige Behörde den Betrieb der Anlage ganz oder teilweise bis zur Erfüllung der Anordnung untersagen.

(1a) (...)

(2) Wenn die von einer Anlage hervorgerufenen schädlichen Umwelteinwirkungen das Leben oder die Gesundheit von Menschen oder bedeutende Sachwerte gefährden, soll die zuständige Behörde die Errichtung oder den Betrieb der Anlage ganz

oder teilweise untersagen, soweit die Allgemeinheit oder die Nachbarschaft nicht auf andere Weise ausreichend geschützt werden kann.

§ 26 Messungen aus besonderem Anlass

Die zuständige Behörde kann anordnen, dass der Betreiber einer genehmigungsbedürftigen Anlage oder, soweit § 22 Anwendung findet, einer nicht genehmigungsbedürftigen Anlage Art und Ausmaß der von der Anlage ausgehenden Emissionen sowie die Immissionen im Einwirkungsbereich der Anlage durch eine der von der nach Landesrecht zuständigen Behörde bekannt gegebenen Stellen ermitteln lässt, wenn zu befürchten ist, dass durch die Anlage schädliche Umwelteinwirkungen hervorgerufen werden. Die zuständige Behörde ist befugt, Einzelheiten über Art und Umfang der Ermittlungen sowie über die Vorlage des Ermittlungsergebnisses vorzuschreiben.

§ 30 Kosten der Messungen und sicherheitstechnischen Prüfungen

Die Kosten für die Ermittlungen der Emissionen und Immissionen sowie für die sicherheitstechnischen Prüfungen trägt der Betreiber der Anlage. Bei nicht genehmigungsbedürftigen Anlagen trägt der Betreiber die Kosten für Ermittlungen nach § 26 oder § 29 Abs. 2 nur, wenn die Ermittlungen ergeben, dass

1. Auflagen oder Anordnungen nach den Vorschriften dieses Gesetzes oder der auf dieses Gesetz gestützten Rechtsverordnungen nicht erfüllt worden sind oder
2. Anordnungen oder Auflagen nach den Vorschriften dieses Gesetzes oder der auf dieses Gesetz gestützten Rechtsverordnungen geboten sind.

§ 50 Planung

Bei raumbedeutsamen Planungen und Maßnahmen sind die für eine bestimmte Nutzung vorgesehenen Flächen einander so zuzuordnen, dass schädliche Umwelteinwirkungen und von schweren Unfällen im Sinne des Artikels 3 Nr. 5 der Richtlinie 96/82/EG in Betriebsbereichen hervorgerufene Auswirkungen auf die ausschließlich oder überwiegend dem Wohnen dienenden Gebiete sowie auf sonstige schutzbedürftige Gebiete, insbesondere öffentlich genutzte Gebiete, wichtige Verkehrswege, Freizeitgebiete und unter dem Gesichtspunkt des Naturschutzes besonders wertvolle oder besonders empfindliche Gebiete und öffentlich genutzte Gebäude, so weit wie möglich vermieden werden. (...)

§ 52 Überwachung

(1) Die zuständigen Behörden haben die Durchführung dieses Gesetzes und der auf dieses Gesetz gestützten Rechtsverordnungen zu überwachen. Sie können die dafür erforderlichen Maßnahmen treffen und bei der Durchführung dieser Maßnahmen Beauftragte einsetzen. Sie haben Genehmigungen im Sinne des § 4 regelmäßig zu überprüfen und soweit erforderlich durch nachträgliche Anordnungen nach § 17 auf den neuesten Stand zu bringen. Eine Überprüfung im Sinne von Satz 2 wird in jedem Fall vorgenommen, wenn

1. Anhaltspunkte dafür bestehen, dass der Schutz der Nachbarschaft und der Allgemeinheit nicht ausreichend ist und deshalb die in der Genehmigung festgelegten Begrenzungen der Emissionen überprüft oder neu festgesetzt werden müssen,

2. wesentliche Veränderungen des Standes der Technik eine erhebliche Verminderung der Emissionen ermöglichen,
3. eine Verbesserung der Betriebssicherheit erforderlich ist, insbesondere durch die Anwendung anderer Techniken, oder
4. neue umweltrechtliche Vorschriften dies fordern.

Bei Anlagen nach der Industrieemissions-Richtlinie ist innerhalb von vier Jahren nach der Veröffentlichung von BVT-Schlussfolgerungen zur Haupttätigkeit
1. eine Überprüfung und gegebenenfalls Aktualisierung der Genehmigung im Sinne von Satz 3 vorzunehmen und
2. sicherzustellen, dass die betreffende Anlage die Genehmigungsanforderungen nach § 6 Absatz 1 Nummer 1 und der Nebenbestimmungen nach § 12 einhält.

Satz 5 gilt auch für Genehmigungen, die nach Veröffentlichung von BVT-Schlussfolgerungen auf der Grundlage der bislang geltenden Rechts- und Verwaltungsvorschriften erteilt worden sind. Wird festgestellt, dass eine Einhaltung der nachträglichen Anordnung nach § 17 oder der Genehmigung innerhalb der in Satz 5 bestimmten Frist wegen technischer Merkmale der betroffenen Anlage unverhältnismäßig wäre, kann die zuständige Behörde einen längeren Zeitraum festlegen. Als Teil jeder Überprüfung der Genehmigung hat die zuständige Behörde die Festlegung weniger strenger Emissionsbegrenzungen nach § 7 Absatz 1b Satz 1 Nummer 2 Buchstabe a, § 12 Absatz 1b Satz 1 Nummer 1, § 17 Absatz 2b Satz 1 Nummer 1 und § 48 Absatz 1b Satz 1 Nummer 2 Buchstabe a erneut zu bewerten.

(1a) Im Falle des § 31 Absatz 1 Satz 3 hat die zuständige Behörde mindestens jährlich die Ergebnisse der Emissionsüberwachung zu bewerten, um sicherzustellen, dass die Emissionen unter normalen Betriebsbedingungen die in den BVT-Schlussfolgerungen festgelegten Emissionsbandbreiten nicht überschreiten.

(1b) Zur Durchführung von Absatz 1 Satz 1 stellen die zuständigen Behörden zur regelmäßigen Überwachung von Anlagen nach der Industrieemissions-Richtlinie in ihrem Zuständigkeitsbereich Überwachungspläne und Überwachungsprogramme gemäß § 52a auf. Zur Überwachung nach Satz 1 gehören insbesondere Vor-Ort-Besichtigungen, Überwachung der Emissionen und Überprüfung interner Berichte und Folgedokumente, Überprüfung der Eigenkontrolle, Prüfung der angewandten Techniken und der Eignung des Umweltmanagements der Anlage zur Sicherstellung der Anforderungen nach § 6 Absatz 1 Nummer 1.

(2) Eigentümer und Betreiber von Anlagen sowie Eigentümer und Besitzer von Grundstücken, auf denen Anlagen betrieben werden, sind verpflichtet, den Angehörigen der zuständigen Behörde und deren Beauftragten den Zutritt zu den Grundstücken und zur Verhütung dringender Gefahren für die öffentliche Sicherheit oder Ordnung auch zu Wohnräumen und die Vornahme von Prüfungen einschließlich der Ermittlung von Emissionen und Immissionen zu gestatten sowie die Auskünfte zu erteilen und die Unterlagen vorzulegen, die zur Erfüllung ihrer Aufgaben erforderlich sind. Das Grundrecht der Unverletzlichkeit der Wohnung (Artikel 13 des Grundgesetzes) wird insoweit eingeschränkt. Betreiber von Anlagen, für die ein Immissionsschutzbeauftragter oder ein Störfallbeauftragter bestellt ist, haben diesen auf Verlangen der zuständigen Behörde zu Überwachungsmaßnahmen nach Satz 1 hinzuzuziehen. Im Rahmen der Pflichten nach Satz 1 haben die Eigentümer und Betreiber der Anlagen Arbeitskräfte sowie Hilfsmittel, insbesondere Treibstoffe und Antriebsaggregate, bereitzustellen.

(3–5) (...)

(6) Soweit zur Durchführung dieses Gesetzes oder der auf dieses Gesetz gestützten Rechtsverordnungen Immissionen zu ermitteln sind, haben auch die Eigentümer und Besitzer von Grundstücken, auf denen Anlagen nicht betrieben werden, den Angehö-

rigen der zuständigen Behörde und deren Beauftragten den Zutritt zu den Grundstücken und zur Verhütung dringender Gefahren für die öffentliche Sicherheit oder Ordnung auch zu Wohnräumen und die Vornahme der Prüfungen zu gestatten. Das Grundrecht der Unverletzlichkeit der Wohnung (Artikel 13 des Grundgesetzes) wird insoweit eingeschränkt. Bei Ausübung der Befugnisse nach Satz 1 ist auf die berechtigten Belange der Eigentümer und Besitzer Rücksicht zu nehmen; für entstandene Schäden hat das Land, im Falle des § 59 Abs. 1 der Bund, Ersatz zu leisten. Waren die Schäden unvermeidbare Folgen der Überwachungsmaßnahmen und haben die Überwachungsmaßnahmen zu Anordnungen der zuständigen Behörde gegen den Betreiber einer Anlage geführt, so hat dieser die Ersatzleistung dem Land oder dem Bund zu erstatten.

(7) (...)

6. Waldgesetz für Baden-Württemberg (Landeswaldgesetz – LWaldG)

in der Fassung vom 31. August 1995 (GBl. S 685), zuletzt geändert durch Gesetz vom 18. November 2026 (GBl. 2025 Nr. 124)

§ 27 Nachbarpflichten; Nachbarschutz

(1) Der Waldbesitzer hat bei der Bewirtschaftung seines Waldes auf die Bewirtschaftung benachbarter Grundstücke Rücksicht zu nehmen, soweit dies im Rahmen einer ordnungsgemäßen Forstwirtschaft ohne unbillige Härten möglich ist. In der Nähe der Grenzen haben die Waldbesitzer ihre forstbetrieblichen Maßnahmen aufeinander abzustimmen und die räumliche Ordnung zu sichern.

(2) Will ein Waldbesitzer auf einer Waldfläche, die an einen fremden Waldbestand angrenzt, einen Kahlhieb vornehmen, so hat er dies der Forstbehörde spätestens zwei Monate vorher anzuzeigen. Sind erhebliche Schäden zu befürchten, so kann die Forstbehörde die geplante Nutzung ganz oder teilweise untersagen.

§ 28 Benutzung fremder Grundstücke; Duldung von Wegen

(1) Sind forstbetriebliche Maßnahmen ohne Inanspruchnahme eines fremden Grundstücks nicht oder nur mit verhältnismäßig großem Aufwand durchführbar, so kann die Forstbehörde den Eigentümer oder Nutzungsberechtigten auf Antrag des Waldbesitzers verpflichten, die Benutzung zu gestatten, wenn dieser sich bereit erklärt, den durch die Benutzung entstehenden Schaden zu beheben oder zu ersetzen und wenn er auf Verlangen des Berechtigten eine Sicherheitsleistung in Höhe des voraussichtlichen Schadens erbringt.

(2) Unter den Voraussetzungen des Absatzes 1 kann der Waldbesitzer verpflichtet werden, die Mitbenutzung eines Waldweges gegen angemessene Entschädigung in Geld zu dulden.

(3) Wenn es zur Erschließung eines Waldgebietes erforderlich ist, kann die Forstbehörde einen Grundstückseigentümer im Einvernehmen mit den beteiligten Behörden und der Gemeinde verpflichten, die Anlage eines Weges auf seinem Grundstück gegen angemessene Entschädigung in Geld zu dulden. Waldbesitzer und Dritte, die durch den Weg Vorteile haben, können in angemessenem Umfang zu den Kosten für den Bau und die Unterhaltung herangezogen werden.

§ 37 Betreten des Waldes

(1) Jeder darf Wald zum Zwecke der Erholung betreten. Das Betreten des Waldes erfolgt auf eigene Gefahr. Dem Betreten gleichgestellt ist das Verweilen an einfachen Einrichtungen, insbesondere auf Sitzgelegenheiten und an Informationstafeln. Neue Sorgfalts- oder Verkehrssicherungspflichten der betroffenen Waldbesitzer oder sonstiger Berechtigter werden dadurch, vorbehaltlich anderer Rechtsvorschriften, nicht begründet. Wer den Wald betritt, hat sich so zu verhalten, daß die Lebensgemeinschaft Wald und die Bewirtschaftung des Waldes nicht gestört, der Wald nicht gefährdet, beschädigt oder verunreinigt sowie die Erholung anderer nicht beeinträchtigt wird.

(2) Organisierte Veranstaltungen bedürfen der Genehmigung durch die Forstbehörde. Hat die Forstbehörde nicht innerhalb einer Frist von sechs Wochen nach Eingang eines hinreichend bestimmten Antrags entschieden, gilt die Genehmigung als erteilt.

(3) Das Fahren mit Krankenfahrstühlen (auch mit Motorantrieb), das Radfahren und das Reiten im Wald sind nur auf Straßen und hierfür geeigneten Wegen gestattet. Auf Fußgänger ist Rücksicht zu nehmen. Nicht gestattet sind das Reiten auf gekennzeichneten Wanderwegen unter 3 m Breite und auf Fußwegen, das Radfahren auf Wegen unter 2 m Breite sowie das Reiten und Radfahren auf Sport- und Lehrpfaden; die Forstbehörde kann Ausnahmen zulassen. § 45 Absatz 2 Satz 2 NatSchG bleibt unberührt.

(4) Ohne besondere Befugnis ist nicht zulässig
1. das Fahren und das Abstellen von Kraftfahrzeugen oder Anhängern im Wald,
2. das Zelten und das Aufstellen von Bienenstöcken im Wald,
3. das Betreten von gesperrten Waldflächen und Waldwegen,
4. das Betreten von Waldflächen und Waldwegen während der Dauer des Einschlags oder der Aufbereitung von Holz,
5. das Betreten von Naturverjüngungen, Forstkulturen und Pflanzgärten,
6. das Betreten von forstbetrieblichen und jagdbetrieblichen Einrichtungen.

(5) Der Waldbesitzer hat die Kennzeichnung von Waldwegen zur Ausübung des Betretens zu dulden. Die Kennzeichnung bedarf der Genehmigung der Forstbehörde.

(6) Die Vorschriften des Straßenverkehrsrechts bleiben unberührt, ebenso andere Vorschriften des öffentlichen Rechts, die das Betreten des Waldes (Absatz 1 und Absatz 3) einschränken oder solche Einschränkungen zulassen.

(7) Zäune sind auf das zur Durchführung einer ordnungsgemäßen Forstwirtschaft notwendige Maß zu beschränken und dürfen das zulässige Betreten des Waldes unbeschadet des Absatzes 4 Nr. 2 bis 5 nicht verhindern oder unzumutbar erschweren. Zäune sind zu beseitigen, soweit sie nicht für die Erhaltung der Bewirtschaftung des Waldes erforderlich sind. Die Beseitigung von Zäunen, die nach anderen öffentlich-rechtlichen Vorschriften angeordnet worden sind, kann nur im Einvernehmen mit der hierfür zuständigen Behörde verlangt werden.

§ 40 Aneignung von Waldfrüchten und Waldpflanzen

(1) Jeder darf sich Waldfrüchte, Streu und Leseholz in ortsüblichem Umfang aneignen und Waldpflanzen, insbesondere Blumen und Kräuter, die nicht über einen Handstrauß hinausgehen, entnehmen. Die Entnahme hat pfleglich zu erfolgen. Die Entnahme von Zweigen von Waldbäumen und -sträuchern bis zur Menge eines Handstraußes ist nicht strafbar. Dies gilt nicht für die Entnahme von Zweigen in Forstkulturen und von Gipfeltrieben sowie das Ausgraben von Waldbäumen und -sträuchern.

(2) Vorschriften des öffentlichen Rechts, die diese Vorschriften einschränken, bleiben unberührt.

7. Gesetz des Landes Baden-Württemberg zum Schutz der Natur und zur Pflege der Landschaft (Naturschutzgesetz – NatSchG)

in der Fassung vom 23. Juni 2015 (GBl. S. 585), zuletzt geändert durch Gesetz vom 18. November 2025 (GBl. 2026 Nr. 124)

§ 43 Recht auf Erholung

Das Recht auf Erholung findet seine Schranken in den allgemeinen Gesetzen, den Interessen der Allgemeinheit und in den Rechten Dritter. Bei der Ausübung des Rechts auf Erholung sind alle verpflichtet, pfleglich mit Natur und Landschaft umzugehen und Rücksicht insbesondere auf die wild lebenden Tiere und Pflanzen, die Belange der Grundstückseigentümer und Nutzungsberechtigten sowie anderer Erholungssuchender zu nehmen.

§ 44 Schranken des Betretungsrechts

(1) Das Betretungsrecht gemäß § 59 Absatz 1 BNatSchG umfasst auch das Verweilen an einfachen Einrichtungen, insbesondere auf Sitzgelegenheiten und an Informationstafeln, hingegen nicht das Fahren mit motorisierten Fahrzeugen, das Abstellen von motorisierten Fahrzeugen und Anhängern, das Zelten oder das Feuermachen. Das Fahren mit Fahrrädern oder Pedelecs (Fahrräder mit elektrischer Motorunterstützung) ohne oder mit Anhänger, elektronischen Mobilitätshilfen nach § 1 Absatz 1 der Mobilitätshilfenverordnung sowie Krankenfahrstühlen mit oder ohne Motorantrieb ist auf hierfür geeigneten Wegen erlaubt. Auf Fußgänger ist Rücksicht zu nehmen.

(2) Landwirtschaftlich genutzte Flächen dürfen während der Nutzzeit nur auf Wegen betreten werden. Als Nutzzeit gilt die Zeit zwischen Saat oder Bestellung und Ernte, bei Grünland die Zeit des Aufwuchses und der Beweidung. Sonderkulturen, insbesondere Flächen, die dem Garten-, Obst- und Weinbau dienen, dürfen nur auf Wegen betreten werden.

(3) In Schutzgebieten richtet sich das Betretungsrecht nach den jeweiligen Schutzbestimmungen. Soweit die Rechtsverordnung keine Regelung enthält, ist das Radfahren und das Fahren mit Krankenfahrstühlen in Naturschutzgebieten nur auf Straßen und geeigneten Wegen gestattet.

(4) Wer die freie Landschaft betritt, ist verpflichtet, von ihm abgelegte Gegenstände und Abfälle wieder an sich zu nehmen und zu entfernen.

(5) Die Naturschutzbehörde oder die Ortspolizeibehörde kann durch Rechtsverordnung oder Einzelanordnung das Betreten von Teilen der freien Landschaft aus Gründen des Wohls der Allgemeinheit, insbesondere bei Gefahr für Leib oder Leben der Erholungssuchenden, aus Gründen des Natur- und Artenschutzes, zur Durchführung landschaftspflegerischer Vorhaben und zur Regelung des Erholungsverkehrs beschränken oder untersagen.

(6) Vorschriften über den Gemeingebrauch an Gewässern und an öffentlichen Straßen sowie straßenverkehrsrechtliche Regelungen bleiben unberührt.

§ 46 Genehmigung von Sperren, Anordnung von Durchgängen

(1) Der Eigentümer oder sonstige Berechtigte bedarf zum Ausschluss des Betretungsrechts durch Sperren einer Genehmigung durch die Naturschutzbehörde oder die Ortspolizeibehörde. Ausgenommen von der Genehmigungspflicht sind Sperren von intensiv genutzten Flächen landwirtschaftlicher Betriebe. Für vorübergehende Sperrungen, die für Maßnahmen der Land- und Forstwirtschaft, der Jagdausübung, für zulässige sportliche Veranstaltungen oder aus sonstigen zwingenden Gründen erforderlich sind, genügt eine unverzügliche Anzeige an die Naturschutzbehörde oder die Ortspolizeibehörde.

(2) Bedarf eine Sperre einer behördlichen Gestattung nach anderen Vorschriften, ergeht diese im Einvernehmen mit der Naturschutzbehörde, sofern Bundesrecht nicht entgegensteht.

(3) Die Genehmigung nach Absatz 1 Satz 1 ist zu erteilen, soweit

1. bei einem mit einem Gebäude zulässig überbauten Grundstück die berechtigten Wohn- oder betrieblichen Bedürfnisse es erfordern,
2. die zulässige Nutzung eines sonstigen Grundstücks behindert oder eingeschränkt wird, die Beschädigung von landwirtschaftlichen Kulturen zu befürchten ist oder das Grundstück beschädigt oder erheblich verunreinigt wird

und keine überwiegenden Gründe des Erholungsinteresses der Bevölkerung entgegenstehen. Die Genehmigung kann befristet werden.

(4) Die Sperren sollen insbesondere durch Schranken, Einfriedungen, andere tatsächliche Hindernisse oder Beschilderungen kenntlich gemacht werden.

(5) Die Naturschutzbehörde oder die Ortspolizeibehörde kann durch Rechtsverordnung oder Einzelanordnung auf einem Grundstück, das nicht frei betreten werden darf, für die Allgemeinheit einen Durchgang anordnen, wenn andere Teile der freien Landschaft, insbesondere Erholungsflächen, Naturschönheiten, Wald oder Gewässer, in anderer zumutbarer Weise nicht zu erreichen sind und wenn der Eigentümer dadurch in seinen Rechten nicht wesentlich beeinträchtigt wird.

8. Baugesetzbuch (BauGB)

in der Fassung vom 23. September 2004 (BGBl. I S. 2414), zuletzt geändert durch Gesetz vom 22. Dezember 2025 (BGBl. 2025 I Nr. 348)

§ 201 Begriff der Landwirtschaft

Landwirtschaft im Sinne dieses Gesetzbuchs ist insbesondere der Ackerbau, die Wiesen- und Weidewirtschaft einschließlich Tierhaltung, soweit das Futter überwiegend auf den zum landwirtschaftlichen Betrieb gehörenden, landwirtschaftlich genutzten Flächen erzeugt werden kann, die gartenbauliche Erzeugung, der Erwerbsobstbau, der Weinbau, die berufsmäßige Imkerei und die berufsmäßige Binnenfischerei.

Stichwortverzeichnis

Auf die **Erläuterungen des Nachbarrechtsgesetzes** (Teil B) wird durch Angabe der Vorschrift und der Randnummer verwiesen (Beispiel: **7**, 5).

Auf die **Erläuterungen der nachbarrechtlichen Vorschriften des BGB** (Teil C) wird durch Angabe der Vorschrift mit dem Zusatz BGB und Angabe der Randnummer verwiesen (Beispiel: **BGB 910**, 3).

Die Verweise auf die sonstigen Teile des Buches sind folgendermaßen aufgebaut:
- Auf die *Einleitung zum Nachbarrechtsgesetz* wird durch Angabe des Kapitels (A) und der Randnummer verwiesen (Beispiel: **A** 4).
- Auf die *weiteren Vorschriften* wird durch Angabe des Kapitels (D), der Nummer der Vorschrift und des Paragrafen verwiesen (Beispiel: **D 5**, 3).

Stichwortverzeichnis